税法与税收筹划

主　编　宋凤轩　于艳芳
副主编　谷彦芳　姜杰凡　武　琼

人民邮电出版社
北　京

图书在版编目（CIP）数据

税法与税收筹划 / 宋凤轩，于艳芳主编．—北京：
人民邮电出版社，2010.4（2014.10重印）
高等院校经济与管理专业教材
ISBN 978-7-115-22472-9

Ⅰ.①税…　Ⅱ.①宋…②于…　Ⅲ.①税法—中国—
高等学校—教材②税收筹划—中国—高等学校—教材
Ⅳ.①D922.22②F812.423

中国版本图书馆 CIP 数据核字（2010）第 034865 号

内 容 提 要

本书从税收筹划的角度，在具体介绍我国的各税收种类及相关法规的基础上，针对每项税种，着重介绍了企业和纳税人在纳税过程中，如何通过合理的筹划，在国家法规许可的范围内，尽可能地减少税收成本，提高经济效益的相关知识与技巧。

本书适合高校经济管理类师生、企业管理者、管理咨询人员及纳税人阅读和使用。

税法与税收筹划

◆ 主　　编　宋凤轩　于艳芳

　　副 主 编　谷彦芳　姜杰凡　武　琼

　　责任编辑　李宝琳

◆ 人民邮电出版社出版发行　　北京市丰台区成寿寺路 11 号

　　邮编　100164　　电子邮件　315@ptpress.com.cn

　　网址　http://www.ptpress.com.cn

　　北京艺辉印刷有限公司印刷

◆ 开本：787×1092　1/16

　　印张：21　　　　　　　　2010年4月第1版

　　字数：330千字　　　　　2014年10月北京第9次印刷

ISBN 978-7-115-22472-9

定　价：39.80 元

读者服务热线：(010)81055256　印装质量热线：(010)81055316

反盗版热线：(010)81055315

前　言

市场经济的建立为企业和纳税人的发展提供了广阔的空间，同时也使企业和纳税人面临着日益激烈的市场竞争。在竞争过程中，降低包括税收成本在内的财务成本是提升企业和纳税人竞争力的关键之一。为此，纳税人在依法纳税的同时，必须树立税收筹划的意识，掌握税收筹划的基本思路和基本技能。那什么是税收筹划呢？我们认为，税收筹划是指纳税人在符合国家法律及税收法规的前提下，按照税收政策法规的导向，事前选择税收利益最大化纳税方案处理自己的生产、经营和投资、理财活动的一种财务筹划行为。税收筹划可以节约税收成本，在法律允许的范围内最大限度地减轻企业和纳税人的税收负担。真正意义上的税收筹划是一个企业和纳税人不断走向成熟和理性的标志，税收筹划也是智者的文明行为。

税收筹划是市场经济条件下经济利益主体即纳税人降低税收成本、提高经济效益的必然产物。虽然依法纳税是公民的光荣义务，但税收筹划也是纳税人的基本权利。所以，为了使经济管理类学生、企业界人士和纳税人在深入了解税法、不断提高纳税意识的基础上，树立税收筹划的意识，更好地进行税收筹划，并掌握税收筹划的基本技能，我们编写了本书。

要想进行税收筹划，首先要了解国家税法体系的整体状况。为此本书的第一章介绍了税法的概念、税法分类、税收法律关系和我国现行的税法体系；第二章阐述了税收筹划的概念与特点、税收筹划的由来与发展、税收筹划的功能与意义、税收筹划的原则与分类，并概括性地介绍了税收筹划的基本策略和方法。从第三章至第十章，本书详细介绍了我国各项税种的相关法律制度、税收筹划的基本思路和具体案例，使读者明了企业和纳税人从微观税收制度设置角度进行具体税收筹划的方法与技巧。

本书不仅对高校相关专业师生、企业和纳税人了解税法、树立税收筹划意识有很大的帮助，而且对参加会计师职称考试、注册会计师和注册税务师考试的学员也有很大的辅助作用。

编者

2010 年元月

目　录

第1章 税法概论

学习目的和要求

通过本章学习，使学生了解税法的基本知识，具体包括税法的含义与特点、税法的原则、税法的效力与解释、税法的作用、税法与其他法律的关系；税法的分类，包括按照税法的内容、税法的效力、税法的证收对象、税收收入归属和证管管辖权限所作的各种分类；税收法律关系的概念与特点，税收法律关系的构成，税收法律关系的产生、变更与消灭；我国现行税法体系的内容以及我国税收法律制度的沿革。

1.1 税法的概念

1.1.1 税法的含义与特点

1. 税法的含义

税法是国家制定的用以调整国家和纳税人之间在征纳税方面的权利及义务关系的法律规范的总称。税法是国家和纳税人依法征税和依法纳税的行为准则，目的是保障国家的利益和纳税人的合法权益，维护正常的税收秩序，保证国家的财政收入。

首先，制定税法的主体是国家最高权力机关，在我国是指全国人民代表大会及其常务委员会，同时，在一定的法律框架之下，地方立法机关也拥有一定的税收立法权。此外，国家最高权力机关还可以授权行政机关制定某些税法。

其次，税法的调整对象是税收分配中形成的权利义务关系。税收分配关系包括国家与纳税人之间的税收分配关系和各级政府的税收利益分配关系。如果说实现税收分配是目标，那么从法律上设定税收权利义务则是实现目标的手段。税法调整的是税收权利义务关系，而不直接是税收分配关系。

再次，税法有广义和狭义之分。从广义上讲，税法是各种税收法律规范的总和。从立法层次上讲，税法既包括由国家最高权力机关即全国人民代表大会及其常务委员会正式制定的税收法律，也包括国家最高行政机关国务院制定的税收法规、由省级人民代表大会制定的地方性税收法规以及有关政府部门制定的税收规章等。从狭义上讲，税法指的是经国家最高权力机关正式立法的税收法律。

另外，税法与税收虽然紧密联系，但两者之间又有区别。税收体现的是国家与纳税人之间的经济利益分配关系，税法体现的是国家与一切纳税单位和个人的税收权利义务关系。税法是税收的法律表现形式，税收则是税法所确定的具体内容。税法与税收相互依赖，不可分割。

2. 税法的特点

所谓的税法特点，是指税法带有共性的特征，我们可以从三个方面加以限定。首先，税法的特点应与其他法律特点相区别，不应是法律所具有的共同特征；其次，税法特点是税收上升为法律后的形式特征，应与税收属于经济范畴的形式特征相区别；再次，税法特点是指其一般特征，不是某一历史时期、某一社会形态、某一国家税法的特点。按照这样的理解，税法特点可以概括为以下几个方面。

（1）从立法过程来看，税法属于制定法。现代国家的税法都是经过一定的立法程序制定出来的，即税法是由国家制定而不是认可的，这表明税法属于制定法而不是习惯法。尽管从税收形成的早期历史来考察，不乏由种种不规范的缴纳形式逐渐演化而成的税法，但其一开始就是以国家强制力为后盾形成的规则，而不是对人们自觉形成的纳税习惯以立法的形式予以认可。因此，我们虽然不能绝对地排除习惯法或司法判例构成税法渊源的例外，但是从总体上讲，税法是由国家制定而不是认可的。税法属于制定法而不属于习惯法，其根本原因在于国家征税权凌驾于生产资料所有权之上，是对纳税人收入的再分配。税法属于侵权规范。征纳双方在利益上的矛盾与对立是显而易见的，离开法律约束的纳税习惯并不存在，由纳税习惯演化成习惯法也就成了空谈。同时，为确保税收收入的稳定，需要提高其可预测性，这也促使税收采用制定法的形式。

（2）从法律性质看，税法属于义务性法规。义务性法规是相对授权性法规而言的，是指直接要求人们从事或不从事某种行为的法规，即直接规定人们某种义务的法规。义务性法规的一个显著特点是具有强制性，它所规定的行为方式明确而肯定，不允许任何个人或机关随意改变或违反。授权性法规与义务性法规的划分，只是表明其基本倾向，而不是说一部法律的每一规则都是授权性或义务性的。

（3）从内容看，税法具有综合性。税法不是单一的法律，而是由实体法、程序法、争讼法等构成的综合法律体系，其内容涉及课税的基本原则、征纳双方的权利义务、税收管理规则、法律责任、解决税务争议的法律规范等，包括立法、行政执法、司法各个方面。其结构大致有：宪法加税收法典；宪法加税收基本法加税收单行法律、法规；宪法加税收单行法律、法规等不同的类型。税法具有综合性，是保证国家正确行使课税权力，有效实施税务管理，确保依法足额取得财政收入，保障纳税人合法权利，建立合作信赖的税收征纳关系的需要，也表明税法在国家法律体系中的重要地位。

1.1.2 税法原则

任何国家的税法体系和税收法律制度都建立在一定的税法原则基础之上。税法原则是构成税收法律规范的基本要素之一，分为立法原则和适用原则两个方面。

1. 立法原则

从法理学的角度分析，税法的立法原则可以概括为税收法律主义、税收公平主义、税收合作信赖主义和实质课税原则四个方面。

（1）税收法律主义

税收法律主义也称税收法定主义、法定性原则。简单地说，它是指所有税收活动必须依照法律的规定进行。这种法定性的要求是双向的，一方面要求纳税人必须依法纳税；另一方面，课税只能在法律的授权下进行，超越法律的课税是违法的、无效的。税收法律主义的内涵可概括为以下几个方面。

①课税要素法定原则，即课税要素必须由法律直接规定，如纳税人、征税对象、税率、税收优惠、征税基本程序、税务争议的解决方法等等，必须由法律直接规定。

②课税要素明确原则，即在税法体系中，有关课税要素、税款征收等方面的规定必须明确，不能出现歧义和矛盾，在基本内容上不会出现漏洞，要从立法技术上保证课税要素的法定性。当然，出于便于征收管理、协调税法体系的目的和立法技术上的要求，该原则并不排斥税务执法机关为区别不同情况、实现公平税负的需要而保存一定的自由裁量权，但要注意税务执法机关的自由裁量权不应是普遍存在的和不受约束的。

③依法稽征原则，即税务行政机关必须严格依据法律的规定稽核征收，无权变动法定课税要素和法定征收程序。征税机关和纳税人都无权自行确定开征、停征、减免税、退补税及延期纳税等项事宜。

（2）税收公平主义

税收公平主义的基本含义是税收负担必须依据纳税人的负担能力分配，负担能力相等者税负相同，负担能力不等者税负不同。当纳税人的负担能力（纳税能力）相等时，是以纳税人获得收入（取得所得）的能力为确定负担能力的基本标准，但当所得指标不完备时，财产或消费水平可作为补充指标；当纳税人的负担能力不等时，应当根据其从政府活动中期望得到的利益大小缴税或使社会牺牲最小。法律上的税收公平主义与经济上要求的税收公平较为接近，其基本思想内涵是相通的。

（3）税收合作信赖主义

税收合作信赖主义也称公众信任原则，它是民法"诚信原则"在税收法律关系中的引用。税收合作信赖主义认为税收征纳双方的关系是相互信赖、相互合作的，而不是对抗性的。一方面，纳税人应按照税务机关的决定及时缴纳税款，税务机关有责任向纳税人提供完整的税收信息资料，征纳双方应建立起密切的税收信息联系和沟通渠道。即使税务机关用行政处罚手段强制征税，也是基于双方合作关系，目的是提醒纳税人与税务机关合作，自觉纳税。另一方面，没有充足的依据，税务机关不能对纳税人是否依法纳税有所怀疑，纳税人有权利要求税务机关予以信任；纳税人应信赖税务机关的决定是公正和准确的，税务机关做出的法律解释和事先裁定，可以作为纳税人缴税的根据，当这种解释或裁定存在错误时，纳税人并不承担法律责任。

（4）实质课税原则

实质课税原则是指应根据纳税人的真实负担能力决定纳税人的税负，不能仅考核其表面上是否符合课税要件。这是因为纳税人是否满足课税要件，其外在形式和内在真实之间，往往因一些客观因素或纳税人的刻意伪装而产生差异。例如，纳税人借转让定价而减少计税所得，按其确定的价格计税则不能反映其真实所得。税务机关根据实质课税原则，有权重新估定计税价格,并据以计算应纳税额。实质课税原则的意义在于防止纳税人偷逃税和避税,增强税法适用的公正性。

2. 适用原则

税法的适用原则,是指税务行政机关和司法机关运用税收法律规范解决具体问题所必须遵循的准则。税法适用原则并不违背税法的立法原则,在一定程度上体现着税法的立法原则。但相比之下,税法适用原则含有更多的法律技术性准则,更为具体化。

(1)法律优位原则

法律优位原则也称行政立法不得抵触法律原则,其基本含义是,法律的效力高于行政立法的效力。法律优位原则在税法中的作用主要体现在处理不同等级税法的关系上。法律优位原则明确了税收法律的效力高于税收行政法规的效力,对此,还可以进一步推论为宪法的效力优于税收法律的效力,税收法律的效力优于税收行政法规的效力,税收行政法规的效力优于税收行政规章的效力。效力低的税法与效力高的税法发生冲突时,效力低的税法是无效的。

(2)法律不溯及既往原则

法律不溯及既往原则是绝大多数国家所遵循的法律程序技术原则,其基本含义是,一部新税法实施后,对新税法实施之前人们的行为不得适用新法,而只能延用旧法。该原则的出发点在于维护税法的稳定性和可预测性,使纳税人能在知道纳税结果的前提下作出相应的经济决策,这样,税收的调节作用才会有效。在实际运用该原则时,也有一些国家从税收合作信赖主义出发,采取"有利溯及原则",即对纳税人有利的予以承认,对纳税人不利的,则不予承认。

(3)新法优于旧法原则

新法优于旧法原则也称后法优于先法原则。其含义是,当新法、旧法对同一事项有不同规定时,新法的效力优于旧法。其作用是避免因法律修订带来的新法、旧法对同一事项有不同的规定而给法律适用带来混乱,为法律的更新与完善提供法律适用上的保障。新法优于旧法原则的适用以新法生效实施为标志,新法生效实施以后准用新法,新法实施以前包括新法公布以后尚未实施这段时间,仍延用旧法,新法不发生效力。

(4)特别法优于普通法原则

特别法优于普通法原则,其含义是对同一事项两部法律分别有一般和特别规定时,特别规定的效力高于一般规定的效力。当对某些税收问题需要做出特殊规定,而又不便普遍修订税法时,即可通过特别法的形式予以规范。凡是特别法中做出规定的,即排斥普通法的适用,不过这种排斥仅就特别法中的具体规定而言,并不是说随着特别法的出现,原有的普通法即告废止。

(5)实体从旧、程序从新原则

实体从旧、程序从新原则提供了处理新法和旧法关系的原则。其含义包括两个方面:一是实体税法不具备溯及力,新税法与旧税法的界限仍是新税法的实施日期,在此之前发生的纳税义务,当时有效的旧税法仍具有支配力;二是程序性税法在特定条件下具备一定的追溯力,即对于新税法公布实施以前发生的纳税义务在新税法公布实施以后进入税款征收程序的，原则上新税法具有约束力。

（6）程序优于实体原则

程序优于实体原则是关于税收争诉法的原则，其基本含义是：在诉讼发生时税收程序法优于税收实体法适用，即纳税人通过税收行政复议或税务行政诉讼寻求法律保护的前提条件之一是必须事先履行税务行政执法机关认定的纳税义务，而不管这项纳税义务实际上是否应该发生，否则，税务行政复议机关对纳税人的申诉不予受理。这一原则主要是为了确保国家课税权的实现，不因争议的发生而影响税款的及时、足额入库。

1.1.3 税法的效力与解释

1. 税法的效力

税法的效力也即税法的适用范围，是指税法在什么地方、什么时间、对什么人具有法律效力。税法的效力范围表现为空间效力、时间效力和对人的效力。

（1）税法的空间效力

税法的空间效力指税法在特定地域内发生效力。我国税法的空间效力主要包括两种情况：一是在全国范围内有效。由全国人民代表大会及其常务委员会制定的税收法律，由国务院制定的税收行政法规，财政部、国家税务总局制定的税收行政规章以及具有普遍约束力的税务行政命令在除个别特殊地区外的全国范围内有效。一是在地方范围内有效。由地方立法机关或政府制定的地方性税收法规、规章、具有普遍约束力的税收行政命令在其管辖区域内有效。全国人民代表大会及其常务委员会、国务院、财政部、国家税务总局制定的特别性质的税收法律、法规、规章和具有普遍约束力的税收行政命令在特定地区有效。

（2）税法的时间效力

税法的时间效力是指税法何时开始生效，何时终止效力和有无溯及力的问题。

①税法的生效。在我国，税法的生效分为三种情况：一是税法通过一段时间后生效，其优点在于可以使广大纳税人和执法人员事先学习、了解和掌握该税法的具体内容，便于其得到准确的贯彻、执行；二是税法自通过发布之日起生效，这种方式可以兼顾税法实施的及时性与准确性，大多数税法采用这种方式；三是税法公布后授权地方政府自行确定实施日期，这种税法生效方式实质上是将税收管理权限下放给地方政府。

②税法的失效。税法的失效表明其法律约束力的终止，其失效通常有三种类型：一是以新税法代替旧税法，即以在新税法中规定的生效日期为旧税法的失效日期，这是最常见的形式；二是直接宣布废止某项税法；三是税法本身规定废止日期，届时税法自动失效。（这种方法常使财政陷于被动，在税法实践中很少采用。）

另外，溯及力问题是指一部新税法实施后，对其实施之前纳税人的行为如何适用的问题。如果适用就具有溯及力，反之则没有溯及力。目前，我国及许多国家都坚持不溯及既往的原则。

（3）税法对人的效力

税法对人的效力是指税法对什么人适用、能管辖哪些人。在处理税法对人的效力时，国际上通行的原则有三个：一是属人主义原则，凡是本国的公民或居民，不管其身居国内还是国外，都要受本国税法的管辖；二是属地主义，凡是本国领域内的法人和个人，不管其身份如何，都适用本国税法；三是属人、属地相结合的原则，我国税法即采用这一原则。凡我国公民、在我国居住的外籍人员，以及在我国注册登记的法人或虽未在我国设立机构、场所，但有来源于我国收入的外国企业、公司、经济组织等，均适用我国税法。

2. 税法的解释

税法解释是指法定解释，即有法定解释权的国家机关，在法律赋予的权限内，对有关税法或其条文进行的解释。一般来说，法定解释应严格按照法定的解释权限进行，任何有权机关都不能超越权限进行解释，因此，法定解释具有专属性。只要法定解释符合法的精神及法定的权限和程序，这种解释就具有与被解释的法律、法规、规章相同的效力。因此，法定解释同样具有法的权威性。

（1）按解释权限，税法的法定解释可以分为立法解释、行政解释和司法解释。

所谓立法解释，是指税收立法机构对所设立税法的正式解释，包括全国人民代表大会及其常务委员会对税收法律做出的解释，有关行政机关和地方立法机关对相应税收法规做出的解释。所谓行政解释，也称为税法执法解释，是指国家税务行政机关按照法律的授权，在执法过程中对税收法律、法规、规章如何具体应用所作的解释。税法的行政解释在行政执法中一般具有普遍的约束力。所谓司法解释，是指最高司法机关对如何具体办理税务刑事案件和税务行政诉讼案件所作的具体解释或正式规定。它又分为由最高人民法院做出的司法解释，由最高人民检察院做出的检察解释和由最高人民法院和最高人民检察院联合做出的共同解释。司法解释具有法律效力，可以作为办案和适用法律、法规的依据。

税法解释是税法顺利运行的必要保证，它对税收执法、解决税收法律纠纷都是必不可少的。我国目前税法解释还存在以下几个问题：一是税法解释权限不够明确。按照法律规定，税法立法解释权是由制定税法的立法机关行使的，但由于税法的专业性较强，实际上，全国人大常委会将绝大部分立法解释权授权给国务院负责；另外，各级税务行政机关在立法解释上有多大权力，税法的行政解释和司法解释的关系如何，也不够明确。二是税法解释随意性大，地方行政机关和地方政府越权参与税法解释的情况多，税法解释前后矛盾、上下矛盾的情况多，解释程序不规范。三是税法解释，特别是行政解释传递渠道，多以"文件"形式下达，传播面窄，信息零散，不利于基层执法者和纳税人全面掌握，影响法律效力。四是税法解释的时间效力不明确。要想改进我国的税法解释工作，一是应规范税法解释的权限；二是应依据税法的本意去解释，规范税法解释的形式、语言以及税法解释的程序，明确税法解释的效力；三是建立公开、统一、规范的税法解释传递系统；四是建立税法解释的监督和制约机制。只有这样，才能够在维护税法的严肃性、稳定性的同时，提高税法的灵活性和可操作性。

（2）按照解释的尺度不同，税法解释还可以分为字面解释、限制解释与扩充解释。

所谓字面解释是按照文义解释的原则，必须严格依税法条文的字面含义进行解释，既不扩大也不缩小。但是作为其补充，立法上目的原则允许从立法目的与精神出发来解释条文，以避免按照字面意思解释可能得出的荒谬或背离税法精神的结论，消除税法条文含义的不确定性，这样就可能出现税法解释大于其字面含义与小于其字面含义的情况，即扩充解释与限制解释。字面解释是税法解释的基本方法，税法解释首先应当坚持字面解释。

所谓限制解释是指为了符合立法精神与目的，对税法条文所进行的窄于其字面含义的解释。这种解释，在我国税法中时有使用。例如，我国《个人所得税法实施条例》第 2 条规定："在中国境内有住所的个人，是指因户籍、家庭、经济利益关系而在中国境内习惯性居住的个人。"而国家税务总局《征收个人所得税若干问题的规定》将"习惯性居住"解释为"不是指实际居住或在某一个特定时期内的居住地"，其范围明显窄于"习惯性居住地"的字面含义。

所谓扩充解释是指为了更好地体现立法精神，对税法条文所进行的大于其字面含义的解释。由于解释税法要考虑其经济含义，仅仅进行字面解释有时不能充分、准确地表达税法的真实意图，故在税收法律实践中有时难免要对税法进行扩充解释，以更好地把握立法者的本意。

1.1.4 税法的作用

税法是上层建筑的重要组成部分，其作用主要表现在它对经济基础的反作用上。不同社会制度的国家，由于经济基础不同，税收立法原则和立法目的不同，税法的作用也就不同。我国社会主义税法是为巩固和发展社会主义经济基础服务的。它在保证国家财政收入的稳定可靠、维护市场经济秩序、有效地保护纳税人的合法权益、贯彻党的方针政策、促进经济发展、促进对外经济技术交流和维护国家权益等方面都发挥着重大作用。

1. 税法是国家组织财政收入的法律保障

为了维护国家机器的正常运转以及促进国民经济健康发展，必须筹集大量的资金，即组织国家财政收入。为了保证税收的组织财政收入职能的发挥，必须通过制定税法，以法律的形式确定企业、单位和个人履行纳税义务的具体项目、数额和纳税程序，惩治偷逃税款的行为，防止税款流失，保证国家依法征税，及时足额地取得税收收入。针对我国税费并存（政府收费）的宏观分配格局，今后一段时期，我国实施税制改革，一个重要的目的就是要逐步提高税收在国民生产总值中的比重，以保障财政收入。

2. 税法是国家宏观调控经济的法律手段

我国建立和发展社会主义市场经济体制，一个重要的改革目标就是从过去国家习惯于用行政手段直接管理经济，向主要运用法律、经济的手段宏观调控经济方式转变。税收作为国家宏观调控的重要手段，通过制定税法，以法律的形式确定国家与纳税人之间的利益分配关系，调节社会成员的收入水平，调整产业结构和社会资源的优化配置，使之符合国家的宏观经济政策；同时，以法律的平等原则，公平经营单位和个人的税收负担，鼓励平等竞争，为市场经济的发展创造良好的条件。例如，1994 年实施的增值税和消费税暂行条例，对于调整产业结构，促进商品的生产、流通，适应市场竞争机制的要求，都发挥了积极的作用。

3. 税法对维护经济秩序有重要的作用

由于税法的贯彻执行，涉及从事生产经营活动的每个单位和个人，一切经营单位和个人通过办理税务登记、建账建制、纳税申报，其各项经营活动都将纳入税法的规范制约和管理范围，都将较全面地反映出纳税人的生产经营情况。这样税法就确定了一个规范有效的纳税秩序和经济秩序，监督经营单位和个人依法经营，加强经济核算，提高经营管理水平；同时，税务机关按照税法规定对纳税人进行税务检查，严肃查处偷逃税款及其他违反税法规定的行为，能有效地打击各种违法经营活动，为国民经济的健康发展创造一个良好、稳定的经济秩序。

4. 税法能有效地保护纳税人的合法权益

由于国家征税直接涉及纳税人的切身利益，如果税务机关随意征税，就会侵犯纳税人的合法权益，影响纳税人的正常经营，这是法律所不允许的。因此，税法在确定税务机关征税权力和纳税人履行纳税义务的同时，相应规定了税务机关必尽的义务和纳税人享有的权利，如纳税人享有延期纳税权、申请减税免税权、多缴税款要求退还权、不服税务机关的处理决定申请复议或提起诉讼权等。税法还严格规定了对税务机关执法行为的监督制约制度，如进行税收征收管理必须按照法定的权限和程序行事，造成纳税人合法权益损失的要负赔偿责任等。所以说，税法不仅是税务机关征税的法律依据，同时也是纳税人保护自身合法权益的重要法律依据。

5. 税法是维护国家权益、促进国际经济交往的可靠保证

在国际经济交往中，任何国家对在本国境内从事生产、经营的外国企业或个人都拥有税收管辖权，这是国家权益的具体体现。我国自 1979 年实行对外开放以来，在平等互利的基础上，不断扩大和发展同各国、各地区的经济交流与合作，利用外资和引进技术的规模、渠道和形式都有了很大的发展。我国在建立和完善涉外税法的同时，还同多个国家签订了避免双重征税的协定。这些税法规定既维护了国家的权益，又为鼓励外商投资，保护国外企业或个人在华合法经营，发展国家间平等互利的经济技术合作关系，提供了可靠的法律保障。

1.1.5 税法与其他法律的关系

税收活动涉及社会经济生活的各个层面，作为调整税收关系的税法与国家其他部门法具有密切的关系。

1. 税法与宪法的关系

宪法是一个国家的根本大法，代表着法律的最高权威，它规定了一个国家最根本的社会制度，主要是调整与规范国家和社会生活中带有根本性、全面性的问题，属于母法，是其他法律的立法基础。与宪法相比较，税法只是用来调整税收法律关系，主要规范国家税务机关征税和纳税人缴纳税款行为的法律，税法属于部门法，其位阶低于宪法。税法是依据宪法制定的，其立法、执法、司法必须符合宪法的立法精神和各项规定。任何税法，不管是税收基本法还是税收实体或税收程序法，违反宪法的规定都是无效的。由于我国宪法概括性强、容量较小，因此税法中直接涉及税收的规定仅有"中华人民共和国公民有依照法律纳税的义务"这一条。宪法与税法缺少必要的衔接，宪法对税法的指导、规范、约束作用明显不够。因此，从长远看，应当通过修改宪法，增设直接与税收有关的条款和制定税收基本法来加强两者的联系，增强宪法对税法的指导作用，适当提高税法的法律地位。

2. 税法与民法的关系

民法是用来调整平等主体的公民之间、法人之间、公民和法人之间的财产关系和人身关系的法律规范的总和。民事法律关系在相当程度上是经济关系在法律上的体现，这种关系主要发生在商品经济中。民法是最基本的法律形式之一，在诸法律部门中，民法形成的时间较早，法律规范较为成熟和完善，其他法律部门的建立与发展不同程度地借鉴了民法的法律规范。税法作为新兴的法律部门与民法的密切联系主要表现在大量借用了民法的概念、规则和原则。

税法虽然与民法联系密切，但毕竟两者分属不同法律部门，分别属于公法体系和私法体系，它们的区别是明显的。这种区别主要表现在：第一，调整的对象不同。民法调整的是平等主体的财产关系和人身关系，属于横向关系；而税法调整的是国家与纳税人之间的税收征纳关系，属于纵向经济关系。第二，法律关系的建立及其调整适用的原则不同。民事法律关系的建立及其调整是按照自愿、公平、等价有偿、诚实信用的原则进行的，民事主体双方的地位平等，意思表示自由。税收法律关系中，体现国家单方面的意志，权利义务关系不对等，这些特点是与民法完全对立的。第三，调整的程序和手段不同。民事纠纷应按民事诉讼程序解决，而税务纠纷一般先由上一级税务机关复议。纳税人对复议决定不服时，才可通过法院按照行政诉讼程序解决。

3. 税法与行政法的关系

行政法是调整国家行政管理活动的法律规范的总称。税法与行政法有着十分密切的联系。这种联系主要表现在税法具有行政法的一般特征：第一，调整国家机关之间、国家机关与法人或自然人之间的法律关系；第二，法律关系中居于领导地位的一方总是国家；第三，体现国家单方面的意志，不需要双方意思表示一致；第四，解决法律关系中的争议，一般都按照行政复议程序和行政诉讼程序进行。因此有人认为，税法属于行政法法律部门。

然而，税法虽然与行政法联系密切，但又与一般行政法有所不同。第一，税法具有经济分配的性质，并且是经济利益由纳税人向国家的无偿单向转移，这是一般行政法所不具备的；第二，税法与社会再生产，特别是物质资料再生产的全过程密切相连，不论是生产、交换、分配，还是消费，都有税法参与调节，其联系的深度和广度是一般行政法所无法相比的；第三，税法是一种义务性法规，并且是以货币收益转移的数额来作为纳税人所尽义务的基本度量，而行政法大多为授权性法规，少数义务性法规也不涉及货币收益的转移。因此，简单地将税法体系归并到行政法部门是不够严谨的。

4. 税法与经济法的关系

对于经济法的内涵与范围历来有着不同的观点。我们认为经济法是国家调整各种纵向经济关系，即经济管理关系而制定的经济法律规范的总称，企业之间的横向经济关系不属于经济法的范畴。税法与经济法有着十分密切的联系，这种密切联系首先表现在税法具有较强的经济属性，即在税法运行过程中，始终伴随着经济分配的行为；其次，经济法中的许多法律、法规是制定税法的重要依据；再次，经济法中的一些概念、规则、原则也在税法中大量应用，例如，公司、合同的概念在企业所得税、印花税中的使用等等。

5. 税法与刑法的关系

刑法是关于犯罪和刑罚的法律规范的总和。其中犯罪是指危害社会、触犯刑法，应受到刑事处分的行为。刑法是国家法律的基本组成部分。税法与刑法是从不同的角度规范人们的社会行为，但两者的联系十分密切。税法与刑法的联系表现在：第一，税法与刑法在调整对象上有衔接和交叉，刑法关于"危害税收征管罪"的规定，就其内容来看是直接涉及税收的，相关的内容在税法中也有所规范。第二，对税收犯罪的刑罚，在体系和内容上虽然可以认为是构成税法的一部分，但在其解释和执行上，主要还是依据刑法的有关规定。第三，税收犯罪的司法调查程序同刑事犯罪的司法调查程序是一致的。第四，税法与刑法都具备明显的强制性，并且从一定意义上讲，刑法是实现税法强制性最有力的保证。

虽然税法与刑法联系密切，然而区别也是明显的：第一，从调整对象来看，刑法是通过规定什么行为是犯罪和对罪犯的惩罚来实现打击犯罪的目的；而税法是调整税收权利义务关系的法律规范，两者分属不同的法律部门。尽管税法与刑法的调整范围都比较宽泛，但是其交叉的部分是有限的。第二，税法属于义务性法规，主要用来建立正常的纳税义务关系，其本身并不带有惩罚性。刑法属于禁止性法规，目的在于明确什么是犯罪，对犯罪者应施以何种惩罚，两者的性质是不同的。第三，就法律责任的承担形式来说，对税收法律责任的追究形式是多重的，而对刑事法律责任的追究只能采用自由刑与财产刑的刑罚形式。

1.2 税法的分类

1.2.1 按税法的内容分类

按税法的内容不同，可分为税收实体法和税收程序法。

1. 税收实体法

税收实体法是规定税收法律关系主体的实体权利和义务的法律规范的总称。税收实体法是税法的核心，没有税收实体法，税法体系就不能成立。税收实体法的构成要素主要包括以下几项。

（1）纳税人

纳税人亦称为纳税主体，指税法规定的负有纳税义务的单位和个人。纳税人既有自然人，也有法人。所谓自然人，一般是指公民或居民个人。所谓法人，是指依法成立并能独立行使法定权利和承担法定义务的企业或社会组织。一般来说，法人纳税人大多是公司或企业。

纳税人应与负税人相区别。负税人是指最终负担税款的单位和个人。在税收负担不能转嫁的条件下，纳税人与负税人是一致的；在税收负担可以转嫁的条件下，纳税人与负税人是分离的。与纳税人相关的另一个概念即扣缴税款义务人，简称扣缴义务人，是指税法上规定的负有扣缴税款义务的单位。

（2）课税对象

课税对象亦称税收客体，指税法规定的征税标的物，是征税的根据。课税对象用于确定对纳税人哪些所有物或行为征税的问题，它是区别税种的主要标志。

①税目。由于课税对象比较笼统，为了满足税制的需要，还必须把课税对象具体化，将课税标的物划分成具体项目。我们把这种在税制中对课税对象规定的具体项目称为税目。税目规定了一个税种的征税范围，反映了征税的广度。

②税源。税源是指税收的经济来源或最终出处，从根本上说，税源是一个国家已创造出来并分布于各纳税人手中的国民收入。课税对象与税源未必相同。有些税种的课税对象与税源相同，如所得税的课税对象与税源都是纳税人的所得；有些税种的课税对象与税源不同，如财产税的课税对象是纳税人的财产，但税源往往是纳税人的财产收入或其他收入。

③计税依据。计税依据是指计算应纳税额的依据。它是课税对象在数量上的具体化。计税依据在形态上看有两种：一种是价值形态，就是以征税对象的价值为计税依据，如商品的销售收入额、劳务收入额等等；另一种是实物形态，是以征税对象的数量、容积、重量、面积等为计税依据。前者称为"从价计征"，后者称为"从量计征"。

（3）税率

税率是应纳税额与课税对象的比例。税率是税收制度的核心和中心环节，税率的高低既是决定国家税收收入多少的重要因素，也是决定纳税人税收负担轻重的重要因素，因此，它反映了征税的深度，体现了国家的税收政策。

①比例税率。比例税率是按计税依据对征税对象规定一个固定的征税比率。比例税率不随征税对象数额大小而改变，无论征税对象数额大小，一律按固定比例征收税额。比例税率具有计算简便、利于征管、促进效率的优点。缺点是在一定条件下，不利于税收负担公平，即在税收负担上具有累退性，表现为收入越高，负担越轻，不尽合理。它一般适用于对商品或劳务的征税。

②定额税率。定额税率亦称固定税额，它是对征税对象的一定计量单位直接规定一个固定的税额，而不规定征收比例。定额税率具有计算简便、税额不受价格和收入变动影响的特点。定额税率适用于从量计征的税种。在我国，目前定额税率主要在财产课税、资源课税中使用。

③累进税率。累进税率是根据征税对象数额的大小，划分为若干等级，每个等级由低到高规定相应的税率，征税对象数额越大，税率越高，即税率水平随征税对象数量的增加而递增。

全额累进税率在计算方法上是将计税依据的全部按照与之相对应的最高级次的税率计算税额，全部计税依据只适用一个税率。超额累进税率在计算方法上是将计税依据的各部分按照相应级次的税率分别计算税额，然后合并相加为应纳税额，全部计税依据可能适用几个不同级次的税率。

在实践中，各国税制都将公平原则放在重要位置，因此，超额累进税率目前得到普遍推行。为了解决该税率使用上的复杂性问题，采取了简化计算的"速算扣除法"，即先计算出速算扣除数，然后运用下列公式计算出应纳税额：

应纳税额＝法定税基×适用税率－速算扣除数

所谓速算扣除数，指同一税基按全额累进税率计算的税额与按超额累进税率计算的税额之间的差额。

比例税率、定额税率和累进税率都是税法中的税率形式，可概括称之为"税法税率"。有时人们为了经济分析的需要，还常引入另外的税率形式，主要包括名义税率、实际税率、边际税率和平均税率，可概括称之为"虚拟税率"。

名义税率即为税率表所列的税率，是纳税人实际纳税时适用的税率。实际税率是纳税人真实负担的有效税率，它等于实纳税额与经济税基之比，在没有税负转嫁的情况下，即为纳税人的税收负担率。有些税种由于实行减免税，税前列支和扣除，实际税率会低于名义税率。边际税率是指一定数量的税基再增加一个单位所适用的税率，在实行比例税率的条件下，边际税率始终不变；在实行累进税率条件下，税基的不同级距上有不同的边际税率。平均税率是实纳税额与法定税基之比。当实行比例税率时，若无税收减免，平均税率就等于实际税率，也与边际税率一致；当实行超额累进税率时，平均税率与边际税率常常存在差别，其差别大小由法定税基的大小决定。

（4）起征点与免征额

起征点指税法规定的开始征税时税基所达到的最低界限。税基未达到起征点的不征税；达到或超过起征点的，按其全部税基计征税款。免征额指税法规定的税基中免于计税的数额。免征额部分不征税，只对超过免征额的税基计征税款。

（5）纳税期限

纳税期限是纳税人向国家交纳税款的法定期限。各种税都明确规定了税款的交纳期限。纳税期限一般考虑：① 根据各行业生产经营的不同特点和不同征税对象决定纳税期限；② 根据纳税人缴纳税款数额的多少来决定；③根据纳税行为发生的情况，以从事生产经营活动的次数为纳税期限，实行按次征收，如屠宰税、集市交易税等都是发生纳税行为后按次交纳；④为保证财政收入，防止偷漏税，在纳税行为发生前预先缴纳税款。

（6）纳税环节

纳税环节是指在商品流通和非商品的劳务或其他交易过程中，税收应在哪些环节和多少环节予以课征的点或者说是关节。在上述各税制要素分别解决了对谁课税、对什么东西课税以及征多少税之后，纳税环节要解决在哪里征税的问题。按纳税环节的多少和具体环节的选择可以分为不同的课税制度：同一种税只在一个环节课征税收的，称为"一次课征制"，同一种税在两个或两个以上环节课征税收，或同种性质不同税种对同一种收入课以税收的，称为"多次课征制"。纳税环节的多少以及具体环节的选择，不仅关系到国家财政收入水平，而且会影响纳税人的经济行为和纳税积极性，影响商品流通和经济运行的轨迹。

2. 税收程序法

税收程序法是指以国家税收活动中所发生的以程序关系为调整对象的税法，是规定国家征税权行使程序和纳税人纳税义务履行程序的法律规范的总称。《税收征管法》属于实施程序法，我们在此作简单介绍。

（1）税务登记

税务登记是税务机关对纳税人的生产、经营活动进行登记并据此对纳税人实施税务管理的一种法定制度。税务登记又称纳税登记，它是税务机关对纳税人实施税收管理的首要环节和基础性工作，是征纳双方法律关系成立的依据和证明，也是纳税人必须依法履行的义务。其内容包括开业登记、变更登记、停复业登记、注销登记、税务登记证验审和更换、非正常户处理等。通过税务登记，可以使税收机关掌握税源，有利于增强纳税人依法纳税的观念，促进应纳税款及时足额地缴入国库。

（2）账簿、凭证管理

账簿是纳税人、扣缴义务人连续地记录其各种经济业务的账册或簿籍。凭证是纳税人用来记录经济业务，明确经济责任，并据以登记账簿的书面证明。账簿、凭证管理是继税务登记之后税收征管的又一重要环节，在税收征管中占有十分重要的地位。

（3）纳税申报

纳税申报是纳税人按照税法规定的期限和内容，向税务机关提交有关纳税事项书面报告的法律行为，是纳税人履行纳税义务、界定纳税人法律责任的主要依据，是税务机关税收管理信息的主要来源和税务管理的重要制度。

（4）税款征收

税款征收是税收征收管理工作中的中心环节，是全部税收征管工作的目的和归宿，在整个税收工作中占据着极其重要的地位。税款征收应该遵循法定原则、简便原则和强制原则。税款征收的方式包括查账征收、查定征收、查验征收、定期定额征收、委托代征税款和邮寄纳税等方式。具体的税款征收制度主要包括以下几项主要内容。

①代扣代缴、代收代缴税款制度。税法规定的扣缴义务人必须依法履行代扣、代收税款义务。如果不履行义务，就要承担法律责任。扣缴义务人依法履行代扣、代收税款义务时，纳税人不得拒绝。纳税人拒绝的，扣缴义务人应当及时报告税务机关处理，不及时向主管税务机关报告的，扣缴义务人应承担应扣未扣、应收未收税款的责任。扣缴义务人代扣、代收税款，只限于法律、行政法规规定的范围，并依照法律、行政法规规定的征收标准执行。对法律、法规没有规定代扣、代收的，扣缴义务人不能超越范围代扣、代收税款，扣缴义务人也不得提高或降低标准代扣、代收税款。

②延期缴纳税款制度。纳税人和扣缴义务人必须在税法规定的期限内缴纳、解缴税款。但考虑到纳税人在履行纳税义务的过程中，可能会遇到特殊困难的客观情况，为了保护纳税人的合法权益，《税收征管法》第三十一条规定："纳税人因有特殊困难，不能按期缴纳税款的，经省、自治区、直辖市国家税务局和地方税务局批准，可以延期缴纳税款，但最长不得超过 3 个月。"纳税人在申请延期缴纳税款时应当注意以下几个问题：申请应以书面形式提出；税款的延期缴纳，必须经省、自治区、直辖市国家税务局和地方税务局批准方为有效；延期期限最长不得超过 3 个月，同一笔税款不得滚动审批；批准延期内免予加收滞纳金。

③税收滞纳金征收制度。《税收征管法》第三十二条规定："纳税人未按照规定期限缴纳税款的，扣缴义务人未按照规定期限解缴税款的，税务机关除责令限期缴纳外，从滞纳税款之日起，按日加收滞纳税款万分之五的滞纳金。"拒绝缴纳滞纳金的，可以按不履行纳税义

务实行强制执行措施，强行划拨或者强制征收。

④减免税收制度。根据《税收征管法》第三十三条的有关规定，办理减税、免税应注意下列事项：一是减免税必须有法律、行政法规的明确规定（具体规定将在税收实体法中体现）。地方各级人民政府、各级人民政府主管部门、单位和个人违反法律、行政法规规定，擅自作出的减税、免税决定无效，税务机关不得执行，并须向上级税务机关报告。二是纳税人申请减免税，应向主管税务机关提出书面申请，并按规定附送有关资料。减免税的申请须经法律、行政法规规定的减税、免税审查批准机关审批。纳税人在享受减免税待遇期间，仍应按规定办理纳税申报。纳税人享受减税、免税的条件发生变化时，应当及时向税务机关报告，经税务机关审核后，停止其减税、免税；对不报告的，税务机关有权追回已减免的税款。减税、免税期满，纳税人应当自期满次日起恢复纳税。

⑤税收保全措施。《税收征管法》第三十八条规定：税务机关有根据认为从事生产、经营的纳税人有逃避纳税义务行为的，可以在规定的纳税期之前，责令限期缴纳税款；在限期内发现纳税人有明显的转移、隐匿其应纳税的商品、货物以及其他财产迹象的，税务机关应责令其提供纳税担保。如果纳税人不能提供纳税担保，经县以上税务局（分局）局长批准，税务机关可以采取下列税收保全措施：

一是书面通知纳税人开户银行或者其他金融机构冻结纳税人的金额相当于应纳税款的存款；

二是扣押、查封纳税人的价值相当于应纳税款的商品、货物或者其他财产。

纳税人在上款规定的限期内缴纳税款的，税务机关必须立即解除税收保全措施；限期期满仍未缴纳税款的，经县以上税务局（分局）局长批准，税务机关可以书面通知纳税人开户银行或者其他金融机构，从其冻结的存款中扣缴税款，或者依法拍卖或者变卖所扣押、查封的商品、货物或者其他财产，以拍卖或者变卖所得抵缴税款。个人及其所扶养家属维持生活必需的住房和用品，不在税收保全措施的范围之内。

采取税收保全措施不当，或者纳税人在期限内已缴纳税款，税务机关未立即解除税收保全措施，使纳税人的合法利益遭受损失的，税务机关应当承担赔偿责任。

⑥税收强制执行措施。《税收征管法》第四十条规定，从事生产、经营的纳税人、扣缴义务人未按照规定的期限缴纳或者解缴税款，纳税担保人未按照规定的期限缴纳所担保的税款，由税务机关责令限期缴纳，逾期仍未缴纳的，经县以上税务局（分局）局长批准，税务机关可以采取下列强制执行措施：

一是书面通知其开户银行或者其他金融机构从其存款中扣缴税款；

二是扣押、查封、依法拍卖或者变卖其价值相当于应纳税款的商品、货物或者其他财产，以拍卖或者变卖所得抵缴税款。

⑦税款的退还和追征制度。《税收征管法》第五十一条规定："纳税人超过应纳税额缴纳的税款，税务机关发现后应当立即退还；纳税人自结算缴纳税款之日起 3 年内发现的，可以向税务机关要求退还多缴的税款并加算银行同期存款利息，税务机关及时查实后应当立即退还；涉及从国库中退库的，依照法律、行政法规有关国库管理的规定退还。"《税收征管法》第五十二条规定："因税务机关责任，致使纳税人、扣缴义务人未缴或者少缴税款的，税务

机关在 3 年内可要求纳税人、扣缴义务人补缴税款，但是不得加收滞纳金。"因纳税人、扣缴义务人计算等失误，未缴或者少缴税款的，税务机关在 3 年内可以追征税款、滞纳金；有特殊情况的追征期可以延长到 5 年。

（5）税务检查

税务检查是税务机关以税收法律、行政法规和税收征收管理制度为依据，对纳税人履行纳税义务情况及其偷逃税行为的审核和查处的总称。税务检查是税收征收管理工作的重要内容。税务检查的形式有重点检查、分类计划检查、临时性检查和专项检查。税务检查的方法有全查法、抽查法、顺查法、逆查法、现场检查法、调账检查法等。税务机关派出的人员进行税务检查时，应当出示税务检查证和税务检查通知书，并有责任为被检查人保守秘密，未出示税务检查证和税务检查通知书的，被检查人有权拒绝检查。税务机关的权利包括查账权、场地检查权、责成提供资料权、询问权、查证权和查核存款账户权。

1.2.2 按税法的效力分类

按税法的效力不同，可分为税收法律、税收法规和税收规章。

1. 税收法律

税收法律是指由享有国家立法权的国家最高权力机关，依照法律程序制定的规范性税收文件，其法律地位和效力仅次于宪法。在联邦制国家和部分单一制国家中，由于税收立法权的分工和分税制的实行，税收法律形成了由中央立法机关立法的中央税法体系和由地方立法机关立法的地方税法体系。

2. 税收法规

税收法规是指由国家最高行政机关制定的规范性税收文件。在我国，由地方立法机关制定的规范性税收文件也属于税收法规。税收法规的效力低于正式税收法律。我国税收法规的形式主要有税收条例、暂行条例、实施细则以及其他具有规范性内容的税收文件。在现阶段，税收法规是我国税收立法的主要形式，随着我国税收立法体制的完善，我国实体税法的整体法律层次应有所提高，大部分税种应采用正式法律形式。

3. 税收规章

税收规章指国家最高税务行政机关为执行税法制定的规范性文件，是税法的具体化，其作用在于使税法具有可操作性。税收规章的法律效力虽低于税收法规，但也是广义上税法的重要组成部分。

1.2.3 按税法的征收对象分类

按征收对象的不同，税法可分为对流转额课税的税法，对所得额课税的税法，对财产、行为课税的税法和对资源课税的税法。

对流转额课税的税法主要包括增值税、营业税、消费税、关税等税法，这类税法的特点是与商品的生产、流通、消费有密切联系，易于发挥对经济的宏观调控作用。对所得额课税的税法主要包括企业所得税、个人所得税等税法，其特点是可以直接调节纳税人收入，发挥其公平税负、调整分配关系的作用。对财产、行为课税的税法主要是对财产的价值或某种行为课税，包括房产税、印花税等税法。对资源课税的税法主要是为保护和合理使用国家自然资源而课征的税。我国现行的资源税、城镇土地使用税、耕地占用税等税种均属于资源课税的范畴。

1.2.4 按税收收入归属和征管管辖权限分类

按税收收入归属和征管管辖权限的不同，可分为中央（收入）税法、地方（收入）税法和中央地方（收入）共享税法。

一般来说，中央税属于中央政府的财政收入，由国家税务局统一征收管理，如消费税、关税等；地方税属于地方政府的财政收入，由地方税务局统一征收管理，如城镇土地使用税、房产税等；共享税属于中央政府和地方政府的共同财政收入，目前由国家税务局征收管理，如增值税。目前，除个别小税种地方有立法权外，其他税种的立法权都在中央。

1.3 税收法律关系

1.3.1 税收法律关系的概念与特点

1. 税收法律关系的概念

税收法律关系是税法所确认和调整的，国家与纳税人之间在税收分配过程中形成的权利义务关系。税收法律关系是法律关系的一种具体形式，因此，具有法律关系的一般特征。

关于税收法律关系的性质，有两种不同的学说，即"权力关系说"和"债务关系说"。权力关系说将税收法律关系理解为纳税人对国家课税权的服从关系，课税以国家政治权力为依据，体现国家的意志，国家在课税过程中始终处于主导地位，课税权的行使以税收法规的制定、课税行为的实施、税务罚则的运用为基本模式进行。债务关系说则认为税收法律关系是一种公法上的债权债务关系，因为税收从本质上看是一种金钱的给付，是以国家为债权人而依法设定的债。

权力关系说代表较为传统的观念，是从税法基本概念作出的推理。它抓住了税收是国家利用政治权力强迫纳税人服从这一核心问题，突出了国家在税收法律关系中的特殊地位，其论据是充分的。但是这一学说也有局限性，主要是没有体现税法的经济属性。在税收越来越深入人们的经济生活，一些民法、经济法的规范相继引入税法范畴之后，单纯用权力关系说已很难对所有税收法律关系问题作出圆满的解释，例如对纳税担保问题即是如此。债务关系说则揭示了税收法律关系的经济属性，即一种公法上的债权债务关系，从而充实了税收法律关系的理论基础。

2. 税收法律关系的特点

（1）主体的一方只能是国家

在税收法律关系中，国家不仅以立法者与执法者的姿态参与税收法律关系的运行与调整，而且直接以税收法律关系主体的身份出现。这样，构成税收法律关系主体的一方可以是任何负有纳税义务的法人和自然人，但是另一方只能是国家。没有国家的参与，在一般当事人之间发生的法律关系不可能成为税收关系。因为税收本身就是国家参与社会剩余产品分配而形成的特殊社会关系，没有国家的直接参与，就不成其为税收分配，其法律关系自然也就不是税收关系。这与民法、经济法等法律部门中，公民法人等当事人之间也能构成的法律关系是完全不同的，因此固定有一方主体为国家，成为税收法律关系的特点之一。

（2）体现国家单方面的意志

任何法律关系都体现国家的意志。在此前提下，一些法律关系也体现其主体的意志。例如，民事法律关系是依主体双方意思表示一致达成协议时产生的，双方意思表示一致是民事法律关系成立的要件之一。但是，税收法律关系只体现国家单方面的意志，不体现纳税人一方主体的意志。税收法律关系的成立、变更、消灭不以主体双方意思表示一致为要件。税收法律关系之所以只体现国家单方面的意志，是由于税收以无偿占有纳税人的财产或是收入为目标，从根本上讲，双方不可能意思表示一致。在这里，国家的意志是通过法律规定表现出来的。只要当事人发生了税法规定的应纳税的行为或事件，就产生了税收法律关系。纳税事宜不能由税务机关以税收法律关系一般当事人的身份与其他当事人商定，即税收法律关系的成立不以双方意思表示一致为要件。

（3）权利义务关系具有不对等性

税法作为一种义务性法规，其规定的权利义务是不对等的，即在税收法律关系中，国家享有较多的权利，承担较少的义务；纳税人则相反，承担较多的义务，享受较少的权利。这种权利义务关系的不对等性，根源在于税收是国家无偿占有纳税人的财产或收益，必须采用强制手段才能达到目的。赋予税务机关较多的权利和要求纳税人承担较多的义务恰恰是确保税收强制性，以实现税收职能的法律保证。税收法律关系中权利义务的不对等性不仅表现在税法总体上，而且表现在各单行税法、法规中；不仅表现为实体利益上的不对等，而且再现在法律程序上的不对等。但是，国家与纳税人之间权利与义务的不对等性，只能存在于税收法律关系中。

（4）具有财产所有权或支配权单向转移的性质

在一般民事法律关系或经济法律关系中，大多涉及财产和经济利益。财产所有权和经济利益的让渡转移，通常是主体双方在平等协商、等价有偿原则基础上进行的，财产或经济利益既可以是由甲转移给乙，也可以是由乙转移给甲，例如，经济法中的购销关系、租赁关系、借贷关系、偿付关系等都具有这一特征。然而，在税收法律关系中，纳税人履行纳税义务，缴纳税款，就意味着将自己拥有或支配的一部分财物无偿地交给国家，使之成为政府的财政收入，国家不再直接返还给纳税人。所以，税收法律关系中的财产转移，具有无偿、单向、连续等特点，只要纳税人不中断税法规定的应纳税行为，税法不发生变更，税收法律关系就将一直延续下去。

1.3.2 税收法律关系的构成

1. 税收法律关系的主体

税收法律关系的主体，即税收征纳主体，是指税收法律关系中依法享有权利和承担义务的双方当事人，一方为税务机关，另一方为纳税人。

（1）征税主体

税务机关是指参与到税收法律关系中，享有国家税收征管权力和履行国家税收征管职能，依法对纳税主体进行税收征收管理的当事人。从严格意义上讲，只有国家才能享有税收的所有权，因此，国家是真正的征税主体。但是，实际上国家总是通过法律授权的方式赋予具体的国家职能机关来代其行使征税权力，因此，税务机关通过获得授权成为法律意义上的征税主体。

根据现行的《税收征管法》，税务机关的职权包括下列各项。

①税务管理权，包括有权办理税务登记、审核纳税申报、管理有关发票事宜等；

②税收征收权，这是税务机关最基本的权利，包括有权依法征收税款和在法定权限范围内依法自行确定税收征管方式或时间、地点等；

③税收检查权，包括有权对纳税人的财务会计核算、发票使用和其他纳税情况、对纳税人的应税商品、货物或其他财产进行查验登记等；

④税务违法处理权，包括有权对违反税法的纳税人采取行政强制措施，以及对情节严重、触犯刑法的，移送有权机关依法追究其刑事责任；

⑤税收行政立法权。被授权的立法机关有权在授权范围内依照一定程序制定税收行政规章及其他规范性文件，作出行政解释等；

⑥代位权和撤销权。《税收征管法》为了保证税务机关及时、足额追回由于债务关系造成的、过去难以征收的税款，赋予了税务机关可以在特定情况下依法行使代位权和撤销权。

税务机关的职责包括下列各项。

①税务机关不得违反法律、行政法规的规定开征、停征、多征或少征税款，或擅自决定税收优惠；

②税务机关应当将征收的税款和罚款、滞纳金按时足额并依照预算级次入库，不得截留和挪用；

③税务机关应当依照法定程序征税，依法确定有关税收征收管理的事项；

④税务机关应当依法办理减税、免税等税收优惠，对纳税人的咨询、请求和申诉作出答复处理或报请上级机关处理；

⑤税务机关对纳税人的经营状况负有保密义务；

⑥税务机关应当按照规定付给义务人代扣、代收税款的手续费，且不得强行要求非扣缴义务人代扣、代收税款；

⑦税务机关应当严格按照法定程序实施和解除税收保全措施，如因税务机关的原因，致使纳税人的合法权益遭受损失的，税务机关应当依法承担赔偿责任。

（2）纳税主体

纳税主体，就是通常所称的纳税人，即法律、行政法规规定负有纳税义务的单位和个人。对于纳税主体，有许多不同的划分方法。按照纳税主体在民法中的身份的不同，可以分为自然人、法人、非法人单位；根据征税权行使范围的不同，可以分为居民纳税人和非居民纳税人等。不同种类的纳税主体，在税收法律关系中享受的权利和承担的义务也不尽相同。

根据《税收征管法》规定，纳税人的权利包括：依法提出申请享受税收优惠的权利；依法请求税务机关退回多征税款的权利；依法提起税务行政复议和税务行政诉讼的权利；依法对税务人员的违法行为进行检举和控告的权利；因税务机关的行为违法或不当，致使纳税人合法权益遭受损害时，有依法请求得到赔偿的权利；向税务机关咨询税法及纳税程序的权利；要求税务机关为其保密的权利；对税务机关作出的决定有陈述和申辩的权利。

纳税人的义务包括：依法办理税务登记，变更或注销税务登记；依法进行账簿、凭证管理；按期进行纳税申报，按时足额缴纳税款；向税务机关提供生产销售情况和其他资料，主动接受并配合税务机关的税务检查；执行税务机关的行政处罚决定，按照规定缴纳滞纳金和罚款。

（3）其他税务当事人

在税收法律关系中，除税务机关和纳税人这两个主要的法律关系主体之外，还有扣缴义务人、纳税担保人以及银行、工商、公安等部门，税法中也相应规定了他们的权利与义务。但由于他们不是税收法律关系的主线，因此，税法中规定的权利与义务通常并不完整，并且由于所具有的强制性特征，税法更大程度上强调了主体的义务。例如，在税务机关查询存款、执行税收保全措施和强制招待措施过程中，《税收征管法》规定了银行必须进行协助的义务，以及逃避协助义务所应当承担的法律责任，在此情况下，征管法仅赋予银行可以对税务机关的处罚决定寻求法律救济的权利，其他诸如陈述权、申辩权等权利则没有明确规定。但这并不意味着银行作为行政协助人行使权力的缺失，依照《商业银行法》、《行政处罚法》等有关法律的规定，税务机关同样保障银行应有的权利。因此，在税收法律关系中，完整地理解各方主体的权利与义务，除正确掌握税法的有关规定以外，还应当全面地掌握其他相关法律及税法与相关法律的适用关系。

2. 税收法律关系的客体

税收法律关系的客体，即税收法律关系主体的权利、义务所共同指向的对象，也就是征税对象。例如，所得税法律关系的客体是生产经营所得和其他所得，财产税法律关系的客体是财产，流转税法律关系的客体是销售货物或提供劳务的收入。

3. 税收法律关系的内容

税收法律关系的内容就是税收法律关系主体所享有的权利和所应承担的义务。这是税收法律关系最实质的内容，是税法的灵魂。税收法律关系的内容规定了税收法律关系主体可以有什么行为，不可以有什么行为，若违反了这些规定，就要承担相应的法律责任。

1.3.3 税收法律关系的产生、变更、消灭

与其他社会关系一样，税收法律关系也是处于不断发展变化之中的，这一发展变化过程

我们可以概括为税收法律关系的产生、变更和消灭。

1. 税收法律关系的产生

税收法律关系的产生是指在税收法律关系主体之间形成权利义务关系。由于税法属于义务性法规，税收法律关系的产生应以引起纳税义务成立的法律事实为基础和标志。而纳税义务产生应当是纳税主体进行的应当课税的行为，如销售货物、取得应税收入等，不应当是征税主体或其他主体的行为。国家颁布新税法、出现新的纳税主体都可能引发新的纳税行为出现，但其本身并不直接产生纳税义务，税收法律关系的产生只能以纳税主体应税行为的出现为标志。

2. 税收法律关系的变更

税收法律关系的变更是指由于某一法律事实的发生，使税收法律关系的主体、内容和客体发生变化。引起税收法律关系变更的原因是多方面的，主要包括：（1）由于纳税人自身的组织状况发生变化，如纳税人发生改组、分设、合并、联营、迁移等情况，需要向税务机关申报办理变更登记或重新登记，从而引起税收法律关系的变更；（2）由于纳税人的经营或财产情况发生变化，如某企业由工业生产变为非商品经营，则须由缴纳增值税改为缴纳营业税，税收法律关系因此发生变更；（3）由于税务机关组织结构或管理方式的变化，如国家税务局、地方税务局分设后，某些纳税人需要变更税务登记；申报大厅的设立，也会带来税收法律关系的某些变更；（4）由于税法的修订或调整，如1994年实行新税制以后，原有的许多个案减免取消，纳税人由享受一定的减免税照顾变为依法纳税，类似的税法修订和调整，都使税收法律关系发生量或质的变更；（5）因不可抗拒力造成的破坏，如由于自然灾害等不可抗拒的原因，纳税人往往遭受重大的财产损失，被迫停产、减产，纳税人在向主管税务机关申请减税得到批准后，税收法律关系发生变更。

3. 税收法律关系的消灭

税收法律关系的消灭是指这一法律关系的终止，即其主体间权利义务关系的终止。税收法律关系消灭的原因主要包括：（1）纳税人履行纳税义务。这是最常见的税收法律关系消灭原因，它包括纳税人依法如期履行纳税义务和税务机关采取必要的法律手段，使纳税义务强制地履行这两类情况。（2）纳税义务因超过期限而消灭。我国税法规定，未征、少征税款的一般追缴期限为3年。超过3年，除法定的特殊情况外，即使纳税人没有履行纳税义务，税务机关也不能再追缴税款，税收法律关系因此而消灭。（3）纳税义务的免除，即纳税人符合免税条件，并经税务机关审核确认后，纳税义务免除，税收法律关系消灭。（4）某些税法的废止。例如，1994年我国实行新税法后，原有的"烧油特别税"废止，由此产生的税收法律关系归于消失。（5）纳税主体的消失。没有纳税主体，纳税无法进行，税收法律关系因此而消失。

1.4 我国现行税法体系

1.4.1 我国现行税法体系的内容

税法体系，从法律角度讲，是指一个国家在一定时期内，一定体制下以法定形式规定的各种税收法律、税收法规的总和。从税收工作的角度讲，税法体系往往被称为税收制度。我国现行税法体系是在宪法精神的指导下，直接由各平行的单行税法组成。按照税法规定的具体内容的不同，大致可将税法分为税收实体法和税收程序法两个部分。

税收实体法是构成我国现行税法体系的最基本的组成部分，由17个税种组成。除个人所得税、企业所得税以税收法律形式公布以外，其他税种都是采用条例或暂行条例或办法等税收法规形式予以明确的。税收实体法按其性质和作用不同，大致可以分为五类：（1）流转税类，包括增值税、消费税、营业税和关税；（2）资源税类，包括资源税、城镇土地使用税、土地增值税和耕地占用税；（3）所得税类，包括企业所得税和个人所得税；（4）财产税类，包括房产税、契税、车船税；（5）行为税类，包括城市维护建设税、车辆购置税、印花税和烟叶税。

税收程序法按照税收征收管理的机关不同而不同，主要包括：（1）由税务机关负责征收的税种的征收管理，按照全国人大常委会发布实施的《税收征收管理法》执行；（2）由海关负责征收的税种的征收管理，按照《海关法》和《进出口关税条例》等有关规定执行。

目前，我国的税收法律体系已初步形成了以宪法中的税收规范为统帅，以大量的税收法律、行政法规、地方性法规、自制地方条例为主体，并辅以相当数量的税法解释、规章、税收协定等所组成的税法体系。但是，由于种种原因，我国税收法律体系还存在许多不足。主要表现在以下几个方面。

（1）由于我国所制定的税收法律法规都是一些单行的法律文件，有关税收中的一些基本的共同的法律问题都没有或无法得以规定，例如，税收的立法原则、税收执法原则、税法解释原则、税务机构的组织及其权利义务、纳税人的权利和义务，税收管辖权、中央和地方税收立法权的划分等等。缺少这些法律，无论对税收立法还是对税收执法，都会产生不利影响。因此，参照国际上的做法，制定一部基本的《中华人民共和国税收法》，使之成为我国税收法律体系中的母法或"小宪法"，并赋予其税法领域中最高法律地位和法律效力，用来统领、约束、指导、协调各单行税收法律、法规是非常必要的。

（2）现行税法立法档次较低，行政机关成为税收立法的主要机关，税收立法呈现立法行政化的趋势。目前，除税收征管法、企业所得税法、个人所得税法等是由国家立法机关——全国人大或其常委会制定的以外，其余的税法大多是由国务院及其主管部门——财政部或国家税务总局制定的暂行条例和暂行规定等。这些情况表明，我国的税收立法权过多的依赖行政执法部门，出现了税收立法行政化趋势。这样不仅直接影响了税法的效力等级，影响了税法应有的严肃性、权威性，而且执法机关自己制定法律自己执行，必然导致税收立法程序简单、税收法律变换频繁、税收执法随意性增大等缺陷。

（3）现行税收法律过于概括、简约，给税法的解释、理解和执行带来较大的随意性和歧义性，容易偏离税收立法的本意，也会出现法律空白，导致无法可依的情况，最终只能凭借行政自由裁量权做出决定，导致理解和执行上出现偏差。

（4）为强化税收行政执法权的实施，税收行政执法还需要配套设施和制度，需要其他有关部门的配合和协助。为保障落实税务机关的种种检查权、行政处罚权、强制执行权等，还需要建立税务司法保障制度。

1.4.2 我国税收法律制度的沿革

自中华人民共和国成立以来，我国税收制度的建立与发展经历了一个曲折的过程。总体来看，我国税制改革的情况主要分为以下六个阶段。

1. 1950 年税制的建立

为建立全国统一的税收制度，1949 年 9 月中国人民政治协商会议第一届全体会议通过的《共同纲领》第 40 条规定："国家的税收政策应以保障革命战争的供给、照顾生产的恢复和发展及国家建设的需要为原则，简化税制，实行合理负担。"本着这个精神，中央人民政府政务院 1950 年 1 月发布了《关于统一全国税政的决定》，同时制定并公布了《全国税政实施要则》（以下简称《要则》）和《全国各级税务机关暂行组织规程》（以下简称《规程》）。在《规程》中，规定城市税务工作由该城市的一个税务机关统一管理，结束了国民党统治时期税务机关林立的状况，为统一全国税政奠定了组织基础。在《要则》中，规定除农业税外，全国统一实行 14 种中央税和地方税，即货物税、工商业税、盐税、关税、薪给报酬所得税（后未开征）、存款利息所得税、印花税、遗产税（后未开征）、交易税、屠宰税、房产税、地产税、特种消费行为税、车船使用牌照税。

货物税是以列举的货物为征税对象，就生产环节征收的一种税。该税以产制者或购运者为纳税人；规定应税货物的品目有 1 136 个，税率最低为 3%，最高为 120%。货物税实行从价计征，完税价格是不含税价格。

工商业税就是对工商企业的营业额及所得额征收的一种税。它分为按营业额计算和按利润所得额计算两个部分。按营业额计算部分，对坐商征收的，一般称作营业税；对行商征收的，一般称作临时营业税；对摊贩业征收的，一般称作摊贩营业牌照税。按利润所得额计算部分，一般称作所得税。

存款利息所得税是对存款和证券的利息所得征收的一种税，该税以取得利息所得者为纳税人，以支付或经付利息者为扣缴义务人。

印花税是对因商事、产权等行为所书立或使用的凭证征收的一种税。印花税以凭证书立人、领受人或使用人为纳税义务人，依照凭证性质，分别按凭证所记金额比例贴花，或按件定额贴花。

交易税是对市场交易的棉花、土布、粮食、药材、牲畜等，按交易额计算征收的一种税，一般由买方负担。

特种消费行为税是对某些特定的消费行为征收的一种税，具体包括电影、戏曲及娱乐、舞场、筵席、冷食、旅馆等消费行为。这种税由消费者负担，而由经营企业单位负责代征。

该税实行从价计征。对电影戏曲娱乐按票券价格计征；对筵席、冷食等按每次消费的金额计征，但每次消费金额不满规定起征点的不征税。

其他各税，如盐税、关税、薪给报酬所得税、遗产税、屠宰税、房产税、地产税、车船使用牌照税，及随后颁布的契税，也都相应制定了税法或条例、规定。

以上各税在全国的统一施行，标志着新中国社会主义税收制度建立起来了。

2. 1953 年税制的修正

1952 年 11 月，在第四届全国税务会议上，财政部根据"保证税收、简化税制"的精神，研究修正税制。12 月 31 日，政务院财经委员会发布《关于税制若干修正及实行日期的通告》，并规定从 1953 年 1 月 1 日起实行。税制修正的主要内容如下。

（1）试行商品流通税

将货物税中国家能够控制生产或销售的产品，以及棉纱统销税的征税项目纳入商品流通税征税范围，共有 22 个项目。实行一次课征制，即对征收商品流通税的商品，把从生产、批发到零售各个环节应纳的货物税、工业营业税、商业批发和零售营业税及其附加税和印花税，都合并起来，集中到商品第一次批发或调拨环节征收，以后进入流通环节均不再征收。以每种商品原来的综合税负为标准，同时按保证国家财政收入，并考虑城乡、工农、产销的商品流转规律与价格等因素及照顾到企业合理利润与消费者的负担来确定税率。

（2）修正货物税

将应税货物原来应缴纳的印花税、营业税及其附加，均并入货物税征收，并调整货物税的税率。货物税税目也由原来的 358 个简并为 174 个。把原来征收交易税的粮食改征货物税，并新加了香精、照相机等少数税目。

（3）修正工商业税

主要是将工商业原来缴纳的营业税、营业税附加和印花税并入营业税内，相应调整营业税税率。对已纳商品流通税的商品不再缴纳营业税，已缴纳货物税的货物也只在商业零售时缴纳营业税。对不缴纳商品流通税和货物税的商品，无论是工业出售还是商业贩卖，都应缴纳营业税。在工商所得税方面，实行地方附加并入正税缴纳，临时营业税的地方附加及印花税也并入临时营业税缴纳。

（4）修正其他各税

①修正印花税。原印花税税额表各自规定的对保费收据、承揽及加工收据、佣金收据等的征税，分别并入商品流通税、货物税、工商业税及屠宰税征收。

②修正屠宰税。屠宰商应缴纳的营业税及其附加、印花税均并入屠宰税内缴纳。税率当时定为 13%，农民出售者按 10% 计税。

③修正交易税。粮食交易税改征货物税，棉花交易税并入商品流通税，牲畜交易税按财政部公布的征收办法执行。

同时，将原特种消费行为税改称为文化娱乐税。对原列电影、戏剧及娱乐部分的税率不变，对原列筵席、冷食、旅店、舞厅部分，并入营业税，分别规定税率。

经过 1953 年修正的税制，税种共有 14 个，即商品流通税、货物税、工商业税、盐税、关税、农（牧）业税、存款利息所得税、印花税、屠宰税、牲畜交易税、城市房地产税、文化娱乐税、车船使用牌照税、契税。虽然税种总数并没有减少，但一个企业缴纳的主要税种已经合并简化了。

3. 1958 年到 1979 年的税制改革

（1）1958 年的税制改革

①对工商税的改革。在"三大改造"完成以后，国民经济的构成发生了根本变化。包括国有经济、合作社经济和公私合营经济在内的社会主义公有制经济的比重上升到 93%，私有制经济只占 7%。社会经济结构由多种经济成分并存变为基本上单一的社会主义经济，征税对象也由以资本主义工商业为重点变为以社会主义全民所有制和集体所有制经济为重点。原来在多种经济成分并存条件下制定的税收制度也就不适应新的经济情况了，简化税制的要求非常迫切。因此，我国在 1958 年对工商税制进行了一次较大的改革。这次改革的方针是"基本上在原有税负基础上简化税制"。改革的主要内容是试行工商统一税。工商统一税是由原来的商品流通税、货物税、营业税、印花税合并而成的，是对工商企业和个人按其经营业务的流转额和提供劳务收入额征收的一种税。该税的纳税人是从事工产品生产、农产品采购、外货进口、商业零售、交通运输和服务性业务的单位和个人。工商统一税的税目分为两大部分：一部分是工农业产品，它大体上是根据产品性质、用途和部门分工相接近、积累水平相接近等标准来划分的。另一部分是商业零售、交通运输和服务性业务。简化了工商统一税的纳税环节。对工农业产品，从生产到流通，实行两次课征制。工业品确定在工业销售环节和商业零售环节纳税；农产品只就列举的 11 种产品，在采购环节和商业零售环节征两次税，未列举的只在商业零售环节纳税，取消了批发环节的营业税。工商统一税的计税办法大大简化。凡属应税产品，都按实际销售收入计税，改变过去分别按国家调拨价格或商业批发牌价计税的规定。

这次改革后的税制与原税制相比，税制体系与结构基本未变，但多种税、多次征的状况发生了变化。工商业税、货物税、营业税、印花税四税合一，使税种大大减少；纳税环节实行两次课征，使税制进一步简化。

②对农业税的改革。1958 年在改革工商税制的同时，还改革了农业税制。新中国建立初期，由于老解放区和新解放区的情况不同，采用的农业税制也不相同，老解放区基本上沿用老征税办法，实行比例税制，新解放区按 1950 年颁布的《新解放区农业税条例》征收农业税，实行全额累进税制。1956 年农业合作化以后，全国各地农村生产关系发生巨大变化，个体经济通过合作化的道路变成了集体经济，农村阶级关系及其分配上的差别消失了，原来全国不统一的农业税制已无必要。为适应这种情况，1958 年 6 月，全国人大常委会通过了《中华人民共和国农业税条例》，在全国实行统一的农业税制，其主要内容如下：

废除累进税制，采用地区差别比例税制；继续实行以常年应产量为计税标准，"稳定负担，增产不增税"政策；适应农业合作化以后的农村经济情况，基本上以农业合作社为纳税义务人。

建国以来农业税制的这次重大改革，对于巩固和发展农业集体经济、鼓励增产、掌握实物、积累资金、调节收入；对于正确处理国家与广大农民在收入分配中的关系，加强工农联盟，在长时期内起到了重要作用。

（2）1963 年的税制调整

1963 年我国对工商所得税进行了一次调整。建国初期的工商业税包括工商营业税和工商所得税两部分。1958 年改革税制时，将其中的营业税部分并入工商所得税。这样，工商所得税便成为一个独立的税种。这一税种是根据对私营工商业改造以前的形势、政策制定的，它规定不分经济性质和经营业务，一律按照 21 级全额累进税率征收。就集体经济来说，由于当时规模比较小，适用统一税率的级次也较低，所以税负较轻。但是，生产资料所有制社会主义改造基本完成以后，工商所得税的纳税人主要变为集体企业，原有的税制就不适应了。进行调整的原则是"贯彻执行合理负担政策，限制个体经济，巩固集体经济"，以便调整集体经济和个体经济之间、集体经济经营不同业务的不同企业之间的负担水平。具体政策是，在税负上要使个体经济重于集体经济，合作商店重于其他合作经济。调整的主要内容如下。

提高个体工商业所得税负担，实行 14 级全额累进税率，最低一级税率为 7%，最高一级为 62%。对全年所得在 1800 元以上的，除适用最高一级税率外，分别加征一成至四成。

提高合作商店所得税负担，实行 9 级超额累进税率，最低一级税率为 7%，最高一级为 60%。全年所得超过 5 万元的，加征一至四成。

调整手工业和交通运输合作社的所得税负担，实行 8 级超额累进税率，最低一级税率为 7%，最高一级为 55%，并做了一些减免税的优待。

这次调整由于受到当时"左"的指导思想的影响，急于实行个体经济向集体经济的过渡，对个体经济和合作商店限制过多，税收负担过重，这在一定程度上影响了个体经济和合作商店的存在和发展，限制了它们对全民所有制经济的补充作用。

（3）1973 年的税制简并

"文化大革命"期间，经济工作中"左"的思想影响更加严重。当时对于税收的作用，尤其是税收的调节作用更加忽视。在这种背景下，1973 年的工商税制改革，是在进一步片面强调简化税制的指导思想下进行的，这次改革的核心是实行工商税。当时财政部拟定了《中华人民共和国工商税条例（草案）》，国务院于 1972 年 3 月 20 日批转，从 1973 年 1 月起在全国试行。其主要内容如下。

①合并税种。把工商统一税及其附加、城市房地产税、车船使用牌照税、屠宰税、盐税合并为工商税。合并以后，国有企业只须缴纳一种工商税，集体所有制企业只须缴纳工商税和工商所得税两种税。盐税征收办法并没有改革，实际上仍是一个单独税种。城市房地产税、车船使用牌照税、屠宰税三个税种仍然保留，对个人和外侨继续征收。

②简化税目。税率税目由过去工商统一税的 108 个减为 44 个，税率由过去工商统一税的 141 个减为 82 个。在 82 个税率中有很多是相同的，实际上不同的税率只有 16 个。工商税税率是按行业设计的，"多数企业可以简化到只用一个税率征税"。

③改变征纳办法。工商税的征收范围包括工业、商业领域的商品流转额和非商品营业额。其纳税环节选择在工业品销售和零售环节，批发环节不纳税。在纳税环节上采取两次课征制。

这次工商税制改革过分强调减并税种、简化税制，一个企业一般只纳一种税，适用一个税率，从而大大降低了税收在经济活动中的调节作用。

4. 1979 年以后的税制改革

根据党中央、国务院的部署和经济体制改革的要求，从 1979 年至 1992 年，我国在加强税制建设方面做了大量工作，归纳起来，主要有下列几项。

（1）涉外税制的建立和完善

为了适应对外开放，吸引外商来我国投资办厂，以及对来我国工作的外籍人员课税的需要，我国从 1981 年起开始征收中外合资经营企业所得税和个人所得税。为了适应外国企业在我国设立机构，进行独立经营、合作生产、合作经营，以及未设立机构但取得收入的征税需要，1982 年起开始征收外国企业所得税。1983 年又对中外合资经营企业所得税法进行了修改，放宽了优惠条件。1991 年，把两个涉外企业所得税法，以及过去 10 年通过行政法规所做出的鼓励外商投资的一些主要规定合并，制定了统一的外商投资企业和外国企业所得税法，实现了统一的比例税率、统一税收优惠待遇、统一税收管辖原则，同时，增加了防止跨国关联企业转移利润避税的条款，我国涉外税制趋于成熟、完善。

（2）加强了宏观控制方面的税制建设

为了发挥税收在宏观调控方面的作用，增加了一系列旨在实行宏观调控的税种。为了促进节约油能源，1982 年开征了烧油特别税；为了控制投资规模，1983 年开征了建筑税，1991 年改为征收固定资产投资方向调节税；为了加强对消费基金的控制，1984 年开征了国营企业奖金税，1985 年开征了国营企业工资调节税，同年还开征了集体企业奖金税，1987年开征了个人收入调节税。通过上述措施形成了对消费基金（包括生产消费和生活消费）较完整的征税体系，有利于控制社会总需求与消费基金的膨胀，调节了个人收入之间的差距，发挥了税收的杠杆作用。

（3）实行两步"利改税"，并调整了原有税制，增设了新的税种

为了克服工商税过于综合的弊病，1984 年在实行第二步"利改税"的同时，将原来的工商税分为产品税、增值税、营业税和盐税。这次从工商税中重新划分出营业税和产品税，带有恢复原有税制的性质，而划分出的增值税则是一个新税种。1980 年，我国开始征收增值税的试点，第二步"利改税"时，明确了增值税是一个独立的税种，并扩大了原来的征税范围。在将工商税"一分为四"的过程中，还调整了原有税负，有的调低，有的调高，但总的来看，税负有所增加。同时，为加强税收在国营企业中的作用，规范国家与国营企业的分配关系，1983 年在第一步"利改税"时，全面开征了国营企业所得税。第二步"利改税"时，全面开征了国营企业调节税。为了调节由于资源优劣而形成的级差收入，在第二步"利改税"时，还开征了资源税。为健全地方税制，先后恢复和开征了城市维护建设税、房地产税、车船使用税和城镇土地使用税四个地方税种，使我国税收体系进一步完备。

（4）对国内所得税制度的改进

原来集体企业和个体经济都按工商所得税征税，但原工商所得税在税负上存在不合理的弊病。为了较全面地解决对集体企业和个体经济的所得税征收不合理问题，决定分别制定集体企业所得税法和个体经济所得税法，并于 1986 年分别开始征收集体企业所得税和城乡个体工商业户所得税。后来，针对私营企业的发展，1988 年又开始征收私营企业所得税，从而使我国的所得税制逐渐完善起来。

5. 1994 年的税制改革

我国 1994 年实施的税制改革，是全面性、结构性的重大改革，其基本内容包括流转税制改革、所得税制改革、其他税种的改革、税收征管制度的改革四个大的方面。

（1）流转税制改革

流转税是我国税制结构的主体，其收入多、涉及面广、政策性强，因此，流转税制的改革成为整个税制改革的关键。流转税改革的模式是形成以增值税为主体的增值税、消费税、营业税三税并立和双层调节的新流转税制格局。其改革的目标是按照公平、中性、普遍的原则，形成有利于资源优化配置的税收分配机制，贯彻公平税负、鼓励竞争、促进专业化协作的精神，使总的税收负担保持原有水平。新的流转税制统一适用于内资企业、外商投资企业和外国企业，取消了对外贸企业征收的工商统一税，对原来征收产品税的农、林、牧、水产品，改为征收农业特产税。

①改革增值税。为了适应当前建立和发展社会主义市场经济的要求，借鉴国际上公平、简明、普遍和规范化的增值税制，结合中国税收与经济的现实情况，对原增值税进行了根本性改革。这是整个工商税制改革的一个核心。改革的主要内容如下。

扩大征收范围。改变了原只限于在工业环节对部分工业品销售征税的制度。新增值税较大地扩充了征税范围，在中国境内销售货物或者提供加工、修理修配劳务以及进口货物的业务经营，都列入征税范围。

实行"价外税"。从过去的"价内税"改为现在的"价外税"，即把增值税税额与货物销售价格分开，从过去的以包含增值税税额在内的含税销售价格为计税依据，改为以不包含增值税税额在内的销售价格为计税依据。新增值税采用"价外税"，只是计征方法与财务会计处理方法的改变，原来的价格水平和税负水平不变，并不是在原来的价格水平和税负水平基础上，另外增加一块增值税税额。

简并税率。改变了过去分设多种产品税目，每个税目制定 12 档差别税率的办法。采取只设置一个 17% 的基本税率，再加一档 13% 低税率的模式。除照顾少数日用生活必需品和农业生产资料以及农业产品、金属与非金属矿采选产品和煤炭等的生产销售适用低税率外，其他货物和应税劳务均适用基本税率。对出口商品则采用零税率，便于退还以前各环节已缴纳的全部税款，以鼓励出口。

实行凭专用发票抵扣税款的计征方法。改变过去按产品确定扣除项目和扣除率计算扣除额的复杂方法，实行凭增值税专用发票抵扣税款的规范化计算征收方法。以前各环节零售商品时，必须按规定在发票上分别注明增值税金额和不含增值税的价格。为了适应我国消费者的习惯，商品零售环节实行价内税，发票不单独注明税额。

改革增值税的纳税制度。为了建立对纳税人的购销双方进行交叉审计的税收稽核体系，增强增值税自我制约偷税和减免税的内在机制，对按规范化办法计算纳税的一般纳税人进行专门的税务登记，并按规定使用增值税专用发票。

对小规模纳税人简化计征办法。小规模纳税人，也就是年销售收入小于规定额度，并且会计核算不健全的小型纳税人。按原来的税率测算，征收率确定为 6%，以销售额直接乘征收率计算应纳税额。销售额与增值税合在一起的，要分离出不含税的销售额。

②设立消费税。为了正确引导消费方向，有效地抑制超前消费和集体消费，限制某些特殊消费品的生产，调节生产、消费结构和社会供求关系；也为了确保某些高税率产品在改按增值税基本税率课征后，不致减少原有的国家财政收入，因而在对商品的生产、流通领域普遍征收增值税的基础上，对某些工业消费品加征一道消费税，从而建立了消费税这个税种。它主要是由原征产品税的税目改征的，也包括了部分原征产品税，后又改征原增值税的税目，在课征制度上，类同于原产品税，却又有所不同。

消费税调节的范围主要是一些特殊消费品、奢侈品、高能耗消费品、不可再生的稀缺资源消费品，也包括税基宽广、消费普遍、有一定财政意义的普通消费品。消费税税率设计考虑了消费品原有的税负水平，按照能引导消费方向、适应消费者负担能力和有一定财政意义的原则设计了 14 个税率，分别采取从价定率和从量定额的征收办法。对于目前消费税的征收范围，随国家宏观经济政策的需要和消费结构的变化，也将在征税范围和税率结构上有适当调整。

③改革营业税。营业税在非商品经营领域发挥作用。改革后的营业税征税范围包括提供劳务、转让无形资产和销售不动产。共设置了 9 个征税项目和 3 档税率，即交通运输业、建筑业、邮电通信业、文化体育业 4 个征税项目的税率为 3%；金融保险业、服务业、转让无形资产和销售不动产 4 个征税项目的税率为 5%；娱乐业 1 个征税项目设置 5%～20% 的幅度比例税率。

（2）所得税制改革

①企业所得税制改革。企业所得税制改革的目标是调整、规范国家与企业的分配关系，促进企业经营机制的转换，实现公平竞争。主要内容如下。

统一税种。分两步进行。第一步是先把内资企业所得税统一起来，使内资、外资所得税在负担政策和计税方式上逐步靠拢；待条件成熟后再把内资、外资企业的所得税统一为一个税种，以利于更好地贯彻"公平税负，促进竞争"的原则。在 1994 年 1 月 1 日开始的第一步改革中，做法是把原国有企业所得税、集体企业所得税、私营企业所得税等统一合并为企业所得税，同时取消国有企业调节税，并分步取消对税后利润征收的国家能源交通重点建设基金和国家预算调节基金，以此统一税收政策，统一税收负担，统一征税办法，为不同经济性质的企业在同等纳税条件下创造公平竞争的条件。

统一税率。把原国有大中型企业适用的 55% 的比例税率，国有小型企业和集体企业原适用的 10%～55% 的 8 级超额累进税率和私营企业原适用的 35% 的比例税率，都统一降低为 33% 的比例税率。这与外商投资企业和外国企业所适用的税率一致，也与国际上多数国家 30% 至 40% 的税率水平相吻合。对一些利润率低、规模小的企业则实行两档更低一些的税率，使各类企业负担合理，增强了企业活力。

统一计税标准。改变过去计算应纳税所得额依附于各行业、各经济性质企业的财务、会计制度的做法，明确统一按国家税法规定执行。使各类企业的计税口径一致，计算方法相同。取消原国有企业、集体企业的税前还贷政策、税前提留各项基金政策，以及各类企业的不同税前列支标准。规定了统一适用的税前列支项目和标准，增强了税法的刚性和国家宏观调控的有效性。

统一征收方法和优惠减免。对国有企业不再实行承包上缴所得税的办法，统一由税务机关计算征收。改变了过去所得税减免过多、规定过滥的状况，确定了税收优惠的原则。

②个人所得税制改革。个人所得税制改革的基本原则是保护诚实劳动、合法经营，调节高收入，照顾中、低收入者，缓解社会分配不公的矛盾。针对过去对个人所得课税三税并存，不严谨、不规范和不适应当前形势发展的一些情况，国家重新修订公布了个人所得税法，把原有的个人所得税、个人收入调节税、城乡个体工商业户所得税三个税种合并为新的个人所得税。其主要内容如下。

增加应税项目。由于个体工商业户所得改征个人所得税，相应设置了"个体工商户的生产、经营所得"项目；由于以股票、债券和房地产为主的各种动产、不动产交易日渐活跃，新增了"财产转让所得"项目；由于各种有奖活动日渐增多，新增了"偶然所得"项目。

调整费用扣除额。把本国公民的月生活费用扣除标准从原 400～460 元提高为 800 元。同时新税法增列了附加扣除费用的规定，适当照顾在我国的外籍人员。

调整税率。规定工资、薪金所得适用 5%～45% 的 9 级超额累进税率；个体工商业户的生产经营所得和对企事业单位的承包经营、承租经营所得，适用 5%～35% 的 5 级超额累进税率；其他应税项目适用 20% 的比例税率。稿酬所得可按应纳税额减征 30%；对劳务报酬所得一次收入畸高者，可实行加成征收，以增大对高收入者的调节力度。

改进计征办法。除个人经营所得按年计征，分期预缴外，其余各项所得分别按月、按次征收，采用"分项扣除、分项定率、分项征收"的模式，以利于实现源泉扣缴，堵塞税收征管上的漏洞。

积极推行个人收入申报制度，逐步增强公民的纳税意识。加强源泉控制，严格代扣代缴。对从事高收入职业者或有高收入来源者，重点进行纳税检查，发挥社会舆论监督作用。

（3）其他税种的改革

①强化资源税。资源税改革体现了以下原则。

统一税政，简化税制。把原来属于流转税类的盐税并入资源税类。简化税种，便于征收管理，但并不削弱原来盐税的调节作用。

实行普遍征收、级差调节的原则，以扩大征税范围。为有效调节资源的合理开采和使用，要求所有生产应税资源产品的单位和个人都必须按规定缴税。

统筹规划资源税负担与流转税负担的结构调整，把部分原材料产品少征的增值税转移到资源税来征，强化资源税的调节力度。根据以上原则，改革后的资源税的征税范围包括所有矿产资源。征税品目有原油、天然气、煤炭、其他非金属矿原矿、黑色金属矿原矿、有色金属矿原矿和盐。采取了按产品类别从量定额征税的办法，以及规定从量定额的幅度税额，依据资源条件不同，由财政部确定纳税具体适用的税额。

②开征三种新税。为了规范土地、房地产市场交易秩序，合理调节土地增值收益，维护国家权益，促进房地产业健康发展，国家新开征了土地增值税。以转让房地产的增值额为课税对象，采取 30%～60% 的 4 级超额累进税率。凡转让国有土地使用权、地上建筑物及其附着物（简称转让房地产）并取得收入的单位和个人，均应依法缴纳土地增值税。为了促进证券市场的健康发展，保障投资者的权益，抑制投机，加强证券市场的管理，把原对股票交易

征收印花税的办法，改为征收证券交易税。另外，还准备开征国际上普遍实行的遗产税。

③改农林特产税为农业特产税。把原征收产品税的 10 个农、林、牧、水产品税目，转移到原农林特产税中，并与其他相同征税项目合并征收农业特产农业税，简称农业特产税。重新规定了应征税收入项目、税率、征收办法。产品税的原征税品目并入农业特产税后，其税收收入将超过以农田作物收入为课税对象的一般农业税，成为地方税体系中的一个骨干税种。

④调整其他税种。将特别消费税、烧油特别税并入消费税；把城镇土地使用税改为土地使用税，扩大征税范围，调高税额；把车船使用税改为车船税，明确其财产税性质，并调整税额；原集市交易税和牲畜交易税已不符合市场经济的要求，予以取消；取消企事业单位的奖金税和工资调节税；把对宏观经济没有多大影响的屠宰税和筵席税的开征、停征和立法权，下放给地方政府。

（4）税收征管制度的改革

为了彻底改变征管制度不严密，征管手段落后的局面，从根本上提高我国税收征管水平，建立科学、严密的税收征管体系，以保证税法的贯彻实施，建立正常的税收秩序，必须对税收征管制度进行改革。改革的主要内容如下。

普遍建立了申报纳税制度。建立申报纳税制度有利于形成纳税人自我约束的机制，促进公民的纳税意识，它也是税务机关掌握经济信息、研究税源变化、进行有效征管的基础工程。申报纳税制度建立后，对不按期申报的，要进行经济处罚；不据实申报的，均视为偷税行为，依法处理。

积极推行税务代理制。税务代理制是随着市场经济的发展而产生的。为加强税收征管，应按国际通行做法，实行会计师事务所、律师事务所、税务咨询机构等社会中介机构代理办税的制度，使其成为税收征管体系中一个不可缺少的重要环节，形成纳税人、代理办税机构、税务机关三方面相互制约的机制。

加速推进税收征管电脑化的进程。经验证明，在税收征管中采用电子计算机等先进技术手段，是建立严密、有效的税收监控网络的必由之路，也有利于降低税收成本，提高税务行政效率。鉴于我国的现实情况，先从城市、从重点税种征管的计算机化做起，逐步形成全国性的、纵横贯通的税收征管计算机网络。

建立严格的税务稽核制度。普遍推行申报纳税制度和税务代理制度以后，税务机关的主要力量必然转移到日常的、重点的税务稽查上，同时建立申报、代理、稽查三位一体的税收征管格局，辅之以偷税、逃税行为的重罚措施。

确立适应社会主义市场经济需要的税收基本规范。当前特别需要强调：纳税人必须依法纳税，税务机关必须依法征税；税收必须按税法规定依率计征，不得采用"包税"和任意改变税率的办法；一切销售收入都必须征税，以保证税基不被侵蚀；税收必须从价计征，取消对某些行业提价收入不征税的政策；除税法规定的减免税项目以外，各级政府都不能再开减免税的口子。

加强税收法制建设。加快完成税收法律、法规的立法程序；逐步建立税收立法、司法、执法相互独立、相互制约的机制。

组建中央和地方两套税务机构。适应分税制的要求，组建中央税收和地方税收两套税务机构，充分体现责、权、利相结合的原则，保证税收征管的质量和效率。

总之，经过 1994 年全面结构性税制改革，我国的税种及税制结构都发生了重大变化。我国现有的 25 个税种中，其中属于工商税收的有 18 个税种，即增值税、消费税、营业税、城乡维护建设税、土地增值税、企业所得税、外商投资企业和外国企业所得税、个人所得税、资源税、土地使用税、固定资产投资方向调节税、证券交易税、印花税、房产税、车船税、屠宰税、筵席税、遗产和赠予税。属于关税类的有进出口关税和船舶吨税两个税种。属于农业税类的有农业税、农业特产税、牧业税、耕地占用税、契税共 5 个税种。

6. 1994 年后税制的调整

自 1994 年的税制改革以来，迄今已经有 16 年之久，我国的税收整体框架、制度模式以及运行机制一直都没有发生根本性的改革。但是，这期间，由于政治、经济和国际环境等综合因素的影响，我国各项税收制度进行了很多调整。本部分只对各税种最主要的调整进行简单的概括。

（1）增值税的调整

①增值税由"生产型"向"消费型"转型。自 2004 年 7 月 1 日起，国家在东北地区（辽宁省、吉林省、黑龙江省、大连市）部分行业率先实施了增值税转型政策的试点。这些行业包括：装备制造业、石油化工业、冶金业、船舶制造业、汽车制造业、农产品加工业、军品工业和高新技术产业。截至 2006 年底，试点地区的试点企业新增固定资产增值税进项税额 121.9 亿元，共抵扣增值税 90.62 亿元。该项政策的实施，在东北老工业基地三省一市起到了拉动投资、鼓励设备更新和技术改造、推动产业结构调整和产品更新换代的促进作用。自 2007 年 7 月 1 日起，国家在中部地区六省份的 26 个老工业基地城市的 8 个行业中进行扩大增值税抵扣范围的试点。2008 年 7、8 月，内蒙古东部 5 个市（盟）和汶川地震受灾严重地区先后被纳入增值税转型改革试点范围。自 2009 年 1 月 1 日起，增值税转型在全国全面推行。

②税收优惠政策的调整。1994 年后，根据国家宏观政策安排，增值税税收优惠政策进行了许多调整。例如，对废旧物资回收经营单位销售其收购的废旧物资免征增值税；对部分资源综合利用产品免征增值税；自 2003 年 7 月 1 日起至 2006 年 12 月 31 日止，对国内定点生产企业生产的国产抗艾滋病病毒药品免征生产环节和流通环节增值税；对文化宣传企业给予相应的税收优惠，等等。

③出口退税政策的调整。自出口退税政策开始实施以来，我国曾根据国际、国内经济形势的需要进行了几次调整。例如，为了减轻财政负担，1995 年 7 月 1 日，我国将出口退税率从 16.63% 下调到 12.86%，下调 3.77 个百分点。为了抵消东南亚金融危机对我国出口造成的不利影响，1999 年 7 月 1 日，我国将出口退税率从 12.56% 上调到 15.51%，上调了 2.95 个百分点。2003 年 10 月 13 日，《财政部、国家税务总局关于调整出口货物退税率的通知》正式出台，通知的主要内容包括：自 2004 年 1 月 1 日起，对出口退税率进行结构性调整，适当降低出口退税率，综合出口退税率由 15.51% 调整到 12.51%；加大中央财政对出口退税的支持力度；建立中央和地方财政共同负担出口退税的新机制；推进外贸体制改革，优化出口

产品结构，提高出口整体效益。

为了克服 2008 年以来的全球金融危机对中国出口企业的影响，稳定外需，我国从 2008 年 8 月 1 日起，已经连续 7 次上调出口退税率。截止到 2009 年 6 月，我国综合出口退税率已经提高到 15.3%。

（2）消费税的调整

1994 年税制改革中设置的消费税选定了烟、酒、小汽车等 11 类应税产品。在实行过程中仍存在很多问题：一是征收范围偏窄，消费税的调节作用难以发挥；二是原来确定的某些高档消费品已经具有大众消费的特征；三是有些应税品的税率结构与国内产业结构、消费水平和消费结构的变化不相适应；四是消费税促进资源节约和环境保护的作用有待加强。

鉴于此，2006 年 4 月 1 日，财政部、国家税务总局联合下发通知，对我国消费税的税目、税率和相关政策进行调整，这是 1994 年进行税制改革以来消费税最大规模的一次调整。这次调整中，增加了成品油、一次性筷子、实木地板、游艇、高尔夫球及球具和高档手表 6 个税目，取消了对护肤护发品征收的消费税。同时，除烟、鞭炮焰火两个税目外，其他税目都不同程度的进行了改革。

鉴于 2009 年我国严峻的财政形势和消费税征收管理中存在的问题，国家对卷烟和白酒消费税政策做出了调整。

①卷烟方面。财政部和国家税务总局联合下发了《关于调整烟产品消费税政策的通知》（财税〔2009〕84 号），对卷烟产品消费税政策进行了调整。这是实行消费税政策以来，国家对卷烟产品消费税政策进行的第四次调整。我国卷烟消费税自开征以来，经历了四次大调整：1994 年以前，烟草业与其他行业一样统一征收 60% 的产品税。1994 年实行分税制后将产品税改征增值税，并新增了消费税种，1994 年各类卷烟按出厂价统一计征 40% 的消费税；1998 年 7 月 1 日，为促使卷烟产品结构合理化，对卷烟消费税税制再次进行改革，调整了卷烟消费税的税率结构，将消费税税率调整为三档，一类烟 50%，二、三类烟 40%，四、五类烟 25%；从 2001 年 6 月 1 日起，对卷烟消费税的计税方法和税率进行了调整，实行从量与从价相结合的复合计税方法，即按量每 5 万支卷烟计征 150 元的定额税，从价计征从过去的三档调整为二档，即每条调拨价为 50 元以上（含 50 元）的税率为 45%，50 元以下的税率为 30%。2009 年卷烟消费税调整与历次调整相比，主要有以下新变化。

一是卷烟分类标准调高。现行的消费税规定，每标准条（200 支，下同）调拨价格在 50 元（不含增值税）以上（含 50 元）的卷烟为甲类卷烟，每标准条调拨价格在 50 元（不含增值税）以下为乙类卷烟，而财税〔2009〕84 号规定：调拨价格 70 元/条（含）以上的为甲类卷烟，其余为乙类卷烟，即甲、乙类卷烟分类标准由 50 元调整到 70 元。

二是卷烟从价税率调高。财税〔2009〕84 号规定：甲类卷烟税率调整为 56%，乙类卷烟的消费税税率调整为 36%。

三是卷烟纳税范围扩大。财税〔2009〕84 号规定：在卷烟批发环节加征一道从价税，税率 5%，即在中华人民共和国境内从事卷烟批发业务的单位和个人，凡是批发销售的所有牌号规格卷烟，都要按批发卷烟的销售额（不含增值税）乘以 5% 的税率缴纳批发环节的消费税。

新政策从 2009 年 5 月 1 日起执行。

②白酒方面。根据国税函〔2009〕380 号的规定，白酒生产企业销售给销售单位的白酒，生产企业消费税计税价格低于销售单位对外销售价格（不含增值税，下同）70% 以下的，税务机关应核定消费税最低计税价格。该规定自 2009 年 8 月 1 日起执行。

（3）营业税的调整

1994 年以后，营业税税收制度从税目、计税依据、计税营业额到税收优惠政策、税收征管制度都进行了较大的调整，在此仅选出几个主要税目予以说明。

①个人转让住房营业税的调整。2008 年 12 月 29 日，财政部和国家税务总局共同推出了《关于个人住房转让营业税政策的通知》（财税〔2008〕174 号），文件规定，"自 2009 年 1 月 1 日至 12 月 31 日，个人将购买不足 2 年的非普通住房对外销售的，全额征收营业税；个人将购买超过 2 年（含 2 年）的非普通住房或者不足 2 年的普通住房对外销售的，按照其销售收入减去购买房屋的价款后的差额征收营业税；个人将购买超过 2 年（含 2 年）的普通住房对外销售的，免征营业税。"

②金融保险业税率。2001 年 3 月财政部、国家税务总局出台了《关于降低金融保险营业税的通知》（财税〔2001〕21 号），规定："从 2001 年起，金融保险营业税税率每年下调一个百分点，分三年将金融保险业的营业税税率从 8% 降低到 5%"，同时注明了"因营业税税率降低而减少的营业税收入，全部为各地国家税务局所属征收机构负责征收的中央财政收入"。此外，《国家税务总局关于银行贷款利息收入营业税纳税义务发生时间问题的通知》（国税发〔2001〕38 号）还规定"对银行未予收回的应收利息不征营业税，2000 年以前的应收未收利息可以在以后 5 年内冲减营业收入"。

③税收优惠政策调整。为继续支持我国宣传文化事业的发展，2006 年，经国务院批准，对宣传文化营业税支持政策进行了调整。内容包括：自 2006 年 1 月 1 日起至 2008 年 12 月 31 日，对电影发行单位向放映单位收取的发行收入，免征营业税；对科普单位的门票收入，以及县（包括县级市、区、旗）及县以上党政部门和科协开展的科普活动的门票收入免征营业税。对科普单位进口自用科普影视作品播映权免征其应为境外转让播映权单位代扣（缴）的营业税；对报社和出版社根据文章篇幅、作者名气收取的"版面费"及类似收入，按照"服务业"税目中的广告业征收营业税。

（4）关税的调整

①关税总水平不断下降。1994 年我国低额关税税率为 35.9%，1996 年为 23%，1997 年为 17%，1999 年为 16.73%。2004 年 1 月 1 日下降至 10.4%，2005 年为 9.9%，2007 年进一步下调至 9.8%。其中，农产品平均税率为 15.2%，工业品平均税率为 8.95%。我国兑现了加入世贸组织关税减让的承诺。

②限制高能耗产品的出口，提高出口关税。例如，从 2007 年 1 月 1 日起，对不锈钢产品，钨初级加工品，锰、钼、锑、铬金属等高能耗资源产品开始征收出口关税。通过限制这些产品的出口，保证国内经济发展所需要的原材料，减轻煤、石油等资源的消耗，为其他生产部门提供更多的目前已经紧缺的燃料资源，保证经济的均衡发展。

③区域性贸易协定优惠更加突出。1994 年以后，特别是加入 WTO 以来，中国对很多地

区实行关税优惠政策，其至将对原产于印度、韩国、孟加拉国、巴基斯坦等国的部分进口商品实行比最惠国税率更低的协定税率。区域性贸易协定的关税优惠都是对等互惠的，因此，我国的关税税收优惠政策给相关企业带来了更广阔的发展空间。

（5）企业所得税"两税合并"

企业所得税领域最大的调整和最突出的成就即"两税合并"。2007年3月16日，中共第十届全国人大五次会议表决通过了《中华人民共和国企业所得税法》草案。中华人民共和国主席胡锦涛签署了第63号主席令，草案自2008年1月1日起施行。至此，内外资企业所得税实现统一，在中国存在十多年的内外资企业所得税并存的"异税"时代宣告结束。"两税合并"后，企业所得税进行了多项调整。

①纳税人方面。企业所得税法以法人组织为纳税人，改变了以往内资企业所得税以独立核算的三个条件来判定纳税人标准的做法。按此标准，企业设有多个不具有法人资格营业机构的，实行由法人汇总纳税。实行法人（公司）税制是世界各国所得税制发展的方向，也是企业所得税改革的内在要求，有利于更加规范、科学、合理地确定企业纳税义务。

②税率方面。按照十六届三中全会提出的"简税制、宽税基、低税率、严征管"的税制改革基本原则，结合我国财政承受能力、企业负担水平，考虑世界上其他国家和地区特别是周边地区的实际税率水平等因素，新的企业所得税法将企业所得税税率确定为25%。

③税收优惠方面。新的企业所得税法现行税收优惠政策进行了适当调整，将现行企业所得税以区域优惠为主的格局，转为以产业优惠为主、区域优惠为辅、兼顾社会进步的新的税收优惠格局。例如，对国家需要重点扶持的高新技术企业，减按15%的税率征收企业所得税；公益性捐赠扣除比例提高到12%。

④反避税方面。反避税制度是完善企业所得税制度的重要内容之一。借鉴国外反避税立法经验，结合我国税收征管工作实践，企业所得税法将反避税界定为"特别纳税调整"，进一步完善了现行转让定价和预约定价法律法规。

（6）个人所得税的调整

①个人储蓄存款利息所得税。1999年8月30日九届全国人大常务委员会第11次会议通过了《关于修改〈中华人民共和国个人所得税法〉的决定》，规定自当年11月1日起对个人储蓄存款的利息所得征收20%的利息税。2007年5月份居民储蓄存款增长下降的速度加快，储蓄存款余额下降规模创历史新高，很多专家呼吁取消利息税。2007年8月15日，利息税的税率由20%调减至5%，从2008年10月9日起，暂免存款利息税。

②收入划分的变化。2002年，个人所得税由原来的地方税改为中央与地方共享税。除储蓄存款利息所得的个人所得税归中央政府外，其余部分由中央和地方政府按比例分成。这样，一方面可以保证中央的财政收入，实现中央调节个人收入分配的公平，并实现对经济的宏观调控；另一方面，保证了地方政府履行职能时有稳定的收入来源。

③免征额的提高。为了更好地适应经济发展的形势，满足工薪阶层基本的生活需要，2005年10月十届全国人大常委第十八次会议高票表决通过关于修改个人所得税法的决定，将个人所得税的扣除标准由原来的每月800元提高到1600元，自2006年1月1日起施行；自2008年3月1日起，工资薪金个人所得税的每月扣除标准进一步提高到2000元。

④规范征收管理。强化对高收入者的管理，始终是个人所得税征管工作的重点。针对高收入行业和个人的特点，2003 年以来，各地税务机关逐步推行扣缴义务人和纳税人向税务机关双向申报制度，要求高收入者定期申报收入情况，对高收入者实施动态管理。2006 年 11 月，国家税务总局正式发布《个人所得税自行纳税申报办法（试行）》，明确规定年所得 12 万元以上的纳税人须向税务机关进行自行申报的五种情形以及申报内容等相关操作办法。这是我国规范税收征管，为高收入行业和个人建档的基础工作。

（7）土地增值税的调整

在 1993 年发布的《中华人民共和国土地增值税暂行条例》的基础上，1995 年 1 月，国税总局发布《中华人民共和国土地增值税暂行条例实施细则》，除了规定具体征收税率之外，还规定，"纳税人建造普通标准住宅出售，增值额未超过扣除项目金额之和 20% 的，免征土地增值税；增值额超过扣除项目金额之和 20% 的，应就其全部增值额按规定计税。"根据这一细则，部分普通住宅将可以免征土地增值税。

2007 年 1 月 16 日，国家税务总局发布《关于房地产开发企业土地增值税清算管理有关问题的通知》，按照新规定：从 2 月 1 日起，将正式向房地产开发企业征收 30% ~ 60% 不等的土地增值税。土地增值税进入实质性的操作阶段。

（8）农业税的取消

在新的历史发展时期，一方面，为了加强农业的竞争力，提高农业综合生产能力和农产品的国际竞争力，促进农村经济健康发展，从 2004 年开始，中央决定免征除烟叶税外的农业特产税，同时进行免征农业税改革的试点工作。到 2005 年，全国免征农业税的省份已达 28 个，其余河北、山东、云南三省也有相当比例的县（市）免征农业税，全国剩下的农业税及附加只有约 15 亿元，只占全国财政总收入 3 万亿元的 0.05%。为了进一步体现公共财政职能，2005 年 12 月 19 日，十届全国人大常委会第十九次会议经表决，决定在全国范围内取消农业税。自此，在中国已经延续了 2600 年的"皇粮国税"宣告结束。农业税的取消对于切实减轻农民负担，增加农民收入，使广大农民更多地分享改革开放和现代化建设的成果具有重要意义，同时也有利于城乡统筹和社会主义和谐社会的实现。

（9）车船税的调整

根据我国目前车船拥有、使用和管理现状及发展趋势，本着简化税制、公平税负、拓宽税基，方便税收征管的原则，2007 年 6 月，国务院将《中华人民共和国车船使用牌照税暂行条例》和《中华人民共和国车船使用税暂行条例》进行了合并修订，新发布了《中华人民共和国车船税暂行条例》（以下简称《条例》），对各类企业、行政事业单位和个人统一征收车船税，新的车船税将随交强险一同征缴。

与原来的车船使用税相比，新的车船税在以下几个方面有所改变：一是将车船使用税和车船使用牌照税合并为"车船税"，统一了各类企业的车船税制；二是将其由财产与行为税改为财产税；三是提高了税额标准。根据《条例》，将原车船使用税税额幅度上限提高 1 倍左右，各地结合本地情况有所不同；四是调整了减免税范围。国家机关等财政拨付经费单位的车船将不再规定免税。同时，自行车等非机动车、拖拉机、养殖渔船等车船增列为免税车船。

（10）证券交易印花税税率的调整

证券交易印花税是从普通印花税发展而来的，专门针对股票交易发生额征收的一种税。证券交易印花税是政府增加税收收入的一个手段，也是政府调控股市的重要工具。1994 年税制改革后，我国股市印花税率曾经有过数次调整。1997 年 5 月，证券交易印花税率从 3‰ 提高到 5‰。1998 年 6 月下调至 4‰，一年后，B 股交易印花税降低为 3‰。2001 年 11 月，财政部决定将 A、B 股交易印花税率统一降至 2‰。2005 年 1 月，财政部又将证券交易印花税税率由 2‰ 下调为 1‰。2007 年 4 月 23 日，证券交易印花税税率，由 1‰ 调整为 3‰，2008 年 5 月 30 日，又下降到 1‰。经国务院批准，财政部决定从 2008 年 9 月 19 日起，对证券交易印花税政策进行调整，由现行双边征收改为单边征收，税率仍为 1‰。

第2章 税收筹划

学习目的和要求

通过本章学习，使学生了解税收筹划的基本知识，具体包括税收筹划的概念与特点，税收筹划与偷税、避税的区别；税收筹划的由来与发展；我国税收筹划的发展前景；税收筹划的功能与意义；税收筹划的原则；税收筹划的分类，包括按税收筹划需求主体分类、按税收筹划提供主体分类、按税收筹划范围分类、按税收筹划税种分类、按税收筹划环节分类等；税收筹划的节税技术，主要包括八种技术：免划税技术、减税技术、税率差异技术、分劈技术、扣除技术、抵免技术、延期纳税技术和退税技术；税收筹划的基本步骤。

2.1 税收筹划的概念与特点

2.1.1 税收筹划的概念

税收筹划一词来源于英文的"Tax Planning"。"Tax Planning"可以译为中文的"税收计划"或"税收筹划"。如果所阐述的具体内容是税务机关对税收方案（或目标）进行预测、设计和安排，则可译为"税收计划"；如果所阐述的内容是纳税人对纳税方案（或目标）进行比较和选择，则可译为"税收筹划"。本书所述税收筹划特指后一种情形。在我国现阶段，企业是纳税人主体，税收筹划更多地是企业的需要。今后随着个人收入水平的提高以及个人所得税制的完善，个人也会有这种需求。

对于究竟什么是税收筹划，人们有不同的看法。综观各种著述，具有代表性的观点主要有以下几种。

（1）税收筹划是"纳税人通过财务活动的安排，以充分利用税收法规所提供的包括减免税在内的一切优惠，从而享得最大的税收利益。"（参见印度税务专家 N. G. 雅萨斯威的《个人投资和税收筹划》英文版第49页）

（2）"税收筹划是通过纳税人经营活动或个人事务活动的安排，实现缴纳最低的税收。"（参见荷兰国际财政文献局的《国际税收词汇》英文版第46页）

（3）"人们合理又合法地安排自己的经营活动，使之缴纳可能最低的税收。他们使用的方法可称为税收筹划。""在纳税义务发生前，有系统地对企业经营或投资行为作出事先安排，以达到尽量地少缴所得税，这个过程就是税收筹划。"（参见美国 W. B. 梅格斯和 R. F. 梅格斯的《会计学》英文版第711页）

（4）"税收筹划指的是在法律规定许可的范围内，通过对经营、投资、理财活动的事先筹划和安排，尽可能地取得'节税'（Tax Savings）的税收利益。"（参见唐腾翔、唐向的《税收筹划》1994年9月版第14页）

仔细分析可以看出，人们对税收筹划概念的理解还存在着不同的认识。以上几种关于税收筹划的表述都从不同的角度揭示了税收筹划的本质特征，即合法性、筹划性和目的性。但单个地进行分析，可以看到它们各有其侧重之点，但都不够全面。有的没有说明税收筹划是在生产经营投资理财决策之前，还是之后进行；有的没有说明税收筹划所依据的是什么，是遵从税法，还是超越税法；有的没有说明税收筹划究竟是以减轻税负为最终目的，还是追求税后利润最大化，或是企业价值最大化。分歧归纳起来主要有以下几点。

第一，对税收筹划的依据理解不同。税收筹划的依据是遵从税法，还是超越税法；是必须符合税收政策导向，还是只要不违法就可行。

第二，对税收筹划的时点把握不同。税收筹划是只能在纳税义务发生前进行，还是可以在纳税义务发生前、发生中、发生后都能进行。

第三，对税收筹划的目标定位不同。税收筹划的目标是追求税负最轻，还是追求税后利润最大化，或是其他目标。

迄今为止，人们对税收筹划概念的认识和表述仍未有统一的观点。但是，税收筹划的概念如何界定，不只是一个文字性的表述问题，它关系到对税收筹划的内容、范围、目标、方法以及方案的设计与选择等一系列重大问题的认识，更关系到税收筹划的发展方向。

我们认为，税收筹划是指纳税人在符合国家法律及税收法规的前提下，按照税收政策法规的导向，事前选择税收利益最大化纳税方案处理自己的生产、经营和投资理财活动的一种财务筹划行为。

这种表述强调了税收筹划的前提条件是必须符合国家法律及税收法规，是在法律法规的许可范围内进行的，是纳税人在遵守国家法律及税收法规的前提下，在多种纳税方案中，作出的选择税收利益最大方案的决策，具有合法性；税收筹划的方向必须符合税收政策法规的导向，纳税人按照税法提供的各项条款规定，对自身生产经营行为进行选择和调整，其结果在客观上达成了国家税法所期望的目标，符合税法的立法意图；税收筹划具有事前筹划性，必须是在生产经营和投资理财决策活动之前，即纳税义务发生前进行，税收筹划的目的是要获得税收利益。

2.1.2 税收筹划的特点

1. 合法性

税收筹划是在不违反税收政策法规即合法的条件下进行的，是以国家制定的税法为研究对象，对不同的纳税方案进行精心比较后做出的纳税优化选择。合法性是税收筹划的前提，也是税收筹划的本质特点。税收筹划是一种合法、合理，国家、企业利益兼顾的纳税行为。

2. 政策的导向性

从宏观经济调节来看，税收是调节经营者、消费者行为的一种有效的经济杠杆。政府可以根据经营者和消费者谋取最大利润的心态，有意识地通过税收优惠政策，引导投资者和消费者采取符合政策导向的行为，以实现某些经济或社会目的。

3. 高策划性

税收筹划是指纳税人对企业经营管理、投资理财等部分活动的事先规划、设计和安排。税收筹划一般都是在应税行为发生之前规划设计和安排的，它可以事先测算出节税的效果，因而具有超前策划性。这种超前策划性既要求纳税人充分了解政策法规，又要了解自己的经济业务，从而有效利用合法的政策优惠，进行有效充分的节税筹划。

4. 收益性

通过税收筹划使企业达到延缓税负或减轻税收负担是税收筹划的根本目的之一。延缓税负通俗地说就是纳税时间的推后，意味着企业得到一笔无息贷款，提高了企业的资金时间价值；减轻税收负担意味着企业选择低税负方案。无论是延缓税负还是减轻税收负担均可以使企业达到提高收益的目的。

5. 形式的多样性

由于各个国家的税法不同，会计制度也有一定差异。一定国情下产生的税收筹划行为就会区别于其他国家。从世界范围看，税收筹划呈多样性。同时，一个国家的税收政策在不同产业、地区间也存在差别，总地来说，一个国家的税收政策在地区之间的差别越大，税收筹划的形式就越多。

2.1.3 税收筹划与偷税、避税的区别

1. 税收筹划与偷税的区别

首先，从合法性来看。税收筹划是纳税人在符合国家法律及税收法规的前提下，按照税法规定和政策导向进行的事前筹划行为，是法律所允许的一种合法行为。偷税则是指纳税人采取伪造、变造、隐匿、擅自销毁账簿、记账凭证，在账簿上多列支出或者不列、少列收入，或者进行虚假的纳税申报等手段，不缴或少缴应纳税款的行为，是法律所不容许的非法行为，具有非法性。

其次，从行为发生的时间来看。税收筹划是在纳税义务发生之前所作的经营、投资、理财等活动的事先筹划与安排，具有事前筹划性特点。而偷税是在应税行为发生以后所进行的，是对已确立的纳税义务予以隐瞒、造假，具有明显的欺诈性特征。例如，产品实现了销售，纳税义务已经发生，这时再采取某种手段减少纳税则是偷税行为。

2. 税收筹划与避税的区别

两者的主要区别在于是否符合国家税法立法意图和政策导向以及政府的态度取向。

税收筹划所作出的经营、投资、理财选择，是按照税法予以鼓励或扶持发展的政策导向来筹划的，它是符合国家立法意图的，因而也是各国政府所允许的或鼓励的、宽容的。

避税是纳税人钻税法漏洞，通过人为安排以改变应税事实而达到少缴或免缴税款的行为。虽然它没有违反法律，具有一定的合法性或者说非违法性，但是却有悖于政府的立法意图。它利用了政府的立法不足或缺陷，是政府所不愿意看到的。所以，对避税行为，各国政府都采取了反对和防止的政策和措施，并通过不断完善税法尽量减少税法漏洞，进行反

避税。

这里应当说明的是，虽然在理论上避税与税收筹划有一定的区别。但在实践中，两者往往难以完全划分清楚。

2.2 税收筹划的由来与发展

税收筹划不是从来就有的，它的存在有着主观原因和客观原因。由于国内外存在税收制度和税收环境的差异，因此税收筹划的意识和运用在各国有很大的不同。在我国，探讨、研究税收筹划不仅对于降低企业税收成本、提高企业效益和竞争力有重要现实意义，而且对于完善我国的税收制度有很高的参考价值。

税收筹划是随着市场经济运行的规范化、法制化以及公民依法纳税意识的提高而出现的，并且随着市场经济体制的不断完善，税收筹划将具有更加广阔的发展前景。

2.2.1 税收筹划的由来

税收筹划的由来可以追溯到20世纪30年代的英国。1935年，英国上议院议员汤姆林爵士针对"税务局诉讼温斯特大公"一案，对当事人依据法律达到少缴税款作出法律上的认可。这是第一次对税收筹划作出法律上的认可。之后，西方许多国家在税收判例中引用此例及原则精神，专家及学者发展出税收筹划的理论及实践。1996年由中国福建国际税务协会唐腾翔先生在我国首次引进"税收筹划"一词，其文所言即为"税收计划"。短短几年，"税收筹划"或"税收计划"已开始应用于税务实践。由此看来，"税收筹划"它并不是自古便有，而是一定历史时期的特定产物，其产生具有主观和客观两方面的原因。

1. 税收筹划的主观原因

任何税收筹划行为，其产生的根本原因都是经济利益的驱动，即经济主体为追求自身经济利益的最大化。我国对一部分国营企业、集体企业、个体经营者所做的调查表明，绝大多数企业有到经济特区、开发区及税收优惠地区从事生产经营活动的愿望和要求，其主要原因是税收负担轻、纳税额少。税收作为生产经营的支出项目则是越少越好。

2. 国内税收筹划的客观原因

（1）纳税人定义上的可变通性。任何一种税都要对其特定的纳税人给予法律的界定。这种界定理论上包括的对象和实际上包括的对象差别很大，这种差别的原因在于纳税人定义的可变通性，正是这种可变通性诱发纳税人的税收筹划行为。特定的纳税人要缴纳特定的税，如果某纳税人能够说明自己不属于该税的纳税人，并且理由合理充分，那么他自然就不用缴纳该税种。

（2）课税对象金额的可调整性。税额计算的关键取决于两个因素：一是课税对象金额；二是适用税率。纳税人在既定税率前提下，由课税对象金额派生的计税依据愈少，税额就愈小，纳税人税负就愈轻，为此纳税人大多会想方设法尽量调整课税对象金额使税基变小。

（3）税率上的差别性。税制中不同的税种有不同的税率，同一税种中不同税目也可能有不同的税率，这种广泛存在的差别性，为企业和个人进行税收筹划提供了良好的客观条件。

（4）全额累进临界点的突变性。全额累进税率和超额累进税率相比，累进税率变化幅度比较大，特别是在累进级距的临界点左右，其变化之大，令纳税人心动。这种突变性诱使纳税人采用各种手段使课税金额保持在临界点低税率一方。

（5）起征点的诱惑力。起征点是课税对象金额最低征税额，低于起征点可以免税，而当超过时则全额征收，因此纳税人总想使自己的纳税所得额控制在起征点以下。

（6）各种减免税优惠政策是税收筹划的温床。税收中一般都有例外的减免照顾，以便扶持特殊的纳税人。然而，正是这些规定诱使众多纳税人争相取得这种优惠，千方百计使自己也符合减免条件，如新产品可以享受税收减免，不是新产品也可以出具证明或使产品具有某种新产品特点来享受这种优惠。

3. 国际税收筹划的客观原因

第一，纳税人概念的不一致。关于人们的纳税义务，国际社会有三种基本原则：一是一个人作为一国居民必须在其居住国纳税；二是一个人如果是一国公民，就必须在该国纳税；三是一个人如果拥有来源于一国境内的所得或财产，在来源国就必须纳税。前两种情况我们称之为属人主义原则，后一种情况我们称之为属地主义原则。由于各国属地主义和属人主义上的差别，以及同是属地或属人主义，但在具体规定如公民与居民概念上存在差别，这些都为国际税收筹划带来了大量的机会。

第二，课税的程度和方式在各国间不同。绝大多数国家对个人和公司法人所得都要征收所得税，但对财产转让所得则不同，比如有些国家就不征收财产转让税。同样是征收个人和企业所得税，有些国家税率比较高，税负较重；有些国家税率较低，税负较轻；甚至有的国家和地区根本就不征税，从而给税收筹划创造了机会。

第三，税率上的差别。同样是征收所得税，各国规定的税率却大不一样，将利润从高税地区向低税地区转移是利用这种差别进行税收筹划的重要手段之一。

第四，税基上的差别。例如，所得税税基为应税所得，但在计算应税所得时，各国对各种扣除项目规定的差异可能很大。显然给予各种税收优惠会缩小税基，而取消各种优惠则会扩大税基，在税率一定的情况下，税基的大小决定着税负的高低。

第五，避免国际双重征税方法的差别。为了消除国际双重征税，各国使用的方法不同，较为普遍的是抵免法和豁免法，在使用后一种方法的情况下，可能会产生国际税收筹划机会。

除此之外，各国使用反避税方法上的差别，税法有效实施上的差别，以及其他非税收方面法律上的差别都会给纳税人进行跨国税收筹划提供一定的条件，也是国际税收筹划之所以产生的重要客观原因。

2.2.2 税收筹划的发展现状

1. 国外税收筹划的开展和研究现状

作为维护企业自身权利的合法手段，税收筹划在西方国家经历了由被排斥、否定到认可、接受的过程，直到 20 世纪 30 年代后，税务筹划才得到西方国家法律界和政府当局的认同。下面是一些国家税收筹划的概况。

英国的税务咨询和税务代理业务统称为"税务专业"（Tax profession）。在英国。人人可以从事税务咨询和代理。英国的税务专业人员出现在 1920 年，1930 年建立了特许税务公会（Chartered Institute of Taxation），这是税务专家的专业团体，它下面还有税务专业人员联盟。英国没有关于税务专家的专门法律，只在《税收管理法案》中提到税务顾问和税务会计，税务会计帮助纳税人制作纳税申报表，税务顾问对纳税人其他税务事务提建议。英国的税务专家一般来说主要有三类：一是特许税务顾问（Chartered Tax Adviser），包括税务顾问、增值税顾问、预提税顾问、税收筹划师、公司税筹划师等；二是会计师，包括特许会计师（Chartered Accountants）、特许公认会计师（Chartered Certified Accountants）等；三是律师（BmTisters）。

在美国，任何人都可以从事税务咨询和代理，不一定是税务专家。但在一般情况下，税务代理是由注册代理人（Enrolled Agent）、注册会计师（Certified Public Accountant）和律师进行的。个人和个体经营者的纳税事务往往请注册代理人代理，大公司与财务有关的税务问题往往请会计师代理，而大公司的税务诉讼则往往请律师代理。美国的注册代理人制度可以追溯到 1884 年，现行的税务注册代理人制度是以 1966 年《财政部通告 230 号》为依据制定的。由于美国注册代理人要经美国国内税务局考试或连续 5 年在税务机关工作，所以是唯一由政府认可的税务代理专家。

在加拿大，人人都可以从事税务咨询和代理，开办税务咨询公司。在加拿大从事税务专业的人员一般有特许会计师（Chartered Accountant）、注册会计师（Certified General Accountant）、公认管理会计师（Certified Management Accountant）、税务律师以及无专业资格而从事税务业务的人员等。

澳大利亚规定：不收费的税务咨询和代理人人可以进行；收费的税务咨询只有律师和经过注册登记的税务代理人才可以进行；收费的税务代理必须登记后才能进行，包括律师也要登记。注册登记要求满足一定的学历、工作年限等条件。澳大利亚现行的税务代理人登记制度是在 1963 年确立的。关于税收筹划，1993 年澳大利亚税务代理人制度改革委员会在其中期答辩中曾加以阐述，认为不应该要求税收筹划人作为税务代理人进行登记。

综上分析，西方国家的税收筹划现状具有如下特点。

（1）西方国家的税收筹划开展普遍。在企业尤其是大企业的财务决策活动中，通常税收筹划是先行的习惯性做法。我们可以看到，外国投资者在我国投资新办涉外企业之前，往往先将税法和相关税收规定作为重点考察内容进行研究。这可以说明国外公司对税收筹划的重视程度。

（2）西方国家的税收筹划专业性强。在西方国家，自 20 世纪 50 年代以来，税收筹划专业化趋势十分明显。许多企业、公司都聘用税务顾问、税务律师、审计师、会计师、国际金融顾问等高级专门人才从事税收筹划活动，以节约税金支出。同时，也有众多的会计师、律师和税务师事务所纷纷开辟和发展有关税收筹划的咨询和代理业务。例如，日本有 85% 以上的企业委托税务师事务所代办纳税事宜；美国约有 50% 的企业其纳税事宜是委托税务代理人代为办理的；澳大利亚约有70%以上的纳税人也是通过税务代理人办理涉税事宜的。

（3）税收筹划的行业性特征日渐显露。近年来，税收筹划活动领域的行业化现象越来越明显。这里所谓的行业化是指税收筹划人员专门为某项特定经济活动在纳税方面出谋划策。在20世纪末期，美国出现了专为金融工程进行税收筹划的金融工程师。金融工程指创新金融工具与金融手段的设计、开发与实施以及对金融问题给予创造性的解决。参与金融工程的人员称为金融工程师，其中税务人员必不可少，这是因为在美国金融领域，敌意接管、债券调换等纯粹因为税收利益所驱动的交易大量存在，如果不注意税收问题，势必会造成巨大的损失。

（4）有专门的税务会计。许多国家的企业都设置了专门的税务会计，税务会计在企业税收筹划活动中发挥着显著作用。税务会计的职责：一是根据税收法规对应税收入、可扣除项目、应税利润和应税财产进行确认和计量，计算和缴纳应交税金，编制纳税申报表来满足税务机关等利益主体对税务信息的要求；二是根据税法和企业的发展计划对企业税金支出进行预测，对企业涉税活动进行合理筹划，发挥税务会计的融资作用，尽可能使企业税收负担降到最低。随着通货膨胀和高利率的出现，企业管理者普遍增强了货币的时间观念，税务会计研究的重心逐步转移到第二职能，由于成效显著，税务会计在西方得以迅速发展。

（5）重视税收筹划知识教育和培训。国外较重视对经济类人才的税收筹划知识教育和培训。例如，在美国的财会、管理等专业的学习中，怎样才能减少缴纳的税金即纳税筹划是一门必学的课程。

2. 我国税收筹划的状况

在市场机制相对较完善的西方国家，税收筹划是一种普遍的经济现象。不仅投资者和纳税人在决定投资、经营前，对各种方案进行比较选择，以寻求获取税后利润最大化的最佳纳税方案，而且正当合理的税收筹划也得到政府的认可甚至鼓励。在外国，会计师事务所和律师事务所基本上都开展此项业务，税收筹划已经成为企业尤其跨国公司制定经营和发展战略的一个重要的组成部分。在我国国内也有许多企业特别是大型国有、民营企业，跨国公司在中国的子公司、分公司，以及外商投资企业也已开始专门设立税务部，聘请专业人员进行税收筹划。但是我国税务筹划开展较晚，尚处于起步阶段，还没受到广大纳税人和投资者的重视，发展较慢，原因有以下几点。

（1）企业态度"冷热不均"

税收筹划在国内尚未被普遍认知和接受的同时，还存在一个特殊的现象，就是不同的企业对税收筹划的态度不一样，外企和民企追捧，国企冷落。有调查显示，在重庆，进行税收筹划的主要是民营企业，国有企业很少。而在深圳，选择税收筹划的纳税人中，有一半以上是外资企业，其次是民营企业，国有企业所占比例还不到一成。在国外，税收筹划由来已久，因此在我国，外资企业的税收筹划意识和手段要比内资企业要强得多；对民营企业来讲，通过筹划获得的收益都是自己的，他们也愿意在税收筹划上进行尝试；而国有企业往往认为税多税少都是国家的，并且自己拥有足够的专业会计人员，不必借助税务代理机构进行筹划。

（2）税收征管水平不高

由于征管意识、技术和人员素质等多方面原因，我国税收征管与发达国家相比还有一定差距。尤其是个人所得税等税种，征管水平不高造成的税源或税基流失问题比较严重。并且，我国税收法规还不是很健全，存在税务行政处罚力度不足的现象，一些税务部门只注重税款的查补而轻于处罚，致使一部分人认为偷逃税即便被查处了也有利可图，根本用不着筹划。同时，少数税务机关以组织收入为中心，税务人员拥有过大的税收执法裁量权，使得征纳关系异化，导致部分税务执法人员与纳税人之间协调的余地很大，一方只求完成任务而不依法办税，一方通过违法行为，以较低的成本实现了税负的减轻，这在客观上阻碍了税收筹划在实际中的普遍运用。如果税法、法规得不到有效执行，企业的违法、违规行为得不到应有的处罚，则企业违法、违规行为的成本较低。当偷税的获益大于税收筹划的收益和偷税的风险时，纳税人显然不会再去劳神费力地进行税收筹划。企业管理者在权衡了成本与收益之后，可能倾向于不选择税收筹划。

（3）税务代理业发展不快

目前我国税务代理业仍处于初级阶段，专业水平较低，人员素质不高，缺乏应有的吸引力，不能满足广大纳税人的需求。我国目前只有不到3%的企业法人的纳税业务由税务代理机构办理，许多地方还未设立注册代理机构。税务代理的依据仅仅是《税收征管法》中的一条原则性规定，没有法定业务，纳税人对税收征管中的事宜既可以自行办理，也可以委托中介机构代为办理。不少税务代理机构的业务也只局限于为纳税人代理税务登记、纳税申报、税款缴纳等日常事务，尚未把税收筹划纳入税务代理的业务范围。我国税务代理人员结构也呈现出了明显的不合理性。税务代理业发展的相对滞后，缺乏应有的吸引力，远远没有达到税收筹划市场化的要求。

（4）税收筹划专业性强

筹划人员必须熟悉国家的财务会计准则和会计制度，对税收政策、法规进行充分分析和掌握，才能找到实施税收筹划的合理空间。此外，税种的多样性、政策的动态性、企业的差别性和企业要求的特殊性，要求筹划人员不仅要精通税收法律法规、财务会计和企业管理面的知识，而且还应具有较强的沟通能力、文字综合能力、营销能力等，在充分了解筹划对象基本情况的基础上运用专业知识和专业判断能力，才能为企业出具筹划方案或筹划建议。不借助专业机构（人员），一般人很难独立进行税收筹划。

（5）税法建设和宣传相对滞后

我国税法的立法层次不高，以全国人大授权国务院制定的暂行条例为主，每一年由税收征管部门下发大量文件对税法进行补充和调整。除了部分专业的税务杂志会定期刊登有关文件外，纳税人难以从大众传媒中获知税法的全貌和调整情况，不利于进行相应的税收筹划。当前，宣传税收筹划的机构局限于理论界和一些想开展税收筹划业务的中介机构。由于社会各界对税收筹划的理解不一，且宣传税收筹划的机构的权威性和影响力不足，人们对税收筹划的误解也就在所难免。

2.2.3 我国税收筹划的发展前景

税收筹划在我国是一项新兴的事业，有利于推进税收法制化和规范化，是形势发展的需要，也是企业生产经营正确决策中不可缺少的组成部分。随着经济全球化趋势的加强以及我国社会主义经济体制的逐步建立和完善，在我国加入 WTO 后，我国经济进一步与世界经济接轨，将有更多的企业走出国门进行投资经营、组建跨国公司、跨行业经营，以前所未有的广度和深度参与全球经济竞争，因此利用不同国家间税法上的差异和我国地域间、行业间税收政策的差别来进行税收筹划将大有市场，税收筹划将受到纳税人的青睐。具体理由如下。

第一，中国加入 WTO，企业竞争国际化的趋势使得税收筹划意义更为重大。中国入世后，中外企业将在一个更加开放、公平的环境下竞争，取胜的关键就在于能否降低企业的成本支出，增加赢利。国外企业的财务机制已经较为成熟稳健，可以通过各种税收筹划方法使企业整体税负水平降低，从而相当于增加了盈利水平。在目前市场竞争日益激烈，企业通过"开源"即提高营销手段来扩大市场份额已经相当困难的情况下，中国企业要想与国外企业同台竞争，就应该把策略重点放到"节流"即企业内部财务成本的控制上。作为财务成本很大部分的税收支出，如何通过税收筹划予以控制，对企业来说变得相当关键。

第二，在民主法制不健全的环境下，纳税义务人的法律意识淡薄，往往会采用一些非法手段去减少自己的税负。由于法制不完善，其逃脱法律责任的可能性较大，所以不少人存在着许多侥幸心理。而在法制健全的环境下，通过这种违法行为降低税负的做法，其风险是非常大的，一旦被查出就得不偿失。因此纳税义务人更愿意通过不违法或合法的税收筹划手段去实现自己减轻税负的目的。随着我国法制建设的不断完善，稽查税务的不断加强，企业避税的空间会越来越小。而节税则是税法允许甚至鼓励的。所以企业要降低成本提高自身竞争力，最好的方法就是税收筹划。

第三，税收筹划的直接动力就是纳税义务人对税收筹划的愿望强烈与否。只有纳税义务人具备了一定的法律常识，意识到税收筹划的重要作用，才能产生直接的税收筹划行动。随着人们对纳税意识的不断提高，税收筹划必将引起人们的重视。

2.3 税收筹划的功能与意义

2.3.1 税收筹划的功能

税收筹划逐步被社会所接受，与其在经济生活中的重要作用是分不开的，其主要功能体现在以下几个方面。

1. 节税功能

节税功能主要体现在纳税人身上。税收筹划可以使纳税人节减税收，有利于纳税人的财务利益最大化。加拿大魁北克大学会计系教授雷内·霍特在他编写的《理解所得税》一书中主张：每个纳税人都应该进行税收筹划，以节减税收。税收筹划还可以防止纳税人陷入税法陷阱。税法漏洞的存在，给纳税人提供了避税的机会，而税法陷阱指税法中貌似优惠或漏洞，但实际税负更重，这也是政府反避税的措施之一。在现代社会，不少国家特别是一些发达国家的税法越来越复杂，而很多纳税人对税法知之甚少，甚至一无所知，这样就非常容易陷入税法陷阱，纳税人一旦陷进去，就要缴纳更多的税款。因此，税收筹划一方面可以减少纳税人缴纳的税额另一方面可以避免多缴纳税款，对个人来说可以使个人财务利益最大化；对企业来说可以使企业所有者权益最大化。

2. 调控功能

税收是国家为了实现其职能，凭借政治权力，无偿取得财政收入的一种形式，是国家实现其宏观调控的重要手段。税收筹划人为了帮助纳税人节减更多的税收，会随时随地密切关注国家能减少纳税人税收的新政策，一旦国家有此类政策出台，税收筹划人就会从追求纳税人最大财务利益出发，马上采取相应行动，而这些行动正是国家政策所鼓励、所希望的。这样，在客观上，税收筹划起到了更快、更好地贯彻国家政策的作用，有助于发挥调控的作用，实现国民经济健康、有序、稳步地发展。

3. 资源配置功能

税收筹划能使纳税人财务利益最大化，包括使纳税人税收利润最大化。在市场经济条件下，利润的多少决定了资本的流动方向，资本总是流向利润最大的地区、行业、部门和企业，资本的流动还代表了人力和物力的流动，代表着资源的重新配置。因此，税收筹划顺应了国家经济调控政策，能使资源配置更加合理化。

4. 反馈完善功能

由于经济条件的制约和认知能力的局限，税收法律、法规有可能存在覆盖面上的空白区，时间衔接上的漏洞或某些操作上的模糊性，以及某些业务处理方法选择的多样性，这给了精明的纳税人有利时机，使其利用税法法律、法规或政策上的不足、缺陷、漏洞，在一定时期内达到减轻税负的目的。但反过来说，税收筹划也为国家进一步完善税收法律、法规提供了修订依据和改进的可能性，在客观上起到了完善税法的作用。同时，税收筹划有助于强化税务机关的建设，纳税人开展税收筹划有助于税务机关树立依法治税的意识，税收筹划是法治社会中减轻纳税人负担的最佳选择。税务机关不能凭借经验或对法律条文的片面理解而武断的判定税收筹划就是税收流失，这种判定的后果不仅会给税务机关带来不必要的法律诉讼，而且会影响企业的声誉，不利于税源的发展。对于税收筹划中出现的新问题，在坚持依法办税、依率计征的前提下，应及时将情况逐级向上反馈，以寻求有法律依据的解决办法。

5. 权益保障功能

税收筹划的兴起和发展，是纳税人观念更新的产物，是适应市场经济的需要，是同国际接轨的体现。纳税人合法地节税，税收征管部门和税务人员不应干涉。对纳税人来说，在税款缴纳过程中，权利和义务是对等的，依法纳税是其应尽的义务，而通过合法途径进行税收筹划，以达到减轻税负的目的，维护自身的经济利益，则是其应当享有的权利。企业往往可能因为对税收政策理解不全面、不透彻而产生某些税收优惠政策未能享受或未能享受到位的问题，或者在确定企业类型、经营方式、核算方式时，未能实现税负节省的最佳方案等问题，通过税收筹划能使企业在行使纳税义务的同时，利用合法手段保护自己应该享有的合法权益。

2.3.2 税收筹划的现实意义

1. 税收筹划有利于提高企业财务管理水平

依法纳税是企业应尽的义务，税收的无偿性决定了企业税款的支付是资金的净流出，没有与之相配比的收入。税收成本是企业经营管理支出的主要组成部分，在收入、成本、费用等条件不变的情况下，企业的税款支出与税后净收入成反比。因此，在进行财务管理时，必须把税收成本纳入企业的经济目标进行管理。纳税人为了减少税收支出，会自觉不自觉地将眼光放在应纳税款上。但是，如果纳税人少交的税款是通过偷税、逃税、骗税、欠税等违法手段来实现的，那么，纳税人不仅要受到税收法律的制裁，而且偷税、逃税、骗税、欠税等违法行为还会影响企业的声誉，给企业正常的生产经营造成严重的负面影响。因此，有必要认真分析税收对企业理财活动的影响，寻求一种既能减少企业税收支出，又不违反税收法律法规的方法，这种方法就是税收筹划。目前有些企业存在偷税、逃税、骗税、欠税等违法犯罪行为，虽然有法制观念淡薄的原因，但关键是企业没有事先进行税收筹划，尤其是企业在筹资、投资和平时的经营活动中没有事先把税收支出考虑进去。等到企业的经济活动结束后，在不能实现预期的经济效果的情况下，为实现企业的经济目标，便采取有损于国家利益的偷税、逃税、骗税、欠税等违法行为。由于，企业的税收筹划是以税收政策法规为导向的，所以对企业的筹资、投资、经营管理、利润分配等财务活动中的纳税问题进行筹划，有利于企业更好地理财，提高企业财务管理水平。

2. 税收筹划有利于促进税务代理等中介机构的健康发展

在市场经济条件下，政府发挥宏观调控职能需要在政府与市场之间存在一个"媒介性"的中介组织。中介组织作为政府与企业之间的媒介进行沟通和协调，具有政府不可替代的作用，能为政府和企业提供双向服务，公正地维护政府和企业的合法权益，促进市场秩序稳定、有序地发展，协助政府办理各种事务，起到政府功能放大的效应，使政府的宏观管理措施在微观的企业层面得到贯彻。现在政府转变职能，就是要把政府原有的一部分职能交给社会中介组织去履行。充分发挥会计师、税务师、咨询策划、纠纷仲裁等中介组织的作用，可以在政府与市场之间构建强有力的联结点，为政府转变职能、企业走向市场创造必要条件。税务代理、咨询机构是社会中介组织的重要组成部分，经过近十年的发展，目前的税务代理机构已初具规模，由专业的税务代理人员代理纳税事宜，针对企业的实际情况进行合理、合法的税收筹划，既可解除纳税人因税法不熟悉而出现违反税法规定而被处罚的后顾之忧，又可使纳税人的税收负担降低，同时可以使企业把精力放在发展生产、提高经济效益上。所以，税务代理机构开展税收筹划，既是社会主义市场经济条件下纳税人的客观需要，也是税务代理自我发展、提高生存能力的客观需要。

3. 有利于提高国家宏观经济政策的运行效果

税收是国家实现其宏观经济政策的重要手段，然而，国家税收政策法规能否起到预期效果，主要取决于纳税人是否对这些政策法规作出行为反应，以及对这些政策措施的主动利用。如果政府制定了税收政策，而因为一些因素的影响，这些政策信息不能正常地传导到纳税人，或政策措施力度不足以改变纳税人的行为，纳税人并没有对其作出行为反应，国家预期的政策目标就难以实现。从这个意义上说，纳税主体是国家宏观调控的微观基础。因此，国家如果希望通过运用税收政策来实现其宏观经济政策目标，不仅要注意措施的力度应足以改变纳税人的行为，而且要保证政策信息能传输给纳税人，并影响纳税人的行为。企业进行税收筹划，正是对这些政策信息的主动接收，并能动地加以运用，是纳税人按照国家宏观政策要求，对自身行为进行的调整，其结果必然有助于国家宏观经济政策的实现。可见，税收筹划，是纳税人实现其经济效益最大化的重要手段，也是国家政策意志转化为纳税人行为的具体形式，是国家宏观调控得以实现的载体之一。通过科学地进行税收筹划，可以协调企业微观经济决策和国家宏观经济政策，提高宏观政策的运行效果。

4. 有利于增强纳税人的法制观念，提高公民的纳税意识

纳税意识对于纳税人的主观行为活动有着深刻的影响，"为什么要纳税"是许多纳税人时常提出和关心的一个问题。长期以来，计划经济在我国的经济中占主导地位，国家没有正确处理好与纳税人的关系，经济主体的法制观念不强，纳税人或不关心税收制度，对其中的具体规定不清楚；或凭人情关系，以言代法，纳税意识淡薄。他们大多不了解自己有哪些权利，更不了解何为税收筹划，如何进行税收筹划。不少纳税人不是将纳税作为自己的义务来履行，而是视为一种额外负担，是政府对自身利益的剥夺，认为纳税是吃亏的事，迫不得已才纳税。因此，提高公民的纳税意识，成为当前国家税收征管工作中迫切需要解决的一个问题。增强纳税人的法制观念，培养和提高其纳税意识，需要征纳双方共同努力。政府应正确确立与纳税人之间的地位关系，尊重纳税人的合法权益，承认依法纳税是纳税人应尽的义务，依法进行税收筹划是纳税人应有的权利。作为纳税人应充分了解国家有关的税收法律法规，学会用合法的方式来维护自己的正当权益，税收筹划则能够促进纳税人自行完成这一过程。成功的税收筹划的前提是纳税人应熟悉和通晓税收政策法律、法规，并准确掌握合法与非法的界限，保持各种账目资料文件的完整，把运用税法进行税收筹划作为一种自身发展的内在需要。随着纳税人主动地对税收政策法规和国家税收政策的学习和运用，纳税人的纳税意识也会得到提高，税收法制观念也会得到加强。

5. 从长远来看，税收筹划有利于增加国家税收收入

纳税人进行税收筹划，从近期来看，可能减少了国家的税收收入，但从长期来看，则有利于国家对税源的培植，反而有可能增加国家财政收入。首先，在目前国家政策性减税有限的情况下，纳税人通过对税款的交纳进行筹划降低税负，减轻了企业的税收负担。这对企业的生存发展十分有利，尤其是对于那些目前比较困难的企业，适当地减轻税收负担，就可以将资金用在企业最需要的地方，帮助企业渡过难关，有利于企业的长远发展。只有当企业发展上去了，经济情况好转了，国家的税收收入源泉才会充足，国家对税款进行征收才存在基础。其次，企业进行税收筹划在一定程度上受国家政策的指引和调节，有利于实现国家的产业政策。虽然近期可能减少国家税收，但就长远而言，却能够促进经济保持持续发展。此外，如果纳税人能通过正当的税收筹划途径减轻自身的税收负担，也会使偷税、骗税、逃税的行

为大大减少，这样也有利于改善纳税环境，减少国家税务机关和企业之间的矛盾。

2.4 税收筹划的原则与分类

2.4.1 税收筹划的原则

税收筹划在于合法、合理地降低税收负担，实现财务利益最大化的目标。为了实现这一目标需要遵循一定的原则。税收筹划原则既是税收筹划过程中应坚持的指导思想和行为准则，也是判断税收筹划成败的标准。

1. 合法原则

税收是政府按照国家的税收法律规定，强制地、无偿地取得财政收入的一种方式。税收法律是国家以征税方式取得财政收入的法律规范，税法调整税收征纳双方的征纳关系，形成征纳双方各自的权利与义务，征纳双方都必须遵守。如果采取非法手段进行所谓的税收筹划，那么从本质上看它已不属于税收筹划的范围了。因此，纳税人在进行税收筹划时必须遵循不违背税收法律法规的原则。为了做到不违背税法，税收筹划者必须熟悉和精通税法，掌握国家税法和税收政策的导向，并密切注视税收政策及税法的调整变动，使税收筹划在法律规定的范围内进行。

2. 合理原则

在税收筹划中，还要遵循筹划的合理性原则，注意税收筹划要符合包括税收政策在内的各项国家政策精神。那些违背税收立法精神的行为，如钻税法漏洞的行为等，不符合税收筹划的合理性原则。

在市场经济条件下，国家把税收作为宏观调控的一个重要手段。税收调控涉及的面非常广泛，从国家的宏观经济发展战略到国家的微观经济发展战略，从财政、经济领域到社会领域，各地区、各行各业的各种行为都可能有不同的税收待遇，这些行为只要符合国家法律精神，都是合理的行为。反之，则是不合理行为。

税收优惠是国家政策的一个重要组成部分，符合国家政策的某些行为可以享受不同的税收优惠。纳税人通过符合和贯彻国家政策的行为而取得的税收优惠被称为"税收利益（Tax benefit）"。税收利益是指通过节税少缴纳的税款，税收利益通常被认为是纳税人的正当受益。

3. 规范原则

税收筹划还要遵循筹划的规范性原则。税收筹划不单单是税务方面的问题，还涉及许多其他方面的问题，包括财务、会计等各领域，涉及第一、二、三各产业和各产业内的不同行业，以及东南西北各地区等各方面的问题，税收筹划要遵循各领域、各行业各地区约定俗成或明文规定的各种制度和标准。例如，在财务、会计筹划上要遵循会计准则、会计制度等的规范制度，在行业筹划上要遵循各行业制定的规范制度，在地区筹划上要遵循地区规范，以规范的行为方式和方法来制定相应的节减税收的方式和方法。

4. 效率原则

追求效率是一切经济活动的目标，税收筹划作为企业的经济筹划活动也必须遵循效率原则。税收筹划固然可以产生减轻税收负担的效果，但是在选择和运用较为有利的税收筹划策略时，常需要有其他措施的配合。为了实施这些措施所增加的各项支出，就是税收筹划的成本。如何使税收筹划成本最小，节税净收益（税收筹划的税收利益减去税收筹划成本）最大，是进行税收筹划决策的重要依据。因此在税收筹划过程中要进行多种方案的节税效益比较。值得注意的是，在有些情况下，某种方案节税效益可能并不理想，但是从企业总体收益来看是可观的，这时选择这一方案仍然被视为是有效率的。由此可以看出，效率原则包含着算大账的含义。同时由于影响经济活动因素很复杂，常常有些非主观所能决定的因素发生变动，给税收筹划带来很多不可预测的问题。因此，税收筹划具有一定的风险性，其成功率并不是百分之百。为了提高成功率，在进行税收筹划时，应尽可能对经济运行中的变化及其变化趋势进行较为科学的预测，对影响税收筹划的相关因素进行必要的分析，以便降低风险程度，提高税收筹划的效率。

5. 财务利益最大化原则

财务利益最大化原则是指税收筹划最主要目的是要使纳税人可支配的财务利益最大化，即税后财务利益最大化。

纳税人财务利益最大化除了要考虑节减税收外，还要考虑纳税人的综合经济利益最大化；不仅要考虑纳税人现在的财务利益，还要考虑纳税人未来的财务利益；不仅要考虑纳税人的短期利益，还要考虑纳税人的长期利益；不仅要考虑纳税人的所得增加，还要考虑纳税人的资本增值。

2.4.2 税收筹划的分类

根据不同的标准，可以对税收筹划做出不同的分类。常用的分类标准有：按税收筹划需求主体分类、按税收筹划提供主体分类、按税收筹划范围分类、按税收筹划税种分类、按税收筹划环节分类等。

1. 按税收筹划需求主体分类

按税收筹划需求主体分类，可将税收筹划分为法人税收筹划和自然人税收筹划。

（1）法人税收筹划

所谓法人是指依法成立、有一定的组织机构、具有能独立支配的财产，并能以自己的名义参与民事活动、享有权利和承担义务的社会组织。法人税收筹划主要是对法人的组建、分支机构设立、筹资、投资、运营、核算、分配等活动进行的税收筹划。由于我国现阶段的税制模式是以商品劳务税和所得税为主，企业是商品劳务税和所得税的纳税主体，是税收的主要缴纳者，因此在法人税收筹划中，企业税收筹划是主体部分，其需求量最大。

（2）自然人税收筹划

所谓自然人是指能够独立享有法定权利和履行法定义务的个人。自然人税收筹划主要是在个人投资理财领域进行。自然人数量众多，西方许多国家以个人所得税或财产税为主体税种，而且税制设计复杂，因而自然人税收筹划的需求量也有相当规模。我国目前自然人缴纳的税收在税收总额中占得比重还偏低，因此自然人的税收筹划需求规模相对于企业税收筹划要小一些。但是，随着经济的发展、个人收入水平的提高和个人收入渠道的增多以及我国税制的完善，我国自然人税收筹划的需求将会有一定的增长。

2. 按税收筹划提供主体分类

按税收筹划提供主体分类，可将税收筹划分为自行税收筹划和委托税收筹划。

（1）自行税收筹划

自行税收筹划是指由税收筹划需求主体自身为实现税收筹划目标所进行的税收筹划。自行税收筹划要求需求主体拥有掌握税收筹划业务技能、具备税收筹划能力的专业人员，能够满足自行税收筹划的要求。对于企业而言，自行税收筹划的供给主体一般是以财务部门及财务人员为主。

自行税收筹划的优势在于：第一，可操作性强。由于纳税人对自身情况非常了解，设计出来的税收筹划方案比较切合实际，可操作性很强。第二，保密性强。税收筹划需要了解企业许多财务秘密与生产经营秘密，由企业的财务人员自己进行税收筹划有利于保守企业秘密。第三，直接成本较低。税务筹划本身也属于财务管理活动，财务人员自己开展此项工作，就不需要支付额外高额的费用。由纳税人自行进行税收筹划，其筹划的直接成本是比较低的。

自行税收筹划的局限性具体表现在：第一，方法、思路的局限性。由于纳税人自行税收筹划主要是依赖于财务人员进行，其筹划的视角只能在本企业、本行业或者是某个特殊的生产经营阶段，获取信息量较小，信息存在不对称，设计出的税收筹划方案可能立意不高、思维面窄、效果较差。第二，风险评估能力弱。在我国目前由于税收法规和税收政策的复杂性，需求主体很难精通和准确把握税法规定，对税收筹划方案带来的风险评估能力较弱，自行税收筹划的成本与风险是比较大的，而且成本与风险自负。

（2）委托税收筹划

委托税收筹划是指需求主体委托税务代理专业机构或税收筹划专家进行的税收筹划。

委托税收筹划的优势在于：第一，设计的税收筹划方案更加专业。专业机构能够快速获取税收法规信息，而且见多识广，研究精细，其设计的税收筹划方案立意较高，可选择的操作方法较多，并且具有一定的启发性，非常专业。第二，专业机构评估税收筹划风险能力强。由于专业机构主持税收筹划活动多，其了解税收筹划全过程，而且经历的案例比较多，对税收实际问题判断相对准确，评估风险能力强，能够大胆设计操作方案，税收筹划效果好；在与税务机关的交往中也非常清楚其认定情况的角度，所以税收筹划方案的失败风险可以有效地控制在一定范围之内。

3. 按税收筹划范围分类

按税收筹划范围分类，可将税收筹划分为整体税收筹划和专项税收筹划。

（1）整体税收筹划

整体税收筹划是指对纳税人生产经营、投资理财等涉税活动进行全面、整体的税收筹划。一般而言，大中型企业生产经营规模大，运营情况比较复杂，涉税事项也多，财务规划的任务重，整体税收筹划具有特殊、重要的意义。整体税收筹划具有"两大"、"两高"的特点，即难度大、风险大，成本高、收益高。整体税收筹划如果成功，能给企业带来可观的税收利益。但是整体税收筹划是一项复杂的系统工程，要求筹划人员具有较高的专业技能，精通各项法律法规以及生产经营、投资理财的相关知识。目前我国税收筹划尚处在初期发展阶段，整体税收筹划从业人员的业务素质水平并不高，能胜任这项工作的人较少，还不能满足企业整体税收筹划的需要。

（2）专项税收筹划

专项税收筹划是指针对纳税人某一项或几项生产经营或投资理财决策活动或某一税种或几个税种进行的专门项目的税收筹划。专项税收筹划的针对性强，目标具体，难度相对较小，成本也相对较低，效果比较明显，在实践中无论对于大型企业还是中小企业都是运用得比较多的一种税收筹划形式。

4. 按税收筹划税种分类

税种按征税对象的不同可分为商品劳务税、所得税、财产税、资源税、行为目的税等几大类。与之相对应，以税收筹划涉及税种的不同类别为分类标准，税收筹划也可以分为商品劳务税的税收筹划、所得税的税收筹划、财产税的税收筹划、资源税的税收筹划、行为目的税的税收筹划等。由于商品劳务税和所得税是我国目前税制结构中最主要的两大税类，因而它们也是目前纳税人税收筹划需求最大的两大税类。

（1）商品劳务税税收筹划

商品劳务税的税收筹划主要是围绕纳税人身份、销售方式、货款结算方式、销售额、适用税率、税收优惠等纳税相关项目进行的税收筹划。虽然商品劳务税是企业缴纳最多的税，但由于其是可以转嫁的税，加之商品劳务税的税制弹性相对较小，因此税收筹划的空间相对于所得税来说也比较小。

（2）所得税税收筹划

所得税的税收筹划主要是围绕收入实现、经营方式、成本核算、费用列支、折旧方法、捐赠、筹资方式、投资方向、设备购置、机构设置、税收政策等涉税项目的税收筹划。所得税的税制弹性相对较大，其税收筹划的空间也相对较大，效果往往比较明显，所以目前这类税收筹划的需求较大。

5. 按税收筹划环节分类

企业在生产经营、投资理财的每个环节都存在决策问题，同时也伴随着税收筹划的发生。按税收筹划环节的不同，税收筹划可分为机构设置的税收筹划、投资决策的税收筹划、融资方式的税收筹划、经营策略的税收筹划、产销决策的税收筹划、成本费用核算的税收筹划、利润分配的税收筹划等。按生产经营、投资理财的不同环节进行的税收筹划一般也可称为环节税收筹划。由于不同环节的决策目标十分具体而又不尽相同，相应的税收政策及其相关政策的规定多且差别也较大，这就给环节税收筹划留下了较为广阔的空间和余地，只要筹划得当，都有机会获得一定的税收利益。因此环节税收筹划在企业税收筹划中受到高度重视，成为企业税收筹划的重点，这方面成功的案例也较多。

2.5 税收筹划的技术与步骤

2.5.1 税收筹划的基本技术

在税收筹划理论研究与实践运作的基础上，可以把税收筹划中广泛采用的节税技术归纳为八种：免税技术、减税技术、税率差异技术、分劈技术、扣除技术、抵免技术、延期纳税技术和退税技术。这八种节税技术，可以单独运用，也可以联合运用。但是，如果同时采用两种或两种以上的节税技术时，必须要注意各种节税技术之间的相互影响和相关关系。

1. 免税技术

（1）免税概念

免税是国家对特定的地区、行业、企业、项目或情况（特定的纳税人或纳税人的特定应税项目，或纳税人的特殊情况）所给予纳税人完全免征税收的优惠或奖励措施。

免税可以是国家的一种税收优惠方式，同时也可以是国家出于其政策需要而采取的一种税收奖励方式，它是贯彻国家经济、政治和社会政策的经济手段。例如，我国对于某些遭受严重自然灾害地区的农业生产在一定时期给予免税，就是属于国家帮助该地区恢复生产而采取的税收照顾。又如，我国对满足条件的内外资软件开发企业给予限期免税待遇等，是属于国家出于政策需要的税收奖励。这种税收奖励也可称之为税收优惠、税收鼓励、税收刺激或税收激励。各国税法里的免税优惠政策随处可见，它们是各国税收制度的一个重要组成部分，是采用免税技术合法筹划节税的法律渊源。

（2）税收筹划的免税技术

免税技术是指在合法和合理的情况下，使纳税人成为免税人，或使纳税人从事免税活动，或使征税对象成为免税对象而免纳税赋的税收筹划技术。免税人包括自然人、免税公司、免税机构等。一般来说，税收是不可避免的，每个人都要缴纳税收，但是纳税人可以成为免征（纳）税收的纳税人——免税人。比如，一个国家所得税法规定从事工商经营活动的企业都是纳税人，但在高新技术开发区从事工商经营活动的企业可以免征三年所得税，则设立在开发区从事工商经营活动的企业在三年内属于免征（纳）税收的纳税人。税收筹划通过合法和合理地利用免税规定，可以节减税收。

尽管免税实质上都相当于财政补贴，但各国一般有两类不同目的免税：一类是属于税收照顾性质的免税，它们对纳税人来说只是一种财务利益的补偿；另一类是属于税收奖励性质的免税，它们对纳税人来说则是财务利益的取得。照顾性免税往往是在非常情况或非常条件下才取得的，而且一般也只是弥补损失，所以税收筹划不能利用其来达到节税的目的，只有取得国家奖励性免税才能达到节税的目的。

（3）免税技术特点

免税技术具有以下特点：免税技术运用的是绝对节税原理，直接免除纳税人的税收绝对额，属于绝对节税型税收筹划技术；免税技术简单易行，一般不需要利用数理、统计、财务管理等专业知识进行税收筹划，也无须通过复杂的计算，甚至不用计算，不用比较，就能知道是否可以节减税收，技术非常简单直观；免税是对特定纳税人、征税对象及情况的减免，比如必须从事特定的行业，在特定的地区经营，要满足特定的条件等，而这些不是每个纳税人都能或都愿意做到的，因此，免税技术往往不能普遍运用，适用范围狭窄；免税技术具有一定风险性，在能够运用免税技术的企业投资、经营活动中，往往有一些是被认为投资收益率低或风险高的地区、行业、项目和行为，比如，投资高科技企业可以得到免税待遇，还可能得到超过社会平均水平的投资收益率，但风险性极高，非常可能因种种原因而导致投资失败，使免税优惠变得毫无意义。

（4）免税技术要点

在免税技术手段运用过程中，尽注意做到以下两点。

①尽量争取更多的免税待遇。在合法和合理的情况下，尽量争取免税待遇，争取尽可能多的项目获得免税待遇。与缴纳税收相比，免征的税收就是节减的税收，免征的税收越多，节减的税收也越多。

②尽量使免税期最长化。在合法和合理的情况下，尽量使免税期延长。许多免税政策都有期限规定，免税期越长，节减的税收越多。

2. 减税技术

（1）减税概念

减税是国家对特定的地区、行业、企业、项目或情况（纳税人或纳税人的特定应税项目，或由于纳税人的特殊情况）所给予纳税人减征部分税收的优惠或奖励措施。减税也可以是国家对特定纳税人的税收照顾措施，或出于政策需要对特定纳税人的税收奖励措施。与免税一样，减税也是贯彻国家经济、政治和社会政策的经济手段。例如，我国对遭受风、火、水、震等自然灾害的企业在一定时期给予减税待遇，就属于税收照顾性质的减税。又如，我国对符合规定的从事第三产业的企业、以"三废"原料为主要材料进行再循环生产的企业等给予减税待遇，就是国家为了实现其科技、产业和环保等政策所给予企业税收鼓励性质的减免。在各国税法里，减税鼓励规定随处可见，它是各国税收制度的又一个组成部分，是采用减税技术筹划节税的法律依据。

（2）税收筹划的减税技术

减税技术指在合法和合理的情况下，使纳税人减少应纳税额而直接节税的税收筹划技术。与缴纳全额税收相比，减征的税收越多，节减的税收也越多。

一般而言，尽管减税实质上也相当于财政补贴，但各国也有两类不同减税方式：一类是出于税收照顾目的的减税，比如，国家对遭受自然灾害地区企业、残疾人企业等的减税，这类减税就是一种税收照顾，是国家对纳税人由于各种不可抗力造成的财务损失进行的财务补偿；另一类是出于税收奖励目的的减税，比如，产品出口企业、高科技企业、再循环生产企业等的减税，这类减税就是一种税收奖励，是对纳税人贯彻国家政策的财务奖励。税收筹划的减税技术主要是合法和合理地利用国家奖励性减税政策而节减税收的技术。

（3）减税技术特点

减税技术具有以下特点：减税技术运用的是绝对节税原理，直接减少纳税人的税收绝对额，属于绝对节税型税收筹划技术；减税技术简单易行，无须利用数理、统计等专业知识进行税收筹划，只要通过简单的计算就能大致知道可以节减多少税收，技术简便；减税也是对特定纳税人、征税对象及情况的减免，而这些不是每个纳税人在大多数情况下都能够满足的，因此，减税技术也是一种不能普遍运用，适用范围狭窄的税收筹划技术；减税技术具有一定风险性，能够运用减税技术的企业投资、经营活动，往往有一些是被认为是投资收益率低和风险高的地区、行业或项目，从事这类投资、经营活动具有一定的风险性，例如，投资利用"三废"进行再循环生产的企业就有一定的风险性，其投资收益难以预测。

（4）减税技术要点

①尽量争取减税待遇并使减税最大化。在合法和合理的情况下，尽量争取减税待遇，争取尽可能多的税种获得减税待遇，争取减征更多的税收。与缴纳税收相比，减征的税收就是节减的税收，获得减征待遇的税种越多，减征的税收越多，节减的税收也越多。

②尽量使减税期最长化。在合法和合理的情况下，尽量使减税期最长化。减税期越长，节减的税收越多。与按正常税率缴纳税收相比，减征的税收就是节减的税收，而使减税期最长化能使节税最大化。

3. 税率差异技术

（1）税率差异的概念

税率差异是指性质相同或相似的税种适用税率的不同。税率差异主要是出于财政、经济政策原因，例如，一个国家对不同企业组织形式规定不同的税率，对不同地区的纳税人规定不同的税率，或存在所有制形式和地区间的税率差异。

税率差异是普遍存在的客观现象。一个国家的税率差异，往往是要鼓励某种经济、某些类型企业、某些行业、某类地区的存在和发展，它体现国家的税收鼓励政策。税率差异技术主要是利用体现国家经济政策的税率差异。

（2）税收筹划的税率差异技术

税率差异技术是指在合法、合理的情况下，利用税率的差异而直接减少税收支出的税收筹划技术。与按高税率缴纳税收相比，按低税率少缴纳的税收就是节税。因为税率差异是普遍存在的情况，只要不是出于避税目的，而是出于真正的商业理由，在开放经济下，一个企业完全可以根据国家有关法律和政策决定自己企业的组织形式、投资规模和投资方向等，利用税率差异降低税负。同样道理，一个自然人也可以选择投资规模、投资方向和居住国等，利用税率差异减少纳税。

（3）税率差异技术特点

税率差异技术运用的是绝对节税原理，可以直接减少纳税人的税收绝对额，属于绝对节税型税收筹划技术。采用税率差异技术节税不单受税率差异的影响，有时还受到税基差异的影响，税基的计算很复杂。计算出结果后还要用一定的方法进行比较，才能大致知道可以节减多少税收，所以税率差异技术较为复杂。税率差异是普遍存在着的，几乎每个纳税人都有一定的挑选范围，因此，税率差异技术是一种能普遍运用、适用范围较大的税收筹划技术；税率差异是客观存在着的，而且在一定时期是相对稳定的，因此税率差异技术具有相对的确定性。

（4）税率差异技术要点

①尽量寻求税率最低化。在合法和合理的情况下，尽量寻求适用税率的最低化。在其他条件相同的情况下，按高低不同税率缴纳的税额是不同的，它们之间的差异，就是节减的税收。寻求适用税率的最低化，可以达到节税的最大化。

②尽量寻求税率差异的稳定性和长期性。税率差异具有一定的确定性只是一般而言，税率差异中还有相对稳定性。例如，政局稳定国家的税率差异就比政局动荡国家的税率差异更具稳定性，政策制度稳健国家的税率差异就比政策制度多变国家的税率差异更具长期性。在合法和合理的情况下，应尽量寻求税率差异的稳定性和长期性。

4. 分劈技术

这里的"分劈"不是用刀斧、爆破等强行破开的分割，而是"分开"的意思。分劈是指把一个自然人（法人）的应税所得或应税财产分成多个自然人（法人）的应税所得或应税财产的行为。

（1）分劈技术的概念

分劈技术是指在合法和合理的情况下，使所得、财产在两个或更多个纳税人之间进行分劈而直接节税的税收筹划技术。

出于调节收入等社会政策的考虑，各国的所得税和财产税一般都采用累进税率，计税基数越大，适用的最高边际税率也越高。把所得、财产在两个或更多个纳税人之间进行分劈，可以使计税基数降至低税率级别，从而降低最高边际适用税率，节减税收。

采用分辟技术节税与采用税率差异技术节税的区别在于：前者是通过使纳税人的计税基数合法和合理地减少而节税，而后者则是通过减少计税基数来节税；前者主要是利用国家的社会政策，而后者主要是利用国家的财经政策。

（2）分劈技术的特点

分劈技术运用的是绝对节税原理，直接减少纳税人的税收绝对额，属于绝对节税型税收筹划技术。一些企业往往通过分立为多个小企业，强行分割所得来降低适用税率，因此被许多国家认为是一种避税行为。为了防止企业利用小企业税收待遇进行避税，一些国家针对企业的所得分割制定了反避税条款，所以分劈技术能够适用的人和能够进行分劈的项目有限，条件也比较苛刻，因此分劈技术适用范围狭窄。采用分劈技术节税不但要受到许多税收条件的限制，还要受到许多非税条件如分劈参与人等复杂因素的影响，所以分劈技术较为复杂。

（3）分劈技术的要点

①分劈要合理化。使用分劈技术节税，除了要合法，特别要注意的是所得或财产分劈的合理，要使得分劈合法和合理，例如，严格遵循税法规定来分劈所得和财产。

②节税要最大化。在合法和合理的情况下，尽量寻求通过分劈技术能达到节税最大化的目标。

5. 扣除技术

（1）扣除的概念

扣除原意是从原数额中减去一部分。税收中狭义的扣除指从计税金额中减去一部分以求出应税金额，例如，我国《企业所得税暂行条例》规定，企业的应纳税所得额为纳税人每一纳税年度的收入总额减去准予扣除项目后的余额。税收中广义的扣除还包括：从应计税额中减去一部分，即"税额扣除"、"税额抵扣"、"税收抵免"。例如，我国的《企业所得税暂行条例》规定，纳税人来源于境外的所得，已在境外缴纳的所得税税款，准予在汇总纳税时，从其应纳税额中扣除。又如，我国的《增值税暂行条例》规定，应纳税额为当期销项税额抵扣进项税额后的余额。

扣除技术的扣除是狭义的扣除，即指从计税金额中减去各种扣除项目金额以求出应税金额，扣除项目包括各种扣除额、宽免额、冲抵额等。广义的扣除所包括的抵免，将在抵免技术里讨论。

扣除与特定适用范围的免税、减税不同，扣除规定普遍地适用于所有纳税人。例如，我国的《企业所得税税前扣除办法》规定，在计算应纳税所得额时，纳税人准予扣除与其取得收入有关的成本、费用、税金和损失的金额。

（2）扣除技术的概念

扣除技术是指在合法和合理的情况下，使扣除额增加而直接节税，或调整各个计税期的扣除额而相对节税的税收筹划技术。在同样多收入的情况下，各项扣除额、宽免额、冲抵额等越大，计税基数就会越小，应纳税额也越小，所节减的税款就越多。

（3）扣除技术的特点

扣除技术可用于绝对节税，通过扣除使计税基数绝对额减少，从而使绝对纳税额减少；也可用于相对节税，通过合法和合理地分配各个计税期的费用扣除和亏损冲抵，增加纳税人的现金流量，起到延期纳税的作用，从而相对节税，在这一点上，与延期纳税技术原理有类似之处。税法中各种扣除、宽免、冲抵规定是最为烦琐复杂，也是变化最多、变化最大的规定，而要节减更多的税收就要精通所有有关的最新税法，所以扣除技术较为复杂。扣除是适用于所有纳税人的规定，几乎每个纳税人都能采用此法节税，因此，扣除技术是一种能普遍运用、适用范围较大的税收筹划技术。扣除在规定时期是相对稳定的，因此采用扣除技术进行税收筹划具有相对的确定性。

（4）扣除技术要点

①扣除项目最多化。在合法和合理的情况下，尽量使更多的项目能够得到扣除。在其他条件相同的情况下，扣除的项目越多，计税基数就越小，应纳税额就越小，节减的税收也就越多。使扣除项目最多化，可以达到节税的最大化。

②扣除金额最大化。在合法和合理的情况下，尽量使各项扣除额能够最大化。在其他条件相同的情况下，扣除的金额越大，计税基数就越小，应纳税额就越小，节减的税收也就越多。使扣除金额最大化，可以达到节税最大化。

③扣除最早化。在合法和合理的情况下，尽量使各允许扣除的项目在最早的计税期得到扣除。在其他条件相同的情况下，扣除越早，早期缴纳的税收就越少，早期的现金净流量就越大，相对节减的税收就越多。扣除最早化，可以达到节税的最大化。

6. 抵免技术

（1）税收抵免

税收抵免是指从应纳税额中扣除税收抵免额。在征税机关方面，纳税人的应纳税额是征税机关的债权，表示在借方；纳税人的已纳税额是纳税人已支付的债务，表示在贷方。税收抵免额的原意是纳税人的贷方税额——纳税人的已纳税额，税收抵免的原意是纳税人在汇算清缴时可以用其贷方已纳税额冲减其借方应纳税额。

税收筹划抵免技术涉及的税收抵免，主要是利用国家为贯彻其政策而制定的税收优惠性或奖励性税收抵免和基本扣除性抵免。很多国家包括我国，都规定了税收优惠性抵免，包括诸如投资抵免、研究开发抵免等。例如，我国税法规定：外商投资企业购买国产设备投资的40%可从购置设备当年比前一年新增的企业所得税中抵免。

（2）抵免技术的概念

抵免技术是指在合法和合理的情况下，使税收抵免额增加而绝对节税的税收筹划技术。税收抵免额越大，冲抵应纳税额的数额就越大，应纳税额则越小，从而节税额就越大。

（3）抵免技术的特点

抵免技术运用的是绝对节税原理，直接减少纳税人的税收绝对额，属于绝对节税型税收筹划技术。尽管有些税收抵免与扣除有相似之处，但总体来说，各国规定的税收优惠性或基本扣除性抵免一般种类有限，计算也不会很复杂，因此抵免技术较为简单。抵免普遍适用于所有纳税人，不是只适用于某些特定纳税人，因此，抵免技术适用范围较大。抵免在一定时期相对稳定、风险较小，因此采用抵免技术进行税收筹划具有相对的确定性。

（4）抵免技术要点

①抵免项目最多化。在合法和合理的情况下，尽量争取更多的抵免项目。在其他条件相同的情况下，抵免的项目越多，冲抵应纳税额的项目也越多，冲抵应纳税额的项目越多，应纳税额就越小，因而节税就越多。使抵免项目最多化，可以达到节税的最大化。

②抵免金额最大化。在合法和合理的情况下，尽量使各抵免项目的抵免金额最大化。在其他条件相同的情况下，抵免的金额越大，冲抵应纳税额的金额就越大，冲抵应纳税额的金额越大，应纳税额就越小，因而节减的税收就越多。

7. 延期纳税技术

（1）延期纳税概念

延期纳税是指延缓一定时期后再缴纳税收。狭义的延期纳税专门指纳税人按照国家有关延期纳税规定进行的延期纳税；广义的延期纳税还包括纳税人按照国家其他规定可以达到延期纳税目的的财务安排和纳税计划，例如，按照折旧政策、存货计价政策等规定来达到延期纳税的财务安排。

政府制定延期纳税规定主要有以下一些原因。

一是避免先征后退，节约征税成本。例如，我国规定，境外进入免税区的货物，除国家另有规定外，免征增值税和消费税，以后如果免税进入保税区的货物运往非保税区，这时再照章征收增值税和消费税；以后如果保税区生产的产品，除国家另有规定外，运往境外，免征增值税和消费税。这个规定就性质来说，是一种延期纳税。

二是防止纳税人税负畸轻畸重。例如，有的国家规定，农民在某一年度取得特别多的所得，可以将这一年的所得分散到数年之内缴纳税收。

三是鼓励和促进投资。例如，有些国家允许只要国外子公司的利润留在国外继续投资经营，不汇回国内，就可以一直延缓至汇回国内时再纳税。因此，延期纳税也是属于国家财税政策的一部分。

（2）延期纳税技术概念

延期纳税技术是指在合法和合理的情况下，使纳税人延期纳税而相对节税的税收筹划技术。纳税人延期缴纳本期税收并不能减少纳税人纳税绝对总额，但等于得到一笔无息贷款，可以增加纳税人本期的现金流量，使纳税人在本期有更多的资金扩大流动资本，用于资本投资。如果存在通货膨胀和货币贬值，延期纳税还可以更有利于企业获得财务收益。

（3）延期纳税技术特点

延期纳税技术运用的是相对节税原理，一定时期的纳税绝对额并没有减少，是利用货币时间价值节减税收，属于相对节税型税收筹划技术。大多数延期纳税涉及财务制度各个方面的许多规定和其他一些技术，并涉及财务管理的许多方面，需要有一定的数学、统计和财务管理知识，各种延期纳税节税方案要通过较为复杂的财务计算才能比较、决策，技术较为复杂。延期纳税技术可以利用税法延期纳税规定、会计政策与方法的选择以及其他规定进行节税的税收筹划技术，几乎适用于所有纳税人，适用范围较大。延期纳税主要是利用财务原理，而不是某些相对来说风险较大、容易变化的政策，因此，延期纳税节税技术具有相对的确定性。

（4）延期纳税技术要点

①延期纳税项目最多化。在合法和合理的情况下，尽量争取更多的项目延期纳税。在其他条件包括一定时期纳税总额相同的情况下，延期纳税的项目越多，本期缴纳的税收就越少，现金流量也越大，相对节减的税收就越多。使延期纳税项目最多化，可以达到节税的最大化。

②延长期最长化。在合法和合理的情况下，尽量争取纳税延长期最长化。在其他条件包括一定时期纳税总额相同的情况下，纳税延长期越长，由延期纳税增加的现金流量所产生的收益也将越多，因而相对节减的税收也越多。使纳税延长期最长化，可以达到节税的最大化。

8. 退税技术

（1）退税概念

退税是税务机关按规定对纳税人已纳税款的退还。退税技术涉及的退税主要是让税务机关退还纳税人符合国家退税奖励条件的已纳税款。税务机关向纳税人退税的情况一般有：税务机关误征或多征的税款，如税务机关不应征收或错误多征的税款；纳税人多缴纳的税款；零税率商品的已纳国内流转税税款；符合国家退税奖励条件的已纳税款。

（2）退税技术概念

退税技术是指在合法和合理的情况下，使税务机关退还纳税人已纳税款而直接节税的税收筹划技术。在已缴纳税款的情况下，退税无疑是对已纳税款的偿还，所退税额越大，相当于节税额越大。

（3）退税技术特点

退税技术运用的是绝对节税原理，直接减少纳税人的税收绝对额，属于绝对节税型税收筹划技术。退税技术节减的税收一般通过简单的退税公式就能计算出来，还有一些国家同时还给出简化了的算式，更简化了节减税收的计算，因此退税技术较为简单。退税一般只适用于某些特定行为的纳税人，因此，退税技术适用的范围较小。国家之所以用退税鼓励某种特定行为如投资，往往是因为这种行为有一定的风险性，这也使得采用退税技术的税收筹划具有一定的风险性。

（4）退税技术要点

①尽量争取退税项目最多化。在合法和合理的情况下，尽量争取更多的退税待遇。在其他条件相同的情况下，退税的项目越多，退还的已纳税额就越大，因而节减的税收就越多。

②尽量使退税额最大化。在合法和合理的情况下，尽量使各退税额最大化。在其他条件相同的情况下，退税额越大，退还的已纳税额就越大，因而节减的税收就越多。

2.5.2 税收筹划的基本步骤

税收筹划工作流程是筹划人员（企业财务人员或中介机构等）在实施税收筹划过程中所采取的基本步骤和方法。制定科学、合理的税收筹划工作流程是顺利开展筹划活动的首要条件和重要保证。在税收筹划过程中采用恰当合理的工作流程是实现筹划目标的重要条件，是影响筹划效率和效果的重要因素。恰当合理的税收筹划工作流程可以使筹划活动有条不紊地进行，提高筹划工作的效率，保证筹划工作的质量。

1. 筹划企业基本情况与需求分析

税收筹划的第一步，是了解纳税企业的基本情况和纳税企业的要求，不同企业的基本情况及要求有所不同，在实施税收筹划活动时，要了解的筹划企业的基本情况有以下一些方面。

（1）企业组织形式

对于不同的企业组织形式，其税务待遇不同，了解企业的组织形式后，可以根据组织形式的不同制定有针对性的税务规划和税收筹划方案。

（2）财务情况

企业税收筹划是要合法和合理地节减税收，只有全面、详细地了解企业的真实财务情况，才能制定合法和合理的企业节税方案。财务情况主要包括企业的财务报告和账簿记录资料。

（3）投资意向

投资有时可享受税收优惠，不同规模的投资额有时会有不同的税收优惠。投资额与企业规模（包括注册资本、销售收入、利润等）往往有很大的关系，不同规模企业的税收待遇和优惠政策有时也是不同的。

（4）对风险的态度

不同风格的企业领导对节税风险的态度是不同的，开拓型领导人往往愿意冒更大的风险节减最多的税，稳健型企业领导人则往往希望在风险最小的情况下节减税收。节税与风险并存，节税越多的方案往往也是风险越大的方案，两者的权衡取决于多种因素，包括纳税人对风险的态度这个因素。了解纳税人对风险的态度，可以制定更符合企业要求的税务筹划方案。

同时，在了解筹划企业基本情况的基础上，还要了解筹划企业的需求，纳税人对税收筹划的共同要求肯定是尽可能多地节税，节税的目的说到底是增加企业的财务利益，而在这一点上，不同纳税人的要求可能是有所不同的，这也是筹划人员必须了解的。一般的要求不外乎以下几个方面。

其一，要求增加所得还是资本增值。企业对财务利益的要求大致有三种：一是要求最大程度地增加每年的所得；二是要求若干年后企业资本有最大的增值；三是既要求增加所得，也要求资本增值。针对不同的财务要求，制定的税收筹划方案也应有所不同。其二，投资要求。有些企业只有一个投资意向和取得更大财务收益的要求，此时筹划者可以根据纳税人的具体情况进行税收筹划，提出各种投资建议。但有时企业对投资已经有了一定的意向，包括投资项目、投资地点、投资期限等，这时筹划者就必须了解企业的要求，根据企业的要求来进行税收筹划，提出投资建议或提出修改企业要求的建议，例如，建议投资期限从五年改为三年，以节减更多的税。

2. 筹划企业相关财税政策盘点归类

不论是作为企业或税务中介的外部税收筹划顾问，还是作为纳税企业的内部税收筹划者，在着手进行税收筹划之前，都应该对筹划企业相关的财税政策和法规进行整理和归类。全面了解与筹划企业相关的行业、部门税收政策，理解和掌握国家税收政策及精神，争取税务机关的帮助与支持，这对于成功实施税收筹划尤为重要。如果有条件，最好建立企业税收信息资源库，以备使用。

至于与筹划企业相关的财税政策和法规的获取，一般有以下渠道：

①通过税务机关寄发的免费税收法规资料；

②通过到税务机关索取免费税收法规资料；

③通过图书馆查询政府机关的有关出版物；

④通过政府网站或专业网站查询政府机关的免费电子税收资料库；

⑤通过订阅和购买政府机关发行的税收法规出版物；

⑥通过订阅和购买中介机构出于营利目的汇编的税收法规资料。

3. 筹划企业纳税评估与剖析

在税收筹划之前，对筹划企业进行全面的纳税评估极为必要。通过纳税评估可以了解企业以下方面的涉税信息：

①纳税内部控制制度；

②涉税会计处理；

③涉税理财计划；

④主要涉税税种；

⑤近两个年度的纳税情况分析；

⑥纳税失误与涉税症结分析；

⑦税收违规处罚记录；

⑧税企关系。

4. 税收筹划方案设计与拟定

税收筹划方案的设计是税收筹划的核心，不同的筹划者在方案形式的设计上可能大相径庭，但是在程序和内容方面具有共同之处，即一般的税收筹划方案由以下几部分构成。

（1）涉税问题的认定

主要是判断所发生的理财活动或涉税项目属于什么性质，涉及哪些税种，形成什么样的税收法律关系。

（2）涉税问题的分析、判断

涉税项目可能向什么方面发展，会引发什么后果？能否进行税收筹划，筹划的空间到底有多大？需要解决哪些关键问题？

（3）设计可行的多种备选方案

针对涉税问题，设计若干个可供选择的税收筹划方案，并对涉及的经营活动、财务运作及会计处理拟定配套方案。

（4）备选方案的评估与选优

对多种备选方案进行比较、分析和评估，然后选择一个较优的实施方案。

5. 税收筹划涉税纠纷处理

在税收筹划实践活动中，由于筹划者只能根据法律条文和法律实践设计筹划方案并作出判别，而税务机关与筹划者对于税法条款的理解可能不同，看问题的角度也可能存在差异，因此，可能会对一项税收筹划方案形成不同的认识，甚至持截然相反的观点，在税收筹划方案的认定和实施方面可能会导致涉税纠纷。

在税收筹划方案的实施过程中，筹划企业应该尽量与税务机关进行充分的交流与沟通，实现税务协调；如果真的导致税收纠纷，筹划企业应该进一步评估筹划方案的合法性，合理合法的方案要据理力争，不合法的筹划方案要放弃。

如何认定筹划方案的合法性，我们应该关注税务机关的理解：一方面，税务机关从宪法和现行法律角度解释合法性，税务机关的征税和司法机关对税务案件的审理，都必须以立法机关制定的宪法和现行法律为依据；另一方面，从行政和司法机关对合法性的法律解释和执法实践角度了解合法性。行政机关依法行政，负责执行法律及法律规定的权力，它们还往往得到立法机关授权制定相关行政法规，这些行政法规更具体地体现了国家的政策精神。司法机关依法审判税务案件，负责维护、保证和监督税收法律的实施，它们的判决使国家政策精神体现得更加明确、清晰。人们可以从税务机关组织和管理税收活动以及司法机关受理和审判税务案件中，具体了解行政和司法机关在执法和司法过程中对合法性的界定。

6. 税收筹划方案实施跟踪与绩效评价

实施税收筹划方案之后，要不断对筹划方案实施情况和结果进行跟踪，并在筹划方案实施后对筹划方案进行绩效评价，考察其经济效益和最终效果。

第3章 增值税法律制度与税收筹划

学习目的和要求

通过本章学习，使学生了解增值税法律制度基本知识和增值税税收筹划基本内容，具体包括增值税的征税范围、纳税人、税率与征收率、一般纳税人应纳税额的计算、小规模纳税人应纳税额的计算、进口货物征税、出口货物退（免）税、征收管理；增值税税收优惠税收筹划、纳税人税收筹划、计税依据税收筹划、税率税收筹划、出口退税税收筹划、纳税期限税收筹划以及在此基础上的案例分析。

增值税是对商品流转额的价值增加部分征收的一种税种。按增值额征税的思想最早是由美国耶鲁大学的教授托马斯·S·亚当斯和一名担任政府顾问的德国商人威尔海姆·范·西门子博士提出的。1954 年法国率先采用增值税，其后，其他一些国家争相效仿。目前，世界上有 130 多个国家和地区都建立了各自不同的增值税征收制度。我国自 1979 年下半年开始试行增值税，之后逐渐扩大试行范围。1993 年 12 月 13 日国务院颁布《中华人民共和国增值税暂行条例》，实行生产型增值税。自 2004 年 7 月 1 日起，国家在东北地区（吉林省、黑龙江省、辽宁省大连市）部分行业率先实施了增值税转型政策的试点。自 2007 年 7 月 1 日起，国家在中部地区六省份的 26 个老工业基地城市的 8 个行业中进行扩大增值税抵扣范围的试点。2008 年 7、8 月，内蒙古东部 5 个市（盟）和汶川地震受灾严重地区先后被纳入增值税转型改革试点范围。自 2009 年 1 月 1 日起，增值税转型在全国全面推行。

3.1 增值税法律制度

3.1.1 征税范围

1. 一般规定

增值税征税范围包括货物的生产、批发、零售和进口四个环节。此外，加工和修理修配也属于增值税的征税范围。具体内容包括下面各项。

（1）销售或者进口的货物

货物是指有形动产，包括电力、热力、气体在内。销售货物是指有偿转让货物的所有权。

（2）提供的加工、修理修配劳务

加工是指受托加工货物，即委托方提供原料及主要材料，受托方按照委托方的要求制造货物并收取加工费的业务；修理修配是指受托对损失和丧失功能的货物进行修复，使其恢复原状和功能的业务。

2. 具体规定

（1）特殊项目

①货物期货（包括商品期货和贵金属期货），应当征收增值税，在期货的实物交割环节纳税；

②银行销售金银的业务，应当征收增值税；

③典当业的死当物品销售业务和寄售业代委托人销售寄售物品的业务，应当征收增值税；

④集邮商品（如邮票、首日封、邮折等）的生产以及邮政部门以外的其他单位和个人销售的集邮商品，均征收增值税。

（2）特殊行为

①视同销售货物行为。单位或个体工商户的下列行为，视同销售货物：

将货物交付其他单位或个人代销；

销售代销货物；

设有两个以上机构并实行统一核算的纳税人，将货物从一个机构移送其他机构用于销售的行为，但相关机构设在同一县（市）的除外；

将自产或委托加工的货物用于非应税项目；

将自产、委托加工或购买的货物作为投资，提供给其他单位或个体经营者；

将自产、委托加工或购买的货物分配给股东或投资者；

将自产或委托加工的货物用于集体福利或个人消费；

将自产、委托加工或购买的货物无偿赠送其他单位或者个人。

②混合销售行为。一项销售行为如果既涉及增值税应税货物又涉及非应税劳务，为混合销售行为。除《增值税暂行条例实施细则》第六条的规定外，从事货物的生产、批发或零售的企业、企业性单位及个体工商户的混合销售行为，视为销售货物，应当缴纳增值税；其他单位和个人的混合销售行为，视为销售非增值税应税劳务，不缴纳增值税。所谓非应税劳务是指属于应缴营业税的劳务。所谓从事货物的生产、批发或零售的企业、企业性单位及个体工商户，包括以从事货物的生产、批发或零售为主，并兼营非增值税应税劳务的单位和个体户在内。

根据《增值税暂行条例实施细则》的规定，上述属于应当征收增值税的，其销售额应是货物与非应税劳务的销售额的合计，该非应税劳务的销售额视同含税销售额处理；且该混合销售行为涉及的非应税劳务所用购进货物的进项税额，凡符合《增值税暂行条例》规定的，在计算该混合销售行为增值税时，准予从销项税额中抵扣。上述"凡符合《增值税暂行条例》规定的"，是指该混合销售行为涉及的非增值税应税劳务所用购进货物有增值税扣税凭证上注明的增值税额。

另外，《增值税暂行条例实施细则》第六条规定，纳税人的下列混合销售行为，应当分别核算货物的销售额和非增值税应税劳务的营业额，并根据其销售货物的销售额计算缴纳增值税，非增值税应税劳务的营业额不缴纳增值税；未分别核算的，由主管税务机关核定其货物的销售额；

销售自产货物并同时提供建筑业劳务的行为；

财政部、国家税务总局规定的其他情形。

③兼营非增值税应税劳务行为。增值税纳税人在从事应税货物销售或提供应税劳务的同时，还从事非增值税应税劳务（即营业税规定的各项劳务），且从事的非应税劳务与某一项销售货物或提供应税劳务并无直接的联系和从属关系。

根据《增值税暂行条例实施细则》的规定，纳税人兼营非增值税应税劳务的，应分别核算货物或应税劳务和非增值税应税劳务的销售额，对货物和应税劳务的销售额按各自适用的税率征收增值税，对非增值税应税劳务的销售额（即营业额）按适用的税率征收营业税。如果不分别核算或者不能准确核算货物或应税劳务和非增值税应税劳务销售额的，由主管税务机关核定货物或应税劳务的销售额。

根据《增值税暂行条例实施细则》的规定，一般纳税人兼营免税项目或非增值税应税劳务而无法划分不得抵扣的进项税额的，按下列公式计算不得抵扣进项税额：

不得抵扣进项税额 = 当月无法划分的全部进项税额 × 当月免税项目销售额、
非增值税应税劳务营业额合计/当月全部销售额、营业额合计

3.1.2 纳税人

凡在中华人民共和国境内销售货物或提供加工、修理修配劳务以及进口货物的单位和个人都是增值税的纳税人。"单位"是指国有企业、集体企业、私人企业、其他企业和行政单位、事业单位、军事单位、社会团体和其他单位，还包括外商投资企业和外国企业；"个人"包括个体工商户和其他个人。企业租赁或承包给他人经营的，以承租人或承包人为纳税人。

为了严格增值税的征收管理，《增值税暂行条例》参照国际惯例，将纳税人按其经营规模大小及会计核算健全与否划分为一般纳税人和小规模纳税人两类。

1. 小规模纳税人

小规模纳税人是指年销售额在规定标准以下，并且会计核算不健全，不能按规定报送有关税务资料的增值税纳税人。所称会计核算不健全是指不能正确核算增值税的销项税额、进项税额和应纳税额。

根据《增值税暂行条例实施细则》的规定，小规模纳税人的认定标准是：①从事货物生产或提供应税劳务的纳税人，以及以从事货物生产或提供应税劳务为主，并兼营货物批发或零售的纳税人，年应税销售额在 50 万元以下的；②对上述规定以外的纳税人，年应税销售额在 80 万元以下的；③年应税销售额超过小规模纳税人标准的其他个人按小规模纳税人纳税；④非企业性单位、不经常发生应税行为的企业可选择按小规模纳税人纳税。

上述"以从事货物生产或提供应税劳务为主"是指纳税人年货物生产或提供应税劳务的销售额占年应税销售额的比重在 50% 以上的。

2. 一般纳税人

一般纳税人是指经营规模达到规定标准、会计核算健全的纳税人，通常为年应征增值税的销售额（应税销售额）超过《增值税暂行条例实施细则》规定的小规模纳税人标准的企

业和企业性单位（以下简称企业）。

下列纳税人不属于一般纳税人：

①年应税销售额未超过小规模纳税人标准的企业；

②个人（个体经营者以外的其他个人）；

③非企业性单位；

④不经常发生增值税应税行为的企业。

增值税一般纳税人须向税务机关申请办理一般纳税人认定手续，以取得法定资格。被认定为一般纳税人的企业，可以使用增值税专用发票。如一般纳税人违反专用发票使用规定，税务机关除按税法规定处罚外，还要在 6 个月内停止其使用专用发票；对会计核算不健全，不能向税务机关提供准确税务资料的，停止其抵扣进项税额，取消其专用发票使用权。

3.1.3 税率与征收率

我国现行增值税税率基本上是按照国际通行做法，遵循中性和简便原则，采用了基本税率再加一档低税率的模式。增值税采取比例税率，在生产和批发环节实行以不含税价计税方式，即税款不是商品价格的组成部分，而是在价格之外另行收取，亦称价外税。

1. 基本税率

增值税一般纳税人销售货物或进口货物，提供加工、修理修配劳务，除低税率适用范围和销售个别旧货适用征收率外，税率一律为17%。

2. 低税率

纳税人销售或者进口下列货物，按低税率13%计征增值税。

①粮食、食用植物油、鲜奶。

②自来水、暖气、冷气、热水、煤气、石油液化气、天然气、沼气、居民用煤炭制品。

③图书、报纸、杂志。

④饲料、化肥、农药、农机、农膜。

⑤国务院规定的其他货物，如农产品、音像制品、电子出版物、二甲醚。

3. 零税率

纳税人出口货物，税率为零；但是，国务院另有规定的除外。

4. 征收率

考虑到小规模纳税人经营规模小，且会计核算不健全，难以按上述两档税率计税和使用增值税专用发票抵扣进项税款，因此实行按销售额与征收率计算应纳税额的简易办法。小规模纳税人适用征收率由过去的4%和6%一律调整为3%。

3.1.4 一般纳税人应纳税额的计算

我国现行一般纳税人增值税的计征方法为购进扣税法，也就是根据增值税专用发票上注明的税款进行抵扣，即增值税应纳税额等于当期销项税额减去当期进项税额。

1. 销项税额的计算

销项税额是指纳税人销售货物或者提供应税劳务，按照销售额或者应税劳务收入和规定的税率计算并向购买方收取的增值税税额。销项税额的计算公式为：

$$销项税额 = 销售额 \times 税率$$

销项税额的计算取决于销售额和税率两个因素，适用税率前边已经说明，此处主要介绍销售额。需要强调的是，增值税是价外税，公式中的销售额必须是不含税的销售额。

（1）一般销售方式下的销售额

销售额是指纳税人销售货物或者提供应税劳务向购买方（承受应税劳务也视为购买方）所收取的全部价款和价外费用，但是不包括收取的销项税额。

价外费用是指向购买方收取的手续费、补贴、基金、集资费、返还利润、奖励费、违约金（延期付款利息）、包装费、包装物租金、储备费、优质费、运输装卸费、代收款项、代垫款项及其他各种性质的价外收费。但不包括下列项目：

①受托加工应征消费税的消费品所代收代缴的消费税；

②受托加工应征消费税的消费品所代收代缴的消费税；

③同时符合以下条件的代垫运费：承运部门将运费发票开具给购货方的；纳税人将该项发票转交给购货方的；

④销售货物的同时代办保险等而向购买方收取的保险费，以及向购买方收取的代购买方缴纳的车辆购置税和车辆牌照费。

凡随同销售货物或提供应税劳务向购买方收取的价外费用，无论其会计制度如何核算，均应并入销售额计算应纳税额。纳税人销售货物或者提供应税劳务的价格明显偏低并无正当理由的，由主管税务机关核定其销售额。

（2）特殊销售方式下的销售额

在现实经济活动中，纳税人销售货物的方式多种多样，因而销售行为会因销售方式的不同而有不同的销售额。我国现行增值税法对以下销售方式的计税销售额作了具体规定。

①采取折扣方式销售货物。

为促进销售、占领市场，纳税人会不时采取折扣方式销售货物或应税劳务。在现实经济生活中，纳税人采取的折扣方式一般可区分为折扣销售、销售折扣、销售折让三种形式。我国现行增值税对这三种形式下的计税销售额都作了具体规定。

折扣销售（又称商业折扣）是指销货方在销售货物或应税劳务时，因购货方购货数量较大等原因而给予购货方的价格优惠。这种折扣一般都是从销售价格中直接折算，即购买方所付的价款和销售方所收取的货款，都是按折扣以后的售价来计算的。例如，每件商品 10 元，如购买 50 件以上可按规定价格折扣 20%。在这种情况下，卖方的折扣行为和销售行为是同时发生的。对此，税法规定，如果销售额和折扣额在同一张发票上分别注明，可按折扣后的销售额征收增值税；如果将折扣额另开发票，不论其在财务核算上如何处理，均不得从销售额中减除折扣额。

销售折扣（又称现金折扣）是指卖方为鼓励买方尽早付清货款而在协议中许诺在价格方面给予买方的一种折扣优惠。例如，5 天以内付清货款，可按售价折扣 5%；5 天以上 10 天以内付清货款，可按售价折扣3%；10天以上付清货款，则不再给予折扣优惠。由于销售折扣是在销售货物之后发生的，属于企业融资行为，所以，折扣额不允许从销售额中扣除。

销售折让是指货物卖出后买方发现品种、质量等有问题，但没有提出退货，而是要求卖方给予一定的价格折让。销售折让在实质上属于因货物质量、品种等不符合要求而导致原销售额的减少，所以，在这种情况下应以折让后的销售额为计税销售额。

②采取以旧换新方式销售货物。

所谓以旧换新是指卖方在销售货物时，以折价方式收回同类旧货物的行为。鉴于销售货物与收购货物是两种不同的业务活动，我国税法规定，在纳税人采取以旧换新方式销售货物时，应按新货物的同期销售价格确定计税销售额，不得减除旧货物的收购额。

③采取还本销售方式销售。

还本销售是指纳税人在销售货物后，到约定的期限由卖方一次或分次将货款部分或全部退还给买方的一种销售方式。这种方式实际上是一种融资行为，是以货物换取资金的使用价值，到期还本不付息的方法。按税法规定，采取还本销售方式销售货物，其销售额就是销售货物的价格，不得从销售额中减除还本支出。

④采取以物易物方式销售。

所谓以物易物是指买卖双方进行交易时，不是以货币进行结算，而是以同等价款的货物进行结算，从而实现货物的买卖，满足购销双方的需求。尽管以物易物销售方式不直接涉及货币收支活动，但其实质仍是一种购销行为。因此，税法规定，采取以物易物的方式销售货物的双方都应做购销处理，以各自发出的货物核算销售额并计算销项税额，以各自收到的货物核算购货额并计算进项税额。

⑤包装物押金是否计入销售额。

税法规定，纳税人为销售货物而出租出借包装物收取的押金，单独记账核算的，时间在1年以内又未过期的，不并入销售额征税，但对逾期未收回包装物不再退还的包装物押金，应按所包装货物的适用税率计算销项税额。其中，"逾期"是指按合同约定实际逾期或以1年为期限，对收取1年以上的押金，无论是否退还均并入销售额（视为含税收入）征税。个别包装物周转使用期限较长的，报经税务征收机关批准后，可适当放宽逾期期限。

另外，从1995年6月1日起，国家对销售除啤酒、黄酒外的其他酒类产品而收取的包装物押金，无论是否返还以及会计上如何核算，均应并入当期销售额征税。对销售啤酒、黄酒所收取的押金，按上述一般押金的规定处理。

⑥销售已使用过的固定资产的税务处理。

一般纳税人销售自己使用过的属于《增值税暂行条例》第十条规定不得抵扣且未抵扣进项税的固定资产，按简易办法依4%征收率减半征收增值税。小规模纳税人销售自己使用过的固定资产减按2%征收率征收增值税。

⑦视同销售货物行为的销售额的确定。

视同销售货物行为的某些行为由于不是以资金的形式反映出来的，会出现无销售额的现象。因此，税法规定，对视同销售征税而无销售额的按下列顺序确定销售额：

Ⅰ 按纳税人最近时期同类货物的平均销售价格确定；

Ⅱ 按其他纳税人最近时期同类货物的平均销售价格确定；

Ⅲ 按组成计税价格确定。

如果对该货物不同时征收消费税，则计算组成计税价格的公式为：

$$组成计税价格 = 成本 \times （1 + 成本利润率）$$

如果对该货物还同时征收消费税，则其组成计税价格中应加计消费税，计算公式为：

$$组成计税价格 = 成本 \times （1 + 成本利润率） + 消费税税额$$

或

$$组成计税价格 = 成本 \times （1 + 成本利润率） / （1 - 消费税税率）$$

在以上两个公式中，成本是指销售自产货物的实际成本或销售外购货物的实际采购成本；而成本利润率由国家税务总局统一规定，但属于应从价定率征收消费税的货物，其组成计税价格公式中的成本利润率，为国家税务总局确定的成本利润率。

（3）含税销售额的换算

一般纳税人销售货物或者应税劳务采用销售额和销项税额合并定价的（含税销售额、含税价格或价税合一），必须按下式将含税的销售额换算为不含税的销售额后再计算应纳税额。换算公式为：

$$不含税销售额 = 含税销售额 / （1 + 税率）$$

2. 进项税额的计算

进项税额是指纳税人购进货物或接受应税劳务所支付或负担的增值税额。它与销项税额相对应，销售方收取的销项税额就是购买方支付的进项税额。增值税一般纳税人准予抵扣进项税额。

（1）准予抵扣的进项税额

按照《增值税暂行条例》规定，允许从销项税额中抵扣的进项税额只有两种情况。

①从销售方取得的增值税专用发票上注明的增值税额。

②从海关取得的海关进口增值税专用缴款书上注明的增值税额。

我国现行增值税采用的是发票扣税法，增值税专用发票既是纳税人从事经营活动的商事凭证，也是增值税扣税的依据。纳税人只有向税务机关提供增值税专用发票或海关进口增值税专用缴款书，才能据以抵扣增值税进项税额。

在实际经济活动中，有些购销活动不能取得增值税专用发票。因此，对于纳税人在实际经营和计算增值税中的一些特殊情况，税法规定了允许计算进项税额，并相应从销项税额中抵扣的方法。

③购进农产品，除取得增值税专用发票和海关进口增值税专用缴款书外，按照农产品收购发票或销售发票上注明的农产品的买价和13%的扣除率计算进项税额，从当期销项税额中扣除，即

$$准予抵扣的进项税额 = 买价 \times 扣除率$$

对这项规定的解释是：

"农业产品"是指直接从事植物的种植、收割和动物的饲养、捕捞的单位和个人销售的自产而且免征增值税的农业产品。

购买农业产品的买价，包括纳税人购进农产品在收购发票或销售发票上注明的价款和按规定缴纳的烟叶税。

对烟叶纳税人按规定缴纳的烟叶税准予并入烟叶的买价计算增值税的进项税额，并在计算缴纳增值税时扣除。

一般纳税人从农业专业合作社购进免税农产品，可按13%扣除率计算抵扣增值税进项税额。

④购进或销售货物以及在生产经营过程中所支付的运费，根据运费结算单据上所列运费金额和7%的扣除率计算进项税额。公式为：

准予抵扣的进项税额＝运费×扣除率

对这项规定的解释是：

购进或销售免税货物（购进免税农产品除外）所发生的运费，不得计算抵扣进项税。

允许作为抵扣凭证的运费结算单据（普通发票）是指国营铁路、民用航空、公路和水上运输单位开具的发货票以及从事货物运输的非国有运输单位开具的套印全国统一发票监制章的发货票。

准予计算进项税额抵扣的货物运费金额是指运输单位开具的发货票上注明的运费和建设基金，不包括装卸费和保险费等。

（2）不得从销项税额中抵扣的进项税额

按《增值税暂行条例》规定，下列项目的进项税额不得从销项税额中抵扣：

①用于非应税项目、免征增值税项目、集体福利或个人消费的购进货物或者应税劳务。非应税项目是指提供非应税劳务、转让无形资产、销售不动产和固定资产在建工程等。

②非正常损失的购进货物及相关的应税劳务。

③非正常损失的在产品、产成品所耗用的购进货物或者应税劳务。

④国务院财政、税务部门规定的纳税人自用的消费品。

⑤上述四项规定的货物的运费和销售免税货物的运费。

⑥兼营免税或非应税劳务无法划分不得抵扣的进项税额，按下列公式计算不得抵扣的进项税额：

不得抵扣的进项税额＝当月无法划分的全部进项税额×当月免税项目销售、

非应税劳务营业额合计/当月全部销售额、营业额合计

⑦纳税人从海关取得的完税凭证上注明的增值税额准予从销项税额中扣除。

上述所称非正常损失是指生产经营过程中正常损耗外的损失，包括：自然灾害损失，因管理不善造成货物被盗窃、发生霉烂变质等损失，其他非正常损失。

3. 应纳税额的计算

在计算出销项税额和进项税额后就可以得出实际的应纳税额，其计算的基本公式为：

应纳税额＝当期销项税额－当期进项税额

为了正确运用这个公式，需要熟悉以下几个重要的规定。

（1）应纳税额的时间限定

在上式中，"当期"是按照税法规定准确计算应纳税额的重要条件，它决定了计算应纳税额的期限。只有在计算应纳税额的期限中发生的当期销项税额和当期进项税额，才是法定的计算应纳税额的根据。基于这一原因，税法对销项税额和进项税额做出了时间性限定。

①计算销项税额的时间限定。

对于什么时间计算销项税额，税法作了严格的规定。例如，采取直接收款方式销售货物，不论货物是否发出，均为收到销售额或取得索取销售额的凭据，并将提货单交给买方的当天；采取托收承付和委托银行收款方式销售货物，为发出货物并办妥托收手续的当天；纳税人发生视同销售货物行为第③至第⑧项的，为货物移送的当天等，以保证准时、准确地记录和核算当期销项税额。

②防伪税控系统开具的专用发票进项税额抵扣的时间限定。

● 增值税一般纳税人申请抵扣的防伪税控系统开具的增值税专用发票，必须自该专用发票开具之日起90日内到税务机关认证，否则不予抵扣进项税额。

● 增值税一般纳税人认证通过的防伪税控系统开具的增值税专用发票，应在认证通过的当月按照增值税有关规定核算当期进项税额并申报抵扣，否则不予抵扣进项税额。

③海关完税凭证进项税额抵扣的时间限定。

纳税人进口货物取得的2004年2月1日以后开具的完税凭证，应当在开具之日起90日之后的第一个纳税申报期结束以前向主管税务机关申报抵扣，逾期不得抵扣进项税额。

（2）计算应纳税额时进项税额不足抵扣的处理

在计算应纳税额时，会出现当期销项税额小于当期进项税额不足抵扣的情况，根据税法规定，当期进项税额不足抵扣的部分可以结转下期继续抵扣。

（3）扣减发生期进项税额的规定

根据税法规定，纳税人发生规定不允许抵扣而已经抵扣进项税额的行为，应将该项购进货物或应税劳务的进项税额从当期发生的进项税额中扣减，无法准确确定该项进项税额的，按当期实际成本计算应扣减的进项税额，也就是按照当期该项购进货物或应税劳务的实际成本，即进价＋运费＋保险费＋其他有关费用，按征税时该项购进货物或应税劳务适用的税率计算应扣减的进项税额。

（4）销货退回或折让的税务处理

纳税人在货物购销活动中，因货物质量、规格等原因常会发生销货退回或折让的情况。由于销货退回或折让不仅涉及销货价款或折让价款的退回，还涉及增值税的退回，这样，销货方和购货方应相应对当期的销项税额或进项税额进行调整。为此，税法规定，一般纳税人因销货退回或折让而退还给购买方的增值税额，应从发生销货退回或折让当期的销项税额中扣减；因进货退出或折让而收回的增值税额，应从发生进货退回或折让当期的进项税额中扣减。

（5）一般纳税人注销时进项税额的处理

一般纳税人注销或取消辅导期纳税人资格，转为小规模纳税人时，其存货不作为进项税额转出处理，其留抵税额也不予退税。

3.1.5 小规模纳税人应纳税额的计算

1. 计算公式

小规模纳税人销售货物或者提供应税劳务，按照不含增值税的销售额和规定的征收率计算应纳税额，不能抵扣任何进项税额。其应纳税额的计算公式为：

$$应纳税额 = 销售额 \times 征收率$$

这里需要注意两点：一是小规模纳税人不得抵扣进项税额，因为小规模纳税人会计核算不健全，不能准确核算销项税额和进项税额，不实行税款抵扣制度，而实行简易计税办法；二是小规模纳税人取得的销售额与一般纳税人一样，都是销售货物或提供应税劳务向购买方收取的全部价款和价外费用，不包括按3%的征收率收取的增值税税额。

2. 含税销售额的换算

小规模纳税人销售货物或者应税劳务时，只能开具普通发票，取得的销售收入均为含税销售额，为此，须将含税的销售额换算为不含税的销售额后再计算应纳税额。换算公式为：

$$不含税销售额 = 含税销售额 / (1 + 征收率)$$

3.1.6 特殊经营行为和产品的税务处理

1. 兼营不同税率的货物或应税劳务

所谓兼营不同税率的货物或应税劳务是指纳税人生产或销售不同税率的货物，或者既销售货物又提供劳务。这时兼营行为的税务处理办法是：

纳税人兼营不同税率的货物或应税劳务，应当分别核算不同税率的货物或应税劳务的销售额；未分别核算销售额的，从高适用税率。

所谓"分别核算"，是指对兼营的不同税率货物或应税劳务在取得收入后，应分别如实记账，分别核算销售额，并按照不同税率各自计算应纳税额，以免适用税率混乱，出现少缴或多缴纳税款的现象。

2. 混合销售行为

一项销售行为如果既涉及增值税应税货物又涉及非应税劳务，为混合销售行为。除《增值税暂行条例实施细则》第六条的规定外，从事货物的生产、批发或零售的企业、企业性单位及个体工商户的混合销售行为，视为销售货物，应当缴纳增值税；其他单位和个人的混合销售行为，视为销售非增值税应税劳务，不缴纳增值税。所谓非应税劳务是指属于应缴营业税的劳务。所谓从事货物的生产、批发或零售的企业、企业性单位及个体工商户，包括以从事货物的生产、批发或零售为主，并兼营非增值税应税劳务的单位和个体户在内。

根据《增值税暂行条例实施细则》的规定，上述属于应当征收增值税的，其销售额应是货物与非应税劳务的销售额的合计，该非应税劳务的销售额视同含税销售额处理；且该混合销售行为涉及的非应税劳务所用购进货物的进项税额，凡符合《增值税暂行条例》规定的，在计算该混合销售行为增值税时，准予从销项税额中抵扣。上述"凡符合《增值税暂行条例》规定的"，是指该混合销售行为涉及的非增值税应税劳务所用购进货物有增值税扣税凭证上注明的增值税额。

3. 兼营非增值税应税劳务

增值税纳税人在从事应税货物销售或提供应税劳务的同时，还从事非增值税应税劳务（即营业税规定的各项劳务），且从事的非应税劳务与某一项销售货物或提供应税劳务并无直接的联系和从属关系。

根据《增值税暂行条例实施细则》的规定，纳税人兼营非增值税应税劳务的，应分别核算货物或应税劳务和非增值税应税劳务的销售额，对货物和应税劳务的销售额按各自适用的税率征收增值税，对非增值税应税劳务的销售额（即营业额）按适用的税率征收营业税。如果不分别核算或者不能准确核算货物或应税劳务和非增值税应税劳务销售额的，由主管税务机关核定货物或应税劳务的销售额。

3.1.7 进口货物征税

1. 征税范围和纳税人

申报进入中华人民共和国海关境内的货物，均应该缴纳增值税。而且，增值税的纳税人为进口货物的收货人或办理报关手续的单位和个人。

2. 税率

进口货物增值税税率与本节上述内容相同。

3. 应纳税额的计算

进口货物的应纳税额，不管纳税人是一般纳税人还是小规模纳税人，均按进口货物的组成计税价格和规定的税率计算，并且不能抵扣任何进项税额。

如果进口货物同时缴纳消费税，其组成计税价格的计算公式为：

$$组成计税价格 = 关税完税价格 + 关税 + 消费税税额$$

如果进口货物不同时缴纳消费税，其组成计税价格的计算公式为：

$$组成计税价格 = 关税完税价格 + 关税$$

确定进口货物的组成计税价格后，按下式计算进口货物的应纳税额：

$$应纳税额 = 组成计税价格 × 适用税率$$

3.1.8 出口货物退（免）税

出口货物退（免）税是国际贸易中通常采用的并为世界各国普遍接受的、目的在于鼓励各国出口货物的公平竞争的一种退还或免征间接税（目前我国主要包括增值税、消费税）的税收措施。由于这项制度比较公平合理，因此它已成为国际社会通行的惯例。出口退税应该在遵循"征多少，退多少"、"未征不退和彻底退税"的基本原则基础上，制定不同的税务处理方法。

1. 出口货物退（免）税的基本政策

目前，我国出口货物税收政策分为以下三种形式。

（1）出口免税并退税

出口免税是指对货物在出口销售环节不征增值税、消费税，这是把出口环节与出口前的销售环节都同样视是为一个征税环节；出口退税是指对货物在出口前实际承担的税收负担，按规定的退税率计算后予以退还。

（2）出口免税不退税

出口免税与上述第（1）项含义相同。出口不退税是指适用这个政策的出口货物因在前一道生产、销售环节或进口环节是免税的，因此，出口时该货物的价格本身就不含税，也就无须退税。

（3）出口不免税也不退税

出口不免税是指对国家限制或禁止出口的某些货物的出口环节视同内销环节，照常征税；出口不退税是指对这些货物出口不退还出口前其所负担的税款。适用这个政策的主要是税法列举限制或禁止出口的货物，如天然牛黄、麝香等。

2. 出口货物退（免）税的适用范围

一般来说，可以退（免）税的出口货物一般应具备以下四个条件。

①必须是属于增值税、消费税征税范围的货物。

②必须是报关离境的货物。所谓报关离境即出口，就是货物输出海关，这是区别货物是否应退（免）税的主要标准之一。

③必须是在财务上作销售处理的货物。

④必须是出口收汇并已核销的货物。

（1）下列企业出口满足上述四个条件的货物，除另有规定外，给予免税并退税。

①生产企业自营出口或委托外贸企业代理出口的自产货物。

②有出口经营权的外贸企业收购后直接出口或委托其他外贸企业代理出口的货物。

（2）下列企业出口的货物，除另有规定外给予免税，但不予退税。

①属于生产企业的小规模纳税人自营出口或委托外贸企业代理出口的自产货物。

②外贸企业从小规模纳税人购进并持普通发票的货物出口，免税但不予退税。但对规定列举的12类出口货物考虑其占出口比重较大及其生产、采购的特殊因素，特准退税。

③外贸企业直接购进国家规定的免税货物（包括免税农产品）出口的，免税但不予退税。

（3）除经批准属于进料加工复出口贸易以外，下列出口货物不免税也不退税。

①国家计划外出口的原油。

②援外出口货物。

③国家禁止出口的货物，包括天然牛黄、麝香、铜及铜基合金、白银等。

3. 出口货物的退税率

出口货物的退税率是出口货物的实际退税额与退税计税依据的比例。根据税法有关规定，现行出口货物的增值税退税率有17%、15%、14%、13%、11%、9%、8%、6%、5%等。

4. 出口货物应退税额的计算

我国目前出口货物退（免）税计算办法有两种：一种是"免、抵、退"的办法，主要适用于自营和委托出口自产货物的生产企业；另一种是"先征后退"的办法，主要适用于收购货物出口的外（工）贸企业。

（1）"免、抵、退"税的计算方法

生产企业自营或委托外贸企业代理出口（以下简称生产企业出口）自产货物，除另有规定外，增值税一律实行"免、抵、退"税管理办法。所谓生产企业是指独立核算，经主管国税机关认定为增值税一般纳税人，具有实际生产能力的企业和企业集团。增值税小规模纳税人出口自产货物仍实行免征增值税的办法。生产企业出口自产的属于应征消费税的产品，实行免征消费税的办法。

实行"免、抵、退"税办法的"免"税，是指对生产企业出口的自产货物，在出口时免征本企业生产销售环节的增值税；"抵"税，是指生产企业出口自产货物所耗用的原材料、零部件、燃料、动力等所含应予退还的进项税额，抵顶内销货物的应纳税额；"退"税，是指生产企业出口的自产货物在当月内应抵顶的进项税额大于应纳税额时，对未抵顶完的部分予以退税。具体计算方法如下：

①当期应纳税额的计算。

当期应纳税额＝当期内销货物的销项税额－（当期进项税额－

当期免抵退税不得免征和抵扣税额）－上期留抵税额

其中：

当期免抵退税不得免征和抵扣税额＝出口货物离岸价×外汇人民币牌价×（出口货物征税率－

出口货物退税率）－免抵退税不得免征和抵扣税额抵减额

免抵退税不得免征和抵扣税额抵减额＝免税购进原材料价格×（出口货物征税率－出口货物退税率）

进料加工免税进口料件的组成计税价格＝货物的到岸价＋海关实征关税和消费税

②免抵退税额的计算。

免抵退税额＝出口货物离岸价×外币人民币牌价×出口货物退税率－免抵退税额抵减额

其中，

免抵退税额抵减额＝免税购进原材料价格×出口货物退税率

③当期应退税额和免抵税额的计算。

Ⅰ 如果当期期末留抵税额≤当期免抵退税额，则：

当期应退税额＝当期期末留抵税额

当期免抵税额＝当期免抵退税额－当期应退税额

Ⅱ 如果当期期末留抵税额＞当期免抵退税额，则：

当期应退税额＝当期免抵退税额

当期免抵税额＝0

（2）"先征后退"的计算方法

①外贸企业以及实行外贸企业财务制度的工贸企业收购货物出口，免征其出口销售环节的增值税；其收购货物的成本部分，因外贸企业在支付收购货款的同时也支付了生产经营该类商品的企业已纳的增值税税款，因此，在货物出口后按收购成本与退税率计算退税退还给外贸企业，征、退税之差计入企业成本。

外贸企业出口货物增值税的计算应依据购进出口货物增值税专用发票上所注明的进项金

额和退税率计算。公式：

$$应退税额 = 外贸收购不含增值税购进金额 \times 退税率$$

②外贸企业收购小规模纳税人出口货物增值税的退税规定。

Ⅰ 凡从小规模纳税人购进持普通发票特准退税的出口货物（抽纱、工艺品等 12 类），同样实行出口免税并退税的办法。计算公式为：

$$应退税额 = 普通发票所列（含增值税）销售金额 / （1 + 征收率）\times 6\% 或 5\%$$

Ⅱ 从小规模纳税人购进税务机关代开的增值税专用发票的出口货物，按以下公式计算退税：

$$应退税额 = 增值税专用发票注明的金额 \times 6\% 或 5\%$$

③外贸企业委托生产企业加工出口货物的退税规定。

外贸企业委托生产企业加工收回后报关出口的货物，按购进原材料增值税专用发票上注明的进项金额乘退税率计算应退税额。支付的加工费，凭受托方开具货物的退税率，计算加工费的应退税额。

3.1.9 征收管理

1. 纳税义务发生时间

增值税纳税义务发生时间是指增值税纳税人、扣缴义务人发生应税、扣缴税款行为应承担纳税义务、扣缴义务的起始时间。纳税义务发生时间一经确定，必须按此时间计算应缴税款。

纳税义务发生时间按结算方式不同，具体确定为如下八种。

①采取直接收款方式销售货物，不论货物是否发出，均为收到销售额获或取得索取销售额的凭据，并将提货单交到买方的当天。

②采取托收承付和委托银行收款方式销售货物，为发出货物并办妥托收手续的当天。

③采取赊销和分期收款方式销售货物，为按合同约定的收款日期的当天。

④采取预收货款方式销售货物，为货物发出的当天。

⑤委托其他纳税人代销货物，为收到代销单位销售的代销清单的当天。

⑥销售应税劳务，为提供劳务同时收讫销售额或取得索取销售额的凭据的当天。

⑦纳税人发生视同销售货物行为，为货物移送的当天。

⑧纳税人进口货物，为报关进口的当天。

2. 纳税期限

根据《条例》规定，增值税的纳税期限为 1 日、3 日、5 日、10 日、15 日或者 1 个月。纳税人的具体纳税期限，由主管税务机关根据纳税人应纳税额的大小分别核定，不能按照固定期限纳税的，可以按次纳税。

纳税人以 1 个月为一期纳税的，自期满之日起 10 日内申报纳税；以 1 日、3 日、5 日、10 日或者 15 日为一期纳税的，自期满之日起 5 日内预缴税款，于次月 1 日起 10 日内申报纳税并结清上月应纳税款。

纳税人进口货物，应当自海关填发税款缴纳书之日起 15 日内缴纳税款。

纳税人出口适用税率为零的货物，应按月向税务机关申报办理该项出口货物的退税。

3. 纳税地点

（1）固定业户应该向其机构所在地主管税务机关申报纳税。总机构和分支机构不在同一县（市）的，应当分别向各自所在地主管税务机关申报纳税；经国家税务总局或其授权机关的税务机关批准，也可以由总机构汇总向总机构所在地主管税务机关申报纳税。固定业户的总、分支机构不在同一县（市），但在同一省、自治区、直辖市范围内的，其分支机构应纳的增值税是否可由总机构汇总缴纳，由省、自治区、直辖市国家税务局决定。

（2）固定业户到外县（市）销售货物的，应当向其机构所在地主管税务机关申请开具外出经营活动税收管理证明，其向机构所在地主管税务机关申报纳税。未持有其机构所在地主管税务机关核发的外出经营活动税收管理证明，到外县（市）销售货物或者应税劳务的，应当向销售地主管税务机关申报纳税，未向销售地主管税务机关申报纳税的，由其机构所在地主管税务机关补征税款。

（3）非固定业户销售货物或者应税劳务，应当向销售地主管税务机关申报纳税。

（4）进口货物，应当由进口人或其代理人向报关地海关申报纳税。

（5）非固定业户到外县（市）销售货物或者应税劳务未向销售地主管税务机关申报纳税的，由其机构所在地或居住地主管税务机关补征税款。

3.2 增值税税收筹划

3.2.1 税收优惠的税收筹划

1. 《增值税暂行条例》规定的免税项目

（1）农业生产者销售的自产农产品；农业指种植业、养殖业、林业、牧业、水产业。农业生产者指从事农业生产的单位和个人。农产品是指初级农产品。

（2）避孕药品和用具。

（3）古旧图书；古旧图书是指向社会收购的古书和旧书。

（4）直接用于科学研究、科学实验和教学的进口仪器和设备。

（5）外国政府、国际组织无偿援助的进口物资和设备。

（6）由残疾人组织直接进口供残疾人专用的物品。

（7）销售的自己使用过的物品。

2. 财政部、国家税务总局规定的其他免税项目

（1）对资源综合利用、再生资源、节能减排等方面的规定。《关于资源综合利用及其他产品增值税政策的通知》和《关于再生资源的增值税政策的通知》中规定了鼓励资源综合利用、节能减排、促进环保等政策。例如，对再生水、以废旧轮胎为全部生产原料生产胶粉、翻新轮胎、污水处理劳务等免征增值税；对销售以工业废弃物为原料生产的高纯度二氧化碳产品、以垃圾为原料生产的电力或热力、以煤炭开采过程中伴生的舍弃物油母页岩为原料生

产的页岩油等自产货物实行增值税即征即退政策；对销售以退役军用发射药为原料生产的涂料硝化棉粉、以煤矸石、煤泥、石煤、油母页岩为原料生产的电力和热力、以风力生产的电力等自产货物实行增值税即征即退50%政策；对销售自产的综合利用生物柴油实行先征后退政策；在2010年底前，符合条件的增值税一般纳税人销售再生资源缴纳的增值税实行先征后退政策。

（2）2008年6月1日起，纳税人生产销售、批发、零售有机肥产品，免征增值税。享受上述免税政策的有机肥产品是指有机肥料、有机—无机复混肥料和生物有机肥。产品执行标准为：有机肥料 NY525－2002，有机—无机复混肥料 GB18877－2002，生物有机肥 NY 884－2004。

享受免税政策的纳税人应按照规定，单独核算有机肥产品的销售额。未单独核算销售额的，不得免税。纳税人销售免税的有机肥产品，应按规定开具普通发票，不得开具增值税专用发票。纳税人申请免征增值税，应向主管税务机关提供相关的资料，凡不能提供的，一律不得免税。

（3）农民专业合作社销售自产的农产品，视同农业生产者销售农业产品免征增值税。农民专业合作社是指按照《中华人民共和国农民专业合作社法》规定设立和登记的农民专业合作社。

①对农民专业合作社销售本社成员生产的农业产品，视同农业生产者销售自产农业产品免征增值税。

②对农民专业合作社向本社社员销售的农膜、种子、种苗、化肥、农药、农机免征增值税。

（4）免税店销售免税产品免税。

纳税人在机场、港口、车站、陆路边境等出口海岸隔离区设立免税店销售免税产品，以及在城市区域内设立市内免税店销售免税品，但购买者必须在海关隔离区提取后直接出境的增值税征收问题按照有关规定执行。

（5）除经中国人民银行和对外经济贸易合作部（现为商业部）批准经营融资租赁业务的单位所从事的融资租赁业务外，其他单位从事的融资租赁业务，租赁的货物的所有权转让给承租方，征收增值税；租赁的货物的所有权未转让给承租方不征收增值税。

（6）转让企业全部产权涉及的应税货物的转让，不属于增值税的征收范围，不交增值税。

（7）对从事热力、电力、燃气、自来水等公用事业的增值税纳税人收取的一次性费用，凡与货物的销售数量有直接关系的，征收增值税；凡与货物的销售数量无直接关系的，不征收增值税。

（8）纳税人代有关行政管理部门收取的费用，凡同时符合以下条件的，不属于价外费用，不征收增值税。

①经国务院、国务院有关部门或省级政府批准。

②开具经财政部门批准使用的行政事业收费专用票据。

③所收款项全额上缴财政或虽不上缴财政但由政府部门监管，专款专用。

（9）纳税人销售货物的同时代办保险而向购买方收取的保险费，以及从事汽车销售的纳税人向购买方收取的代购买方缴纳的车辆购置税、牌照费，不作为价外费用征收增值税。

（10）纳税人销售软件产品并随同销售一并收取的软件安装费、维护费、培训费等收入，应按照增值税混合销售的规定征收增值税，并可以享受软件产品增值税即征即退政策。

对软件产品交付使用后，按期或按次收取的维护、技术服务费、培训费等不征收增值税。

纳税人受托开发软件产品，著作权属于受托方的征收增值税，著作权属于委托方或属于双方共同拥有的不征收增值税。

（11）印刷企业接受出版单位委托，自行购买纸张，印刷有统一刊号（CN）以及采用国际标准书号编序的图书、报纸和杂志，按货物销售征收增值税。

（12）增值税纳税人收取的会员费不征收增值税。

（13）按债转股企业与金融资产管理公司签订的债转股协议，债转股原企业将货物资产作为投资提供给债转股新公司的，免征增值税。

（14）各燃油电厂从政府财政专户取得的发电补贴不属于增值税规定的价外费用，不计入应税销售额，不征收增值税。

3. 增值税起征点的规定

为了贯彻合理负担的政策，照顾低收入的个人，增值税规定了起征点政策。现行增值税起征点的幅度为：

①销售货物的起征点为月销售额 2000～5000 元；

②销售应税劳务的起征点为月销售额 1500～3000 元；

③按次纳税的起征点为每次（日）销售额 150～200 元。

省、自治区、直辖市财政厅和国家税务局应在规定的幅度内，根据实际情况确定本地区适用的起征点，并报财政部和国家税务总局备案。

其具体起征点由省级国家税务局在规定幅度内确定。个人销售额没有达到起征点的，免征增值税；超过起征点的，应按其全部销售额依法计算缴纳增值税。

4. 纳税人兼营免税、减税项目的，应当分别核算减税、免税项目的销售额，未分别核算的，不得减税、免税。

5. 纳税人销售货物或应税劳务适用免税规定的，可以放弃免税，依照《增值税暂行条例》规定缴纳增值税。放弃免税后，36 个月内不得再申请免税。

（1）生产和销售免征增值税货物或劳务的纳税人要求放弃免税权，应当以书面形式提交放弃免税权声明，报主管税务机关备案。纳税人自提交备案资料的次月起，按照先行有关规定计算缴纳增值税。

（2）放弃免税权的纳税人符合一般纳税人认定条件尚未认定为增值税一般纳税人，应按照先行规定认定为增值税一般纳税人，其销售货物或劳务可开具增值税专用发票。

（3）纳税人一经放弃免税权，其生产销售的全部增值税应税货物或劳务均应按照适用税率征税，不得选择某一免税项目放弃免税权，也不得根据不同的销售对象选择部分货物或劳务放弃免税权。

（4）纳税人在免税期内购进用于免税项目的货物或应税劳务所取得的增值税扣税凭证，一律不得抵扣。

总之，纳税人要充分利用增值税的税收优惠，并积极创造条件，以达到减免税的要求。①明确自己在纳税链条中所处的位置。如果纳税人购进免税产品，则除了按照专用收购凭证收购免税农产品以13%抵扣进项税外，其余均不得抵扣；如果是生产免税产品，则产品销售时免缴增值税，但不能开专用发票，可能影响产品销售，而进项税不能抵扣。因此，如果企业处于中间环节，不如放弃免税。②纳税人兼营减免税项目时，应该分别设置销售账簿，单独核算，否则，不得减免。③农业生产者销售自产农业产品要免缴增值税，必须到工商局变更营业执照，办理兼营生产基地的手续，并提供相应的资料和单独核算自产自销的项目，以证明企业兼营农业项目。

3.2.2 纳税人的税收筹划

1. 一般纳税人和小规模纳税人的筹划

一般纳税人和小规模纳税人不同的税率和征收方法使缴纳增值税存在着差别待遇，而现行税制对增值税纳税人身份的可转换性规定，为增值税纳税人在身份选择上提供了税收筹划的可能性。

企业选择哪种身份对纳税人有利呢？在此，我们介绍无差别平衡点增值率判别法。

一般纳税人以增值额为计税基础，小规模纳税人以全部收入（不含税）为计税基础。那么，在销售价格相同时，税负的高低主要取决于增值率的大小。一般来说，增值率越高，越适合小规模纳税人；增值率越低，越适合一般纳税人。在增值率达到某一点时，一般纳税人和小规模纳税人的税负相等。这一点我们称为无差别平衡点增值率。

假定：销售额与购进项目金额均为不含税金额；购进货物与销售货物的税率不一定相等。

计算公式推导过程如下。

因为，

购进项目金额 = 销售额 – 销售额 × 增值率 = 销售额 × （1 – 增值率）

所以，

进项税额 = 可抵扣购进项目金额 × 进货增值税税率

= 销售额 × （1 – 增值率） × 进货增值税税率

所以，

一般纳税人应交增值税 = 销项税额 – 进项税额

= 销售额 × 销货增值税税率 – 销售额 × （1 – 增值率） × 进货增值税税率

= 销售额 × ［销货增值税税率 – （1 – 增值率） × 进货增值税税率］

小规模纳税人应交增值税 = 销售额 × 征收率

无差别平衡点要求一般纳税人和小规模纳税人的税负相等，于是有：

销售额 × ［销货增值税税率 – （1 – 增值率） × 进货增值税税率］ = 销售额 × 征收率

所以，

无差别平衡点增值率 = 〔1 - （销货增值税税率 - 征收率）/进货增值税税率〕×100%

把一般纳税人税率 17% 和 13%，小规模纳税人税率 3%，代入上述公式，可得无差别平衡点增值率表，见表 3-1。

表 3-1　无差别平衡点增值率表

一般纳税人销货税率	一般纳税人进货税率	小规模纳税人征收率	无差别平衡点增值率
17%	17%	3%	17.65%
17%	13%	3%	69.23%
13%	13%	3%	23.08%
13%	17%	3%	41.18%

总之，增值率高于平衡点的增值率时，一般纳税人的应纳税额大于小规模纳税人的应纳税额；增值率低于平衡点时，小规模纳税人的应纳税额高于一般纳税人的应纳税额。也就是说，增值率越高，一般纳税人的负担就越大；增值率越低，小规模纳税人的负担就越小。所以，纳税人可以采用联合或分立的方式通过销售额的转变，进而获得节税利益。

当然，纳税人身份的选择会受到我国税法政策相关规定和纳税人具体情况的制约。筹划的空间也主要集中在销售额在标准附近上下浮动的一些企业。

2. 增值税纳税人和营业税纳税人的筹划

纳税人在经营活动中经常会同时涉及增值税和营业税的征税范围，如税法上确定的兼营和混合销售这两种经营行为。尽管税法对这两种经营行为的概念及如何征税都作了比较明确的界定，但仍有很大的筹划空间。这时的税收筹划主要是比较增值税和营业税税负的高低，选择税负低的税种交税。这里同样使用无差别平衡点增值率判别法。

一般纳税人以增值额为计税基础，营业税纳税人以含税全部收入为计税基础。那么，在销售价格相同时，税负的高低主要取决于增值率的大小。一般来说，增值率越高，增值额越大，增值税纳税人的税负越大；增值率越低，增值额越小，营业税纳税人的税负越大。在增值率达到某一点时，一般纳税人和小规模纳税人的税负相等。这一点我们称为无差别平衡点增值率。

假定：销售额与购进项目金额均为不含税金额，

计算公式推导过程如下。

因为，

购进项目金额 = 销售额 - 销售额 × 增值率 = 销售额 × （1 - 增值率）

所以，

进项税额 = 可抵扣购进项目金额 × 进货增值税税率 = 销售额 × （1 - 增值率） × 进货增值税税率

所以，

一般纳税人应交增值税 = 销项税额 - 进项税额

　　　　　　　　　　 = 销售额 × 销货增值税税率 - 销售额 × （1 - 增值率） × 进货增值税税率

　　　　　　　　　　 = 销售额 × 〔销货增值税税率 - （1 - 增值率） × 进货增值税税率〕

营业税纳税人应交营业税＝含税销售额×营业税税率

＝销售额×（1＋销货增值税税率）×营业税税率

无差别平衡点要求一般纳税人和小规模纳税人的税负相等，于是有：

销售额×〔销货增值税税率－（1－增值率）×进货增值税税率〕＝销售额×（1＋销货增值税税率）×营业税税率

所以，

无差别平衡点增值率＝〔1－〔销货增值税税率－（1＋销货增值税税率）×营业税税率〕/进货增值税税率〕×100%

把一般纳税人税率17%和13%，营业税税率3%和5%代入上述公式，可得无差别平衡点增值率表，见表3-2。

表3-2　无差别平衡点增值率表

一般纳税人销货税率	一般纳税人进货税率	营业税纳税人税率	无差别平衡点增值率
17%	17%	5%	34.41%
17%	17%	3%	20.65%
17%	13%	5%	14.23%
17%	13%	3%	−3.77%
13%	13%	5%	43.46%
13%	13%	3%	26.08%
13%	17%	5%	56.76%
13%	17%	3%	43.47%

总之，增值率高于平衡点时，增值税一般纳税人应纳税额大于营业税纳税人的应纳税额；增值率低于平衡点时，营业税纳税人的负担会重于一般纳税人的负担。也就是说，增值率越高，作为增值税一般纳税人的负担就越大；增值率越低，作为营业税纳税人的负担就越大。所以，当纳税人的经营项目增值率很低时，应该选择增值税一般纳税人身份；反之，应选择营业税纳税人身份。

因此，对于混合销售而言，企业可以根据以上的分析，通过自身经营的实际增值率的状况来选择哪种税收负担更轻一些。当然，企业在税收筹划时，必须要得到税务机关的确认。

对于增值税和营业税经营项目的兼营行为，依然可以通过上述结论来判断是否应该选择分开核算。倘若增值率很低，选择增值税一般纳税人身份有利，则不分开核算；反之，则分开核算。

3.2.3 计税依据的税收筹划

1. 销售方式的税收筹划

在销售活动中，为了达到促销的目的，有多种销售方式。不同的销售方式下，销售者取得的销售额有所不同，且适用的税收政策也不同，因此存在着税收筹划的空间。纳税人应该熟练地掌握这些销售方式及其税务处理，在选择时考虑相关的税收成本，为企业进行税收筹划。一般情况下，促销方式主要有：以旧换新、折扣销售、还本销售和购买商品赠送礼品销售等，下面通过实例进行说明。

例 某商场为增值税一般纳税人，销售利润率为20%，现销售400元商品，成本为320元，元旦期间为了促销欲采用4种方案。假设只考虑增值税，比较哪种方案对商场最有利。

（1）采取以旧换新业务，旧货的价格为30元，即买新货可以少缴30元。

（2）商品9折销售。

（3）购买物品满400元返还40元现金。

（4）购买物品满400元时赠送价值40元的小商品，其成本为24元。

假定以上交易价格均为含税价格，且消费者只购买了400元的商品。

方案（1） 根据税法规定，采取以旧换新方式销售货物，应按新货物的同期销售价格确定销售额，不得抵扣旧货物的收购价格。因此，应纳增值税额 $= 400/(1+17\%) \times 17\% - 320/(1+17\%) \times 17\% = 11.62$（元）

方案（2） 根据税法规定，该商场如果将折扣额和销售额开在同一张发票上。因此，应纳增值税额 $= 360/(1+17\%) \times 17\% - 320/(1+17\%) \times 17\% = 5.81$（元）

方案（3） 根据税法规定，采取还本销售方式销售货物，应按销售额计算销项税，不扣减还本支出。因此，应纳增值税额 $= 400/(1+17\%) \times 17\% - 320/(1+17\%) \times 17\% = 11.62$（元）

方案（4） 按税法规定，购物赠送小商品的销售方式，赠送的小商品应视同销售，同时购进商品的进项税额可以抵扣。因此，应纳增值税额 $= [400/(1+17\%) \times 17\% - 320/(1+17\%) \times 17\%] + [40/(1+17\%) \times 17\% - 24/(1+17\%) \times 17\%] = 13.94$（元）

从上面分析可以看到，如果只考虑增值税，第2种方案折扣销售税负最轻为5.81元；第4种方案购物赠送小商品税负最重为13.94元。总之，在促销方案的选择中，企业除了考虑销售方式对消费者的吸引力外，还要考虑纳税金额的高低，综合考虑作出对企业最有利的选择，以做好税收筹划。

2. 结算方式的税收筹划

不同的销售结算方式，纳税义务的发生时间是不一样的。因此，结算方式的税收筹划是在税法允许的情况下，尽量采取有利于本企业的销售结算方式，尽量推迟纳税义务的发生时间，获得货币的时间价值。

（1）当企业的销售额不能及时全额收回时，应采取赊销和分期收款方式。因为这种方式是以合同约定日期为纳税义务发生时间的，纳税人可以通过合同约定时间来安排纳税义务实现的时间。这样，可以在一定程度上取得税款的时间价值，或者减少纳税风险。

（2）当企业的产品销售对象是商业企业，并且是在商业企业销售后付款，则应该采用委托代销方式结算。因为委托他人代销货物的纳税义务发生时间为收到代销单位销售的代销清单当天。这样可以根据实际收到的货款分期计算销项税额，有效延缓纳税时间，或者减少纳税风险。

3. 销售价格的税收筹划

产品的销售价格包括销售方实际收到的价款和价外费用，因此，纳税人应该合理的制定价格，并尽可能将价外收费从销售收入中剔除，以减少计税收入。合理的做法主要有以下五种：

①随同货物销售的包装物，单独处理，不要汇入销售收入；

②销售货物后价外补贴收入，采取措施不要汇入销售收入；

③设法将销售过程中的回扣冲减销售收入；

④尽量采用用于本企业继续生产加工的方式，避免作为对外销售处理；

⑤纳税人因销货退回或折让而退还购买方的增值税额，应从销货退回或者在发生的当期的销项税额中扣除。

另外，实际操作中，有些企业还会采用下列方式来减少纳税，但这些做法我们并不提倡，需要企业以遵守税法为前提。

①采取某种方式支取收入，少汇销售收入；

②商品性货物用于本企业专项工程或福利设施，本应视同对外销售，但采取低估价、次品折扣方式降低销售额；

③为职工搞福利或发放奖励性纪念品，低价出售，或分配商品性货物；

④为公关需要将合格品降低为残次品，降价销售给对方或送给对方。

4. 供货方选择的税收筹划

（1）一般纳税人供货方选择的筹划

对于一般纳税人来说，从另一个一般纳税人处购进货物并取得专用发票方可以抵扣税款；从一个小规模纳税人处购进货物，取得代开的专用发票，可以抵扣部分税款；而从一个小规模纳税人处购进货物取得普通发票，不可以抵扣税款。因此，要尽量选择可以享受充分抵扣税款的单位为供货方。

但是，小规模纳税人处进货且不能取得专用发票时，存在要求小规模纳税人在价格上给予一定程度的优惠，以弥补因不能取得专用发票而产生损失的情况。那么，究竟多大的折让幅度才能弥补损失呢？这里就存在一个价格折让临界点的问题。其计算推导过程如下：

假定从一般纳税人购进货物含税金额为 A，从小规模纳税人处购进货物含税金额为 B。销售额为不含税销售额，征收率为税务所代开的发票上注明的征收率。则：

从一般纳税人购进货物的净利润额＝销售额－购进货物成本－城市维护建设税及教育费附加－所得税＝（销售额－购进货物成本－城市维护建设税及教育费附加）×（1－所得税税率）＝｛销售额－A／（1＋增值税税率）－［销售额×增值税税率－A／（1＋增值税税率）×增值税税率］×（1＋城市维护建设税税率＋教育费附加征收率）｝×（1－所得税税率）

从小规模纳税人购进货物的净利润额＝销售额－购进货物成本－城市维护建设税及教育费附加－所得税＝（销售额－购进货物成本－城市维护建设税及教育费附加）×（1－所得税税率）＝｛销售额－B／（1＋征收率）－［销售额×增值税税率－B／（1＋征收率）×征收率］×（1＋城市维护建设税税率＋教育费附加征收率）｝×（1－所得税税率）

当上述两式相等时，则有：

｛销售额－A／（1＋增值税税率）－［销售额×增值税税率－A／（1＋增值税税率）×增值税税率］×

（1＋城市维护建设税税率＋教育费附加征收率）｝×（1－所得税税率）＝｛销售额－B/（1＋征收率）－［销售额×增值税税率－B/（1＋征收率）×征收率］×（1＋城市维护建设税税率＋教育费附加征收率）｝×（1－所得税税率）

当城市维护建设税税率为7%，教育费附加征收率为3%时，通过计算可得：

A/（1＋增值税税率）×（1－增值税税率×10%）＝B/（1＋征收率）×（1－征收率×10%）；B＝［（1＋征收率）×（1－增值税税率×10%）］÷［（1＋增值税税率）×（1－征收率×10%）］×A

如果从小规模纳税人处只能取得普通发票，不能进行任何抵扣，即征收率为零时，则上式变为：

B＝（1－增值税税率×10%）÷（1＋增值税税率）×A

把一般纳税人税率17%和13%，征收率3%代入上述公式，可得价格折让临界点表，见表3-3。

表3-3　价格折让临界点表

一般纳税人的抵扣率	小规模纳税人的抵扣率	价格折让临界点（含税）
17%	3%	86.80%
13%	3%	90.24%
17%	0	84.02%
13%	0	87.35%

也就是说，当小规模纳税人的价格为一般纳税人的价格折让临界点时，无论是从一般纳税人处还是从小规模纳税人处采购货物，纳税人取得的收益相等。因此，企业在采购货物时，可根据以上价格折让临界点值正确计算出临界点时的价格，从中选择采购方，从而取得较大的税后收益。

（2）小规模纳税供货方选择的筹划

对于小规模纳税人来说，从一般纳税人处还是从小规模纳税人处购得货物，其选择是比较容易的。因为，小规模纳税人不能获得增值税专用发票，也不能进行进项税额的抵扣，只要比较一下购货对象的含税价格，从中选择价格较低的一方就可以了。

另外，对于一般纳税人采购的货物用于在建工程、集体福利、个人消费等非应税项目的，由于不能进行抵扣，其供货方选择的方法同上，只要比较一下各方的含税价格就可以了。

以上供货方选择的方法是在仅考虑税收的情况下做出的，企业在实际购货业务中，除了税收因素外，还要考虑到购货方的信誉、售后服务等条件，这需要在税收筹划时根据具体情况做出全面比较。

5. 运费的筹划

企业的运费收支跟税收有着密切的联系，增值税一般纳税人支付运费可抵扣进项税，收取运费应缴纳增值税，但如果是单独核算的运输部门，则应该缴纳营业税。运费收支状况发生变化时，对企业纳税情况会产生一定的影响。当这种影响可以人为调控，并可以合理合法地计算和安排之时，运费的税收筹划便产生了。

（1）自营车辆运输

企业发生的运费对于一般纳税人自营车辆来说，运输工具耗用的油料、配件及正常修理费支出等项目，如果索取了专用发票可以抵扣17%的增值税，假设运费价格中的可扣税物耗金额占运费金额的比率为 GT（不含税价，下同），则相应的增值税抵扣率就等于 $17\% \times GT$。

（2）外购运输

如果企业不自营车辆，而是外购运输，按现行政策规定，可按运费金额的7%抵扣进项税。

（3）独立运输公司运输

独立运输公司运输在抵扣7%进项税的同时，还要对收取的运费缴纳3%的营业税，也就是相当于扣税4%。

比较（1）和（2）两种情况，令其抵扣率相等，则可以求出 GT 值。即

$17\% \times GT = 7\%$，则 $GT = 7\% \div 17\% = 41.18\%$。

比较（1）和（3）两种情况，令其抵扣率相等，则可以求出 GT 值，即

$17\% \times GT = 4\%$，则 $GT = 4\% \div 17\% = 23.53\%$。

GT 这个数值说明，当运费结构中可抵扣增值税的物耗比率达到41.18%时，按运费金额7%抵扣与按运费中的物耗部分的17%抵扣，二者所抵扣的税额相等；当运费结构中可抵扣增值税的物耗比率达到23.53%时，按运费金额4%抵扣与按运费中的物耗部分的17%抵扣，二者所抵扣的税额相等。此时，我们把 GT 这个数值称为"运费扣税平衡点"。具体来说，如果 $GT > 41.18\%$，表示自营运输中可抵扣的物耗金额较大，可抵扣的较多，可选择自营运输；如果 $GT < 41.18\%$，表示自营运输中可抵扣的物耗金额较小，可抵扣的较少，还不如选择外购运输。另一种情况下，如果 $GT > 23.53\%$，表示自营运输中可抵扣的物耗金额较大，可抵扣的较多，可选择自营运输；如果 $GT < 23.53\%$，表示自营运输中可抵扣的物耗金额较小，可抵扣的较少，还不如选择独立运输公司运输。

总之，企业在对运费进行税收筹划时，不仅要考虑运费支出的税负，还要考虑运费收入的税负。另外，不同情况的转换还有相当的转换成本，都应该一并考虑进去。

3.2.4 税率的税收筹划

税率的税收筹划，首先要注意掌握低税率的内容和界定标准，若有可能时应力争达到相关标准，以享受低税率或免减税的待遇；其次是注意兼营不同税率的货物或者应税劳务的或同时经营应税和免税项目的，应该分别核算，以避免下面从高适用税率的情况发生，从而达到节税的目的。

（1）增值税一般纳税人同时经营适用不同增值税税率的应税项目。按我国税法规定，如果纳税人是兼营不同税率的货物或者应税劳务的，应当分开核算不同税率货物或者劳务的销售额，并按不同税率分别计算应纳税额。未分开核算销售额的，从高适用税率。

（2）增值税纳税人同时经营应税和免税项目。我国税法规定，纳税人兼营免税、减税项目的，应当单独核算免税、减税项目的销售额；未单独核算销售额的，不得免税、减税。对

确实无法准确划分不得抵扣的进项税额的，按下列公式计算：

不得抵扣的进项税额＝当月全部进项税额×（当月免税项目销售额/当月销售总额）

3.2.5 出口退税的税收筹划

1. 经营方式

目前生产企业出口货物的方式主要有自营出口（含进料加工）和来料加工两种。不同的经营方式下，企业的税收负担不同，有必要进行税收筹划。下面举例说明。

基本资料：某企业采用进料加工的方式为国外公司加工产品，进口保税料件价值为 1000 万元，加工完成后返销国外公司，售价 1800 万元，加工产品的辅助材料、备件、动能费等的进项税额共计 20 万元，该产品的增值税税率为 17%，退税率为 13%。

情况一：基本情况不变。

（1）免抵退税额

＝1800×13% － 1000×13% ＝104（万元）

（2）免抵退税不得免征和抵扣的税额

＝1800×（17% －13%）－1000×（17% －13%）＝32（万元）

（3）当期期末应纳税额

＝当期内销货物的销项税 －（进项税 － 免抵退税不得免征和抵扣的税额）

＝0 －（20 －32）＝12（万元）

应纳税额是正值，所以当期应退税额为零，企业应该缴纳增值税 12 万元。

若企业采用来料加工方式，由于来料加工不征税也不退税，可以少纳 12 万元的税。所以，这种情况选择来料加工方式比较合适。

情况二：假定返销国外公司的售价下降为 1200 万元

（1）免抵退税额

＝1200×13% － 1000×13%

＝26（万元）

（2）免抵退税不得免征和抵扣的税额

＝1200×（17% －13%）－1000×（17% －13%）＝8（万元）

（3）当期期末应纳税额

＝0 －（20 －8）＝ －12（万元）

应纳税额是负值，所以当期应退税额为 12 万元。

若企业采用不征税也不退税的来料加工方式，不能退还 12 万元的税。所以，这种情况下应选择进料加工方式。

情况三：假定出口退税率提高到 15%

（1）免抵退税额

＝1800×15% － 1000×15% ＝120（万元）

（2）免抵退税不得免征和抵扣的税额

$$=1800 \times （17\% - 15\%） - 1000 \times （17\% - 15\%）$$
$$=18 （万元）$$

（3）当期期末应纳税额

$$=0 - （20 - 18） = -2 （万元）$$

应纳税额是负值，所以当期应退税额为 2 万元。

若企业采用不征税也不退税的来料加工方式，不能退还 2 万元的税。所以，这种情况应选择进料加工方式。

情况四：假定耗用国产料件的进项税提高到 50 万元

（1）免抵退税额

$$=1800 \times 13\% - 1000 \times 13\% = 104 （万元）$$

（2）免抵退税不得免征和抵扣的税额

$$=1800 \times （17\% - 13\%） - 1000 \times （17\% - 13\%） = 36 （万元）$$

（3）当期期末应纳税额

$$=0 - （50 - 36） = -14 （万元）$$

应纳税额是负值，所以当期应退税额为 14 万元。

若企业采用不征税也不退税的来料加工方式，不能退还 14 万元的税。所以，这种情况应选择进料加工方式。

总之，是选择进料加工还是选择来料加工的经营方式，与出口售价、出口退税率、耗用国产料件进项税额有直接关系。一般来说，出口售价越低、出口退税率越高、耗用国产料件进项税额越大，则越应该采用进料加工的方式；反之，则应该采用来料加工的方式。

2. 出口方式

出口企业的产品出口方式有自营出口和委托外贸企业代理出口两种方式。虽然两种方式都可以出口免税并退税，但退税的税额不同，因此税收负担也不一样。下面举例说明。

基本资料：某企业生产的产品全部用于出口，2008 年自营出口产品价格 200 万元，当年可以抵扣的进项税 20 万元，增值税税率为 17%，无上期留抵税额。

情况一：假定出口退税率为 17%

（1）自营出口

①免抵退税额

$$=200 \times 17\% = 34 （万元）$$

②当期期末应纳税额

$$=当期内销货物的销项税 - （进项税 - 免抵退税不得免征和抵扣的税额）$$
$$=0 - （20 - 0） = -20 （万元）$$

应纳税额是负值，所以当期应退税额为 20 万元。

（2）委托外贸企业出口

①本企业应纳增值税额

$$=200/ （1 + 17\%） \times 17\% - 20 = 9.06 （万元）$$

②外贸企业应收出口退税额

　　$=200／（1+17\%）×17\%=29.06（万元）$

　　两企业合计退税还是 20 万元，因此，在征税率与退税率相等时，企业采用自营出口方式和委托外贸企业出口方式时的税负相等。

　　情况二：假定出口退税率为 13%

　　（1）自营出口

①免抵退税额

　　$=200×13\%=26（万元）$

②免抵退税不得免征和抵扣的税额

　　$=200×（17\%-13\%）=8（万元）$

③当期期末应纳税额

　　=当期内销货物的销项税-（进项税-免抵退税不得免征和抵扣的税额）

　　$=0-（20-8）=-12（万元）$

　　应纳税额是负值，所以当期应退税额为 12 万元。

　　（2）委托外贸企业出口

①本企业应纳增值税额

　　$=200／（1+17\%）×17\%-20=9.06（万元）$

②外贸企业应收出口退税额

　　$=200／（1+17\%）×13\%=22.2（万元）$

　　两企业合计退税 13.14 万元，因此，在征税率大于退税率时，企业采用自营出口方式时收到的退税额小于委托外贸企业代理出口方式时收到的退税额，企业应选择委托外贸企业出口方式以减轻税负。

　　3. 退税方式

　　出口退税的方式主要有"免、抵、退"和"先征后退"两种。影响"免、抵、退"方式应退税额的因素主要有：（1）自产货物的征税税率与退税税率及其差率。当征、退税率之差越小时，可以用来退税的额度就会越大。（2）内、外销的比例。如果企业内销越少，外销越多，且消耗的国内材料越多，则用来抵顶国内购进材料对应进项税额的销项税额就越少，而用来留抵的进项税额会越多，退税的额度也就可能越大。（3）免税进口料件及国内购料的比例。一般而言，在收入及其结构不变的情况下，用于生产的免税料件越多、国内料件越少，可用来退税的进项税额也就越少。在实际操作过程中，要综合考虑。

　　这两种退税方式分别适用于不同的企业，在计算上也有很大差别。这里仅就税收管理的差异进行探讨。"先征后退"方式的程序是先征税、再退税，这样会占用企业的流动资金，增加资金成本，而"免、抵、退"方式不会存在这类问题，且因出口货物应退税额抵减了当期内销货物的应纳增值税税额而减少了企业增值税金额的占用，大大降低了资金成本。

3.2.6 纳税期限的税收筹划

　　纳税期限税收筹划基于货币的时间价值观念，企业应该在税法允许的限度内最大限度地延期纳税，以降低财务成本，提高经营效益。

1. 采取赊销和分期收款的销售方式

税法规定，赊销和分期收款的销售方式销售产品，按照合同约定的收款日期当天，做销售收入，计算缴纳增值税。这样就不必在销售当时缴纳增值税了，延缓了纳税时间。

2. 充分利用认证期限

税法规定，增值税一般纳税人申请抵扣的防伪税控系统开具的增值税专用发票，必须自该专用发票开具之日起90日内到税务机关认证，否则不予抵扣进项税额。这样可以充分利用90天的时间，及时尽早地到税务机关认证，争取尽早抵扣进项税。

3.3 案例分析

3.3.1 增值税法律制度案例分析

案例一

某轿车生产企业为增值税一般纳税人，2008年11月份和12月份的生产经营情况如下：

(1) 11月从国内购进汽车配件，取得防伪税控系统开具的增值税专用发票，注明金额280万元、增值税税额47.6万元，取得的货运发票上注明运费10万元，建设基金2万元；

(2) 11月在国内销售发动机10台给一小规模纳税人，取得收入28.08万元；出口发动机80台，取得销售额200万元；

(3) 12月进口原材料一批，支付给国外买价120万元，包装材料8万元，到达我国海关以前的运输装卸费3万元、保险费13万元，从海关运往企业所在地支付运输费7万元；

(4) 12月进口两台机械设备，支付给国外的买价60万元，相关税金3万元，支付到达我国海关以前的装卸费、运输费6万元、保险费2万元，从海关运往企业所在地支付运输费4万元；

(5) 12月国内购进钢材，取得防伪税控系统开具的增值税专用发票，注明金额300万元、增值税税额51万元，另支付购货运输费用12万元、装卸费用3万元；当月将30%用于企业基建工程；

(6) 12月1日将A型小轿车130辆赊销给境内某代理商，约定12月15日付款，15日企业开具增值税专用发票，注明金额2340万元、增值税税额397.8万元，代理商30日将货款和延期付款的违约金8万元支付给企业；

(7) 12月销售A型小轿车10辆给本企业有突出贡献的业务人员，以成本价核算取得销售金额80万元；

(8) 12月企业新设计生产B型小轿车2辆，每辆成本价12万元，为了检测其性能，将其移送企业下设的汽车维修厂进行碰撞实验，企业和维修厂位于同一市区，市场上无B型小轿车销售价格。

其他相关资料：①该企业进口原材料和机械设备的关税税率为10%；②生产销售的小轿

车适用消费税率为 12%；③B 型小轿车成本利润率为 8%；④退税率为 13%；⑤相关票据在有效期内均通过主管税务机关认证。

要求：根据上述资料，回答下列问题：

（1）企业 11 月份应退的增值税税额；

（2）企业 11 月份留抵的增值税税额；

（3）企业 12 月进口原材料应缴纳的增值税税额；

（4）企业 12 月进口机械设备应缴纳的增值税税额；

（5）企业 12 月国内购进原材料和运费可抵扣的进项税额；

（6）企业 12 月销售 A 型小轿车的销项税额；

（7）企业 12 月 B 型小轿车销项税额；

（8）企业 12 月应缴纳的增值税税额。

案例分析

（1）11 月应退的增值税为 26 万元

因为增值税专用发票注明的增值税税额可以抵扣，取得的货运发票上注明的运费和建设基金可以抵扣，所以，

进项税额 = 47.6 +（10 + 2）× 7% = 48.44（万元）

当期免抵退税不得免征和抵扣税额 = 出口货物离岸价 × 外汇人民币牌价 ×（出口货物征税率 − 出口货物退税率）= 200 ×（17% − 13%）= 8（万元）

销售发动机给小规模纳税人，取得收入为含税收入，所以，

当期应纳税额 = 28.08 ÷（1 + 17%）× 17% − 48.44 + 8 = −36.36（万元）

出口货物免抵退税额 = 200 × 13% = 26（万元）

因为按照规定，如当期期末留抵税额 > 当期免抵退税额，则

当期应退税额 = 当期免抵退税额

所以，当期应退税额 = 26（万元）

（2）11 月留抵的税额 = 36.36 − 26 = 10.36（万元）

（3）12 月进口原材料支付给国外的买价、包装材料费、到达我国海关以前的运输装卸费和保险费组成关税完税价格，并与关税一起组成计税依据。所以，

应缴纳的增值税 = [（120 + 8 + 3 + 13）+（120 + 8 + 3 + 13）× 10%] × 17% = 26.93（万元）

（4）12 月进口机械支付给国外的买价、相关税金、到达我国海关以前的运输装卸费和保险费组成关税完税价格，并与关税一起组成计税依据。所以，

应缴纳的增值税 = [（60 + 3 + 6 + 2）+（60 + 3 + 6 + 2）× 10%] × 17% = 13.28（万元）

（5）12 月购进原材料取得专用发票注明的销项税可以抵扣；支付的购货运输费用可以抵扣，但装卸费用不能抵扣；用于本企业基建工程的也不能抵扣，所以，

可抵扣的进项税额 =（51 + 12 × 7%）×（1 − 30%）= 36.29（万元）

（6）12 月销售 A 型小轿车取得专用发票注明的税款可以抵扣；延期付款的违约金视为价外费用，为含税收入；奖励给本企业有突出贡献的业务人员的部分视同销售，所以，

销项税额 = 397.8 + 8 ÷（1 + 17%）× 17% + 10 × 397.8 ÷ 130 = 429.56（万元）

（7）12 月 B 型小轿车移送视同销售，且市场上无 B 型小轿车销售价格，则按照组成计税价格计算销项税，所以，

销项税额 = 2 × 12 ×（1 + 8%）/（1 − 12%）× 17% = 29.45 × 17% = 5.01（万元）

（8）从海关运往企业所在地支付运输费可以抵扣进项税，所以，

企业 12 月应缴纳的增值税 =（429.56 + 5.01）−（26.93 + 36.29 + 13.28 + 7 × 7%）− 10.36 = 347.22（万元）

说明：将小轿车用于在本企业碰撞试验，试验毁损的车辆，要做增值税进项税转出，但若用于生产企业以外的企业做试验的，应征收增值税。题目中本生产企业与维修企业之间的关系并不明确，是否是总分结构，是否是统一核算，这些条件需要猜测。考虑到题目中没有给定统一核算的条件；按照现行税法规定，分支机构也不能使用"××厂"的名称，只能使用"××分厂"的名称；加之碰撞试验正常情况下应在本厂研发部门或质检部门做，维修厂不该是做碰撞试验的部门。因此，推测该企业将应税消费品已送到了非分支机构的下属企业，应当计算缴纳增值税。

案例二

某市卷烟生产企业为增值税一般纳税人，2009 年 8 月有关经营业务如下：

（1）2 日向农业生产者收购烟叶一批，收购凭证上注明的价款 400 万元，并向烟叶生产者支付了国家规定的价外补贴；支付运输费用 10 万元，取得运输公司开具的运输发票，烟叶当期验收入库。

（2）3 日领用自产烟丝一批，生产 A 牌卷烟 600 标准箱。

（3）5 日从国外进口 B 牌卷烟 400 标准箱，支付境外成交价折合人民币 260 万元、到达我国海关前的运输费用 10 万元、保险费用 5 万元。

（4）16 日销售 A 牌卷烟 350 标准箱，每箱不含税售价 1.35 万元，款项收讫；将 30 标准箱 A 牌卷烟作为福利发给本企业职工。

（5）25 日销售进口 B 牌卷烟 380 标准箱，取得不含税销售收入 720 万元。

（6）27 日购进税控收款机一批，取得增值税专用发票注明价款 10 万元、增值税 1.7 万元；外购防伪税控通用设备，取得的增值税专用发票注明价款 1 万元、增值税 0.17 万元。

（7）31 日盘点，发现由于管理不善库存的外购已税烟丝 15 万元（含运输费用 0.93 万元）霉烂变质。

其他相关资料：①烟丝消费税比例税率为 30%；②卷烟消费税比例税率：每标准条调拨价格在 70 元以上的（含 70 元，不含增值税）为 56%，每标准条对外调拨价格在 70 元以下的为 36%；卷烟消费税定额税率：每支 0.003 元；③卷烟的进口关税税率为 20%；④相关票据已通过主管税务机关认证。

要求：根据上述资料，回答下列问题。

（1）外购烟叶可以抵扣的进项税额。

（2）进口卷烟应缴纳的增值税税额。

（3）直接销售和视同销售卷烟的增值税销项税额。

（4）购进税控收款机和防伪税控通用设备可以抵扣的进项税额。

（5）损失烟丝应转出的进项税额。

（6）企业 8 月份国内销售应缴纳的增值税税额。

案例分析

（1）外购烟叶收购凭证上注明的价款；向烟叶生产者支付的国家规定的价外补贴；支付的运输费用都可以抵扣进项税，所以，

准予抵扣进项税 = ［400×（1 + 10%）+ 400×（1 + 10%）×20%）］×13% + 10×7% = 69.3（万元）

（2）进口卷烟支付的价款、运费和保险费组成关税完税价格，所以，

进口卷烟应纳关税 = （260 + 10 + 5）×20% = 275×20% = 55（万元）

每条进口卷烟消费税适用比例税率的价格 = ［（275 + 55）×10 000 + 400×150］÷（400 箱×250 条）÷（1 − 36%）=（33 + 0.6）÷（1 − 36%）= 52.5 元

因为单条卷烟价格小于 70 元，所以适用 36% 的消费税税率。所以，

进口卷烟应纳消费税 = 400×250×48×36% + 400×150 = 178.8（万元）

进口卷烟增值税的计税依据是含消费税的，所以，

进口卷烟应纳增值税 = （275 + 55 + 178.8）×17% = 86.5（万元）

（3）将 A 牌卷烟作为福利发给本企业职工视同销售，所以，

直接销售和视同销售卷烟的增值税销项税额 = ［1.35×（350 + 30）+ 720］×17% = 209.61（万元）

（4）购进税控收款机和防伪税控通用设备都取得了增值税专用发票，可以抵扣进项税。所以，

税控机可抵扣税额 = 1.7 + 0.17 = 1.87（万元）

（5）非正常损失的外购已税烟丝的进项税可以转出，但要区别对待运费。所以，

损失烟丝转出的进项税额 = （15 − 0.93）×17% + 0.93÷（1 − 7%）×7% = 2.46（万元）

（6）应纳增值税 = 209.61 − 69.3 − 86.5 − 1.87 + 2.46 = 54.4（万元）

案例三

A 电子设备生产企业与 B 商贸公司均为增值税一般纳税人，2009 年 2 月份有关经营业务如下。

（1）A 企业从 B 公司购进生产用原材料和零部件，取得 B 公司开具的增值税专用发票，注明货款 180 万元、增值税 30.6 万元。

（2）B 公司从 A 企业购进电脑 600 台，每台不含税单价 0.45 万元，取得 A 企业开具的增值税专用发票，注明货款 270 万元、增值税 45.9 万元。B 公司以销货款抵顶应付 A 企业

的货款和税款后，实付购货款 90 万元、增值税 15.3 万元。

（3）A 企业为 B 公司制作大型电子显示屏，开具了普通发票，取得含税销售额 9.36 万元、调试费收入 2.34 万元。制作过程中委托 C 公司进行加工，支付加工费 2 万元、增值税 0.34 万元，取得 C 公司增值税专用发票。

（4）B 公司从农民手中购进免税农产品，收购凭证上注明支付收购款 30 万元，支付运输公司的运输费 3 万元，取得普通发票。入库后，将收购的农产品 40% 作为职工福利消费，60% 零售给消费者并取得含税收入 35.03 万元。

（5）B 公司销售电脑和其他物品取得含税销售额 298.35 万元，均开具普通发票。

注：本月取得的相关票据均在本月认证并抵扣。

要求：根据上述资料，回答下列问题。

（1）A 企业 2009 年 2 月份应缴纳的增值税税额。

（2）B 公司 2009 年 2 月份应缴纳的增值税税额。

案例分析

（1）A 企业

①销售电脑开具了增值税专用发票，则

销项税额 = 600 × 0.45 × 17% = 45.9（万元）

②制作显示屏开具了普通发票，销售额为含税收入，另调试费收入也视为含税收入，则

销项税额 =（9.36 + 2.34）/（1 + 17%）× 17% = 1.7（万元）

③A 企业取得 B 公司开具的增值税专用发票，进项税可以扣除；A 企业委托 C 公司进行加工，支付增值税 0.34 万元，进项税也可以扣除，则

进项税额 = 30.6 + 0.34 = 30.94（万元）

④应缴纳增值税 = 45.9 + 1.7 − 30.94 = 16.66（万元）

（2）B 公司

①销售原材料和零部件，开具的增值税专用发票，则

销项税额 = 180 × 17% = 30.6（万元）

②销售农产品并取得含税收入，则

销项税额 = 35.03/（1 + 13%）× 13% = 4.03（万元）

③销售电脑取得含税销售额，开具普通发票，则

销项税额 = 298.35/（1 + 17%）× 17% = 43.35（万元）

④购电脑取得 A 企业开具的增值税专用发票，则

进项税额 = 600 × 0.45 × 17% = 45.9（万元）

⑤购进免税农产品，取得普通发票，收购凭证上注明的收购款，运输费可以抵扣，另外 40% 作为职工福利消费，不得抵扣进项税，则

进项税额 =（30 × 13% + 3 × 7%）× 60% = 2.47（万元）

⑥应缴纳增值税 =（30.6 + 4.03 + 43.35）−（45.9 + 2.47）= 29.61（万元）

案例四

某印刷厂为增值税一般纳税人，2008年12月份发生如下业务。

(1) 接受某出版社委托，印刷图书5000册，每册不含税的印刷价格12元，另收运输费1000元。

(2) 印刷挂历1400本，每本售价23.4元（含税价），零售50本，批发给某图书城800本，实行七折优惠，开票时将销售额与折扣额开在了同一张发票上，并规定5天之内付款再给5%折扣，购货方如期付款；发给本企业职工300本，赠送客户200本。

(3) 为免税产品印刷说明书收取加工费5000元（不含税价）。本月购进原材料取得防伪税控系统增值税专用发票上注明增值税13 600元，购买一台设备取得增值税专用发票上注明税金3400元，上月购进价值30 000元（不含税价）的纸张因管理不善浸水，无法使用。

要求：根据上述资料，计算该企业当月应纳增值税税额。

案例分析

(1) 印刷厂印刷图书应按13%的税率计算增值税，运输费属价外费用，应换算为不含税收入，再并入销售额计算增值税。

销项税额 = [12×5000+1000／(1+13%)] ×13% = 7946.9（元）

(2) 按七折销售挂历，销售额与折扣额开在了同一张发票上，折扣额可以从销售额中扣除，但给予5%的销售折扣，应作为企业的财务费用，不应减少销售额。

销项税额 = 23.4／(1+17%) ×800×70%×17% = 1904（元）

(3) 以自产挂历发给职工和赠送客户，均为视同销售货物行为，应按售价计算增值税。

销项税额 = 23.4／(1+17%) × (50+300+200) ×17% = 1870（元）

(4) 为免税商品印刷说明书属征税范围按17%缴增值税。

销项税额 = 5000×17% = 850（元）

所以，

销项税额 = 7946.9+1904+1870+850 = 12 606.9（元）

(5) 购进原材料和设备取得增值税专用发票，进项税均可以抵扣。

进项税额 = 13 600+3400 = 20 400（元）

(6) 上月购进的纸张本月因管理不善不能使用，其进项税额不得抵扣，应作为进项税额转出处理。

进项税转出额 = 30 000×17% = 5100（元）

所以，

进项税额 = 20 400 – 5100 = 10 200（元）

(7) 应纳增值税额 = 12 606.9 – 10 200 = 2406.9（元）

案例五

某有进出口经营权的国有企业，对自产货物经营出口销售及国内销售。该企业2008年第三季度和2009年第一季度分别发生以下几笔购销业务。

2008年第三季度：

（1）报关离境出口一批玩具，离岸价是 50 万美元；

（2）内销一批货物，销售额是 500 万元；

（3）购进所需原材料等货物，购货额是 600 万元。

2009 年第一季度：

（1）报关离境出口一批玩具，离岸价是 80 万美元；

（2）内销一批货物，销售额是 200 万元；

（3）购进所需原材料等货物，购货额是 600 万元。

其他相关资料：上述购销货物增值税税率均为 17%，退税率为 15%；购销额均为不含税购销；美元与人民币汇率 1∶6.8；该企业办理出口退（免）税适用"免、抵、退"办法。

要求：分别计算该企业上述两个季度应纳或应退增值税税额。

案例分析

（1）2008 年第三季度

①出口货物免抵退税不得免征和抵扣的税额 = 50 × 6.8 ×（17% − 15%）= 6.8（万元）

②当季度应纳税额 = 500 × 17% −（600 × 17% − 6.8）= − 10.2（万元）

③当季免抵退税额 = 50 × 6.8 × 15% = 51（万元）

④因为，当季季末留抵税额 < 当季免抵退税额

所以，当季应退税额 = 10.2（万元）

（2）2009 年第一季度

①出口货物免抵退税不得免征和抵扣的税额 = 80 × 6.8 ×（17% − 15%）= 10.88（万元）

②当季度应纳税额 = 200 × 17% −（600 × 17% − 10.88）= − 252.88（万元）

③当季免抵退税额 = 80 × 6.8 × 15% = 81.6（万元）

④因为，当季季末留抵税额 > 当季免抵退税额

所以，当季应退税额 = 81.6（万元）

案例六

位于城市市区的一家电视机生产企业（以下简称甲企业）和一家百货商场（以下简称乙商场）均为增值税一般纳税人。2009 年 3 月份发生以下业务。

（1）甲企业销售给乙商场一批电视机，不含税销售额为 70 万元，采用托收承付方式结算，货物已经发出，托收手续已经办妥，但尚未给乙商场开具增值税专用发票。甲企业支付销货运费 4 万元并取得运输发票。

（2）因乙商场 2008 年 12 月份从甲企业购进一批电视机的货款 10 万元、增值税 1.7 万元尚未支付，经双方协商同意，本月乙商场以一批金银首饰抵偿此笔债务并由乙商场开具增值税专用发票，乙商场该批金银首饰的成本为 8 万元，若按同类商品的平均价格计算，该批首饰的不含税价格为 10 万元；若按同类商品最高销售价格计算，该批首饰的不含税价格为 11 万元。

（3）甲企业本月依据乙商场上年销售电视机的销售额按 1% 的比例返还现金 5.85 万元，甲企业未开具红字发票。乙商场收到返还的现金后，向甲企业开具了普通发票。

（4）甲企业购进一台气缸容量为 2.4 升的小汽车，取得增值税专用发票，支付金额为 20 万元、增值税 3.4 万元。

（5）甲企业本月购进原材料取得增值税专用发票，支付金额 18 万元、增值税 3.06 万元。

（6）因甲企业管理不善，从乙商场取得的金银首饰被盗 40%。

（7）乙商场零售金银首饰取得含税销售额 10.53 万元，其中包括以旧换新首饰的含税销售额 5.85 万元。在以旧换新业务中，旧首饰作价的含税金额为 3.51 万元，乙商场实际收取的含税金额为 2.34 万元。

（8）乙商场销售粮食、食用植物油、鲜奶取得含税销售额 22.6 万元，销售家用电器取得含税销售额 58.5 万元。

（9）乙商场采购商品取得增值税专用发票，注明的增值税额合计为 3.5 万元。

（说明：有关票据在本月均通过主管税务机关认证并申报抵扣；增值税月初留抵税额为 0；金银首饰的消费税税率为 5%）

要求：根据上述资料，按下列序号回答问题，每问需计算出合计数。

（1）甲企业 3 月份的增值税进项税额。

（2）甲企业 3 月份应缴纳的增值税税额。

（3）甲企业 3 月份应缴纳的城市维护建设税和教育费附加税税额。

（4）乙商场 3 月份以金银首饰抵偿债务应缴纳的消费税税额。

（5）乙商场 3 月份以金银首饰抵偿债务的增值税销项税额。

（6）乙商场 3 月份零售金银首饰应缴纳的消费税税额。

（7）乙商场 3 月份零售金银首饰的增值税销项税额。

（8）乙商场 3 月份应缴纳的增值税税额。

（9）乙商场 3 月份应缴纳的城市维护建设税和教育费附加税税额。

案例分析

（1）甲企业 3 月份的增值税进项税额 $= 4 \times 7\% + 1.7 + 3.06 - 1.7 \times 40\% = 4.36$（万元）

（2）甲企业 3 月份应缴纳的增值税 $= 70 \times 17\% - 4.36 = 7.54$（万元）

（3）甲企业 3 月份应缴纳的城市维护建设税和教育费附加 $= 7.54 \times (7\% + 3\%) = 0.75$（万元）

（4）乙商场 3 月份以金银首饰抵偿债务应缴纳的消费税

抵偿债务应按最高价计算消费税 $= 11 \times 5\% = 0.55$（万元）

（5）乙商场 3 月份以金银首饰抵偿债务的增值税销项税额

抵偿债务应平均价计算增值税销项税额 $= 10 \times 17\% = 1.7$（万元）

（6）乙商场 3 月份零售金银首饰应缴纳的消费税 $= (10.53 - 5.85) \div 1.17 \times 5\% + 2.34 \div 1.17 \times 5\% = 0.3$（万元）

（7）乙商场 3 月份零售金银首饰的增值税销项税额 $= (10.53 - 5.85) \div (1 + 17\%) \times 17\% + 2.34 \div (1 + 17\%) \times 17\% = 1.02$（万元）

（8）乙商场 3 月份应缴纳的增值税 = 1.7 + 1.02 + ［22.6 ÷（1 + 13%）×13% + 58.5 ÷ 1.17 × 17%］－［3.5 - 5.85 ÷（1 + 17%）× 17%］= 11.17（万元）

（9）乙商场 3 月份应缴纳的城市维护建设税和教育费附加 =（0.55 + 0.3 + 11.17）×（7% + 3%）= 1.20（万元）

案例七

某外商投资开办的电脑生产企业，为增值税一般纳税人。2009 年 10 月份生产经营情况如下。

（1）进口电脑元件一批，支付国外的买价 260 万元、运输费用和保险费用 5 万元；支付从海关地再运往本单位的运输费用 2 万元、装卸费用和保险费用 0.3 万元。

（2）在国内采购原材料，支付价款 480 万元、增值税 81.6 万元，取得增值税专用发票；支付运输费用 8 万元，取得运输单位开具的普通发票。

（3）向国外销售电脑 1000 台，折合人民币 1200 万元；在国内销售电脑 800 台，取得不含税销售额 400 万元。

（4）发生意外事故，损失当月外购的不含增值税的原材料金额 32.79 万元（其中含运费金额 2.79 万元），本月内取得保险公司给付的赔偿金额 12 万元。

（注：关税率 20%、增值税退税率 13%）

要求：按下列顺序回答问题。

（1）该企业 10 月份进口环节应缴纳的关税、增值税税额。

（2）该企业 10 月份采购业务应抵扣的进项税额。

（3）该企业 10 月份进项税额转出额税额。

（4）该企业 10 月份应缴纳的增值税税额。

（5）该企业 10 月份应退的增值税税额。

案例分析

（1）10 月份进口环节应缴纳的关税、增值税

进口环节应缴纳关税 =（260 + 5）× 20% = 53（万元）

进口环节应缴纳增值税 =（260 + 5 + 53）× 17% = 54.06（万元）

（2）10 月份采购业务应抵扣的进项税额 = 54.06 + 2 × 7% + 81.6 + 8 × 7% = 136.36（万元）

（3）10 月份进项税额转出额 =（32.79 - 2.79）× 17% + 2.79 ÷（1 - 7%）× 7% + 1200 ×（17% - 13%）= 53.31（万元）

（4）10 月份应缴纳增值税 = 400 × 17% -（136.36 - 53.31）= -15.05（万元）

应纳税额小于 0，不交增值税。

（5）10 月份应退增值税

当月免抵退税额 = 1200 × 13% = 156（万元）

大于未抵扣完的进项税额 15.05 万元

当月应退增值税 = 15.05 万元

案例八

某大型百货商场为增值税一般纳税人，2009 年 12 月发生如下业务。

（1）首饰柜台以旧换新销售金首饰，实际收到零售收入 12 万元，旧金首饰扣减了零售收入 2 万元。

（2）商场超市销售各类水果蔬菜取得零售收入 5 万元，销售其他食品取得含税销售收入 60 万元。

（3）商场家电部以分期收款方式批发销售一批进口家电，合同规定不含税销售额 300 万元，约定本月 15 日收回货款的 70%，剩余款项次年 1 月 15 日收回，商场本月 15 日收到约定款项后，按全额开具了防伪税控系统增值税专用发票；还以旧换新销售家电，实际收到零售收入 90 万元，已扣减旧货物收购价格 5 万元。

（4）商场品牌区受托代销（符合税法规定条件）服装，按本月代销零售收入的 3% 向委托方收取手续费 1.8 万元。

（5）外购商品一批，取得防伪税控系统增值税专用发票上注明销售额 360 万元（商品已付款 70%），该业务的专用发票通过认证；另一批取得防伪税控系统增值税专用发票上注明销售额 140 万元，该业务的专用发票未通过认证。

（6）从小规模生产企业处购买商品，取得税务机关代开的专用发票和普通发票上注明的销售额分别为 80 万元、30 万元；商场超市外购免税农产品，收购凭证上注明收购价格 6 万元。

（7）将经销的小家电发给员工每人一件，购进成本共计 12 万元，零售价共计 15 万元；又向某孤儿院赠送童装一批，购进成本 1 万元，零售价 1.5 万元。

（8）有 10 台上月售出的彩电，因质量问题顾客要求退货（原零售价每台 0.3 万元），开具了红字专用发票，商场已将彩电退回厂家（原购进的含税价格每台 0.25 万元），并取得厂家开出的红字专用发票。

（9）购进 8 台税控收款机，取得增值税专用发票注明价款 20 万元，增值税 3.4 万元。

（10）该商场所属的快餐城取得餐饮收入 8 万元；本月快餐城领用商场上月购进的餐具价值 0.5 万元（不考虑所负担运输成本）。

要求：根据上述资料，按下列序号计算有关纳税事项，每问需计算出合计数。

（1）该企业当月销项税额（不包括退货业务）。

（2）该企业第（7）项业务不予抵扣的进项税额。

（3）当月可抵扣的进项税额总和（不包括退货业务）。

（4）说明退货业务的税务处理。

（5）计算该企业当月应纳增值税税额。

案例分析

（1）当期销项税额 = 12 ÷（1 + 17%）× 17% + 5 ÷（1 + 13%）× 13% + 60 ÷（1 + 17%）× 17% + 300 × 17% +（90 + 5）÷（1 + 17%）× 17% + 1.8 ÷ 3% ÷（1 + 17%）× 17% + 1.5 ÷（1 + 17%）× 17% = 1.74 + 0.58 + 8.72 + 51 + 13.8 + 8.72 + 0.22 = 84.78（万元）

（2）该企业第（7）项业务不予抵扣的进项税额 = 12 × 17% = 2.04（万元）

说明：将购进的货物用于集体福利和个人消费、非应税项目，其进项税额不得抵扣，按购进成本转出已抵扣的进项税额。

（3）当月可抵扣的进项税额总和（不包括退货业务）= 360 × 17% + 80 × 3% + 6 × 13% + 3.4 − 2.04 − 0.5 × 17% = 65.66（万元）

（4）说明退货业务的税务处理

商场给顾客退货，应扣减当期销项税额 = 0.3 ÷（1 + 17%）× 17% × 10 = 0.44（万元）

商场向厂家退货，应扣减当期进项税额 = 0.25 ÷（1 + 17%）× 17% × 10 = 0.36（万元）

（5）该企业本月应纳增值税 =（84.78 − 0.44）−（65.66 − 0.36）= 19.04（万元）

3.3.2 增值税税收筹划案例分析

案例一

某啤酒有限公司主要生产 X 牌啤酒。该有限公司在 2008 年 1 月为扩大啤酒销量，设立了八个经销处，并且和各经销处签订了啤酒经销协议，内容如下：

（1）八个经销处在销售公司 XY 牌啤酒过程中，严格执行统一的销售价格即每箱 38 元，经销处首次提货 20 吨时可暂欠货款，以后提货时要把上一次所欠啤酒款偿还完毕。

（2）公司按经销处的销售量付销售费用，其标准为：经销处年销售啤酒在 1500 吨以下，每箱啤酒可按 5 元提取费用；销量超过 1500 吨时，按超过部分每箱再增提 2 元费用，用于对经销人员的奖励，提取的费用可从交回的销售款中直接扣除。

（3）八个经销处与购买商家自行结算货款，实行自负盈亏，自备办公场所、住房、运输车辆及装卸人员等。所需费用及人员工资、办公经费等从提取的销售费用中自行支配。

（4）八个经销处为公司内部销售部门，无须承担纳税义务，所有税款在公司出厂时计算缴纳。经销处在销售过程中与工商、税务、物价等部门发生分歧的，由公司、经销处和有关管理部门协商解决。

2008 年 1 月 8 日协议经各方负责人签字盖章后生效，啤酒经销处领取了酒类经营许可证，开始正式销售啤酒。

2008 年度，八个经销处实际共销售啤酒 4 957 092 箱（29 862 吨，每吨约 166 箱），收入额（含税）188 369 496 元（每箱 38 元），则

经销处共收取啤酒厂支付费用

= 29 862 吨 × 166 箱/吨 × 5 元/箱 +（29 862 吨 − 1 500 吨）× 166 箱/吨 × 2 元/箱

= 24 785 460 + 9 416 184 = 34 201 644（元）

其中，运输费占 7 186 352 元。

2009 年 1 月，国税局稽查人员在对经销处进行纳税检查时，把经销处经销啤酒的行为确定为销售，征收增值税，并对经销处作为小规模纳税人处理。

依法征收增值税税额 = 188 369 496 ÷（1 + 3%）× 3% = 5 486 490.175（元），并课征滞纳金，最后这笔款项由该公司和经销处共同承担。

案例分析

如果在原有经销协议的基础上，经销处作为该啤酒有限公司的分公司，单独办理增值税一般纳税人资格认定。那么，在经销处取得收入、支付货款及费用等条件与原来数额相同的情况下，经销处税负计算分析如下：

八个分公司 2008 年度实现产品销售收入（含税）188 369 496 元，则

应计增值税销项税额 = 188 369 496／（1 + 17%）×17% = 27 369 926.77 元

从啤酒有限公司购进啤酒 29 862 吨，共计支付货款（含税）= 1500 吨 × 166 箱／吨 ×（38 − 5）元／箱 +（29 862 吨 − 1500 吨）× 166 箱／吨 ×（38 − 7）元／箱 = 8 217 000 + 145 950 852 = 154 167 852（元）

公司按实收货款入账核算并给分公司开具增值税专用发票，分公司进项税额 = 154 167 852 ÷（1 + 17%）×17% = 22 400 457.13（元）

八个分公司发生运输费用共 7 186 352 元，可抵进项税额 503 044.64 元，则

2008 年度应缴纳增值税 = 27 369 926.77 − 22 400 457.13 − 503 044.64 = 4 466 425（元）

所以，八个分公司在 2008 年度按增值税一般纳税人的标准只需缴纳增值税 4 466 425 元，并且八个分公司不具备企业所得税纳税人条件，企业所得税可汇总到总机构纳税。这样，分公司的税负由原来的 548 万多元下降到 446 万多元。

案例二

某设备制造厂有职工 280 人，每年产品销售收入为 2800 万元，其中安装、调试收入为 600 万元。购进原材料 2000 万元，可以抵扣的进项税额为 340 万元。该厂还设有设计室，每年设计费收入为 2200 万元。另外，该厂还下设有建安公司、运输公司等，实行汇总缴纳企业所得税。该厂被主管税务机关认定为增值税一般纳税人，对其发生的混合销售行为一并征收增值税。这主要是因为该厂属于生产性企业，而且兼营非应税劳务销售额未达到总销售额的 50%。

该企业每年应缴增值税的销项税额 =（2800 + 2200）×17% = 850（万元）

应纳增值税 = 850 − 340 = 510（万元）

增值税负担率 = 510／5000 = 10.2%

案例分析

该厂增值税税负较高，主要原因是设计、安装、调试收入占全厂总收入的比例较高，相应的进项扣除额比较少。

若将该厂设备安装调试业务划归建安公司，将安装调试收入从产品销售收入中分离出来，由建安公司统一核算缴纳营业税。将设计室独立成立设计公司，也单独缴纳营业税。其结果是：

设备厂产品销售收入 = 2800 − 600 = 2200（万元）

应缴增值税 = 2200 × 17% − 340 = 374 − 340 = 34（万元）

建安公司就安装调试收入缴纳营业税 = 600 × 3% = 18（万元）

设计公司就设计费收入交纳营业税 = 2200 × 5% = 110（万元）

总计缴税 = 34 + 18 + 110 = 162（万元）

税收负担率 = 162/5000 × 100% = 3.24%

可以看出，通过税收筹划，税负率降低了6.96个百分点，税负降低了348万元。

案例三

甲厂委托代销商乙公司销售羽绒服1万件，单件成本150元，乙公司按期与服装厂结清货款，双方城建税率7%，教育费附加征收率3%，不考虑所得税的影响，有以下四个方案可供选择。

方案一：乙公司是增值税一般纳税人，按含税价234元/件销售，取得甲厂开具的增值税专用发票，价款200元/件，税额34元/件，每件收取20元手续费作为其代销报酬，假设甲厂能够抵扣的增值税额为10万元。

方案二：乙公司是增值税一般纳税人，取得甲厂开具的增值税专用发票，价款180万元，税额30.6万元，商品差价作为乙公司代销手续费，其他条件与方案一相同。

方案三：乙公司是增值税一般纳税人，取得甲厂开具的增值税专用发票，价款190万元，税额32.3万元；每件另收10元手续费，上述差价和手续费作为其代销报酬，其他条件同方案一。

方案四：乙公司是小规模纳税人，其他条件同方案一。

案例分析

方案一：甲厂销售1万件羽绒服，每件实现增值税销项税额34元，合计34万元，减去10万元进项税额，应纳增值税24万元，城建税、教育费附加2.4万元，税负总额26.4万元，税前收益27.6万元。乙公司的进项税额等于销项税额不缴增值税，但取得的手续费20万元应缴营业税1万元，城建税、教育费附加1000元，税负总额1.1万元，税前收益18.9万元。

方案二：甲厂应纳增值税20.6万元，城建税、教育费附加2.06万元，税负总额22.66万元，税前收益27.94万元。乙公司应纳增值税 = （200 − 180）×17% = 3.4（万元），营业税1万元，城建税、教育费附加0.44万元，税负总额4.84万元，税前收益18.56万元。

方案三：甲厂应纳增值税22.3万元，城建税、教育费附加2.23万元，税负总额24.53万元，税前收益27.77万元。乙公司应纳增值税1.7万元，营业税1万元，城建税、教育费附加0.27万元，税负总额2.97万元，税前收益18.73万元。

方案四：甲厂税负总额、税前收益同方案一。乙公司应纳增值税 = 234 ÷（1 + 3%）× 3% × 1 = 7.23（万元），营业税1万元，城建税、教育费附加1万元，税负总额9.23万元，税前收益19.77万元。

比较以上方案，对甲厂而言，收益基本上在27万元左右，方案一承担的增值税为26.4万元，方案二承担的增值税为22.66万元，方案三承担的增值税为27.77万元。如果甲厂在代销活动中处于主导地位，应选择税负最小的方案二；对于乙公司而言，收益基本在19万元左右，方案一的税负为1.1万元，方案二的税负为4.84万元，方案三的税负为2.97万元，方案四的税负为9.23万元，如果乙公司在代销活动中处于主导地位，在能够保持品种质量和供货渠道的情况下，应选择方案一。

案例四

A 公司和 B 公司签订了一项代销协议，由 B 公司代销 A 公司的产品，不论采取何种代销方式，A 公司的产品在市场上均以 1000 元/件的价格销售。下面有两种代销方式可以选择，一是收取手续费方式，即 B 公司以 1000 元/件的价格对外销售 A 公司的产品，根据代销数量，向 A 公司收取 20% 的代销手续费；二为视同买断方式，B 公司每售出一件产品，A 公司按 800 元的协议价收取货款，B 公司在市场上仍要以 1000 元的价格销售 A 公司的产品，实际售价与协议价之差 200 元/件，归 B 公司所有。假定到年末，B 公司共售出该产品 1 万件，假设对应这 1 万件产品 A 公司可抵扣的进项税为 70 万元。请进行税收筹划（其中，城建税税率为 7%，教育费附加征收率为 3%）。

案例分析

方案一：收取手续费方式

A 公司：

应交增值税 = 1 000 × 17% − 70 = 100（万元）

应交城建税及教育费附加 = 100 × （7% + 3%）= 10（万元）

A 公司应交流转税合计 = 100 + 10 = 110（万元）

B 公司：

增值税销项税额与进项税额相等，相抵后，该项业务的应交增值税为零。

收取手续费代销方式，属于营业税范围的代理业务，则

应交纳营业税 = 200 × 5% = 10（万元）

应交城建税及教育费附加 = 10 × （7% + 3%）= 1（万元）

B 公司应交流转税合计 = 10 + 1 = 11（万元）

A 公司与 B 公司应交流转税合计 = 100 + 10 + 10 + 1 = 121（万元）。

方案二：视同买断方式

A 公司：

应交增值税 = 800 × 17% − 70 = 66（万元）

应交城建税及教育费附加 = 66 × （7% + 3%）= 6.6（万元）

A 公司应交流转税合计 = 66 + 6.6 = 72.6（万元）

B 公司：

应交增值税 = 1 000 × 17% − 800 × 17% = 34（万元）

应交城建税及教育费附加 = 34 × （7% + 3%）= 3.4（万元）

B 公司应交流转税合计 = 34 + 3.4 = 37.4（万元）

A 公司与 B 公司应交流转税合计 = 66 + 6.6 + 34 + 3.4 = 110（万元）。

可见，A 公司与 B 公司合计应交税金减少了 11 万元（121 − 110）。因此，从双方的共同利益出发，应选择第二种合作方式，即视同买断的代销方式。

但在实际运用时，第二种代销方式会受到限制，因为 A 公司虽然节约了 37.4（110 −

72.6）万元，但 B 公司所交的税款增加了 26.4（37.4－11）万元。因此，A 公司可以考虑首先要全额弥补 B 公司多交的 26.4 万元，剩余的 11 万元也要让利给 B 公司一部分，这样才可以鼓励其接受视同买断的代销方式。

案例五

某单位从事铝合金门窗生产并负责建筑安装（具备建设行政部门批准的建筑业施工资质），以签订建筑合同的方式取得经营收入，其经营方式有三种可供选择。方案一：分别成立独立核算的生产企业和建筑安装企业。方案二：将生产企业和建筑安装企业合并为一个企业，在对外签订建筑合同时，未单独注明建筑业劳务价款。方案三：将生产企业和建筑安装企业合并为一个企业，在签订建筑合同时，单独注明建筑业劳务价款。请进行税收筹划。

案例分析

方案一：分别成立独立核算的生产企业和建筑安装企业

假设生产企业是增值税一般纳税人，2008 年含税销售收入为 1170 万元（全部销售给建筑安装企业），增值税进项税额为 120 万元。建筑安装企业取得铝合金门窗建筑安装收入 1400 万元（包含购进材料成本 1170 万元）。

税收负担为（仅考虑增值税和营业税，下同）：

生产企业应缴增值税 $=1170÷（1+17\%）×17\%-120=50$（万元）

建筑安装企业安装铝合金门窗应当按"建筑业"税目征收营业税。《营业税暂行条例实施细则》规定："纳税人从事建筑、修缮、装饰工程作业，无论与对方如何结算，其营业额均应包括工程所用原材料及其他物资和动力的价款在内。"因此，对建筑安装企业征收营业税时不得剔除"外购"成本。

所以，建筑安装企业应缴营业税 $=1400×3\%=42$（万元）。

方案一合计税收负担 $=50+42=92$（万元）

方案二：将生产企业和建筑安装企业合并为一个企业

假设该企业是增值税一般纳税人，2008 年取得混合销售收入 1400 万元。在对外签订建筑合同时，未单独注明建筑业劳务价款。

国税函〔1996〕447 号文件规定："生产、销售铝合金门窗、玻璃幕墙的企业、企业性单位及个体经营者，其销售铝合金门窗、玻璃幕墙的同时负责安装的，属混合销售行为，对其取得的应税收入照章征收增值税。"

税收负担为：企业应缴增值税 $=1400÷（1+17\%）×17\%-120=83.42$（万元）

方案二合计税收负担为 83.42 万元。

方案三：将生产企业和建筑安装企业合并为一个企业

假设该企业是增值税一般纳税人，2008 年取得混合销售收入 1400 万元。在签订建筑业合同时，单独注明建筑业劳务价款为 230 万元。

国税发〔2002〕117 号文件规定："纳税人以签订建设工程施工总包或分包合同方式开展经营活动时，销售自产货物、提供增值税应税劳务并同时提供建筑业劳务，同时符合以下条件的，对销售自产货物和提供增值税应税劳务取得的收入征收增值税，提供建筑业劳务收入（不包括按规定应征收增值税的自产货物和增值税应税劳务收入）征收营业税：①具备建设行政部门批准的建筑业施工（安装）资质；②签订的建设工程施工总包或分包合同中单独注明建筑业劳务价款。凡不同时符合以上条件的，对纳税人取得的全部收入征收增值税，不征收营业税。"

企业税收负担为：

应缴增值税 =（1400 − 230）÷（1 + 17%）× 17% − 120 = 50（万元）

应缴营业税 = 230 × 3% = 6.9（万元）

方案三合计税收负担 = 50 + 6.9 = 56.9（万元）

小结：方案三税负最轻。纳税人销售自产货物并同时提供建筑业劳务时，应当注意取得相关资质，并在建筑合同中单独注明建筑业劳务价款。需要注意的是，纳税人在结算价款开具发票时，可以就销售自产货物和建筑业劳务分别开具工业企业普通发票和建筑业发票，而不必全部开具建筑业发票。

案例六

甲厂委托代销商乙公司销售羽绒服 1 万件，单件成本 150 元，乙公司按期与服装厂结清货款，双方城建税率 7%，教育费附加征收率 3%，不考虑所得税的影响，有以下四个方案可供选择。方案一：乙公司是增值税一般纳税人，按含税价 234 元/件销售，取得甲厂开具的增值税专用发票，价款 200 元/件，税额 34 元/件，每件收取 20 元手续费作为其代销报酬，假设甲厂能够抵扣的增值税额为 10 万元。方案二：乙公司是增值税一般纳税人，取得甲厂开具的增值税专用发票，价款 180 万元，税额 30.6 万元，商品差价作为乙公司代销手续费，其他条件与方案一相同。方案三：乙公司是增值税一般纳税人，取得甲厂开具的增值税专用发票，价款 190 万元，税额 32.3 万元；每件另收 10 元手续费，上述差价和手续费作为其代销报酬，其他条件同方案一。方案四：乙公司是小规模纳税人，其他条件同方案一。

请对上述情况进行税收筹划。

案例分析

方案一：乙公司是增值税一般纳税人，按含税价 234 元/件销售，取得甲厂开具的增值税专用发票，价款 200 元/件，税额 34 元/件，每件收取 20 元手续费作为其代销报酬，假设甲厂能够抵扣的增值税额为 10 万元，则：

甲厂销售 1 万件羽绒服，每件实现增值税销项税额 34 元，合计 34 万元，减去 10 万元进项税额，应纳增值税 24 万元，城建税、教育费附加 2.4 万元，税负总额 26.4 万元，税前收益 27.6 万元。乙公司的进项税额等于销项税额不缴增值税，但取得的手续费 20 万元应缴营业税 1 万元，城建税、教育费附加 1000 元，税负总额 1.1 万元，税前收益 18.9 万元。

方案二：乙公司是增值税一般纳税人，取得甲厂开具的增值税专用发票，价款 180 万元，税额 30.6 万元，商品差价作为乙公司代销手续费，其他条件与方案一相同，则：

甲厂应纳增值税 20.6 万元，城建税、教育费附加 2.06 万元，税负总额 22.66 万元，税前收益 27.94 万元。乙公司应纳增值税 =（200 − 180）× 17% = 3.4（万元），营业税 1 万元，城建税、教育费附加 0.44 万元，税负总额 4.84 万元，税前收益 18.56 万元。

方案三：乙公司是增值税一般纳税人，取得甲厂开具的增值税专用发票，价款 190 万元，税额 32.3 万元；每件另收 10 元手续费，上述差价和手续费作为其代销报酬，其他条件同方案一，则：

甲厂应纳增值税 22.3 万元，城建税、教育费附加 2.23 万元，税负总额 24.53 万元，税前收益 27.77 万元。乙公司应纳增值税 1.7 万元，营业税 1 万元，城建税、教育费附加 0.27 万元，税负总额 2.97 万元，税前收益 18.73 万元。

方案四：乙公司是小规模纳税人，其他条件同方案一，则：

甲厂税负总额、税前收益同方案一。乙公司应纳增值税 $= 234 \div (1 + 4\%) \times 4\% \times 1 = 9$（万元），营业税 1 万元，城建税、教育费附加 1 万元，税负总额 11 万元，税前收益 18 万元。

小结：比较以上方案，对甲厂而言，收益基本上在 27.6 万元左右，不同的是承担的增值税不同，方案一为 26.4 万元，方案二为 22.66 万元，方案三为 27.77 万元。如果甲厂在代销活动中处于主导地位，在保持既定市场份额和销售网络的情况下，选择税负最小的方案二对其有利。对乙公司而言，收益基本在 18.50 万元左右，方案一的税负为 1.1 万元，方案二的税负为 4.84 万元，方案三的税负为 2.97 万元，方案四的税负为 11 万元，如果乙公司在代销活动中处于主导地位，在能够保持品种质量和供货渠道的情况下，选择方案一对其有利。

第4章　消费税法律制度与税收筹划

学习目的和要求

通过本章学习，使学生了解消费税法律制度基本知识和消费税税收筹划基本内容，具体包括消费税的纳税人、证税范围、税目和税率、计税依据、应纳税额的计算、出口退（免）税、证收管理；消费税税额减证的税收筹划、纳税人税收筹划、计税依据税收筹划、税率税收筹划、连续生产应税消费品税收筹划、自产自用应税消费品税收筹划、税款缴纳税收筹划以及在此基础上的案例分析。

消费税是参照国际通行做法，为了调节产品结构，引导消费方向，增加国家财政收入，在对货物普遍征收增值税的基础上，再对一些特定的商品进行特殊调节。消费税是在建立新的规范化的以增值税为核心的流转税制中，与增值税互相协调配套而开征的税种。消费税和具有消费税性质的税种是世界各国普遍采取的一种税收征收方式。据不完全统计，全世界有一百多个国家都开征了消费税。我国在 1994 年税制改革中设置的消费税选定了烟、酒、小汽车等 11 类应税产品。2006 年 4 月 1 日，财政部、国家税务总局联合下发通知，对我国消费税的税目、税率和相关政策进行调整，增加了成品油、一次性筷子、实木地板、游艇、高尔夫球及球具和高档手表 6 个税目，取消了护肤护发品税目并对除烟、鞭炮焰火 2 个税目外的其他税目进行了不同程度的改革。2009 年国家又对卷烟和白酒消费税政策做出了调整。新政策分别自 2009 年 5 月 1 日和 2009 年 8 月 1 日起执行。

4.1 消费税法律制度

4.1.1 纳税义务人

《中华人民共和国消费税暂行条例》规定：在中华人民共和国境内生产、委托加工和进口应税消费品的单位和个人为消费税的纳税义务人。

单位是指国有企业、集体企业、私有企业、股份制企业、外商投资企业和外国企业、其他企业和行政单位、事业单位、军事单位、社团及其他单位。

个人是指个体工商户及其他个人。

在中华人民共和国境内是指生产、委托加工和进口的应税消费品的起运地或所在地在境内。

4.1.2 征税范围

1. 生产应税消费品

生产应税消费品的销售是消费税征收的主要环节，因为消费税具有单一征税的特点，在生产销售环节征税后，货物在流通环节无论再转销多少次，均不用再缴纳消费税。生产应税消费品除了直接对外销售应征收消费税外，纳税人将生产的应税消费品换取生产资料、消费资料、投资入股、偿还债务，以及用于继续生产应税消费品以外的其他方面都应缴纳消费税。

2. 委托加工应税消费品

委托加工应税消费品是指委托方提供原料和主要材料，受托方只收取加工费和代垫部分辅助材料加工的应税消费品。委托加工收回的应税消费品，再继续用于生产应税消费品销售的，其加工环节缴纳的消费税款可以扣除。

3. 进口应税消费品

单位和个人进口货物属于消费税征税范围的，在进口环节也要缴纳消费税，为了减少征税成本，进口环节缴纳的消费税由海关代征。

4. 零售应税消费品

自 1995 年 1 月 1 日，金银首饰消费税由生产销售环节征收改为零售环节征收，但仅限于金基、银基合金首饰及金、银和金基、银基合金的镶嵌首饰。零售环节适用税率为 5%，在纳税人销售金银首饰、钻石及钻石饰品时征收。

4.1.3 税目和税率

税目、税率是税制建设的中心环节，它具体体现了税收征收的广度和深度，关系到国家、企业、个人三者之间的利益分配。

1. 税目

根据《消费税暂行条例》规定，征收消费税的消费品包括：烟、酒及酒精、化妆品、贵重首饰及珠宝玉石、鞭炮焰火、成品油、汽车轮胎、小汽车、摩托车、高尔夫球及球具、高档手表、游艇、木质一次性筷子和实木地板 14 个项目，有的税目又可细分为若干个子目。

（1）烟

凡是以烟叶为原料加工生产的产品，不论使用何种辅料，均属于本税目的征收范围，具体包括卷烟（进口卷烟、白包卷烟、手工卷烟和未经国务院批准纳入计划的企业及个人生产的卷烟）、雪茄烟和烟丝。

（2）酒及酒精

酒是指酒精度在 1 度以上的各种酒类饮料。酒精又名乙醇，是指用蒸馏或合成方法生产的酒精度在 95 度以上的无色透明的液体。酒类包括粮食白酒、薯类白酒、黄酒、啤酒、果酒和其他酒。酒精包括各种工业酒精、医用和食用酒精。

关于酒的征收范围的确定：①外购酒精生产的白酒，应按酒精所用原料确定白酒的适用税率。凡酒精所用原料无法确定的，一律按照粮食白酒的税率征税；②外购两种以上酒精生产的白酒，一律从高适用税率征税；③以外购白酒加浆降度或外购散酒装瓶出售，以及外购白酒以曲香、香精进行调味生产的白酒，按照外购白酒所用原料确定适用税率。凡白酒所用原料无法确定的，一律按照粮食白酒的税率征税；④以外购的不同品种勾兑的白酒，一律按照粮食白酒的税率征税；⑤对用粮食和薯类、糠麸等多种原料生产的白酒，一律按照粮食白酒的税率征税；⑥对用薯类和粮食以外的其他原料混合生产的白酒，一律按照薯类白酒的税率征税。

对饮食业、商业、娱乐业举办的啤酒屋（啤酒坊）利用啤酒生产设备生产的啤酒，应当征收消费税。

（3）化妆品

化妆品是指日常生活中用于修饰美化人体表面的用品，包括香水、香粉、口红、指甲油、胭脂、眉笔、唇笔、眼睫毛和成套化妆品等。

（4）贵重首饰及珠宝玉石

这里包括凡以金、银、白金、珍珠、钻石、翡翠、珊瑚、玛瑙等高贵稀有物质以及其他金属、人造宝石等制作的各种纯金银首饰及镶嵌首饰和经采掘、打磨、加工的各种珠宝玉石。对出国人员免税商店销售的金银征收消费税。

（5）鞭炮、焰火

这里包括各种鞭炮、焰火，不包括体育上用的发令纸、鞭炮药引线。

（6）成品油

包括汽油、柴油、石脑油、溶剂油、润滑油、燃料油和航空煤油七个子目。

（7）汽车轮胎

具体包括用于各种汽车、挂车、专用车和其他机动车上的内、外轮胎，不包括农用拖拉机、收割机、手扶拖拉机的专用轮胎。2000年1月1日起，子午线轮胎免征，翻新轮胎停征。

（8）小汽车

具体包括含驾驶员座位在内最多不超过9个座位（含）的，在设计和技术特性上用于载运乘客和货物的各类乘用车和含驾驶员座位在内座位数在10～23（含23座）座的、在设计和技术特性上用于载运乘客和货物的各类中轻型商用客车。电动汽车不属本税目的征收范围。

（9）摩托车

具体包括轻便摩托车和摩托车两种。对最大设计车速不超过50km/h，发动气缸工作容量不超过50ml的三轮摩托车不征收消费税。

（10）高尔夫球及球具

具体包括高尔夫球、高尔夫球杆和高尔夫球包（袋）以及高尔夫球杆的杆头、杆身和握把等。

（11）高档手表

这里是指销售价格（不含增值税）每只在10 000元（含）以上的各类手表。

（12）游艇

这里是指长度大于 8 米小于 90 米，船体由玻璃钢、钢、铝合金、塑料等多种材料制作，可以在水上移动的水上浮载体，包括无动力艇、帆艇和机动艇。

（13）木制一次性木筷子

这里是指以木材为原料，经锯段、浸泡、刨切、烘干、打磨、包装等工序加工而成的各类一次性用筷子。

（14）实木地板

这里是指以木材为原料，经锯割、干燥、刨光、截断、涂漆等工序加工而成的块状或条状的地面装饰材料。

2. 税率

消费税采用比例税率和定额税率两种形式。消费税税目税率（税额）见表 4-1。

表 4-1　消费税税目、税率表

税目	税率
一、烟	
1. 卷烟	
（1）甲类卷烟	56% 加 0.003 元/支
（2）乙类卷烟	36% 加 0.003 元/支
2. 雪茄烟	25%
3. 烟丝	30%
二、酒及酒精	
1. 白酒	20% 加 0.5 元/500 克（或 500 毫升）
2. 黄酒	240 元/吨
3. 啤酒	
（1）甲类啤酒	250 元/吨
（2）乙类啤酒	220 元/吨
4. 其他酒	10%
5. 酒精	5%
三、化妆品	30%
四、贵重首饰和珠宝玉石	
1. 金银首饰、铂金首饰和钻石及钻石饰品	5%
2. 其他贵重首饰和珠宝玉石	10%
五、鞭炮、焰火	15%

（续表）

税目	税率
六、成品油	
1. 汽油	
（1）含铅汽油	1.40 元/升
（2）无铅汽油	1.00 元/升
2. 柴油	0.80 元/升
3. 航空煤油	1.00 元/升
4. 石脑油	1.00 元/升
5. 溶剂油	1.00 元/升
6. 润滑油	1.00 元/升
7. 燃料油	0.80 元/升
七、汽车轮胎	3%
八、摩托车	
1. 气缸容量（排气量，下同）在 250 毫升（含）以下的	3%
2. 气缸容量在 250 毫升以上的	10%
九、小汽车	
1. 乘用车	
（1）气缸容量（排气量，下同）在 1.0 升（含）以下的	1%
（2）气缸容量在 1.0 升以上至 1.5 升（含）的	3%
（3）气缸容量在 1.5 升以上至 2.0 升（含）的	5%
（4）气缸容量在 2.0 升以上至 2.5 升（含）的	9%
（5）气缸容量在 2.5 升以上至 3.0 升（含）的	12%
（6）气缸容量在 3.0 升以上至 4.0 升（含）的	25%
（7）气缸容量在 4.0 升以上的	40%
2. 中轻型商用客车	5%
十、高尔夫球及球具	10%
十一、高档手表	20%
十二、游艇	10%
十三、木制一次性筷子	5%
十四、实木地板	5%

注：调拨价格 70 元/条（含）以上的为甲类卷烟，其余为乙类卷烟。

4.1.4 计税依据

按照现行的消费税法的基本规定，消费税应纳税额的计算分为从价定率、从量定额、从价定率和从量定额复合计征三类计算方法。

1. 从价计征

在从价定率的计算方法下，应纳税额取决于应税消费品的销售额和税率两个因素。

（1）销售额的确定

应税消费品的销售额是指纳税人销售应税消费品向购买方收取的全部价款（不包括应向购货方收取的增值税税款）和价外费用之和。价外费用包括价外收取的基金、集资费、返还利润、补贴、违约金（延期付款利息）和手续费、包装费、储备费、优质费、运输装卸费、代收款项、代垫款项以及其他性质的价外收费。但下列款项不包括在内，即同时符合以下条件的代垫运费：①承运部门的运费发票开具给购货方的；②纳税人将该项发票转交给购货方的。除此之外，其他价外费用，无论是否属于纳税人的收入，均应并入销售额计算征税。

有关包装物押金的核算：应税消费品连同包装物销售的，无论包装物是否单独计价，也不论在会计上如何核算，均应并入应税消费品的销售额中征收消费税。如果包装物不作价随同产品销售，而是收取押金，此项押金则不应并入应税消费品的销售额中征税。但对因逾期未收回的包装物不再退还的和已收取时间超过 12 个月的押金，应并入应税消费品的销售额，按照应税适用税率征收消费税。对既作价随同应税消费品销售，又另外收取押金的包装物的押金，凡纳税人在规定的期限内没有退还的，均应并入应税消费品的销售额，按照应税消费品的适用税率征收消费税。

（2）含增值税销售额的换算

按照现行的消费税法的基本规定，应税消费品的销售额中不含向购买方收取的增值税税额。如果纳税人应税消费品的销售额中未扣除增值税税款或者因不得开具增值税专用发票而发生价款和增值税税款合并收取的，在计算消费税时，应当换算为不含增值税税款的销售额。其换算公式为：

应税消费品的销售额 = 含增值税的销售额 ÷ （1 + 增值税税率或征收率）

2. 从量计征

在从量定额的计算方法下，其计税依据是纳税人销售应税消费品的数量。我国现行消费税对黄酒、啤酒、成品油等实行从量定额计征。

（1）销售数量的确定

实行从量定额征税办法的应税消费品的计税依据是应税消费品的数量，即纳税人生产、加工和进口应税消费品的数量。具体按下列情况分别确定：

①销售应税消费品的，为应税消费品的销售数量；

②自产自用的应税消费品的，为应税消费品的移送使用数量；

③委托加工应税消费品的，为纳税人收回的应税消费品数量；

④进口应税消费品的，为海关核定的应税消费品进口征税数量。

（2）计量单位的换算

为了便于纳税人准确计算应纳税额，实行从量定额办法计算应纳税额的应税消费品，计量单位的换算标准如下：

啤酒　　　　　　1 吨 = 988 升　　　　　航空煤油　　　　1 吨 = 1246 升

黄酒	1 吨 = 962 升	溶剂油	1 吨 = 1282 升
汽油	1 吨 = 1388 升	润滑油	1 吨 = 1126 升
柴油	1 吨 = 1176 升	燃料油	1 吨 = 1015 升
石脑油	1 吨 = 1385 升		

3. 从价从量复合计征

现行消费税中，只有卷烟、粮食白酒、薯类白酒采用复合计征方法。

生产销售卷烟、粮食白酒、薯类白酒从量定额的计税依据为实际销售的数量。进口、委托加工、自产自用卷烟、粮食白酒、薯类白酒从量定额计税依据分别为海关核定的进口征税数量、委托方收回数量、移送使用数量。

4. 计税依据的特殊规定

（1）卷烟从价定率计税办法的计税依据为调拨价格或核定价格

调拨价格是指卷烟生产企业通过卷烟交易市场与购货方签订的卷烟交易价格。核定价格是指税务机关按其零售价倒算一定的比例的办法核定计税价格。核定价格的计算公式为：

某牌号规格卷烟核定价格 = 该牌号规格卷烟市场零售价格 ÷（1 + 45%）

实际销售价格高于计税价格和核定价格的卷烟，按实际销售价格征收消费税；实际销售价格低于计税价格和核定价格的卷烟，按计税价格或核定价格征收。

（2）纳税人通过自设非独立核算的门市部销售自产应税消费品，应当按照门市部对外销售额或销售数量征收消费税。

（3）纳税人用于换取生产资料和消费资料，投资入股或抵偿债务等方面的应税消费品，应以纳税人同类应税消费品的最高销售价格作为计税依据计算消费税。

（4）兼营不同税率应税消费品的税务处理

纳税人生产销售应税消费品，如果不是单一经营某一税率产品，而是经营不同税率的多种产品，则属于兼营行为。纳税人兼营不同税率应税消费品时，税法中针对不同的核算方式分别规定了税务处理办法。

4.1.5 应纳税额的计算

1. 生产销售环节应纳消费税的计算

（1）直接对外销售应纳税额的计算

直接对外销售应纳税额的计算可能涉及三种计算方法。

①从价定率计算公式为：

应纳税额 = 应税消费品的销售额×适用税率

②从量定额计算公式为：

应纳税额 = 应税消费品销售数量×消费税单位税额

③从价定率和从量定额复合计算。

现行消费税中，只有卷烟、粮食白酒、薯类白酒采用复合计征方法。其基本计算公式为：

应纳税额 = 应税销售数量×定额税率 + 应税销售额×比例税率

（2）自产自用应纳消费税的计算

自产自用是指纳税人生产应税消费品后，不直接对外销售，而用于连续生产应税消费品或其他方面。

纳税人自产自用的应税消费品，用于连续生产应税消费品的，不纳税。除此之外，凡用于其他方面的，如用于生产非应税消费品和在建工程，管理部门、非生产机构，提供劳务以及用于馈赠、赞助、集资、广告、样品、职工福利、奖励等方面的应税消费品，都要按规定于移送使用时纳税。

纳税人自产自用的应税消费品凡用于其他方面、应当纳税的，按照纳税人生产的同类消费品的销售价格计算纳税。"同类消费品的销售价格"，是指纳税人当月销售的同类消费品的销售价格，如果当月同类消费品各期销售价格高低不同，应按销售数量加权平均计算。但如果没有同类消费品销售价格，按照组成计税价格计算纳税。其组成计税价格公式为：

$$组成计税价格 =（成本 + 利润）÷（1 - 比例税率）$$
$$应纳税额 = 组成计税价格 × 比例税率$$

采用复合计税办法计算纳税的组成计税价格的计算公式为：

$$组成计税价格 =（成本 + 利润 + 自产自用数量 × 定额税率）÷（1 - 比例税率）$$
$$应纳税额 = 组成计税价格 × 比例税率 + 自产自用数量 × 定额税率$$

上述所说的"成本"，是指应税消费品的产品生产成本。"利润"，是指根据应税消费品的全国平均成本利润率计算的利润。应税消费品全国平均成本利润率由国家税务总局确定，具体规定见表4-2。

表4-2　应税消费品平均利润率

货物名称	利润率
（1）甲类卷烟	10%
（2）乙类卷烟	5%
（3）雪茄烟	5%
（4）烟丝	5%
（5）粮食白酒	10%
（6）薯类白酒	5%
（7）其他酒类	5%
（8）酒精	5%
（9）化妆品	5%
（10）鞭炮、焰火	5%
（11）贵重首饰及珠宝玉石	6%
（12）汽车轮胎	5%
（13）摩托车	6%

(续表)

货物名称	利润率
（14）高尔夫球及球具	10%
（15）高档手表	20%
（16）游艇	10%
（17）木制一次性筷子	5%
（18）实木地板	5%
（19）乘用车	8%
（20）中轻型商用客车	5%

2. 委托加工环节应税消费品应纳税额的计算

（1）委托加工应税消费品的确定

委托加工应税消费品是指由委托方提供原料和主要材料，受托方只收取加工费和代垫部分辅助材料加工的应税消费品。对于由受托方提供原材料生产的应税消费品，或者受托方先将原材料卖给委托方，然后再接受加工的应税消费品，以及由受托方以委托方名义购进原材料生产的应税消费品，不论纳税人在财务上是否作销售处理，都不得作为委托加工应税消费品，而应当按照销售自制应税消费品缴纳消费税。

（2）代收代缴税款的规定

税法规定，委托加工应税消费品的消费税由受托方代收代缴。受托方未代收代缴或少代收代缴的，依法承担法律责任。另外，委托个体经营者加工的应税消费品，一律于委托方收回后在委托方所在地缴纳消费税。

（3）组成计税价格的计算

委托加工的应税消费品，按照受托方的同类消费品的销售价格，即受托方当月销售的同类消费品的销售价格，如果当月同类消费品各期销售价格高低不同，应按销售数量的加权平均计算。没有同类消费品销售价格的，按组成计税价格计算。组成计税价格的计算公式为：

①从价定率办法的计算公式为：

组成计税价格 ＝（材料成本 ＋ 加工费）÷（1 － 比例税率）

②复合计税办法的计算公式为：

组成计税价格 ＝（材料成本 ＋ 加工费 ＋ 委托加工数量 × 定额税率）÷（1 － 比例税率）

公式中的材料成本是指委托方所提供加工材料的实际成本。加工费是指受托方加工应税消费品向委托方收取的全部费用（包括代垫辅助材料的实际成本，但不包括增值税税金）。

3. 进口环节应税消费品应纳税额的计算

进口应税消费品的纳税人为应税消费品的进口人或办理报关手续的单位和个人；进口应税消费品的消费税由海关代征，应当自海关填发税款缴款书之日起 15 日内缴纳消费税税款。

（1）从价定率办法应纳税额的计算

组成计税价格 ＝（关税完税价格 ＋ 关税）÷（1 － 消费税比例税率）

$$应纳税额 = 组成计税价格 \times 消费税比例税率$$

（2）从量定额办法应纳税额的计算

$$应纳税额 = 应税消费品数量 \times 消费税定额税率$$

（3）复合计税办法应纳税额的计算

$$组成计税价格 = （关税完税价格 + 关税 + 进口数量 \times 消费税定额税率）\div（1 - 消费税比例税率）$$

$$应纳税额 = 组成计税价格 \times 消费税税率 + 应税消费品进口数量 \times 消费税定额税额$$

4. 已纳消费税扣除的计算

（1）外购应税消费品已纳税款的扣除

税法规定，用外购已缴纳消费税的应税消费品连续生产应税消费品计税时，应当按当期生产领用数量计算准予扣除外购的应税消费品已纳的消费税税款。扣除范围包括：

以外购已税烟丝生产的卷烟；

以外购已税化妆品生产的化妆品；

以外购已税珠宝玉石生产的贵重首饰及珠宝玉石；

以外购已税鞭炮焰火生产的鞭炮焰火；

以外购已税汽车轮胎（内胎或外胎）生产的汽车轮胎；

以外购已税摩托车生产的摩托车（如用外购两轮摩托车改装三轮摩托车）；

以外购已税杆头、杆身和握把为原料生产的高尔夫球杆；

以外购已税木制一次性筷子为原料生产的木制一次性筷子；

以外购已税实木地板为原料生产的实木地板；

以外购已税石脑油为原料生产的应税消费品；

以外购已税润滑油为原料生产的润滑油。

外购应税消费品已纳税款的扣除的计算公式是：

当期准予扣除的外购应税消费品已纳税款 = 当期准予扣除的外购应税消费品买价 × 外购应税消费品适用税率

当期准予扣除的外购应税消费品买价 = 期初库存的外购应税消费品买价 + 当期购进应税消费品买价 - 期末库存的外购应税消费品买价

其中，买价是指购货发票上的销售额（不包括增值税税款）。

值得注意的是，纳税人用外购的已税珠宝玉石生产改在零售环节征收消费税的金银首饰，在计税时一律不得扣除外购珠宝玉石的已纳税款。允许扣除已纳税款的应税消费品只限于从工业企业购进的应税消费品和进口环节已缴纳消费税的应税消费品，对从境内商业企业购进的应纳消费品已纳税款一律不得扣除。

（2）委托加工收回的应税消费品已纳税款的扣除

税法规定，用委托加工收回的已缴纳消费税的应税消费品连续生产应税消费品计税时，应当按当期生产领用数量计算准予扣除委托加工收回的应税消费品已纳的消费税税款。扣除范围包括：

以委托加工收回的已税烟丝为原料生产的卷烟；

以委托加工收回的已税化妆品为原料生产的化妆品；

以委托加工收回的已税珠宝玉石为原料生产的贵重首饰及珠宝玉石；

以委托加工收回的已税鞭炮焰火为原料生产的鞭炮焰火；

以委托加工收回的已税汽车轮胎生产的汽车轮胎；

以委托加工收回的已税摩托车生产的摩托车；

以委托加工收回的已税杆头、杆身和握把为原料生产的高尔夫球杆；

以委托加工收回的已税木制一次性筷子为原料生产的木制一次性筷子；

以委托加工收回的已税实木地板为原料生产的实木地板；

以委托加工收回的已税石脑油为原料生产的应税消费品；

以委托加工收回的已税润滑油为原料生产的润滑油。

委托加工收回的应税消费品已纳税款的扣除的计算公式为：

当期准予扣除的委托加工应税消费品已纳税款 = 期初库存的委托加工应税消费品已纳税款 + 当期收回的委托加工应税消费品已纳税款 − 期末库存的委托加工应税消费品已纳税款

值得注意的是，纳税人用已税珠宝玉石生产改在零售环节征收消费税的金银首饰，在计税时一律不得扣除委托加工收回的珠宝玉石的已纳税款。

4.1.6 消费税出口退（免）税

纳税人出口应税消费品与已纳增值税出口货物一样，国家都给予退（免）税优惠。出口应税消费品同时涉及退（免）增值税和消费税，且退（免）消费税与退（免）增值税在退（免）税范围的界定、办理程序、退（免）税审核及管理上都有许多一致的地方。这部分仅就出口应税消费品退（免）消费税某些不同于出口货物退（免）增值税的特殊规定作介绍。

1. 出口退税率的规定

根据规定，消费税退税率就是应税消费品的消费税税率。这是与退（免）增值税的一个重要区别。企业应将不同消费税税率的出口应税消费品分开核算和申报，凡划分不清适用税率的，计算应退消费税税额时一律从低适用税率。

2. 出口应税消费品退（免）税政策

（1）出口免税并退税

有出口经营权的外贸企业购进应税消费品直接出口以及外贸企业受其他外贸企业委托代理出口应税消费品的适用这一政策。但是，外贸企业只有受其他外贸企业委托，代理应税消费品才可以办理退税，外贸企业受其他企业委托代理出口应税消费品是不予退（免）税的。

（2）出口免税但不退税

适用这一政策的包括：有出口经营权的生产型企业自营出口或生产企业委托外贸企业代理出口自产的应税消费品，依据其实际出口数量免征消费税，不予办理退税。这里免征消费税是指对生产性企业按其实际出口数量免征生产环节的消费税。不予办理退税的原因是已经免征生产环节的消费税，该商品在出口环节并没有负担该税种，也就无需办理退税了。

（3）出口不免税也不退税

这个政策主要适用于除生产企业、外贸企业以外的其他企业，这类企业委托外贸代理出口应税消费品一律不予退（免）税。

3. 出口应税消费品退税额的计算

消费税税额的计算分为从价定率和从量定额两种方法，在计算应退消费税款时，同样区分两种情况。

（1）属于从价定率计征消费税的应税消费品，应按照外贸企业从工厂购进货物时征收消费税的价格计算应退的消费税税款，其公式为：

应退消费税税款 ＝ 出口货物的工厂销售额×税率

（2）属于从量定额计征消费税的应税消费品，应按货物购进和报关出口的数量计算应退消费税税款，其公式为：

应退消费税税款 ＝ 出口数量×单位税额

4. 出口应税消费品办理退（免）税后的管理

出口应税消费品办理退税后，发生退关或者国外退货进口时予以免税的，报关出口者必须及时向其所在地主管税务机关申报补缴已退的消费税税款。

纳税人直接出口的应税消费品办理免税后发生退关或国外退货进口时予以免税的，经所在地税务机关批准，可以暂不办理补税，待其转为国内销售时，再向其主管税务机关申报缴纳消费税。

4.1.7 征收管理

1. 纳税义务发生时间

（1）纳税人销售的应税消费品，其纳税义务的发生时间具体如下。

①纳税人采取赊销和分期收款结算方式的，其纳税义务发生时间，为销售合同规定的收款日期的当天。

②纳税人采取预收货款结算方式的，其纳税义务的发生时间，为发出应税消费品的当天。

③纳税人采取托收承付和委托银行收款方式销售的应税消费品，其纳税义务的发生时间为发出应税消费品并办妥托收手续的当天。

④纳税人采取其他结算方式的，其纳税义务的发生时间为收讫销售款或者取得索取销售款的凭据的当天。

（2）纳税人自产自用的应税消费品，其纳税义务的发生时间为移送使用的当天。

（3）纳税人委托加工的应税消费品，其纳税义务的发生时间为纳税人提货的当天。

（4）纳税人进口的应税消费品（不含金银首饰），其纳税义务的发生时间为报关进口的当天。

需要注意的是，金银首饰、钻石及钻石饰品在零售环节纳税，为收讫货款或取得销货凭证的当天。用于馈赠、赞助、集资、广告、样品、职工福利、奖励等方面的金银首饰，其纳税义务发生时间为移送当天；带料加工、翻新改制的金银首饰，其纳税义务发生时间为受托方交货的当天。

2. 纳税期限

根据《消费税暂行条例》规定，消费税的纳税期限分别为 1 日、3 日、5 日、10 日、15

日或者 1 个月。纳税人的具体纳税期限，由主管税务机关根据纳税人应纳税额的大小分别核定；不能按照固定期限纳税的，可以按次纳税。

纳税人以 1 个月为一期纳税的，自期满之日起 10 日内申报纳税；以 1 日、3 日、5 日、10 日或者 15 日为一期纳税的，自期满之日起 5 日内预缴税款，于次月 1 日起 10 内申报纳税并结清上月应纳税款。

纳税人进口应税消费品，应当自海关填发税款缴款书之日起 15 日内缴纳税款。

如果纳税人不能按照规定的纳税期限依法纳税，将按《税收征收管理法》的有关规定处理。

3. 纳税环节

（1）纳税人销售的应税消费品，于销售时纳税。

（2）自产自用应税消费品，用于连续生产应税消费品的不纳税；用于其他方面的，于移送使用时纳税。

（3）委托加工的应税消费品，由受托方在向委托方交货时代收代缴税款。委托加工的应税消费品，委托方收回后用于连续生产应税消费品的，所纳税款准予按规定抵扣。委托加工的应税消费品直接出售的，不再征收消费税。对纳税人委托个体经营者加工的应税消费品，一律于委托方收回后在委托方所在地缴纳消费税。

（4）进口的应税消费品，于报关进口时纳税。

4. 纳税地点

（1）纳税人销售的应税消费品，以及自产自用的应税消费品，除国家另有规定外，应当向纳税人核算地主管税务机关申报纳税。

（2）委托加工的应税消费品，除受托方为个体经营者外，由受托方向所在地主管税务机关代缴消费税税款。

（3）进口的应税消费品，由进口人或者其代理人向报关地海关申报纳税。

（4）纳税人到外县（市）销售或委托外县（市）代销自产应税消费品的，于应税消费品销售后，回纳税人核算地或所在地缴纳消费税。

（5）纳税人的总机构与分支机构不在同一县（市）的，应在生产应税消费品的分支机构所在地缴纳消费税。对纳税人的总机构与分支机构不在同一省、自治区、直辖市的，如须改由总机构汇总在总机构所在地纳税的，需经国家税务总局批准；对纳税人的总机构与分支机构在同一省（自治区、直辖市）内，而不在同一县（市）的，如须改由总机构汇总在总机构所在地纳税的，须经省级国家税务局批准。

（6）纳税人销售应税消费品，如因质量等原因由购买者退回时，经所在地主管税务机关审查批准后，可退换已征收的消费税税款，但不能自行直接抵减应纳税款。

4.2 消费税税收筹划

4.2.1 税额减征的税收筹划

消费税一般没有减免税的规定，因为开征消费税的目的就是为了引导消费方向，调节消费结构，抑制超前消费而对一些特殊消费品或消费行为进行征税。

按照现行消费税暂行条例的规定，为保护生态环境，促进替代污染排放汽车的生产和消费，推进汽车工业的进步，对生产销售达到低污染排放标准的小轿车、越野车和小客车减征30%。计算公式为：

减征税额 ＝ 按法定税率计算的消费税额×30%

应征税额 ＝ 按法定税率计算的消费税额 － 减征税额

低污染排放标准是指相当于欧盟指令 94/12/EC、96/69/EC 排放标准（简称"欧洲Ⅱ号标准"）。目前，上海通用汽车有限公司生产的别克、赛欧系列小汽车，上海大众汽车有限公司生产的桑塔纳、帕萨特系列小汽车，一汽大众有限公司生产的奥迪、捷达、宝来系列小汽车，沈阳金杯客车制造有限公司生产的金杯系列轻型客车，广州本田汽车有限公司生产的雅阁牌轿车，一汽海南汽车有限公司生产的海马牌轿车等，经过国家认定的检验中心和专家审查，达到《轻型汽车污染物排放限值及测量方法（Ⅱ）》规定的排放标准，检验程序符合规定要求。按照财税 26 号文件规定，对上述小汽车准予按照应纳税额减征 30% 消费税。

所以，对于消费税税额减征的税收筹划要充分利用这一条款，汽车厂家要尽量生产低污染排放的汽车，同时也为保护生态环境作出贡献。

4.2.2 纳税人的税收筹划

1. 独立核算部门与非独立核算部门的筹划

税法对于企业通过非独立核算部门销售应税消费品做出规定：按照非独立核算部门对外销售的价格和数量计算缴纳消费税。所以，应税消费品直接销售或通过非独立核算部门对外销售的应交消费税是一样的，没有税收筹划的空间。而对于独立核算部门税法则没有规定或限制。如果在不违反公平交易的情况下，企业以较低的价格把应税消费品出售给独立核算部门，由于销售额减少，则企业应交税金减少。而对于独立核算部门来说，其销售产品只缴纳增值税，而不缴纳消费税。这样，对于整个企业集团来说，所交纳的增值税没有变化，但消费税减少了，集团税负降低了。

2. 企业合并与分立的筹划

现行税法对不同的应税消费品设计了高低不同的税率。因此，可以通过将分散的企业合并或将独立的企业分解成若干个分公司组成企业联合体，进而通过合理确定企业内部价格，使企业整体税负减轻。一方面，由于企业内部产品的流通不需要缴纳消费税，直到产品最后的销售环节才交税，因此，可以通过递延纳税时间来减轻税负。另一方面，当适用高税率的分公司将产品卖给适用低税率的分公司时，通过制定较低的价格，便把产品原有的一部分价值转移了。适用高税率的分公司销售收入减少，税额减小；适用低税率的分公司，销售收入不变，税额不变。这样，整个企业的应纳税额便减少了。

4.2.3 计税依据的税收筹划

1. 关联企业转移定价的筹划

关联企业中，以较低的价格进行销售，可以降低上一个环节的销售额，进而减少应纳税额；而下一环节对外销售不缴纳消费税，因此，关联企业的税负降低。但是，必须注意转让价格的确定，因为根据《征收管理法》的规定，关联企业间的业务往来，应该按照独立企业之间业务往来收取或支付价款，不按照独立企业之间业务往来收取或支付价款而减少应纳税收或所得额的，由税务机关进行合理调整。

2. 加工方式的筹划

企业可以采用自行加工和委托加工的方式。自行加工方式的计税依据是产品的销售价格，而委托加工方式的计税依据是同类产品的销售价格或由加工费、辅助材料费和消费税组成的计税价格。一般来说，委托加工收回产品的售价会高于其成本，所以，对于委托方来说，委托加工方式的税负较低。

4.2.4 税率的税收筹划

税率的筹划主要是注意兼营不同税率应税消费品的情况，纳税人要选择不同的销售方式和核算方式，以降低税率，减轻税负。

（1）税法规定，未分别核算销售额或销售数量，或将不同税率的应税消费品组装成成套消费品出售的，应从高适用税率。所以，纳税人应该账目清晰，尽量避免将不同税率的应税消费品的销售额混合，或将不同税率的应税消费品组装成套销售。

（2）按照税法规定，不同等级的应税消费品，税率不同。比如，卷烟按照每条调拨价是否超过 70 元为界限，确定消费税的税率是 56% 还是 36%。所以，要求企业在销售产品定价时，要注意增加的售价是否增加了税收或能弥补增加的税收负担。

4.2.5 连续生产应税消费品的税收筹划

自产自用的应税消费品，用于连续生产应税消费品的，不纳税。也就是说，如果能连续生产，则前一环节应税消费品不用缴纳消费税。

用外购的已缴纳消费税的产品连续生产应税消费品时，可以扣除外购的应税消费品已纳的税款。这时要注意向对方索要发票，尤其是小规模纳税人在向一般纳税人购进应税消费品时，应该向对方索要发票，以获取更多的消费税抵扣。

4.2.6 自产自用应税消费品的税收筹划

自产自用应税消费品应视同销售，缴纳消费税，其计税依据是同类商品的销售价格，没有同类商品销售价格的，按照组成计税价格。在组成计税价格中，成本是重要的组成部分，成本的高低直接影响着组成计税价格，进而影响组成计税价格与适用税率计算的应纳税额的大小。因此，企业可以在不违反会计制度规定的前提下，将自产自用产成品、半成品应负担的间接费用少摊入一部分，而将更多的费用分摊给其他产成品、半成品，这样就会降低组成计税价格中的成本，使自产自用产品应负担的消费税相应减少，从而实现节税的目的。

4.2.7 税款缴纳的税收筹划

纳税时间的税收筹划是尽可能地利用消费税纳税期限的有关规定，尽可能地延迟纳税，以求获得应纳营业税款的时间价值。（1）纳税义务发生时间的税收筹划是在税法规定的范围内，根据应税行为的性质和结算方式选择适合自己的节税方案。（2）纳税地点的税收筹划是在税法规定的范围内，科学合理地确定纳税地点，以取得节税收益。

需要说明的是，消费税是价内税，消费税的多少会影响所得税的扣除项目金额，进而影响企业所得税的多少，最终会影响企业所有者的权益。也就是说，消费税的节约对于企业并不一定是有利的。另外，即使不考虑所得税问题，如果企业在受到国家征收消费税的冲击后，可以按高于消费税冲击的额度对应税消费品进行定价，则也会取得额外收益，只要该额外收益大于应缴纳的消费税。因此，企业要关注消费税税收筹划。

4.3 案例分析

4.3.1 消费税法律制度案例分析

案例一

某首饰商城为增值税一般纳税人，2009年5月发生以下业务。

（1）零售金银首饰与镀金首饰组成的套装礼盒，取得收入29.25万元，其中金银首饰收入20万元，镀金首饰收入9.25万元。

（2）采取"以旧换新"方式向消费者销售金项链2000条，新项链每条零售价0.25万元，旧项链每条作价0.22万元，每条项链取得差价款0.03万元。

（3）为个人定制加工金银首饰，商城提供原料含税金额30.42万元，取得个人支付的含税加工费收入4.68万元（商城无同类首饰价格）。

（4）用300条银基项链抵偿债务，该批项链账面成本为39万元，零售价70.2万元。

（5）外购金银首饰一批，取得的普通发票上注明的价款为400万元；外购镀金首饰一批，取得经税务机关认可的增值税专用发票，注明价款50万元、增值税8.5万元。

（注：金银首饰零售环节消费税税率5%。）

要求：根据上述资料，回答下列问题。

（1）销售成套礼盒应缴纳的消费税额。

（2）"以旧换新"销售金项链应缴纳的消费税额。

　　（3）定制加工金银首饰应缴纳的消费税额。

　　（4）用银基项链抵偿债务应缴纳的消费税额。

案例分析

　　（1）销售成套礼盒取得的收入为含税收入，所以，

　　应缴纳的消费税 = 29.25 ÷（1 + 17%）× 5% = 1.25（万元）

　　（2）"以旧换新"销售金项链视同买卖两种业务，应按价差交税，所以，

　　应缴纳的消费税 = 2 000 × 0.03 ÷（1 + 17%）× 5% = 2.56（万元）

　　（3）定制加工金银首饰没有同类销售价格的，按照组成计税价格，所以，

　　应缴纳的消费税 =（30.42 + 4.68）÷（1 + 17%）÷（1 − 5%）× 5% = 31.58 × 5% = 1.58（万元）

　　（4）用银基项链抵偿债务视同销售，而且为含税收入，所以，

　　应缴纳的消费税 = 70.2 ÷（1 + 17%）× 5% = 3（万元）

案例二

　　某酒厂 2009 年 7 月份发生如下经济业务。

　　（1）销售粮食白酒 20 吨，不含税单价 6000 元/吨，销售散装白酒 8 吨，不含税单价 4500 元/吨，款项全部存入银行。

　　（2）销售以外购薯类白酒和自产糠麸白酒勾兑的散装白酒 4 吨，不含税单价 3200 元/吨，货款已收回。

　　（3）用自产的散装白酒 10 吨，从农民手中换玉米，玉米已验收入库，开出收购专用发票。

　　（4）该厂委托某酒厂为其加工酒精，收回的酒精全部用于连续生产套装礼品白酒 6 吨，每吨不含税单价为 8000 元。

　　（注：粮食白酒定额税率为 0.5 元/500 克；比例税率为 20%。）

　　要求：计算该酒厂当月应纳消费税税额。

案例分析

　　本题的不含税价都是指不含增值税，所以无需换算，可以直接作为计税依据。关键是区分是否交税以及掌握复合计税办法的应用。

　　（1）销售白酒实行复合计税办法计征消费税，所以，

　　应纳消费税 =（20 × 6000 + 8 × 4500）× 20% +（20 × 2000 + 8 × 2000）× 0.5 = 31 200 + 28 000 = 59 200（元）

　　（2）销售外购白酒和自产糠麸勾兑的白酒，也应该按照复合计税办法计征消费税，所以，

　　应纳消费税 = 4 × 3200 × 20% + 4 × 2000 × 0.5 = 2560 + 4000 = 6560（元）

　　（3）用自产的散装白酒从农民手中换玉米为视同销售行为，应该按照对外销售价格计征消费税，所以，

　　应纳消费税 = 10 × 4500 × 20% + 10 × 2000 × 0.5 = 9000 + 10 000 = 19 000（元）

（4）委托加工酒精收回用于连续生产套装礼品白酒的，应该按照白酒交消费税。所以，

应纳消费税 $=6 \times 8000 \times 20\% + 6 \times 2000 \times 0.5 = 9600 + 6000 = 15\,600$（元）

（5）该酒厂当月应纳消费税税额 $= 59\,200 + 6560 + 19\,000 + 15\,600 = 100\,360$（元）

案例三

某酒厂生产粮食酒精、薯类酒精为原料的白酒，同时生产啤酒。2009 年 6 月份的生产销售情况如下。

（1）外购薯类酒精 10 吨，增值税专用发票注明的单价是 1500 元/吨，外购粮食酒精 20 吨，增值税专用发票上注明的单价是 2100 元/吨。

（2）外购生产白酒的各种辅助材料，增值税专用发票注明的价款是 12 000 元。

（3）外购生产啤酒的各种辅助材料，增值税专用发票注明的价款是 250 000 元。

（4）当月用 8 吨薯类酒精及辅料生产薯类白酒共 22 吨，销售了 20 吨，不含增值税售价为 12 000 元/吨，用 15 吨粮食酒精及辅料生产粮食白酒 32 吨，销售了 30 吨，不含增值税售价 18 000 元/吨。

（5）当月用剩余的酒精及辅料生产白酒 10 吨，实际生产成本是 8500 元/吨，这部分白酒用于抵偿债务，该白酒不含增值税售价为 9000 元/吨、10 000 元/吨、1100 元/吨。

（6）当月销售生啤酒 100 吨，增值税专用发票注明的出厂单价为 2800 元/吨，另外，按照惯例开具发票收取的包装物押金为 200 元/吨，期限为 3 个月。

（7）当月销售果啤 140 吨，增值税专用发票上注明的出厂价款为 2900 元/吨，另外，按照惯例开具发票收取的包装物押金为 200 元/吨，期限为 3 个月。

（8）当月有以往发出到期包装物押金 5000 元（生啤）和 3000 元（果啤）到期未退。

要求：根据上述资料，回答下列问题。

（1）用于抵偿债务的白酒应纳的消费税税额。

（2）用于抵偿债务的白酒的增值税的销项税额。

（3）当月应纳消费税的合计数。

（4）当月应纳增值税的合计数。

案例分析

（1）用于抵偿债务的应税消费品，应该按照纳税人同类消费品的最高销售价格作为计算消费税的依据，所以，

用于抵偿债务的白酒应纳的消费税税额 $= 10 \times 11\,000 \times 20\% + 10 \times 2000 \times 0.5 = 320\,000$（元）

（2）用于抵偿债务的白酒的增值税的销项税税额 $= (9000 + 10\,000 + 11\,000) / 3 \times 10 \times 17\% = 17\,000$（元）

（3）当月应纳消费税的合计数

①销售粮食、薯类白酒应纳消费税税额 $= (12\,000 \times 20 + 18\,000 \times 30) \times 20\% + (20 + 30) \times 2000 \times 0.5 = 206\,000$（元）

②用于抵偿债务的白酒应纳的消费税税额为 32 000 元

③生啤含包装物押金但不含增值税单价 $= 2800 + 200 / (1 + 7\%) = 2970.94$（元），小于

3000 元，所以，使用 220 元的单位税额；果啤含包装物押金但不含增值税单价 = 2900 + 200/（1 + 7%）= 3070.94（元），大于 3000 元，所以，使用 250 元的单位税额。

生啤应纳消费税 = 100 × 220 = 22 000（元）

果啤应纳消费税 = 140 × 250 = 35 000（元）

④当月应纳消费税的合计数 = 206 000 + 32 000 + 22 000 + 35 000 = 295 000（元）

（4）当月应纳增值税的合计数

①允许抵扣的进项税 =（10 × 1500 + 20 × 2100 + 12 000 + 250 000）× 17% = 54 230（元）

②粮食、薯类白酒销项税 =（12 000 × 20 + 18 000 × 30）× 17% = 132 600（元）

③用于抵偿债务的白酒销项税为 17 000 元

④生啤、果啤的销项税 = [（100 × 2800 + 140 × 2900）+（3000 + 5000/（1 + 17%）]
× 17% = 117 782.39（元）

⑤当月应纳增值税的合计数 =（132 600 + 17 000 + 117 782.39）- 54 230
= 213 152.39（元）

案例四

某卷烟厂 2009 年 8 月份发生以下业务。

（1）从农民手中收购烟叶 10 吨，收购凭证上注明的收购价款是 100 000 元，按照规定支付了价外补贴和烟叶税，验收后送某镇烟丝加工厂加工成烟丝，向运输公司支付烟叶的运费 500 元，并取得运输业发票。

（2）烟丝厂将 10 吨烟叶加工成 10 吨烟丝，取得加工费 3000 元，辅料费 5000 元（均含增值税），开具增值税专用发票。

（3）卷烟厂将 10 吨烟丝收回，支付运输公司烟丝的运输费 600 元并取得运输业发票。

（4）卷烟厂进口生产用设备一台，支付价款折合人民币 100 000 元，进口运费 6000 元，口岸至厂区运费 2000 元，设备关税税率 7%。

（5）购进卷烟用纸，增值税专用发票注明的价款为 30 000 元，增值税 5100 元。

（6）将 5 吨烟丝和购入卷烟用纸的 20% 领用，用于生产卷烟。

（7）生产卷烟，第一次生产没有税务核定价，将 40 箱卷烟发出，委托商厦代销。该商厦当月销售了 20 箱，提供销售清单，每条零售价 65 元，月末与烟厂平价结算销售款，另按 15% 与烟厂结算手续费。

要求：根据以上资料，回答下列问题。

（1）烟厂当期应纳进口增值税税额。

（2）烟厂被代收代缴的消费税税额。

（3）烟厂当期销售卷烟应纳的消费税税额。

（4）烟厂当期应纳增值税税额。

案例分析

（1）烟厂当期应纳进口增值税 = [（100 000 + 6000）×（1 + 3‰）]×（1 + 7%）×

$17\% = 19\ 339.24$（元）

（2）烟厂被代收代缴的消费税

烟厂缴纳的烟叶税 $= 100\ 000 \times (1 + 10\%) \times 20\% = 22\ 000$（元）

烟叶的采购成本 $= 100\ 000 \times (1 + 10\%) + 22\ 000 + 500 \times (1 - 7\%) - 1\ 000\ 000 \times (1 + 10\%) \times (1 + 20\%) \times 13\% = 115\ 305$（元）

烟厂被代收代缴的消费税 $= [115\ 305 + (3000 + 5000) / (1 + 17\%)] / (1 - 30\%) \times 30\% = 52\ 346.83$（元）

（3）烟厂当期销售卷烟应纳的消费税 $= 20 \times 150 + 65 / (1 + 17\%) \times 20 \times 250 \times 36\% - 52\ 346.83 \times 5 / 10 = 76\ 826.58$（元）

（4）烟厂当期应纳增值税

①当期国内采购的增值税进项税 $= 100\ 000 \times (1 + 10\%) \times (1 + 20\%) \times 13\% + (500 + 600) \times 7\% + (3000 + 5000) / (1 + 17\%) \times 17\% + 5\ 100 = 23\ 499.39$（元）

②当期增值税销项税 $= 65 / (1 + 17\%) \times 17\% \times 20 \times 250 = 47\ 222.22$（元）

③烟厂当期应纳增值税税额 $= 47\ 222.22 - 23\ 499.39 - 19\ 339.24 = 4383.59$（元）

案例五

某白酒生产企业（以下简称甲企业）为增值税一般纳税人，2009 年 7 月发生以下业务。

（1）向某烟酒专卖店销售粮食白酒 20 吨，开具普通发票，取得含税收入 200 万元，另收取品牌使用费 50 万元、包装物租金 20 万元。

（2）提供 10 万元的原材料委托乙企业加工散装药酒 1000 公斤，收回时向乙企业支付不含增值税的加工费 1 万元，乙企业已代收代缴消费税。

（3）委托加工收回后将其中 900 公斤散装药酒继续加工成瓶装药酒 1800 瓶，以每瓶不含税售价 100 元通过非独立核算门市部销售完毕。将剩余 100 公斤散装药酒作为福利分给职工，同类药酒的不含税销售价为每公斤 150 元。

（说明：药酒的消费税税率为 10%，白酒的消费税税率为 20% 加 0.5 元/500 克）

要求：根据上述资料，按照下列序号回答问题，每问均需计算出合计数。

（1）本月甲企业向专卖店销售白酒应缴纳消费税税额。

（2）乙企业已代收代缴消费税税额。

（3）本月甲企业销售瓶装药酒应缴纳消费税税额。

（4）本月甲企业分给职工散装药酒应缴纳消费税税额。

案例分析

（1）本月甲企业向专卖店销售白酒应缴纳消费税 $= (200 + 50 + 20) \div 1.17 \times 20\% + 20 \times 2000 \times 0.5 \div 10\ 000 = 48.15$（万元）

（2）乙企业已代收代缴消费税 $= (10 + 1) \div (1 - 10\%) \times 10\% = 1.22$（万元）

（3）本月甲企业销售瓶装药酒应缴纳消费税 $= 1800 \times 100 \div 10\ 000 \times 10\% = 1.8$（万元）

（4）甲企业分给职工散装药酒不缴纳消费税。

案例六

某中外合资化妆品公司（一般纳税人）2009 年 10 月发生业务如下。

（1）购进香水精，取得增值税专用发票上注明价款 30 万元，本月货到并验收入库；

（2）用上述购进的 10 万元香水精，委托一日化厂加工化妆品，本月化妆品公司收回并支付加工费及增值税金，日化厂代收代缴了消费税，并开具了增值税专用发票，注明加工费 6 万元（包括代垫辅料 1 万元）。

（3）该公司将收回的化妆品 80% 售给某特约经销商，开具增值税专用发票上注明价款 40 万元，货款已收到。

（4）另领用外购香水精 18 万元，领用委托加工收回的化妆品 2 万元，生产成套化妆品售出，专用发票已开出，注明价款 90 万元，货已发出，并办妥银行托收手续。

要求：根据上述资料，按下列序号计算有关纳税事项，每问均需计算出合计数。

（1）化妆品公司应纳增值税税额。

（2）化妆品公司应纳消费税税额（化妆品税率为 30%）。

（3）日化厂应纳增值税税额。

（4）日化厂应纳消费税税额。

案例分析

（1）化妆品公司应纳增值税 =（40 + 90）× 17% − 30 × 17% − 6 × 17% = 15.98（万元）

（2）化妆品公司应纳消费税 = 90 × 30% − 18 × 30% − 2 × 30% = 21（万元）

（3）日化厂提供加工劳务应纳增值税 = 6 × 17% = 1.02（万元）

（4）日化厂受托加工应税消费品应代收代缴消费税 =（10 + 6）÷（1 − 30%）× 30% = 6.86（万元）

案例七

某外贸企业 2009 年 9 月发生以下业务。

（1）从国外进口 250 套高尔夫球及球具，关税完税价格为 200 万元。

（2）当月售出进口的高尔夫球及球具 200 套，每套售价 1.5 万元（不含税）。

（3）从国内一生产厂家购进高尔夫球及球具 100 套，取得厂家开具的增值税专用发票上价税合计金额 70.2 万元，本月全部外销，出口离岸价 98 万元。

（假设高尔夫球及球具进口关税税率为 20%，消费税税率为 10%，增值税出口退税率为 13%）。

要求：根据上述资料，按下列序号计算有关纳税事项，每问需计算出合计数。

（1）该外贸企业当月进口高尔夫球及球具应纳的消费税税额、增值税税额。

（2）该外贸企业当月销售高尔夫球及球具应纳的消费税税额、增值税税额。

（3）该外贸企业当月出口高尔夫球及球具应退的消费税税额、增值税税额。

案例分析

（1）外贸企业进口高尔夫球及球具应纳消费税、增值税 = 200 ×（1 + 20%）÷（1 −

10%）×（$10\%+17\%$）$=26.67+45.33=72$（万元）

（2）外贸企业无论销售进口高尔夫球及球具，还是销售从国内采购的高尔夫球及球具，均不再交消费税。

外贸企业销售高尔夫球及球具应纳增值税 $=1.5\times200\times17\%-45.33=5.67$（万元）

（3）外贸企业出口高尔夫球及球具应退消费税 $=70.2\div（1+17\%）\times10\%=6$（万元）

外贸企业出口高尔夫球及球具应退增值税 $=70.2\div（1+17\%）\times13\%=7.8$（万元）

应退消费税、增值税合计 $=6+7.8=13.8$（万元）

案例八

某轿车生产企业为增值税一般纳税人，2009 年 1 月份和 2 月份的生产经营情况如下。

（1）1 月从国内购进汽车配件，取得防伪税控系统开具的增值税专用发票，注明金额 280 万元、增值税税额 47.6 万元，取得的货运发票上注明运费 10 万元，建设基金 2 万元。

（2）1 月在国内将 10 台发动机销售给一小规模纳税人，取得收入 28.08 万元；出口发动机 80 台，取得销售额 200 万元。

（3）2 月进口原材料一批，支付给国外买价 120 万元，包装材料 8 万元，到达我国海关以前的运输装卸费 3 万元、保险费 13 万元，从海关运往企业所在地支付运输费 7 万元。

（4）2 月进口两台机械设备，支付给国外的买价 60 万元，相关税金 3 万元，支付到达我国海关以前的装卸费、运输费 6 万元、保险费 2 万元，从海关运往企业所在地支付运输费 4 万元。

（5）2 月国内购进钢材，取得防伪税控系统开具的增值税专用发票，注明金额 300 万元、增值税税额 51 万元，另支付购货运输费用 12 万元、装卸费用 3 万元；当月将 30% 用于企业基建工程。

（6）2 月 1 日将 A 型小轿车 130 辆赊销给境内某代理商，约定 2 月 15 日付款，15 日企业开具增值税专用发票，注明金额 2340 万元、增值税税额 397.8 万元，代理商 30 日将货款和延期付款的违约金 8 万元支付给企业。

（7）2 月销售 A 型小轿车 10 辆给对本企业有突出贡献的业务人员，以成本价核算取得销售金额 80 万元。

（8）2 月企业新设计生产 B 型小轿车 2 辆，每辆成本价 12 万元，为了检测其性能，将其转为自用，市场上无 B 型小轿车销售价格。

其他相关资料：①该企业进口原材料和机械设备的关税税率为 10%；②生产销售的小轿车适用消费税税率为 12%；③B 型小轿车成本利润率为 8%；④城市维护建设税税率为 7%；⑤教育费附加征收率为 3%；⑥退税率为 13%；⑦相关票据在有效期内均通过主管税务机关的认证。

要求：根据上述资料，按下列序号回答问题，每问需计算出合计数。

（1）企业 1 月份应退的增值税税额。

（2）企业 1 月份留抵的增值税税额。

（3）企业 2 月份进口原材料应缴纳的关税税额。

（4）企业 2 月份进口原材料应缴纳的增值税税额。

（5）企业 2 月份进口机械设备应缴纳的关税税额。

（6）企业 2 月份进口机械设备应缴纳的增值税税额。

（7）企业 2 月份国内购进原材料和运费可抵扣的进项税额。

（8）企业 2 月份销售 A 型小轿车的销项税额。

（9）企业 2 月份 B 型小轿车的销项税额。

（10）企业 2 月份应缴纳的增值税税额。

（11）企业 2 月份应缴纳的消费税（不含进口环节）税额。

案例分析

（1）企业 1 月份应退的增值税

1 月应纳税额 = 内销货物销项税额 − 准予抵扣进项税额总和 = 28.08 ÷（1 + 17%）× 17% −［47.6 +（10 + 2）× 7% − 200 ×（17% − 13%）］= −36.36（万元）

免抵退税额 = 出口离岸价 × 退税率 = 200 × 13% = 26（万元）

应退的增值税为 26 万元。

（2）1 月留抵的税额 = 36.36 − 26 = 10.36（万元）

（3）2 月进口原材料应缴纳的关税 = 完税价格 × 关税税率 =（120 + 8 + 3 + 13）× 10% = 14.40（万元）

（4）2 月进口原材料应缴纳的增值税 =（完税价格 + 关税）× 17% =（120 + 8 + 3 + 13 + 14.4）× 17% = 26.93（万元）

（5）2 月进口机械应缴纳的关税 = 完税价格 × 关税税率 =（60 + 3 + 6 + 2）× 10% = 7.10（万元）

（6）2 月进口机械应缴纳的增值税 =（完税价格 + 关税）× 17% =（60 + 3 + 6 + 2 + 7.1）× 17% = 13.28（万元）

（7）2 月购进原材料和运费可抵扣的进项税额 =（51 + 12 × 7%）×（1 − 30%）= 36.29（万元）

（8）2 月销售 A 型小轿车的销项税额 = 397.8 + 8 ÷（1 + 17%）× 17% + 10 × 397.8 ÷ 130 = 429.56（万元）

（9）2 月 B 型小轿车的销项税额 = 12 ×（1 + 8%）÷（1 − 12%）× 2 × 17% = 5.01（万元）

（10）企业 2 月应缴纳的增值税 = 429.56 + 5.01 − 10.36（1 月留抵的税额）−［26.93（进口原材料缴纳的增值税）+ 7 × 7% + 36.29 + 13.28（进口设备缴纳的增值税）+ 4 × 7%］= 346.94（万元）

（11）企业 2 月份应缴纳的消费税（不含进口环节）

A 型小轿车的消费税 = 2340 ÷ 130 × 12% × 140 + 8 ÷（1 + 17%）× 12% = 303.22（万元）

B 型小轿车的消费税 = 12 ×（1 + 8%）÷（1 − 12%）× 2 × 12% = 3.53（万元）

企业 2 月份应缴纳消费税合计 = 303.22 + 3.53 = 306.75（万元）

4.3.2 消费税税收筹划案例分析

案例一

A 卷烟厂委托 B 厂将一批价值 100 万元的烟叶加工成烟丝，协议规定加工费 75 万元。加工的烟丝运回 A 厂后，A 厂继续加工成甲类卷烟，加工成本、分摊费用共计 95 万元，该批卷烟售出价格为 700 万元。烟丝消费税税率 30%，卷烟消费税税率 56%（暂不考虑定额税率）。

案例分析

方案一：委托他方加工的应税消费品收回后，在本企业继续加工成另一种应税消费品销售

在这种情况下，A 厂在向 B 厂支付加工费的同时，向受托方支付其代收代缴的消费税。此时，

消费税组成计税价格 =（10 + 75）÷（1 - 30%）= 250（万元）

应缴消费税 = 250 × 30% = 75（万元）

A 厂销售卷烟后，应缴消费税 = 700 × 56% - 75 = 317（万元）

A 厂的税后利润（所得税税率暂按 25%，下同）

=（700 - 100 - 75 - 75 - 95 - 317）×（1 - 25%）= 43.5（万元）

方案二：委托加工的消费品收回后，直接对外销售

如果 A 厂委托 B 厂将烟叶加工成甲类卷烟，烟叶成本不变，加工费用为 160 万元。加工完毕，运回 A 厂后，A 厂的对外售价仍为 700 万元。

A 厂向 B 厂支付加工费的同时，向其支付代收代缴的消费税。此时，

应缴消费税 =（100 + 160）÷（1 - 56%）× 56% = 330.9（万元）

由于委托加工应税消费品直接对外销售，A 厂在销售时，不必再缴消费税。

其税后利润 =（700 - 100 - 160 - 330.9）×（1 - 25%）= 81.8（万元）

方案三：如果生产者购入原料后，自行加工成应税消费品对外销售

A 厂将购入的价值 100 万元的烟叶自行加工成甲类卷烟，加上成本、分摊费用共计 175 万元，售价 700 万元，则：

应缴消费税 = 700 × 56% = 392（万元）

税后利润 =（700 - 100 - 175 - 392）×（1 - 25%）= 24.75（万元）

比较方案一、方案二和方案三可以看出，在各相关因素相同的情况下，自行加工方式的税后利润最少，其税负最重；而彻底的委托加工方式即收回后不再加工直接销售方式，又比委托加工后再自行加工后销售税负要低。

案例二

某手表生产厂为增值税一般纳税人，按《财政部、国家税务总局关于调整和完善消费税政策的通知》及其附件《消费税新增和调整税目征收范围注释》规定，每只手表售价 1 万元

以上（含1万元）为高档手表，征消费税。

案例分析

方案一：手表售价每只1万元

销售每只手表共向购买方收取价款 = 10 000 + 10 000 × 17% = 11 700（元）

应纳增值税 = 10 000 × 17% = 1700（元）（未考虑增值税进项抵扣）

应纳消费税 = 10 000 × 20% = 2000（元），共计纳税3700元

税后收益 = 11 700 – 3700 = 8000（元）

方案二：手表售价每只9900元

销售每只手表共向购买方收取价款 = 9900 + 9900 × 17% = 11 583（元）

应纳增值税 = 9900 × 17% = 1683（元）（未考虑增值税进项抵扣）

税后收益 = 11 583 – 1683 = 9900（元）

相比之下，销售价格降低100元，反而能多获利1900元。

当然，在具体的税收筹划时，还要考虑售价降低多少才能使企业的税负最小、获利最多。一般而言，产品销售价格越高，企业获利越多。但若考虑税收因素，则未必完全如此。有的时候，主动降低销售价格，反而可能获得更高的税收收益。

案例三

某轮胎厂经营各种型号的汽车轮胎，随着轮胎生产厂家的日益增多，轮胎市场的竞争日趋激烈。该厂在提高自身产品质量、开拓新的消费市场的同时，力求尽可能降低成本，以增加产品的竞争力。2009年4月，企业销售1000个汽车轮胎，每个价值2000元，其中包含包装物价值200元，该月销售额为2000 × 1000 = 200万元，汽车轮胎的消费税税率为3%，该月应纳消费税税额为200万 × 3% = 6万元。该厂领导经过分析，认为税收成本过高，因此要求财务人员采取措施，减少企业的应纳税额。

案例分析

方案一：包装物连同应税消费品出售

税法规定：应税消费品连同包装物出售的，无论是否单独作价，均应并入销售额中计算消费税，则：

应纳消费税 = 200万 × 3% = 6（万元）

方案二：包装物出租收取租金

包装物租金属于价外费用。现行税法规定：凡随同销售应税消费品由购买方收取的价外费用，无论其会计制度如何核算，均应并入销售额计算应纳税额。值得注意的是，对增值税一般纳税人向购买方收取的价外费用，应视为含增值税收入，在征税时应换算为不含税收入再并入销售额。所以，

应纳消费税 = [1 800 000 + 200 × 1000/（1 + 17%）] × 3% = 5.91（万元）

方案三：包装物出租收取押金

根据税法规定，纳税人为销售货物而出租出借收取的押金，单独计账核算的，不并入销

售额征税。但对因逾期未收回包装物不再退还的押金，应按所包装货物的适用税率计算应纳税额。"逾期"一般以一年为限。在将包装物押金并入销售额征税时，需先将该押金换算为不含增值税的价格，再并入销售额征税。

应纳消费税 = $1000 \times 1800 \times 3\% = 5.4$（万元）

比较三种方案，包装物连同应税消费品出售时税负最重，包装物出租收取押金时税负最轻。因此，利用包装物节税是税收筹划的一个重要策略，其核心就在于包装物不能作价随同产品出售，而是采用收取"押金"的方式。

但是，值得注意的是，从 1995 年 6 月 1 日起，对销售除啤酒、黄酒外的其他酒类产品而收取的包装物押金，无论是否返还以及会计上如何核算，均应并入当期销售额征税。这在一定程度上限制了经营酒类产品的企业利用包装物节税的可能性。

案例四

某化妆品有限责任公司是一家经营各种化妆品的合资企业，2009 年 5 月，该公司共生产各类化妆品价值 30 万元，但由于产品市场定位欠佳，预计该月仅能销售化妆品共 15 万元。为了避免产品积压，该公司决定将部分剩余的化妆品馈赠给协作企业，并加大广告宣传的力度。公司具体发生了如下业务。

(1) 用化妆品做成礼品盒馈赠给协作企业，价值 3 万元。

(2) 企业赞助当地电视台举办的大型歌舞晚会用化妆品价值 5 万元。

(3) 广告样品用化妆品价值 0.4 万元。

(4) 将化妆品分配给本公司职工共计价值 2 万元。

(5) 销售化妆品 10 万元。

月末进行纳税申报时，公司财务人员计算应纳消费税 = $10 \times 30\% = 3$（万元）

但是经税务机关审核，实际应纳税额 = $3 \times 30\% + 5 \times 30\% + 0.4 \times 30\% + 2 \times 30\% + 10 \times 30\% = 6.12$（万元）

公司对此不服，认为公司将产品馈赠、赞助，或作为广告样品时，并未取得销售收入，因此不应缴纳消费税，并提出行政复议，但上级税务机关审核后维持原判。

案例分析

本例的关键在于将本公司的产品馈赠、赞助给他人，或者将产品作为广告样品时，是否属于销售行为，是否应征消费税。对此，我国消费税税法中有明确规定：纳税人自产自用的应税消费品，用于连续生产应税消费品的不纳税；纳税人自产自用的应税消费品，除用于连续生产应税消费品外，凡用于其他方面的，应于移交使用时纳税。"用于其他方面"是指纳税人用于生产非应税消费品和在建工程，管理部门和非生产机构提供的劳务，以及用于馈赠、赞助、集资、广告、样品、职工、福利、奖励等方面的应税消费品。

因此，根据上述税法规定，该化妆品有限公司为了避免存货积压，将产品馈赠给协作企业，作为福利分给职工以及作为广告样品或赞助文艺演出，虽然是无偿的，没有获得任何形式的收入，但均属于税法视同销售的规定范围，因而必须依法缴纳消费税。那么，从节税角度看，企业应尽可能避免将自产自用的应税消费品用于行政机构或管理部门，或用于馈赠、赞助、集资、广告、职工福利等方面，以减少企业的运行成本，因为企业将自产的应税消费品用于这方面，不仅无法取得应有的销售收入，而且还要依税法缴纳相应的增值税和消费税等，增加了企业税负。

案例五

某卷烟厂是某市一家大型卷烟生产企业，也是税源大户。董事会聘请税务专家到企业进行涉税风险评估。2009 年 2 月 26 日，甲税务师事务所的注册税务师李三接受卷烟厂委托，对其 2009 年度的纳税情况进行风险评估。李三对该企业的生产经营的涉税情况进行了全面的审查。他发现：该企业 2008 年 1 月 1 日库存外购烟丝的进价成本为 4860 万元，先后从 A 烟叶加工厂购进烟丝 10 批，价款为 2000 万元，增值税专用发票注明增值税税额为 340 万元；从 B 供销公司购进烟丝 8 批，价款为 3000 万元，增值税专用发票上注明的税款为 510 万元。2008 年 12 月 31 日企业账面库存外购烟丝的进价成本为 4920 万元。2008 年度销售甲级卷烟取得销售收入 14 200 万元，销售乙级卷烟取得销售收入 3600 万元。公司 2007 年度申报并实际缴纳消费税 5638 万元。从账面看，该企业将外购的原材料都作为抵扣项目进行了抵扣。

案例分析

李三觉得企业在消费税核算方面存在错误，正确的做法如下。

用外购（仅从生产企业购进）已税烟丝生产的卷烟，可以从应纳消费税额中扣除购进原料已缴纳的消费税。所以，卷烟厂对于外购已税消费品，

当期准予扣除的外购应税消费品的买价 = 4860 + 2000 - 4920 = 1940（万元）

当期准予扣除的外购应税消费品的已纳税款 = 1940 × 30% = 582（万元）

按当期销售收入计算的应纳消费税额 = 14 200 × 56% + 3600 × 36% = 9248（万元）

则企业当期实际应纳消费税款 = 按当期销售收入计算的应纳税款 - 当期准予扣除的外购应税消费品的已纳税款 = 9248 - 582 = 8666（万元）

实际上该企业将从 B 实业供销公司购进的 8 批价款为 3 000 万元的烟丝，也作了抵扣，从而造成少缴消费税 900 万元。对此，如果以后被税务机关稽查发现，则属于偷税行为。税务代理审查属于自查，发现的问题企业可以自我更正。

与此同时，在检查过程中，李三发现卷烟厂还有从其他烟丝加工厂购进的少量烟丝，支付价税合计 10 万元（普通发票）。卷烟厂的财务人员将这些发票混入管理费用列支了。李三告诉该厂的财务负责人，这些发票中所含的消费税同样也可以抵扣，而且比增值税专用发票所抵扣的税款还多。李三以 10 万元的烟丝为例作了一个计算和分析。

对于价款为 10 万元的普通发票允许抵扣的消费税 = 100 000 ÷ 1.06 × 30% = 28 301.89（元）

取得增值税专用发票、允许抵扣的消费税 = 100 000 ÷ 1.17 × 30% = 25 641.03（元）

取得普通发票比取得增值税专用发票多抵扣消费税 = 28 301.89 - 25 641.03 = 2660.86（元）

该笔业务，无论是开具普通发票还是增值税专用发票，只要其应税消费品是从生产企业购进的，都可以计算抵扣消费税。对销售方来说，无论是开具何种发票，其应纳增值税和消

费税都是不变的；对购货方来说，要看具体情况：对于小规模纳税人不享受增值税抵扣，所以并不增加税收负担；而对于一般纳税人来讲，由于普通发票不能抵扣增值税的进项税额，虽然增加了消费税的抵扣数额，但是减少了增值税的抵扣数额。因此要对其作具体的分析和筹划，最终做出具体权衡。

案例六

A 卷烟厂委托 B 厂将一批价值 100 万元的烟叶加工成烟丝，协议规定加工费 75 万元。加工的烟丝运回 A 厂后，A 厂继续加工成甲类卷烟，加工成本、分摊费用共计 95 万元，该批卷烟售出价格 700 万元。烟丝消费税税率 30%，卷烟消费税税率 50%。

案例分析

虽然工业企业制造出同样的产品，但若属受托加工则比自制税负轻。因此，一些企业为减轻税收负担，会在自制产品和受托加工产品之间合理筹划。

比如，当企业按照合同为其他企业加工定做产品时，先将本企业生产该产品需要耗用的原材料以"卖给对方"的名义转入往来账，待产品生产出来后，不做产品销售处理，而是向购货方分别收取材料款和加工费。也有的企业在采购原材料时，就以购货方的名义进料。同样，某些委托加工企业为达到"避高就低"少交税的目的，采用减少中间纳税环节来达到避税的目的。

方案一：委托他方加工的应税消费品收回后，在本企业继续加工成另一种应税消费品销售

在这种情况下：A 厂在向 B 厂支付加工费的同时，向受托方支付其代收代缴的消费税：消费税组成计税价格 = （100 + 75）÷（1 - 30%）= 250（万元）；

应缴消费税 = 250 × 30% = 75（万元）

A 厂销售卷烟后，应缴消费税 = 700 × 50% - 75 = 275（万元）

A 厂的税后利润（所得税税率暂按 33%，下同）= （700 - 100 - 75 - 75 - 95 - 275）×（1 - 33%）= 53.6（万元）

方案二：委托加工的消费品收回后，直接对外销售

如果 A 厂委托 B 厂将烟叶加工成甲类卷烟，烟叶成本不变，加工费用为 160 万元。加工完毕，运回 A 厂后，A 厂的对外售价仍为 700 万元。

A 厂在向 B 厂支付加工费的同时，向其支付代收代缴的消费税 = （100 + 160）÷（1 - 50%）× 50% = 260（万元）

由于委托加工应税消费品直接对外销售，A 厂在销售时，不必再缴消费税。

税后利润 = （700 - 100 - 160 - 260）×（1 - 33%）= 120.6（万元）

方案三：如果生产者购入原料后，自行加工成应税消费品对外销售

A 厂将购入的价值 100 万元的烟叶自行加工成甲类卷烟，加上成本、分摊费用共计 175 万元，售价 700 万元。

应缴消费税 = 700 × 50% = 350（万元）；

税后利润 = （700 - 100 - 175 - 350）×（1 - 33%）= 75 × 67% = 50.25（万元）

小结：比较方案一和方案二，在被加工材料成本相同且最终售价相同的情况下，后者显然比前者对企业有利得多，税后利润多 67 万元。即使后种情况 A 厂向 B 厂支付的加工费近似于前者之和 170 万元（75 万元 + 95 万元），后者也比前者税后利润多。而一般情况下，后一种情况支付的加工费要比前一种情况支付的加工费（向受托方支付加工费和自己发生的加工费之和）要少。对于受托方来说，不论哪种情况，代收代缴的消费税都与其赢利无关，只有收取的加工费与其赢利有关。

比较方案一、方案二和方案三可以看出，在各相关因素相同的情况下，自行加工方式的税后利润最少，其税负最重；而彻底的委托加工方式（收回后不再加工直接销售）又比委托加工后再自行加工后销售税负要低。

第 5 章 营业税法律制度与税收筹划

学习目的和要求

通过本章学习，使学生了解营业税法律制度基本知识和营业税税收筹划基本内容，具体包括营业税的纳税人、扣缴义务人、税目、税率、计税依据、应纳税额的计算、几种特殊经营行为的规定、征收管理；营业税税收优惠税收筹划、纳税人税收筹划、征税范围税收筹划、计税依据税收筹划、税率税收筹划以及在此基础上的案例分析。

营业税是对在我国境内提供应税劳务、转让无形资产或销售不动产的单位和个人所取得的营业额征收的一种税。自 1994 年 1 月 1 日起施行《中华人民共和国营业税暂行条例》后，又在 2008 年 11 月进行了修订，并于同年 12 月发布了《中华人民共和国营业税暂行条例实施细则》。营业税税收制度从税目、计税依据、计税营业额到税收优惠政策、税收征管制度方面都进行了较大的调整。例如，从 2001 年起，金融保险营业税税率每年下调一个百分点，分三年将金融保险业的营业税税率从 8% 降到 5%。2009 年 1 月 1 日起至 2009 年 12 月 31 日，个人将购买不足 2 年的非普通住房对外销售的，全额征收营业税；个人将购买超过 2 年（含 2 年）的非普通住房或不足 2 年的普通住房对外销售的，按其销售收入减去购买房屋的价款后的差额征收营业税；个人将购买超过 2 年（含 2 年）的普通住房对外销售的，免征营业税。

5.1 营业税法律制度

5.1.1 纳税义务人

1. 一般规定

凡是在中华人民共和国境内提供应税劳务、转让无形资产或者销售不动产的单位和个人都是营业税的纳税义务人，具体包括国有企业、集体企业、私营企业、股份制企业、外商投资企业、外国企业、其他企业以及行政事业单位、军事单位、社会团体和其他单位，个体经营者及其他有经营收入的中国公民和外国公民。

在中华人民共和国境内是指在税收行政管辖权区域内，具体包括：（1）提供或接受应税劳务的单位或个人在境内；（2）所转让的无形资产（不含土地使用权）的接受单位或个人在境内；（3）所转让或出租土地使用权的土地在境内；（4）所销售或出租的不动产在境内。

应税劳务是指交通运输业、建筑业、金融保险业、邮电通信业、文化体育业、娱乐业、服务业税目征收范围的劳务。加工修理修配劳务属于增值税征收范围，不属于营业税应税劳务。单位和个体经营者聘用的员工为本单位或雇主提供的劳务，也不属于营业税的应税劳务。

提供应税劳务、转让无形资产或者销售不动产是指有偿提供应税劳务、有偿转让无形资产或者有偿销售不动产的活动。

2. 特殊规定

（1）中央铁路运输的纳税人为铁道部，合资铁路运营业务单位纳税人为合资铁路公司，地方铁路运输的纳税人是地方铁路管理机构，铁路专用线运营业务的纳税人为企业或指定的管理机构，基建临管铁路运营业务的纳税人为基建临管线管理机构。

（2）从事水路运输、航空运输、管道运输或其他陆路运输业务并负有营业纳税义务的单位，为从事运输业务的纳税人。

（3）单位以承包、承租、挂靠方式经营的，承租人、承包人和挂靠人（统称承包人）发生应税行为，承包人以发包人、出租人和被挂靠人（统称发包人）的名义对外经营并由发包人承担相关法律责任的，以发包方为纳税人，否则以承包方为纳税人。

（4）建筑安装业务实行分包或转包的，分包或转包者为纳税人。

（5）金融保险业的纳税人包括银行、信用合作社、证券公司、保险公司等。

5.1.2 扣缴义务人

营业税的扣缴义务人具体包括以下各项。

（1）委托金融机构发放贷款，其应纳税款以受托发放贷款的金融机构为扣缴义务人。

（2）境外单位或个人在境内发生应税行为而在境内未设有经营机构的，其应纳税款以代理者为扣缴义务人，没有代理者的，以受让者或购买者为扣缴义务人。

（3）纳税人提供建筑业应税劳务时按下列规定确定扣缴义务人。

①建筑安装业实行承包、分包形式的，以总承包人为扣缴义务人；

②符合以下情形之一的，无论工程是否实行分包，税务机关可以建设单位和个人为营业税的扣缴义务人：一是纳税人从事跨地区工程提供建筑业应税劳务的；二是纳税人在劳务发生地没有办理税务登记或临时税务登记的。

（4）单位或个人进行演出由他人售票，其应纳税款以售票者为扣缴义务人；演出经纪人为个人的，其办理演出业务的应纳税款也以售票者为扣缴义务人。

（5）分保险业务，其应纳税款以初保人为扣缴义务人。

（6）个人转让专利权、非专利技术、商标权、著作权、商誉等无形资产的，其应纳税款以受让者为扣缴义务人。

（7）财政部规定的其他扣缴义务。

5.1.3 税目

营业税的税目按照行业、类别的不同分别设置，现行营业税共设置了9个税目。

1. 交通运输业

交通运输业是指使用运输工具或人力、畜力将旅客或货物运达目的地，使其在空间位置上得到转移的业务活动，包括陆路运输、水路运输、航空运输、管道运输和装卸搬运 5 大类。此外，凡是与运营业务有关的各项劳务活动，均属于交通运输业的税目征收范围。

2. 建筑业

建筑业是指建筑安装作业等，包括建筑、安装、修缮、装饰和其他工程作业等项内容。企事业单位所属的建筑队对外承包建筑、安装、修缮、装饰和其他工程作业也属于建筑业的税目征收范围。

3. 金融保险业

金融保险业是指经营金融、保险的业务。其中，金融是指经营货币资金融通活动的业务，包括贷款、融资租赁、金融商品转让、金融经纪业和其他金融业务。保险是指通过契约形式集中起来的资金，用以补偿被保险人的经济利益活动。

4. 邮电通信业

邮电通信业是指专门办理信息传递业务，包括邮政和电信。其中，邮政是指传递实物信息的业务，包括传递函件或包件（含快递业务）、优惠、报刊发行、邮务物品销售、邮政储蓄及其他邮政业务。电信是指用各种电传设备传输电信号而传递信息的业务，包括电报、电话、电话机安装、电信物品销售及其他电信业务。电信业务包括基础电信业务和增值电信业务。

5. 文化体育业

文化体育业是指经营文化、体育活动的业务，包括文化业和体育业。文化业是指经营文化的业务，包括表演、播映、经营游览场所和各种展览、培训活动，举办文学、艺术、科技讲座、讲演、报告会，图书馆的图书和资料的借阅业务等。体育业是指举办各种体育比赛和为体育比赛或体育活动提供场所的业务。

6. 娱乐业

娱乐业是指为娱乐活动提供场所和服务的业务，包括经营歌厅、舞厅、卡拉 OK 歌舞厅、音乐茶座、台球、高尔夫球、保龄球场、网吧、游艺场等娱乐场所，以及娱乐场所为顾客进行娱乐活动提供服务的业务。娱乐场所为顾客提供的饮食服务及其他各种服务也按照娱乐业征税。

7. 服务业

服务业是指利用设备、工具、场所、信息或技能为社会提供服务的业务，包括代理、旅店业、饮食业、旅游业、仓储业、租赁业、广告业和其他服务业。

8. 转让无形资产

转让无形资产是指转让无形资产的所有权或使用权的行为，包括转让土地税使用权、转让商标权、转让专利权、转让非专利技术、出租电影拷贝、转让著作权和转让商誉。

自 2003 年 1 月 1 日起，以无形资产投资入股，参与接受投资方的利润分配、共同承担风险的行为，不征收营业税。在投资后转让其股权的也不征收营业税。

9. 销售不动产

销售不动产是指有偿转让不动产的所有权的行为，包括销售建筑物或构建物和销售其他土地附着物。在销售不动产时连同不动产所占的土地的使用权也一并转让的行为，比照销售不动产征收营业税。

自 2003 年 1 月 1 日起，以不动产投资入股，参与接受投资方的利润分配、共同承担风险的行为，不征收营业税。在投资后转让其股权的也不征收营业税。

单位或个人将不动产或土地使用权无偿赠与其他单位或个人，视同发生应税行为，按规定征收营业税；单位或个人自己新建（以下称自建）建筑物后销售，其所发生的自建行为，视同发生应税行为，按规定征收营业税。

5.1.4 税率

1. 现行营业税按不同行业和经营业务采用不同的比例税率。具体规定如下。

①交通运输业、建筑业、邮电通信业和文化体育业，税率为 3%。

②服务业、金融保险业、转让无形资产和销售不动产，税率为 5%。

③娱乐业执行 5%～20% 的幅度税率，具体适用的税率，由各省、自治区、直辖市人民政府根据当地的实际情况在税法规定的幅度内决定。

2. 其他相关规定

自 2001 年 5 月 1 日起，对夜总会、歌厅、舞厅、射击、狩猎、跑马、游戏、高尔夫球、游艺、电子游艺厅等娱乐行为一律按 20% 的税率征收营业税。

自 2004 年 7 月 1 日起，保龄球、台球减按 5% 的税率征收营业税，税目仍属于"娱乐业"。

5.1.5 计税依据

1. 一般规定

营业税的计税依据是营业额。营业额是指纳税人提供应税劳务、转让无形资产或者销售不动产而向对方收取的全部价款和价外费用。价外费用包括向对方收取的手续费、基金、集资费、代收款项、代垫款项及其他各种性质的价外费用。

2. 具体规定

（1）交通运输业

①纳税人将承揽的业务分给其他单位或个人的，以其取得的全部价款和价外费用扣除其支付给其他单位或个人的运输费用后的余额为营业额。

②运输企业自中华人民共和国境内载运旅客或货物出境，在境外其载运的旅客或货物改由其他运输企业承运的，以全程运费减去付给转运企业的运费后的余额为营业额。

③联运业务，以实际取得的营业收入为营业额。联运业务是指两个以上运输企业完成旅客或货物从发送地点至到达地点所进行的运输业务。

（2）建筑业

①建筑业的总承包人将工程分包或者转包给他人的，以工程的全部承包额减去付给分包人或者转包人的价款后的余额为营业额。

②纳税人提供建筑业劳务（不含装饰劳务的），营业额应当包括工程所用原材料、设备及其他物资和动力的价款在内，但不包括建设方提供的设备的价款。

③自建行为和单位或个人将不动产无偿赠与他人，由主管税务机关按照规定核定营业额。

需要注意的是，纳税人自建自用的房屋不纳税；如纳税人将自建的房屋对外销售（包括个人自建自用住房销售），其自建行为应按建筑业缴纳营业税，再按销售不动产征收营业税。

④纳税人采用清包工形式提供的装饰劳务，按照其向客户实际收取的人工费、管理费和辅助材料费等收入确认计税营业额。

（3）金融保险业

①一般贷款以利息收入全额为营业额。对金融机构当期实际收到的结算罚款、罚金加息等收入，应并入营业额中征税。

②金融经纪业和其他金融业务（中间业务）以手续费（佣金）等收入为营业额。

③融资租赁业务以其向承租者收取的全部价款和价外费用（包括残值）减去出租方承担的出租货物的实际成本后的余额，以直线法折算出本期的营业额。

④股票、债券等金融商品买卖业务，以买卖差价为营业额。

⑤金融企业经营的外汇转贷业务，以贷款利息减去借款利息后的余额为营业额。

⑥保险业的营业额是纳税人提供属于保险业征税范围劳务向受让方取得的全部收入。但是，对于分保险的，则以初保险业务的全部保费收入减去给分保人保费后的余额为营业额。

（4）邮电通信业

①电信部门以集中受理方式为集团客户提供跨省的出租电路业务，由受理地区的电信部门按取得的全部价款减除分割给参与提供跨省电信业务的电信部门的价款后的差额为营业额计征营业税；对参与提供跨省电信业务的电信部门，按各自取得的全部价款为营业额计征营业税。

②电信单位与其他单位合作，共同为用户提供邮政电信业务及其他服务并由邮政电信单位统一收取价款的，以全部收入减去支付给合作方价款后的余额为营业额。

（5）文化体育业

单位或个人进行演出，以全部票价收入或包场收入（即全部收入）减去付给提供演出场所的演出公司或者经纪人的费用后的余额为营业额。

（6）娱乐业

娱乐业的营业额为经营娱乐业向顾客收取的各项费用，包括门票收费、台位费、点歌费、烟酒和饮料费及经营娱乐业向顾客收取的各项费用。

（7）服务业

①代理业的营业额为纳税人从事代理业务向委托方实际收取的报酬。

②广告代理业的营业额为代理者向委托方收取的全部价款和价外费用减去付给广告发布者的广告发布费后的余额。

③对拍卖行向委托方收取的手续费应征收营业税。

④旅游业务中，在中国境内旅游的以全部收费减去替旅游者付给其他单位的餐费、住宿

费、交通费、门票和支付其他接团旅游企业的费用后的余额为营业额。

⑤组织旅游团到中华人民共和国境外旅游，在境外改由其他旅游团接团，以全程的旅游费减去支付给该接团企业的旅游费后的余额为营业额。

⑥从事物业管理的企业，以与物业管理有关的收入减去代业主支付的水费、电费、燃（煤）气费以及代承租者支付的水费、电费、燃（煤）气费、房租的价款后的余额为营业额。

（8）销售不动产或受让土地使用权

①单位和个人销售或转让其购置的不动产或受让的土地使用权，以全部收入减去不动产或土地使用权的购置或受让原价后的余额为营业额。

②单位和个人销售或转让抵债所得的不动产、土地使用权的，以全部收入减去抵债时该项不动产或土地使用权作价后的余额为营业额。

③2009 年 1 月 1 日起至 2009 年 12 月 31 日，个人将购买不足 2 年的非普通住房对外销售的，全额征收营业税；个人将购买超过 2 年（含 2 年）的非普通住房或不足 2 年的普通住房对外销售的，按其销售收入减去购买房屋的价款后的差额征收营业税；个人将购买超过 2 年（含 2 年）的普通住房对外销售的，免征营业税。

（9）对于纳税人提供劳务、转让无形资产或销售不动产价格明显偏低而无正当理由的，或视同发生应税行为而无营业额的，税务机关按下列顺序核定其营业额。

①按纳税人最近时期发生的同类应税行为的平均价格核定。

②按其他纳税人最近时期发生的同类应税行为的平均价格核定。

③按下列公式核定：

$$营业额 = 营业成本或工程成本 \times（1 + 成本利润率）\div（1 - 营业税税率）$$

成本利润率由省、自治区、直辖市税务机关确定。

5.1.6 应纳税额的计算

纳税人提供应税劳务、转让无形资产或者销售不动产，按照营业额和规定的税率计算应纳税额。其计算公式为：

$$应纳税额 = 营业额 \times 税率$$

应纳税额以人民币为计算单位，如果纳税人以外汇结算营业额的，须按外汇市场价格折合成人民币计算。人民币的折合率可以选择当天，也可以选择当月 1 日的国家外汇牌价。但金融保险业以外汇结算营业额的，金融业按其收到外汇的当天或当季季末中国人民银行公布的基准汇价折合营业额，保险业按其收到外汇的当天或当月月末中国人民银行公布的基准汇价折合营业额，并计算营业税。纳税人选择何种折合率一旦确定，1 年之内不得变动。

5.1.7 几种特殊经营行为的规定

1. 兼营不同税目的应税行为

税法规定，纳税人兼营不同税目的应税行为，应当分别计算不同税目的营业额、转让额、销售额，然后按各自适用的税率计算应纳税额；未分别核算的，将从高适用税率计算应纳税额。

营业税的营业额是指从事交通运输、建筑业、金融保险业、邮电通信业、文化体育业、娱乐业和服务业取得的营业收入；转让额是指转让无形资产取得的收入；销售额是指销售不动产取得的收入。

2. 混合销售行为

混合销售行为是指一项销售行为既涉及应税劳务又涉及货物的行为。从事货物生产、批发或零售的企业、企业性单位及个体经营者的混合销售行为，视同销售货物，征收增值税，不征收营业税。其他单位和个人的混合销售行为，视为应税劳务，应当征收营业税。

由国家税务总局所属的征收机关判断确定纳税人的销售行为是否属于混合销售行为。

3. 兼营应税劳务与货物或非应税劳务行为

纳税人兼营应税劳务与货物或非应税劳务行为的，应分别核算应税劳务的营业额与货物或非应税劳务的销售额，其应税行为营业额缴纳营业税，货物或非应税劳务不缴纳营业税。未分别核算的，由主管税务机关核定其应税行为营业额。

纳税人兼营免税、减税项目的，应当单独核算免税、减税项目的营业额；未单独核算营业额的，不得免税、减税。

5.1.8 征收管理

1. 纳税义务发生时间

营业税的纳税义务发生时间为纳税人收讫营业收入款项或者取得索取营业税收入款项凭据的当天。其具体规定如下。

（1）纳税人转让土地使用权或者销售不动产，采用预收货款方式的，其纳税义务发生时间为收到预收款的当天。

（2）纳税人自建建筑物后销售的，纳税义务发生时间为其销售自建建筑物并收讫营业额或取得索取营业额凭据的当天。

（3）扣缴税款的义务发生时间为扣缴义务人代纳税人收讫营业收入款项或者取得索取营业收入款项凭据的当天。

（4）单位将不动产赠与他人，其纳税义务发生时间为不动产所有权转移的当天。

（5）贷款业务，其纳税义务发生时间为取得利息收入权利的当天。

（6）融资租赁业务，其纳税义务发生时间为取得租金收入或取得索取租金收入价款凭据的当天。

（7）保险业务，其纳税义务发生时间为取得保费收入或取得索取保费收入的价款凭据的当天。

（8）建筑安装业务的纳税时间比较复杂，具体分为以下四种情况：①实行合同完成后一次性结算价款办法的工程项目，其纳税义务发生时间为施工单位与发包单位进行工程合同价款结算的当天；②实行旬末或月中预支、月末结算、竣工后清算方法的工程项目，其纳税义务发生时间为月份终了与发包单位进行已完工程价款结算的当天；③实行按工程形象进度划分不同阶段结算价款的工程项目，其纳税义务发生时间为各月份终了与发包单位进行已完工程价款结算的当天；④实行其他结算方式的工程项目，其纳税义务发生时间为与发包单位结算工程价款的当天。

（9）单位和个人提供应税劳务、转让专利权、非专利技术、商标权、著作权和商誉时，向对方收取的预收性质的价款（包括预收款、预付款、预存费用等），其纳税义务发生时间以按照财务会计制度的规定，该项预收性质的价款被确认为收入的时间为准。

2. 纳税期限

（1）营业税纳税期限，分别为5日、10日、15日或1个月，纳税人具体纳税期限由主管税务机关依纳税人应纳税额大小分别核定；不能按期纳税的，可以按次纳税。

纳税人以5日、10日或者15日为一期纳税的，自期满之日起5日内预交税款，于次月1日起10日内申报纳税并结清上月的应纳税款；纳税人以1个月为一期纳税的，自期满之日起10日内申报纳税。

（2）营业税扣缴义务人解缴税款的期限，比照上述规定执行。

（3）金融业（不包括典当业）的纳税期限为一个季度，自期满之日起10日内申报纳税。

（4）保险业的纳税期限为1个月。

3. 纳税地点

营业税的纳税地点原则上采用属地征收的方法，就是纳税人在经营行为的发生地缴纳应纳税款。具体规定如下。

（1）纳税人提供应税劳务，应当向应税劳务发生地的税务机关申报纳税。纳税人从事运输业的，应当向其机构所在地的税务机关申报纳税。

（2）纳税人转让土地使用权，应向土地所在地税务机关申报纳税。纳税人转让其他无形资产，应当向其机构所在地主管税务机关申报纳税。

（3）纳税人销售不动产，应当向不动产所在地主管税务机关申报纳税。

（4）扣缴义务人应当向其机构所在地的主管税务机关申报缴纳其扣缴的营业税税款。但建筑安装工程业务总承包人扣缴分包或者转包的非跨省（自治区、直辖市）工程的营业税税款，应当向分包或转包工程的劳务发生地主管税务机关解缴。

5.2 营业税税收筹划

5.2.1 税收优惠的税收筹划

1. 起征点

按照全国的人均收入水平，现行《营业税暂行条例实施细则》规定了营业税的起征点，营业额达到或超过起征点的即照章全额计算纳税，营业额低于起征点的则免予征收营业税。税法规定的起征点为：

（1）按期纳税的起征点（除另有规定外）为月营业额 1 000 ~ 5 000 元；

（2）按次纳税的起征点（除另有规定外）为每次（日）营业额为 100 元。

各省、自治区、直辖市人民政府所属地方税务机关可以在规定的幅度内，根据当地的实际情况确定本地区的起征点，并报财政部、国家税务总局备案。

2. 税收优惠规定

（1）根据《营业税暂行条例》的规定，下列项目免征营业税。

①托儿所、幼儿园、养老院、残疾人福利机构所提供的育养服务、婚姻介绍、殡葬服务。

②残疾人员个人为社会提供的劳务。

③学校及其他教育机构提供的教育劳务，学生勤工俭学所提供的劳务服务。学校及其他教育机构是指普通学校及经地、市级以上人民政府或同级政府的教育行政部门批准成立、国家承认其学员学历的各类学校。

④农业机耕、排灌、病虫害防治、农牧保险以及相关技术培训，家禽、牲畜、水生动物的配种和疾病防治业务。

⑤纪念馆、博物馆、文化馆（站）、美术馆、展览馆、书画院、图书馆、文物保护单位举办文化活动的门票收入，宗教场所举办文化、宗教活动的门票收入。

（2）根据国家的其他规定，下列项目减征或免征营业税。

①保险公司开展的 1 年期以上返还性人身保险业务的保险收入免征营业税。返还性人身保险业务是指保期 1 年以上（包括 1 年期），到期返还本利的普通人寿保险、养老金保险、健康保险。

②对单位和个人（包括外商投资企业、外商投资设立的研究开发中心、外国企业和外籍个人）从事技术转让、技术开发业务和与之相关的技术咨询、技术服务业务取得的收入免征营业税。技术转让是指转让者将其拥有的专利和非专利技术的所有权或使用权有偿转让他人的行为；技术开发是指开发者接受他人委托，就新产品、新技术、新工艺或新材料及其系统进行研发的行为；技术咨询是指就特定技术项目提供可行性论证、技术预测、专题技术调查、分析评价报告等，与技术转让、技术开发业务相关的技术咨询、技术服务业务是指转让方根据技术转让或开发合同的规定，为了帮助受让方掌握所转让的技术而提供的技术咨询、技术服务业务。

③工会疗养院（所）可视为"其他医疗机构"，免征营业税。

④将土地使用权转让给农业生产者用于农业生产，免征营业税。

⑤个人转让著作权所取得的收入，免征营业税。

⑥凡经国务院及省级人民政府所属财政部门批准纳入预算管理或财政专户管理的行政事业性收费、基金，不征收营业税。

⑦社会团体按财政部门或民政部门规定标准收取的会费，不征收营业税。

⑧对从原高校后勤管理部门剥离出来而成立的进行独立核算并有法人资格的高校后勤经济实体，经营学生公寓和教师公寓及为高校教学提供后勤服务而获得的租金和服务性收入，免征营业税；但利用学生公寓或教师公寓等高校后勤服务设施向社会人员提供服务而获得的

租金和其他各种服务性收入，应按规定计征营业税。

⑨对住房公积金管理中心用住房公积金在指定的委托银行发放个人住房贷款取得的收入，免征营业税。

⑩对按政府规定价格出租的公有住房和廉租住房所取得的收入暂免征营业税；对个人按照市场价格出租民用住房的，暂按3%的税率征收营业税。

⑪保险公司的追缴款不征收营业税。

⑫金融机构往来业务所取得的收入不征收营业税。

⑬对人民银行提供给地方商业银行，由地方商业银行转贷给地方政府用于清偿农村合作基金债务的专项贷款所取得的利息收入，免征营业税。

⑭对社保基金理事会、社保基金投资管理人运用社保基金买卖证券投资基金、股票、债券的差额收入，暂免征营业税。

⑮人民银行对金融机构的贷款业务，不征收营业税。人民银行对企业或委托金融机构贷款的业务应当征收营业税。

⑯立法机关、司法机关、行政机关的收费，同时具备下列条件的，不征收营业税：一是国务院、省级人民政府或所属财政、物价部门以正式文件允许收费，而且收费标准符合文件规定的；二是所收费用由立法机关、司法机关、行政机关自己直接收取的。

⑰对于从事国际航空运输业务的外国企业或我国香港、澳门、台湾地区的企业从我国大陆运载旅客、货物、邮件的运输收入，在国家另有规定之前，应按4.65%的综合计征率计算征税。

⑱中国人民保险公司和中国进出口银行办理的出口信用保险业务，不作为境内提供保险，为非应税劳务，不征收营业税。

⑲保险公司摊回的分保费用不征收营业税。

⑳人民银行对金融机构的贷款业务，不征收营业税。人民银行对企业贷款或委托金融机构贷款的业务应当征收营业税。

㉑对电影放映单位放映电影取得的票价收入按收入全额征收营业税后，对电影发行单位向放映单位收取的发行收入不再征收营业税，但对电影发行单位取得的片租收入仍应按全额征收营业税。

㉒对金融机构出纳长款收入，不再征收营业税。

㉓企业集团或集团内的核心企业（以下简称企业集团）委托企业集团所属的财务公司代理统借统还贷款业务，从财务公司取得的用于归还金融机构的利息不征收营业税；财务公司承担此项统借统还委托贷款业务，从贷款企业收取贷款利息不代扣代缴营业税。

㉔对非营利性医疗机构按照国家规定的价格取得的医疗服务收入，免征营业税。

㉕对信达、华融、长城和东方资产管理公司接受相关国有银行的不良债权，免征销售转让不动产、无形资产以及利用不动产从事融资租赁业务应缴纳的营业税。对资产公司接受相关国有银行的不良债权取得的利息收入，免征营业税。

㉖对纳入全国试点范围的非营利性中小企业信用担保、再担保机构，可由地方政府确定，对其从事担保业务的收入，三年内免征营业税。

㉗综合性保险公司及其子公司需将其所拥有的不动产划转到新设立的财产保险公司和人寿保险公司，由于上述不动产所有权转移过户过程中并未发生有偿销售不动产行为，不征收营业税。

㉘对中国电信集团公司将江苏、浙江、广东、上海四省（市）和其他地区电信业务资产重组上市时已缴纳过营业税的预收性质的收入，从递延收入中转出并确认为营业收入时，不再征收营业税。

㉙自 2003 年 8 月 1 日起，对民航总局及地区民航管理机构在开展相关业务时收取并纳入预算管理，实行"收支两条线"的以下八项费用不征收营业税：民用航空器国籍登记费；民用航空器权利登记费；民航经营活动主体和销售代理企业经营许可证工本费；民航安全检查许可证工本费；安全检查仪器使用合格证工本费；民航从业人员考试费、执照工本费；航空业务权补偿费；适航审查费。

以上收费项目，此前已征税款不再补征。今后凡经财政部、国家发改委发文明确调整为服务性收费的，从调整之日起，征收营业税。

㉚《财政部、国家税务总局关于对中国出口信用保险公司办理的出口信用保险业务不征收营业税的通知》（财税〔2002〕157 号）规定，"对中国出口信用保险公司办理的出口信用保险业务不征收营业税"。这里的"出口信用保险业务"包括出口信用保险业务和出口信用担保业务。

㉛自 2004 年 8 月 1 日起，对军队空余房产租赁收入暂免征收营业税、房产税；此前已征税款不予退还，未征税款不再补征。

㉜住房专项维修基金征免营业税的规定。住房专项维修基金是属全体业主共同所有的一项代管基金，专项用于物业保修期满后物业共同部位、共同设施设备的维修和更新、改造。鉴于住房专项维修基金资金所有权及使用的特殊性，对房地产主管部门或其指定机构、公积金管理中心、开发企业以及物业管理单位代收的住房专项维修基金，不计征营业税。

㉝对下岗失业人员从事个体经营活动免征营业税，是指其雇工 7 人（含 7 人）以下的个体经营行为。下岗失业人员从事经营活动雇工 8 人（含 8 人）以上，无论其领取的营业执照是否注明为个体工商业户，均按照新办服务型企业有关营业税优惠政策执行。

㉞对从事个体经营的军队转业干部、城镇退役士兵和随军家属，自领取税务登记证之日起，三年内免征营业税。

㉟对 QFII 委托境内公司在我国从事证券买卖业务取得的差价收入，免征营业税。

㊱单位和个人提供的垃圾处置劳务不属于营业税劳务，对其处置垃圾取得的垃圾处置费，不征收营业税。

㊲根据规定，对在京外国商会按财政部门或民政部门规定标准收取的会费，不征收营业税。对其会费以外各种名目的收入，凡属于营业税应税范围的，一律照章征收营业税。

㊳自 2006 年 1 月 1 日起至 2008 年 12 月 31 日止，对高校后勤实体经营学生公寓和老师公寓及为高校教学提供后勤服务取得的租金和服务性收入，免征营业税。但对利用学生公寓或教师公寓等高校后勤服务设施向社会人员提供服务取得的租金和其他各种服务性收入，按现行规定计征营业税。

另外，还有三项营业税的减税规定。

（1）自2005年6月1日起，对公路经营企业收取的高速公路车辆通行费收入统一减按3%的税率征收营业税。

（2）从2004年1月1日起，对改革试点地区（山西、内蒙古、黑龙江、安徽、河南、湖北、湖南、广西、四川、云南、甘肃、宁夏、青海和新疆；其他试点地区包括北京、天津、河北、辽宁、上海、福建和广东）农村信用社取得的金融保险业应税收入，按3%的税率征收营业税。

（3）对个人按市场价格出租的居民住房，暂按3%的税率征收营业税。

总之，纳税人要充分利用营业税的税收优惠政策，积极创造条件，尽量减免税。比如，兼营减免税项目时，应该单独核算营业额，未分别核算的，不得减免税。

5.2.2 纳税人的税收筹划

营业税纳税人的税收筹划是按照税法规定自行选择对自己有利的纳税人身份进行纳税。这里主要是利用在增值税纳税人和营业税纳税人的规定上可选择的部分进行筹划。

按照税法规定，如果一项销售行为既涉及应税劳务又涉及货物，为混合销售行为。具体讲，混合销售行为成立的标准有两点：一是其销售行为必须是一项行为；二是该行为必须既涉及应税劳务又涉及货物销售。从事货物的生产、批发或零售的企业、企业性单位及个体经营者的混合销售行为，视为销售货物，不征收营业税；其他单位和个人的混合销售行为，视为提供应税劳务，应当征收营业税。这时的税收筹划主要是比较增值税和营业税税负的高低，选择税负低的税种交税。这里同样使用无差别平衡点增值率判别法，具体参见本书第四章第二节中的内容。当增值率高于平衡点时，增值税一般纳税人应纳税额大于营业税纳税人的应纳税额；增值率低于平衡点时，营业税纳税人的负担会重于一般纳税人。总之，当纳税人的经营项目增值率很低时，应该选择增值税一般纳税人身份；反之，应选择营业税纳税人身份。

此外，进行营业税纳税人的税收筹划时，还应该注意"境内"这个概念，尽可能避免成为营业税的纳税人。境内的含义指提供或接受应税劳务的单位或个人在境内所转让的无形资产（不含土地使用权）的接受单位或个人在境内，所转让或出租土地使用权的土地在境内，所销售或出租的不动产在境内。

5.2.3 征税范围的税收筹划

营业税征收范围的税收筹划主要介绍建筑业和不动产销售两个方面。

1. 建筑业的税收筹划

（1）合作建房方式的选择

所谓合作建房，就是指一方提供土地使用权，另一方提供资金，双方合作建造房屋。根据相关规定，合作建房有两种方式：第一种方式为"以物易物"方式，即双方以各自拥有的土地使用权和房屋所有权相互交换；第二种方式是一方以土地使用权，另一方以货币资金合股，成立合营企业，合作建房。另外，房屋建成后的利益分配方式有三种：一种是双方采取风险共担、利润共享的分配方式；一种是采取按销售收入的一定比例提成的方式参与分配或提取固定的利润；一种是采取双方按一定比例分配房屋的方式。

①第一种按"以物易物"方式转让土地使用权的行为属于转让无形资产，需要交营业税；转让房屋的行为属于销售不动产，要交营业税。

②第二种合营方式中出租土地使用权的行为属于服务业的租赁业，要交营业税；以房屋换取土地使用权的行为属于销售不动产，要交营业税。

③如果双方风险共担、利润共享，按照营业税的规定，以无形资产投资入股，参与接受投资方的利润分配，共同承担风险的行为，不征营业税。这样，提供土地使用权的一方视为投资入股，不征营业税，而只对合营企业销售房屋取得的收入按销售不动产征税，对双方分得的利润不征税。

④如果采取按销售收入的一定比例提成的方式参与分配或提取固定的利润，则不属于投资入股行为，取得的固定利润或从销售收入中按比例提取的收入属于转让无形资产的行为，要交营业税；合营企业则应按照销售不动产交纳营业税。

⑤如果采取双方按一定比例分配房屋的方式，也不属于投资入股行为，则向合营企业转让土地的行为属于转让无形资产，要交营业税；分配的房屋如果销售的，则按照销售不动产交纳营业税。

总之，纳税人应该根据以上情况选择合作建房的方式，以达到节税的目的。

（2）材料供应方式的选择

《营业税暂行条例》规定，从事建筑、修缮、装饰工程作业的纳税人，无论与对方如何结算，其应纳税营业额均应包括工程所用原材料及其他物资和动力的价款。因此，纳税人在从事安装工程作业时，应该尽可能地不将设备价值包括在营业额里，一般可以由建设单位提供设备，建筑安装企业只负责安装，只将安装费计入营业额征税，从而达到节税的目的。

2. 销售不动产的税收筹划

销售不动产的税收筹划主要是减少流转环节。因为在固定资产销售过程中，每个环节都要征收营业税，并且以销售额为计税依据全额征税。因此，应尽量减少流转环节，以减少税收支出。

例如，B 企业欠 A 企业 1400 万资金并且无力偿还，B 企业与 A 企业协商愿意将其下属的一幢大楼作价 2000 万元转让给 A 企业。但是，A 企业要支付给 B 企业差价 600 万元。A 企业经市场调查发现可以将该大楼以 2000 万元的价格转让给 C 企业。那么，A 企业是否接受 B 企业的建议，是否还有更好的办法呢？

分析：

如果 A 企业接受 B 企业的建议，则 A 企业在销售大楼时要缴纳营业税。

应纳营业税额 = 2000 × 5% = 100（万元）

则 A 企业实际收回债权 = 2000 - 600 - 100 = 1300（万元）

即由于交税使得实际收回资金减少了 100 万元。

如果 A 企业不直接取得 B 企业大楼的所有权，而是把 C 企业的意愿转告给 B 企业，让 C 企业和 B 企业完成交易后从 B 企业处收回 1400 万元债务。这时 A 企业没有任何损失，而 B 企业两种情况下都要转让固定资产，在价格不变的情况下，B 企业也没有任何额外损失。可以看出，通过减少交易环节，可以取得明显的节税效果。

5.2.4 计税依据的税收筹划

营业税的计税依据是营业额，营业额包括纳税人提供应税劳务、转让无形资产或销售不动产所收取的全部价款和价外费用，而且在每一个流转环节都全额纳税。因此，营业税计税依据的税收筹划主要有减少营业额、减少价外费用和减少流转环节三个方面。

1．减少营业额

减少营业额的方法主要有分解营业额和加大税前扣除项目两种方式。

（1）分解营业额

比如，纳税人在从事安装工程作业时，涉及的外购设备价值，建筑安装企业一般不要直接购买，而是由建设单位提供，这样其只将安装费计入营业额，以达到节税的目的。

（2）加大税前扣除项目

营业税法对某些特定的业务制定了税前扣除的规定，进行税收筹划时要充分利用，以缩小计税依据，减少应纳税额。例如，交通运输业的联运业务，以实际收到的营业额作为计税依据；物业单位以收到的全部收入减去代业主支付的水费、电费、燃气费等成本后的余额为营业额。

2．减少价外费用

营业税计税依据的营业额的价外费用包括手续费、基金、集资费、代收及代垫款项。一些价外费用属于税法规定的可以扣除的代垫、代收款项，通过税收筹划可以将这些费用排除在价外费用之外，从而减少营业额，达到节税目的。

3．减少流转环节

因为营业税是在每一个流转环节按照营业额全额纳税，所以产品的流转环节越多，营业税的征收次数就越多，纳税人的税收负担就越重。因此，要尽可能地减少流转环节，以达到节税的目的。

5.2.5 税率的税收筹划

在营业税的税目税率当中，规定了多个税目，并且税目间的税率差异较大。这样，在纳税人选择适用税率上便有了一定的税收筹划空间。

1．兼营行为的税率选择

根据税法有关规定，纳税人兼营不同税目应税行为的，应当分别核算不同税目的营业额、转让额、销售额；未分别核算的，税务部门将从高适用税率。这就是说，哪个税目的税率高，混在一起的营业额就按哪个税率计税。由此可见，分别核算可以减少税收负担。

比如，某高级酒楼既经营饮食业，又经营娱乐业。2009 年 3 月，该餐厅饮食业收入为

120 万元，娱乐业收入为 40 万元（适用税率为 20%）。如果统一核算，则应将饮食业与娱乐业的全部收入一并按娱乐业的税率 20% 缴纳营业税。这时应纳营业税为（120＋40）×20% ＝32 万元。如果分别核算，则饮食业按服务业项目 5% 的税率征收营业税，这时餐饮部分应纳营业税为 120×5% ＝6 万元；娱乐业部分按 20% 的税率征收营业税，娱乐部分应纳营业税为 40×20% ＝8 万元。该餐厅合计缴纳营业税为 8＋6＝14 万元。显然，分别核算比不分别核算少纳税 18 万元。

2. 不同税目间的税率调整

在进行经济行为前，纳税人可以通过合理筹划自己的经济行为，找到对自己最为有利的税率缴纳营业税。

根据《营业税暂行条例》规定：建筑业的总承包人将工程分包或转包给他人的，以工程的全部承包额减去付给分包人或者转包人的价款后的余额为营业额。工程承包公司承包建筑安装工程业务，如果工程承包公司与建设单位签订建筑安装工程承包合同的，无论其是否参与施工，均应按"建筑业"税目征收营业税，税率为 3%；如果工程承包公司不与建设单位签订承包建筑安装工程合同，只是负责工程的组织协调业务，对工程承包公司的此项业务则按"服务业"税目征收营业税，税率为 5%。

比如，甲单位发包一建设工程。通过工程承包公司乙，施工单位丙最后中标，于是甲与丙签订了工程承包合同，合同金额为 11 000 万元。乙公司未与甲单位签订承包建筑安装合同，而只是在甲丙间负责工程的协调沟通工作，丙支付乙公司服务费用 1000 万元。此时，乙公司应纳营业税为 1000×5% ＝50 万元。如果乙公司直接和甲公司签订工程承包合同，合同金额为 11 000 万元。然后乙公司再把该工程以 10 000 万元转包给丙公司。这样，乙公司应缴纳营业税为（11 000－10 000）×3% ＝30 万元。因此，通过合同签约方式的税收筹划，乙公司可节约 20 万元的营业税支出。

值得注意的是，进行工程承包合同的税收筹划关键是与工程相关的合同应避免单独签订服务合同。同时，还要保持总包与分包合同条款的完整性。

5.3 案例分析

5.3.1 营业税法律制度案例分析

案例一

位于某县城的建筑安装公司 2009 年 8 月发生以下业务。

（1）与机械厂签订建筑工程合同一份，为其承建厂房一栋，签订合同时预收工程价款 800 万元，月初开始施工至月底已完成全部工程的 1/10。

（2）与开发区签订安装工程合同一份，为其铺设通信线路，工程价款共计 300 万元，其中包含由开发区提供的光缆、电缆价值 80 万元，月末线路铺设完工，收回全部价款。

（3）与地质勘探队签订合同一份，按照合同约定为其钻井作业提供泥浆工程劳务，取得劳务收入 40 万元。

（4）以清包工形式为客户提供装修劳务，共收取人工费 35 万元、管理费 5 万元、辅助材料费 10 万元，客户自行采购的装修材料价款为 80 万元。

（5）将自建的一栋住宅楼销售给职工，取得销售收入 1000 万元、煤气管道初装费 5 万元，代收住房专项维修基金 50 万元；该住宅楼的建筑成本 780 万元，当地省级税务机关确定的建筑业的成本利润率为 15%。

要求：根据上述资料，回答下列问题。

（1）公司 8 月份承建厂房工程应缴纳的营业税税额。

（2）公司 8 月份铺设通信线路工程应缴纳的营业税税额。

（3）公司 8 月份提供泥浆工程作业应缴纳的营业税税额。

（4）公司 8 月份为客户提供装修劳务应缴纳的营业税税额。

（5）公司 8 月份将自建住宅楼销售给职工应缴纳的营业税税额。

案例分析

（1）承建厂房工程按照已完工程征税，所以，

应缴纳的营业税 = $800 \times 10\% \times 3\% = 2.4$（万元）

（2）铺设通信线路工程所包含的由建设单位提供的产品价值，不计算纳税，所以，

应缴纳的营业税 = $(300 - 80) \times 3\% = 6.6$（万元）

（3）提供泥浆工程作业应缴纳的营业税 = $40 \times 3\% = 1.2$（万元）

（4）为客户提供装修劳务，客户自行采购的装修材料价款，不计算纳税，所以，

应缴纳的营业税 = $(35 + 5 + 10) \times 3\% = 1.5$（万元）

（5）自建住宅楼销售给职工按照建筑业计税，组成计税价格包括成本、利润和营业税；代收费用属于服务业，所以，

应缴纳的营业税 = $780 \times (1 + 15\%) \div (1 - 3\%) \times 3\% + (1000 + 5) \times 5\% = 77.99$（万元）

案例二

某旅游开发有限公司 2009 年 8 月发生的有关业务及收入如下。

（1）旅游景点门票收入 650 万元。

（2）景区索道客运收入 380 万元。

（3）民俗文化村项目表演收入 120 万元。

（4）与甲企业签订合作经营协议：以景区内价值 2000 万元的房产使用权与甲企业合作经营景区酒店（房屋产权仍属公司所有）。按照约定，旅游公司每月收取 20 万元的固定收入。

（5）与乙企业签订协议，准予其生产的旅游产品进入公司非独立核算的商店（增值税小规模纳税人）销售，一次性收取进场费 10 万元。当月该产品销售收入 30 万元，开具旅游公司普通发票。

要求：根据上述资料，回答下列问题。

（1）计算门票收入应缴纳的营业税税额。

（2）计算索道客运收入应缴纳的营业税税额。

（3）计算民俗文化村表演收入应缴纳的营业税税额。

（4）计算合作经营酒店收入应缴纳的营业税税额。

（5）计算商店应缴纳的营业税税额。

案例分析

（1）门票收入属于文化业收入

应缴纳的营业税 = 650 × 3% = 19.5（万元）

（2）索道客运收入属于服务业的旅游业收入

应缴纳的营业税 = 380 × 5% = 19（万元）

（3）表演收入属于文化业收入

应缴纳的营业税 = 120 × 3% = 3.6（万元）

（4）合作经营酒店收入属于服务业的租赁业收入

应纳营业税 = 20 × 5% = 1（万元）

（5）商店收入属于服务业的租赁业收入

应纳营业税 = 10 × 5% = 0.5（万元）

案例三

某房地产开发公司 2008 年发生如下业务。

（1）开发部自建统一规格和标准的楼房 4 栋，建筑安装总成本为 6000 万元（核定的成本利润率为 15%）。该公司将其中一栋留作自用；一栋对外销售，取得销售收入 2500 万元；另一栋投资入股某企业，现将其股权的 60% 出让，取得收入 1500 万元；最后一栋抵押给某银行以取得贷款，抵减应付银行利息 100 万元。该公司还转让一处正在进行土地开发，但尚未进入施工阶段的在建项目，取得收入 2000 万元。

（2）该公司物业部收取的物业费为 220 万元，其中代业主支付的水电暖气费共计 110 万元。

（3）该公司下设非独立核算的汽车队取得营运收入 200 万元，联运收入 300 万元。其中，支付给其他单位的承运费 150 万元。

要求：计算该公司当月应纳营业税税额。

案例分析

房屋的营业税涉及建筑安装业和转让不动产两个营业税税目，本题的关键是区分清楚交不交税，按照哪个税目交税。

（1）纳税人自建自用的房屋不纳税；以不动产投资入股，参与接受投资方的利润分配、共同承担风险的行为，不征收营业税，在投资后转让其股权的也不征收营业税。所以，除自产自用的房屋外，都交建筑安装业税目的营业税，但是，只有对外销售的和抵减利息的房屋交转让不动产税目的营业税。则：

开发部应纳营业税额

$= 6000 \times 3/4 \times (1 + 15\%) / (1 - 3\%) \times 3\% + 2500 \times 5\% + 100 \times 5\% + 2000 \times 5\%$

$= 160.05 + 125 + 5 + 100$

$= 390.05$（万元）

（2）物业部收取的物业费应交营业税，但代业主支付的水电暖气费应该扣除。则

物业部应纳营业税 = （220 − 110）× 5% = 5.5（万元）

（3）非独立核算的汽车队的营运收入应交营业税，联运收入中支付给其他单位的承运费应该扣除。则

应纳营业税 = 200 × 3% + （300 − 150）× 3% = 10.5（万元）

案例四

某运输公司是小规模纳税人，2009年6月份取得全部收入500万元，具体如下：

（1）国内运输收入279万元，支付联运企业运费50万元；

（2）北京至美国货运收入100万元，在境外转运，支付境外企业运费30万元；

（3）在境外接受运至北京的运单，取得收入50万元；

（4）销售货物取得支票20万元并开具普通发票，并取得运送该批货物的运费收入1万元；

（5）派遣公司司机赴境外提供运输服务，取得收入20万元；

（6）设有非独立核算的搬家公司，取得搬家收入30万元。

要求：计算该公司当月实际应纳营业税税额。

案例分析

（1）支付联运企业运费和支付境外企业运费，不应计算营业额，要从收入中扣除；

（2）在境外接受运单，取得的收入，不在境内交营业税；

（3）销售货物并取得运送该批货物的运费收入，应该缴纳增值税，不应缴纳营业税；

（4）组织员工赴境外提供劳务，不缴纳营业税；

（5）搬家公司的收入应该按照交通运输业缴纳营业税；

（6）自2009年1月1日起，小规模纳税人的征税率统一为3%。

所以，该运输公司应纳营业税 = （500 − 50 − 30 − 50 − 20 − 1 − 20）× 3% = 9.87（万元）

或 = （279 − 50 + 100 − 30 + 30）× 3% = 9.87（万元）

案例五

某房地产公司2009年发生如下业务。

（1）1月份招标建房，甲建筑公司中标，承建A和B两项商品房建筑工程，工程价款分别为5000万元和3000万元。甲建筑公司将B项商品房建筑工程转包给乙建筑公司，工程价款2820万元。

（2）7月份，B项商品房建筑工程完工，甲乙建筑公司进行工程价款的结算。甲将自建的市场价值为1600万元的C商品房（建筑成本1200万元）抵顶应付乙建筑公司的工程款，另支付银行存款1220万元；乙建筑公司将其对外销售，取得销售收入1850万元。

（3）8 月份，A 项商品房建筑工程完工，房地产公司与甲建筑公司进行工程价款结算。房地产公司用尚未开发的市场价格为 2000 万元的土地（2000 年以出让方式取得，支付的土地出让金为 1200 万元），抵顶甲建筑公司的工程款，另支付银行存款 5000 万元，其余款项以甲建筑公司在 A 项商品房中为房地产公司建造的部分商品房（建筑安装成本 600 万元）抵顶。

（4）9 月份，房地产公司自建商品房 250 000 平方米，工程成本 1350 元/平方米，售价 2600 元/平方米。当月销售自建商品房 150 000 平方米；将 2000 平方米无偿赠送给某单位；将 8000 平方米向 C 公司投资，占 C 公司 10% 的股份。

（5）10 月份，为改善办公条件，房地产公司将 1500 平方米装修后作为公司的办公楼，将旧办公楼出售，取得销售收入 480 万元，该办公楼于 1999 年购入，购进价格 520 万元。

（6）11 月份房地产公司销售由甲建筑公司建造商品房的 45%，取得销售收入 3200 万元，销售乙建筑公司建造商品房的 78%，取得销售收入 3000 万元。

（7）3 月份，该房地产公司签订出租写字楼协议，租金收入 20 万元/月，从 4 月份开始，租期 2 年，根据合同，写字楼由承租方装修，装修费由出租方承担，承租方垫付装修费 40 万元，装修费从租金中扣除，扣除装修费后，房地产公司当年收取租金 140 万元。

其他相关资料：成本利润率为 10%。

要求：根据上述资料，回答下列问题：

（1）房地产公司全年应纳营业税税额；

（2）甲建筑公司应纳营业税税额（不包括代缴营业税）；

（3）乙建筑公司应纳营业税税额。

案例分析

（1）房地产公司应纳营业税税额

①房地产公司销售自建商品房和将商品房无偿赠送，应该按照建筑业缴纳营业税，所以，

应纳营业税 =（150 000 + 2000）× 1350/10 000 ×（1 + 10%）/（1 − 3%）× 3% = 698.1（万元）

②房地产公司用商品房抵顶工程价款和销售、赠送商品房的行为，都应该按照销售不动产缴纳营业税，所以，

应纳营业税 = ［（5000 + 3000 − 2000 − 5000）+（150 000 + 2000）× 2600/10 000 + 3200 + 3000］× 5% = 2336（万元）

③转让土地使用权按照转让无形资产交税，计税依据可以减除购置或受让价，所以，

应纳营业税 =（2000 − 1200）× 5% = 40（万元）

④当年协议出租 9 个月，按合同确定的付款日期确定纳税义务，所以，

应纳营业税 = 20 × 9 × 5% = 9（万元）

⑤房地产公司应纳营业税 = 698.1 + 2336 + 40 + 9 = 3083.1（万元）

（2）甲建筑公司应纳营业税税额

①甲建筑公司取得的工程价款和用商品房抵顶工程价款，都应该缴纳建筑业的营业税，

所以，应纳营业税 = ［5000 + （3000 - 2820） + 1200 × （1 + 10%） / （1 - 3%）］ × 3% = 196.22（万元）

②甲建筑公司销售不动产应纳营业税 = 1600 × 5% = 80（万元）

③甲建筑公司应纳营业税税额 = 196.22 + 80 = 276.22（万元）

（3）乙建筑公司应纳营业税税额

①乙建筑公司取得工程价款，应该按照建筑业缴纳营业税，所以，

应纳营业税 = 2820 × 3% = 84.6（万元）

②乙建筑公司销售不动产应纳营业税 = （1850 - 1600） × 5% = 12.5（万元）

③建筑公司应纳营业税税额 = 84.6 + 12.5 = 97.1（万元）

案例六

某服务公司主要从事人力资源中介服务，2009 年 2 月份发生以下业务。

（1）接受某用工单位的委托安排劳动力，取得该单位支付的价款共计 50 万元。其中，40 万元用于支付劳动力的工资和社会保险费，2 万元用于支付劳动力的住房公积金。

（2）提供人力资源咨询服务取得收入 40 万元。

（3）提供会议服务取得收入 30 万元。

（4）在中国境内接受境外企业的远程业务指导（境外企业未派人来华），支付费用 20 万元。

（5）借款给某单位，按同期银行贷款利率收取资金占用费 10 万元。

（6）转让接受抵债所得的一处房产，取得收入 800 万元。抵债时该房产作价 500 万元。

要求：根据上述资料，按照下列序号计算回答问题，每问需计算出合计数。

（1）受托安排劳动力业务应缴纳的营业税税额。

（2）提供人力资源咨询服务应缴纳的营业税税额。

（3）提供会议服务应缴纳的营业税税额。

（4）接受境外企业远程业务指导所付费用应代扣代缴的营业税税额。

（5）收取的资金占用费应缴纳的营业税税额。

（6）转让房产应缴纳的营业税税额。

案例分析

（1）受托安排劳动力业务应缴纳的营业税 = （50 - 40 - 2） × 5% = 0.4（万元）

（2）提供人力资源咨询服务应缴纳的营业税 = 40 × 5% = 2（万元）

（3）提供会议服务应缴纳的营业税 = 30 × 5% = 1.5（万元）

（4）接受境外企业远程业务指导所付费用应代扣代缴的营业税 = 20 × 5% = 1（万元）

（5）收取的资金占用费应缴纳的营业税 = 10 × 5% = 0.5（万元）

（6）转让房产应缴纳的营业税 = （800 - 500） × 5% = 15（万元）

案例七

某市一娱乐公司 2008 年 1 月 1 日开业，经营范围包括娱乐、餐饮及其他服务，当年收入

情况如下。

(1) 综合性门票收入 220 万元。

(2) 歌舞厅收入 400 万元，游戏厅收入 100 万元。

(3) 保龄球馆当年取得收入 120 万元。

(4) 美容美发、中医按摩收入 150 万元。

(5) 非独立核算的小卖部销售收入 60 万元。

(6) 餐饮收入 600 万元（其中包括销售自制的 180 吨啤酒所取得的收入）。

(7) 与某公司签订租赁协议，将部分空闲的歌舞厅出租，分别取得租金 76 万元、赔偿金 4 万元。

(8) 派出 5 名员工赴国外提供中医按摩服务取得收入 70 万元。

(9) 经批准从事代销福利彩票业务取得手续费 10 万元。

(注：除税法统一规定的特殊项目外，该公司所在地的省政府规定，其他娱乐业项目的营业税税率为 5%)

要求：按下列顺序回答问题，每问均为共计金额。

(1) 娱乐业应纳营业税税额。

(2) 应纳消费税税额。

(3) 应纳城建税税额。

(4) 应纳教育费附加税额。

案例分析

(1) 应纳营业税 = $220 \times 5\% + 400 \times 20\% + 100 \times 20\% + 120 \times 5\% + 150 \times 5\% + 60 \times 5\% + 600 \times 5\% + 76 \times 5\% + 4 \times 5\% + 10 \times 5\% = 162$（万元）

(2) 应纳消费税 = $180 \times 0.025 = 4.5$（万元）

(3) 应纳城建税 = $(162 + 4.5) \times 7\% = 11.66$（万元）

(4) 应纳教育费附加 = $(162 + 4.5) \times 3\% = 5$（万元）

案例八

某市商业银行 2008 年第 3 季度有关业务资料如下。

(1) 向生产企业贷款取得利息收入 600 万元，逾期贷款的罚息收入 8 万元。

(2) 为电信部门代收电话费取得手续费收入 14 万元。

(3) 7 月 10 日购进有价证券 800 万元，8 月 25 日以 860 万元的价格卖出。

(4) 受某公司委托发放贷款，金额 5000 万元，贷款期限 2 个月，年利息率 4.8%，银行按贷款利息收入的 10% 收取手续费。

(5) 销售支票、账单凭证收入 15 万元。

(6) 结算罚息、加息 2 万元，出纳长款 0.5 万元。

要求：

(1) 计算该银行 2008 年第 3 季度应缴纳金融业各项目的营业税税额。

（2）计算该银行 2008 年第 3 季度应代扣代缴的营业税税额。

案例分析

（1）银行应缴纳营业税税额

①向生产企业贷款应缴纳营业税 =（600 + 8）×5% = 30.4（万元）

②手续费收入应缴纳营业税 =（14 + 5000 × 4.8% ÷ 12 × 2 × 10%）×5% = 0.9（万元）

③有价证券买卖应缴纳营业税 =（860 - 800）×5% = 3（万元）

④销售支票、账单凭证收入应纳营业税 = 15 × 5% = 0.75（万元）

⑤结算罚息、加息应纳营业税 = 2 × 5% = 0.1（万元）

（2）银行应代扣代缴营业税税额 = 5000 × 4.8% ÷ 12 × 2 × 5% = 2（万元）

5.3.2 营业税税收筹划案例分析

案例一

甲、乙两企业合作建房，甲提供土地使用权，乙提供资金。甲、乙两企业合作建房约定，甲提供土地使用权，价值 500 万元，乙提供资金 500 万元，房屋建好后，双方均分。完工后，经有关部门评估，该建筑物价值 1000 万元，于是，甲、乙各分得价值 500 万元的房屋。

案例分析

甲方以转让部分土地使用权为代价，换取部分房屋的所有权，发生了转让土地使用权的行为；乙方则以转让部分房屋的所有权为代价，换取部分土地的使用权，发生了销售不动产的行为。因而合作建房的双方都发生了营业税的应税行为。

对于甲方应按"转让无形资产"税目中"转让土地使用权"子目征税；

对于乙方应按"销售不动产"税目征税；

由于甲、乙所属税目的税率相同，因此，

甲、乙各方应纳营业税 = 500 × 5% = 25（万元）

双方合计缴纳 50 万元的营业税。

如果进行税收筹划，双方均可以减轻税负。例如，若甲、乙两方采取第二种合作方式，即甲企业以土地使用权、乙企业以货币资金入股成立合营企业，合作建房，房屋建成后双方采取风险共担、利润共享的分配方式。按税法规定，甲方向合营企业提供的土地使用权，视为投资入股，对其不征收营业税；只对合营企业销售房屋取得的收入按销售不动产征税。这样在建房环节双方企业免缴了 50 万元的税款，税收筹划效果很明显。

案例二

某单位从事铝合金门窗生产并负责建筑安装（具备建设行政部门批准的建筑业施工资质），以签订建筑合同的方式取得经营收入，其经营方式有三种可供选择。

方案一：分别成立独立核算的生产企业和建筑安装企业。假设生产企业是增值税一般纳税人，2008 年含税销售收入为 1170 万元（全部销售给建筑安装企业），增值税进项税额为 120 万元。建筑安装企业取得铝合金门窗建筑安装收入 1400 万元（包含购进材料成本 1170

万元）（仅考虑增值税和营业税，下同）。

方案二：将生产企业和建筑安装企业合并为一个企业。假设该企业是增值税一般纳税人，2008 年取得混合销售收入 1400 万元（在对外签订建筑合同时，未单独注明建筑业劳务价款）。

方案三：将生产企业和建筑安装企业合并为一个企业。假设该企业是增值税一般纳税人，2008 年取得混合销售收入 1400 万元。在签订建筑合同时，单独注明建筑业劳务价款为 230 万元。

案例分析

方案一：

生产企业应缴增值税 = 1170 ÷（1 + 17%）×17% – 120 = 50（万元）

建筑安装企业安装铝合金门窗应当按"建筑业"税目征收营业税。《营业税暂行条例实施细则》规定："纳税人从事建筑、修缮、装饰工程作业，无论与对方如何结算，其营业额均应包括工程所用原材料及其他物资和动力的价款在内。"因此，对建筑安装企业征收营业税时不得剔除"外购"成本。所以，

建筑安装企业应缴营业税 = 1400 × 3% = 42（万元）

此案例合计税收负担 = 50 + 42 = 92（万元）

方案二：

根据文件规定："生产、销售铝合金门窗、玻璃幕墙的企业、企业性单位及个体经营者，其销售铝合金门窗、玻璃幕墙的同时负责安装的，属混合销售行为，对其取得的应税收入照章征收增值税。"

企业应缴增值税 = 1400 ÷（1 + 17%）×17% – 120 = 83.42（万元）

此方案税收负担为 83.42 万元。

方案三：

根据文件规定："纳税人以签订建设工程施工总包或分包合同方式开展经营活动时，销售自产货物、提供增值税应税劳务并同时提供建筑业劳务，同时符合以下条件的，对销售自产货物和提供增值税应税劳务取得的收入征收增值税，提供建筑业劳务收入（不包括按规定应征收增值税的自产货物和增值税应税劳务收入）征收营业税：①具备建设行政部门批准的建筑业施工（安装）资质；②签订的建设工程施工总包或分包合同中单独注明建筑业劳务价款。凡不同时符合以上条件的，对纳税人取得的全部收入征收增值税，不征收营业税。"

企业应缴增值税 = （1400 – 230）÷（1 + 17%）×17% – 120 = 50（万元）

应缴营业税 = 230 × 3% = 6.9（万元）

此方案合计税收负担 = 50 + 6.9 = 56.9（万元）

由此可见，方案三税负最轻。纳税人销售自产货物并同时提供建筑业劳务时，应当注意取得相关资质，并在建筑合同中单独注明建筑业劳务价款。需要注意的是，纳税人在结算价款开具发票时，可以就销售自产货物和建筑业劳务分别开具工业企业普通发票和建筑业发票，而不必全部开具建筑业发票。

案例三

一家建筑装潢公司销售建筑材料，并代客户装潢。2008 年 12 月，该公司承包一项装潢工程收入 1200 万元，该公司为装潢购进材料 1000 万元（含增值税）。该公司销售建筑材料的增值税适用税率为 17%，装潢的营业税税率为 3%。问该公司缴纳什么税比较节税？

案例分析

查表 3-2 无差别平衡点增值率表可以看到，当增值税适用税率为 17%、营业税税率为 3% 时，无差别平衡点增值率为 20.65%。

（1）如果工程总收入为 1200 万元，则

含税销售额的增值率 =（1200 - 1000）÷ 1200 × 100% = 16.67%；

由于 16.67% < 20.65%，故该项目混合销售应该缴纳增值税，可以达到节税的目的。

应缴纳增值税税额 = 1200 ÷（1 + 17%）× 17% - 1000 ÷（1 + 17%）× 17% = 29.1（万元）；

应缴纳营业税税额 = 1200 × 3% = 36（万元）；

所以，缴纳增值税可以节税 36 - 29.1 = 6.9（万元）。

那么，如果该公司经常从事混合销售，而且混合销售的增值率在大多数情况下都是小于无差别平衡点增值率时，就要努力使其年增值税应税销售额占其全部营业收入的 50% 以上，再缴纳增值税，从而达到节税目的。

（2）如果工程总收入为 1500 万元，则：

含税销售额的增值率 =（1500 - 1000）÷ 1500 × 100% = 33.33%；

由于 33.33% > 20.65%，故该项目混合销售应该缴纳营业税，可以达到节税的目的。

应缴纳增值税税额 = 1500 ÷（1 + 17%）× 17% - 1000 ÷（1 + 17%）× 17% = 72.6（万元）；

应缴纳营业税税额 = 1500 × 3% = 45（万元）；

所以，缴纳营业税可以节税 72.6 - 45 = 27.6（万元）。

那么，如果该公司经常从事混合销售，而且混合销售的增值率大多数情况下都是大于无差别平衡点增值率时，就要努力使其年增值税应税销售额占其全部营业收入的 50% 以下，再缴纳营业税，从而达到节税目的。

但在实际业务中应该注意，有些企业不能轻易地变更经营主业，这就要根据企业的实际情况，采取灵活多样的方法来调整经营范围或核算方式。

案例四

有些歌舞厅采取不把食品饮料纳入经营范围的混合销售方式，有的歌舞厅采取将食品饮料纳入经营范围并单独核算的兼营销售方式，试比较哪个销售方式更节税。

案例分析

方案一：歌舞厅的经营范围中没有销售货物，未开架销售食品饮料，本期销售娱乐服务的同时销售食品饮料，销售总额为 1000 万元，其中食品饮料市场售价为 300 万元。则

歌舞厅应缴纳的营业税 = 1 000 × 20% = 200（万元）

方案二：歌舞厅兼营货物和娱乐服务，开架销售食品饮料，并且独立核算，本期娱乐服务销售额为 700 万元，食品饮料销售额为 300 万元。如果：

①歌舞厅是小规模纳税人，则

歌舞厅应缴纳的营业税 = 700 × 20% = 140（万元）

歌舞厅应缴纳的增值税 = 300 ÷（1 + 3%）× 3% = 8.74（万元）

两税合计 = 140 + 8.74 = 148.74（万元）

②歌舞厅是一般纳税人，假定食品饮料的采购成本是 280 万元，则

歌舞厅应缴纳的营业税 = 700 × 20% = 140（万元）

歌舞厅应缴纳的增值税 = 300 ÷（1 + 17%）× 17% − 280 ÷（1 + 17%）× 17% = 2.91（万元）

两税合计 = 140 + 2.91 = 142.91（万元）

通过比较我们看出，歌舞厅在经营范围上没有货物销售项目时，食品饮料销售也按特殊娱乐业项目缴纳营业税，税收负担最重；歌舞厅在经营范围上有货物销售项目，对食品饮料销售单独核算时，同时要缴纳增值税，且作为小规模纳税人比作为一般纳税人税负要重。

但是应该注意：对于歌舞厅等娱乐场所而言，食品饮料开架销售这种经营方式的改变只是节税的形式要件，为了利用兼营销售方式进行税收筹划，企业还要在经营范围上增加货物销售项目并且做税务变更登记，同时在财务会计上要真正做到独立核算。

案例五

某内资企业准备与某外国企业联合投资设立中外合资企业，投资总额为 6000 万元，注册资本为 3000 万元，中方 1200 万元，占 40%，外方 1800 万元，占 60%。中方准备以自己使用过的机器设备 1200 万元和房屋建筑物 1200 万元投入。投入方式有两种：一是以机器设备作价 1200 万元作为注册资本投入，房屋、建筑物作价 1200 万元作为其他投入；一是以房屋、建筑物作价 1200 万元作为注册资本投入，机器设备作价 1200 万元作为其他投入。

案例分析

上述两种方案看似字面上的交换，但事实上蕴含着丰富的税收内涵，最终结果大相径庭。

方案一：按照税法规定，企业以设备作为注册资本投入，参与合资企业利润分配，同时承担投资风险，不征增值税和相关税金及附加。但把房屋、建筑物直接作价给另一企业，作为新企业的负债，不共享利润、共担风险，应视同房产转让，需要缴纳营业税、城建税、教育费附加及契税，具体数据为：

营业税 = 1200 × 5% = 60（万元）

城建税、教育费附加 = 60 ×（7% + 3%）= 6（万元）

契税 = 1200 × 3% = 36（万元）（由受让方缴纳）

方案二：房屋、建筑物作为注册资本投资入股，参与利润分配，承担投资风险，按国家税收政策规定，可以不征营业税、城建税及教育费附加，但需征契税（由受让方缴纳）。同

时，税法又规定，企业出售自己使用过的固定资产，其售价不超过原值的，不征增值税。在方案二中，企业把自己使用过的机器设备直接作价给另一企业，视同转让固定资产，且其售价一般达不到设备原价，因此，按政策规定可以不征增值税。则其最终的税收负担：

契税 $= 1200 \times 3\% = 36$（万元）（由受让方缴纳）

从上述两个方案的对比可以看到，中方企业在投资过程中，虽然只改变了几个字，但由于改变了出资方式，最终使税收负担相差 66 万元。投资是一项有计划、有目的的行动，纳税又是投资过程中必尽的义务，企业越早把投资与纳税结合起来规划，就越容易综合考虑税收负担，达到创造最佳经济效益的目的。

第6章 企业所得税法律制度与税收筹划

学习目的和要求

通过本章学习，使学生了解企业所得税法律制度基本知识和企业所得税税收筹划的基本内容，具体包括企业所得税的纳税人、证税对象、税率、应纳税所得额的确定、资产的税务处理、特别纳税调整、证税管理；企业所得税税收优惠税收筹划、纳税人身份税收筹划、计税依据税收筹划、税率税收筹划以及在此基础上的案例分析。

企业所得税是以企业或者组织为纳税义务人，对其一定期间内的所得额征收的一种税。它是国家参与企业利润分配，正确处理国家与企业分配关系的一个重要税种，体现了国家与企业的分配关系。新中国成立后，1950年1月前政务院公布的《工商企业税暂行条例》中把对企业利润征收的税，称为依所得额计算者，属于工商业税的一个组成部分。1950年12月对上述条例进行了修正，改称"依所得额计算部分"，并开始把它称作"所得税"，且仍属于工商业税的一个组成部分。我国现行的所得税制度，是随着改革开放和经济体制改革的不断推进而逐步完善的。从1984年开始，国家在第一步"利改税"的基础上，对国有企业所得税和税后上缴利润办法进一步改革，并考虑到集体企业的税收负担和私营企业不断发展的情况，按企业所有制性质，分别设置了国营企业所得税、集体企业所得税和私营企业所得税。为了适应社会主义市场经济发展的要求，进一步理顺国家与企业的关系，在1994年税制改革中，原来的国营企业所得税、集体企业所得税和私营企业所得税的合并成为企业所得税，由于外商投资企业和外国企业所得税没有并入企业所得税，因而，1994年1月1日起实行的企业所得税实质上是内资企业所得税，也就是说1994年税制改革形成了企业所得税（内资）和外商投资企业、外国企业所得税并行的局面。为了公平税负，促进竞争，2007年3月16日第十届全国人民代表大会第五次全体会议通过的《中华人民共和国企业所得税法》将对内资企业和外资企业分别征收的企业所得税合并为统一的企业所得税，实行内外资企业统一的税收待遇，打破了内资企业和外资企业税负不统一的格局。

6.1 企业所得税法律制度

现行的有关企业所得税的基本规定，包括2007年3月16日第十届全国人民代表大会第五次全体会议通过的《中华人民共和国企业所得税法》和2007年11月28日国务院第197次常务会议通过的《中华人民共和国企业所得税法实施条例》。

6.1.1 纳税义务人与征税对象

1. 纳税义务人

企业所得税的纳税义务人是指在中华人民共和国境内的企业和其他取得收入的组织。除个人独资企业、合伙企业不适用企业所得税法外，凡在我国境内，企业和其他取得收入的组织（以下统称企业）为企业所得税的纳税人，依照《中华人民共和国企业所得税法实施条例》规定缴纳企业所得税。

企业所得税的纳税人分为居民企业和非居民企业，这是根据企业纳税义务范围的宽窄进行的分类方法，不同的企业在向中国政府缴纳所得税时，纳税义务也各不同。把企业分为居民企业和非居民企业，是为了更好地保障我国税收管辖权的有效行使。税收管辖权是一国政府在征税方面的主权，是国家主权的重要组成部分。根据国际上的通行做法，我国选择了地域管辖权和居民管辖权标准，最大限度地维护我国的税收利益。

（1）居民企业

居民企业是指依法在中国境内成立，或者依照外国（地区）法律成立但实际管理机构在中国境内的企业。这里的企业包括国有企业、集体企业、私营企业、联营企业、股份制企业、外商投资企业、外国企业以及有生产、经营所得和其他所得的其他组织。其中，有生产、经营所得和其他组织，是指经国家有关部门批准，依法注册登记的事业单位、社会团体等组织。由于我国的一些社会团体组织、事业单位在完成国家事业计划的过程中，开展多种经营和有偿服务活动，取得除财政部门各项拨款、财政部和国家价格主管部门批准的各项规费收入以外的经营收入，具有了经营的特点，所以应当视同企业纳入征税范围。其中，实际管理机构是指对企业的生产经营、人员、账务、财产等实施实质性全面管理和控制机构。

（2）非居民企业

非居民企业是指依照外国（地区）法律成立且实际管理机构不在中国境内，但在中国境内设立机构、场所的，或者在中国境内未设立机构、场所，但有来源于中国境内所得的企业。

上述机构、场所是指在中国境内从事生产经营活动的机构、场所，包括：（1）管理机构、营业机构、办事机构；（2）工厂、农场、开采自然资源的场所；（3）提供劳务场所；（4）从事建筑、安装、装配、修理、勘探等工程作业的场所；（5）其他从事生产经营活动的机构、场所。

非居民企业委托营业代理人在中国境内从事生产经营活动的，包括委托单位或者个人经常代其签订合同，或者储存、交付货物等，该营业代理人视为非居民企业在中国境内设立的机构、场所。

2. 征税对象

企业所得税的征税对象从内容上看包括生产经营所得、其他所得和清算所得。

（1）居民企业的征税对象

应将居民企业来源于中国境内、境外的所得作为征税对象。所得，包括销售货物所得、提供劳务所得、转让财产所得、股息红利等权益性投资所得、利息所得、租金所得、特许权使用费所得、接受捐赠所得和其他所得。

（2）非居民企业的征税对象

非居民企业在中国境内设立机构、场所的，应当就其所设机构、场所取得的来源于中国境内的所得，以及发生在中国境外但与其所设机构、场所有实际联系的所得，缴纳企业所得税。非居民企业在中国境内未设立机构、场所的，或者虽设立机构、场所但取得的所得与其所设机构、场所没有实际联系的，应当就其来源于中国境内的所得缴纳企业所得税。其中实际联系，是指非居民企业在中国境内设立的机构、场所拥有的据以取得所得的股权、债权，以及拥有、管理、控制据以取得所得的财产。

3．所得来源的确定

（1）销售货物所得，按照交易活动发生地确定。

（2）提供劳务所得，按照劳务发生地确定。

（3）转让财产所得：不动产转让所得按照不动产所在地确定，动产转让所得按照转让动产的企业或者机构、场所所在地确定，权益性投资资产转让所得按照被投资企业所在地确定。

（4）股息、红利等权益性投资所得，按照分配所得的企业所在地确定。

（5）利息所得、租金所得、特许权使用费所得，按照负担、支付所得的企业或者机构、场所所在地确定，或者按照负担、支付所得的个人的住所地确定。

（6）其他所得，由国务院财政、税务主管部门确定。

6.1.2 税率

企业所得税实行比例税率，现行规定如下。

（1）基本税率为25%。适用于居民企业和在中国境内设有机构、场所且所得与机构、场所有关联的非居民企业。

（2）低税率为20%。适用于在中国境内未设立机构、场所的，或者虽设立机构、场所但取得的所得与其所设机构、场所没有实际联系的非居民企业，但实际征税时适用10%的税率。

6.1.3 应纳税所得额的确定

应纳税所得额是企业所得税的计税依据，它是指纳税人每一纳税年度的收入总额减去准予扣除项目金额后的余额。正确确定应纳税所得额是正确计算应纳所得税税额的关键，直接关系到国家财政收入的实现和纳税人的税收负担，是所得税制度的核心问题。应纳税所得额的计算公式为：

应纳税所得额 = 收入总额 - 不征税收入 - 免税收入 - 各项扣除 - 以前年度亏损

企业所得税应纳税所得额的确定，以权责发生制为原则，属于当期的收入和费用，不论款项是否收付，均作为当期的收入和费用；不属于当期的收入和费用，即使款项已经在当期收付，均不作为当期的收入和费用。为了保护税基，增强税法刚性，纳税人在计算应纳税所得额时，要以税法为依据，虽然企业按照财务会计的规定计算的利润是确定应纳税额的基础，但是会计利润与按税法规定测算出的利润往往不一致，因此，企业的财务会计要进行适当调整，使之符合税法规定，这样才可能确定一个统一的标准，使各个企业税负公平，从而也能保证国家的财政收入。

1. 收入总额

收入总额，是指纳税人在一个纳税年度内取得的货币形式和非货币形式的各项收入，具体包括销售货物收入、提供劳务收入、转让财产收入、股息红利等权益性投资收入、利息收入、租金收入、特许权使用费收入、接受捐赠收入和其他收入。

企业取得收入的货币形式，包括现金、存款、应收账款、应收票据、准备持有至到期日的债券投资以及债务的豁免等。企业取得收入的非货币形式，包括固定资产、生物资产、无形资产、股权投资、存货、不准备持有至到期日的债券投资、劳务以及有关权益等。企业以非货币形式取得的收入，按照公允价值确定收入额。

（1）收入确定的基本规定

①销售货物收入，是指企业销售商品、产品、原材料、包装物、低值易耗品以及其他存货取得的收入。

企业销售货物同时满足下列条件的，应确认收入的实现：商品销售合同已经签订，企业已经将商品所有权相关的绝大部分风险和报酬转移给购货方；企业对已售商品没有保留继续管理权；收入的金额能够可靠地计量；已发生或将发生的销售方的成本能够可靠地核算。销售收入确认时间的规定：销售商品采用托收承付方式的，在办妥托收手续时确认收入；销售商品采取预收款方式的，在发出商品时确认收入；销售商品采用支付手续费委托代销的，在收到代销清单时确认收入；销售商品需要安装和检验的，在购买方接受商品以及安装检验完毕时确认收入，若安装程序比较简单，可在发出商品时确认收入。

其他销售方式下，销售收入确认时间的规定：售后回购方式销售商品的，按商品的售价确认收入，回购的商品按购进商品处理；以旧换新方式销售商品的，按商品的售价确认收入，回收的商品按购进商品处理；商品销售涉及商业折扣的，按扣除商业折扣后的金额确认收入；商品销售涉及现金折扣的，按扣除现金折扣前的金额确认收入，现金折扣在实际发生时作为财务费用扣除；企业已经确认销售收入的商品发生销售折让和销售退回的，应当在发生当期冲减当期销售收入；买一赠一等方式组合销售企业商品的，不属于捐赠，应将总的销售金额按各项商品的公允价值的比例来分摊确认各项的销售收入。

②劳务收入，是指企业从事建筑安装、修理修配、交通运输、仓储租赁、金融保险、邮电通信、咨询经纪、文化体育、科学研究、技术服务、教育培训、餐饮住宿、中介代理、卫生保健、社区服务、旅游、娱乐、加工以及其他劳务服务活动取得的收入。

企业在各个纳税期末，提供劳务交易的结果能够可靠估计的，应采用完工进度（完工百分比）法确认提供劳务收入。具体规定如下。

安装费收入。如果安装费是与商品销售分开的，则应在年度终了时根据安装的完工程度确认收入；如果安装费是销售商品收入的一部分，则应与所销售的商品同时确认收入。

宣传媒介的收费。应在相关的广告或商业行为开始出现于公众面前时予以确认。广告的制作费，应根据制作广告的完工进度确认收入。

软件费。为特定客户开发软件的收费，应根据开发的完工进度确认收入。

服务费。包含在商品售价内可区分的服务费，在提供服务的期间分期确认收入。

艺术表演、招待宴会和其他特殊活动的收费。在相关活动发生时确认收入。收费涉及几项活动的，预收的款项应合理分配给每项活动，分别确认收入。

会员费。申请入会或加入会员，只允许取得会籍，所有其他服务或商品都要另行收费的，在取得该会员费时确认收入。申请入会或加入会员后，会员在会员期内不再付费就可得到各种商品或服务，或者以低于非会员的价格销售商品或提供服务的，该会员费应在整个受益期内分期确认收入。

特许权费。属于提供设备和其他有形资产的特许权费，在交付资产或转移资产所有权时确认收入；属于提供初始及后续服务的特许权费，在提供服务时确认收入。

劳务费。长期为客户提供重复劳务收取的劳务费，在相关劳务活动发生时确认收入。

③转让财产收入，是指企业转让固定资产、生物资产、无形资产、股权、债权等财产取得的收入。

④股息、红利等权益性投资收益，是指企业因权益性投资从被投资方取得的收入。股息、红利等权益性投资收益，除国务院财政、税务主管部门另有规定外，按照被投资方作出利润分配决定的日期确认收入的实现。

⑤利息收入，是指企业将资金提供他人使用但不构成权益性投资，或者因他人占用本企业资金取得的收入，包括存款利息、贷款利息、债券利息、欠款利息等收入。利息收入，按照合同约定的债务人应付利息的日期确认收入的实现。

⑥租金收入，是指企业提供固定资产、包装物或者其他有形资产的使用权取得的收入。租金收入，按照合同约定的承租人应付租金的日期确认收入的实现。

⑦特许权使用费收入，是指企业提供专利权、非专利技术、商标权、著作权以及其他特许权的使用权取得的收入。特许权使用费收入，按照合同约定的特许权使用人应付特许权使用费的日期确认收入的实现。

⑧接受捐赠收入，是指企业接受的来自其他企业、组织或者个人无偿给予的货币性资产、非货币性资产。接受捐赠收入，按照实际收到捐赠资产的日期确认收入的实现。

⑨其他收入，是指企业取得的除以上收入外的其他收入，包括企业资产溢余收入、逾期未退包装物押金收入、确实无法偿付的应付款项、已作坏账损失处理后又收回的应收款项、债务重组收入、补贴收入、违约金收入、汇兑收益等。

（2）收入确定的特殊规定

①以分期收款方式销售货物的，按照合同约定的收款日期确认收入的实现。

②企业受托加工制造大型机械设备、船舶、飞机，以及从事建筑、安装、装配工程业务或者提供其他劳务等，持续时间超过 12 个月的，按照纳税年度内完工进度或者完成的工作量确认收入的实现。

③采取产品分成方式取得收入的，按照企业分得产品的日期确认收入的实现，其收入额

按照产品的公允价值确定。

④企业发生非货币性资产交换，以及将货物、财产、劳务用于捐赠、偿债、赞助、集资、广告、样品、职工福利或者利润分配等用途的，应当视同销售货物、转让财产或者提供劳务，但国务院财政、税务主管部门另有规定的除外。

（3）处置资产收入的确认

①内部处置资产（所有权在形式和内容上均不变），不视同销售确认收入，相关资产的计税基础延续计算。例如，将资产用于生产、制造、加工另一产品；改变资产形状、结构或性能；改变资产用途；将资产在总机构及分支机构之间转移；上述两种或两种以上情形的混合；其他不改变资产所有权属的用途等处置资产行为。

②资产移送他人（所有权属发生改变），视同销售确认收入。例如，用于市场推广或销售；用于交际应酬；用于职工奖励或福利；用于股息分配；用于对外捐赠；其他改变资产所有权属的用途等处置资产行为。属于企业自制的资产，按企业同类资产同期对外售价确定销售收入；属于外购的资产，可按购入时的价格确定销售收入。

（4）相关收入实现的确认

①企业销售商品同时满足下列条件的，应确认收入的实现：已签订销售合同，企业已将商品所有权相关的主要风险和报酬转移给购货方；企业对所售出的商品既没有保留通常与所有权相联系的继续管理权，也没有实施有效控制；收入的金额能可靠地计量；已发生或将发生的销货方的成本能够可靠地计算。

②符合以上收入确认条件的，采取下列商品销售方式的，按照以下规定确定收入实现时间：托收承付方式的，以办妥托收手续时确认收入；预收款方式的，以发出商品时确认收入；需要安装和检验的，在购买方接受商品及安装检验完毕时确认收入；以支付手续费方式委托代销的，在收到代销清单时确认收入。

③采用售后回购方式销售商品的，销售的商品按照售价确认收入，回购的商品作为购进商品处理。

④销售商品以旧换新的，销售商品应该按照销售商品收入确认条件确认收入，回收的商品作为购进商品处理。

⑤企业为促销商品销售而在商品价格上给予的价格扣除属于商业折扣，应该按照扣除商业折扣后的金额确定销售商品收入金额。

⑥企业在各纳税期末，提供劳务交易的结果能够可靠估计的，采用完工进度法确认提供劳务收入。

⑦企业以买一赠一等方式组合销售本企业产品的，不属于捐赠，应将总的销售金额按照各项商品的公允价值的比例来分摊确认各项的销售收入。

2. 不征税收入和免税收入

（1）不征税收入包括财政拨款、行政事业性收费、政府性基金以及国务院规定的其他不征税收入。其中财政拨款，是指各级人民政府对纳入预算管理的事业单位、社会团体等组织拨付的财政资金，但国务院和国务院财政、税务主管部门另有规定的除外；行政事业性收费，是指依照法律法规等有关规定，按照国务院规定程序批准，在实施社会公共管理，以及在向公民、法人或者其他组织提供特定公共服务过程中，向特定对象收取并纳入财政管理的费用；政府性基金，是指企业依照法律、行政法规等有关规定，代政府收取的具有专项用途的财政资金；国务院规定的其他不征税收入，是指企业取得的，由国务院财政、税务主管部门规定专项用途并经国务院批准的财政性资金。

企业的不征税收入用于支出所形成的费用，不得在计算应纳税所得额时扣除；企业的不征税收入用于支出所形成的资产，其计算的折旧、摊销不得在计算应纳税所得额时扣除。

（2）免税收入包括国债利息收入，符合条件的居民企业之间的股息、红利等权益性收益，在中国境内设立机构、场所的非居民企业从居民企业取得与该机构、场所有实际联系的股息、红利等权益性投资收益，符合条件的非营利组织的收入。

3. 扣除原则和范围

（1）扣除项目应遵循的原则

①权责发生制原则，即企业应在费用发生而不是实际支付时确认扣除。

②配比原则，即企业发生的费用在费用应配比或应分配的当期申报扣除。

③相关性原则，即可扣除的费用从性质上和根源上必须与取得的收入相关。

④确定性原则，即可扣除的费用不论何时支付，其金额必须是确定的。

⑤合理性原则，即费用的产生符合生产经营活动常规，计入当期损益或者有关资产成本的应当是必要的和正常的支出。

（2）扣除项目的范围

企业所得税法规定，企业实际发生的与取得收入有关的、合理的成本、费用、税金、损失和其他支出，准予在计算应纳税所得额时扣除。

①成本是指企业在生产经营活动中发生的销售成本、销货成本、业务支出以及其他耗费，即企业销售商品（产品、材料、下脚料、废料、废旧物资等）、提供劳务、转让固定资产、无形资产（包括技术转让）的成本。

②费用是指企业每一个纳税年度为生产、经营商品和提供劳务等所发生的销售（经营）费用、管理费用和财务费用。已经计入成本的有关费用除外。

③税金是指企业发生的除企业所得税和允许抵扣的增值税以外的企业缴纳的各项税金及其附加。即企业按规定缴纳的消费税、营业税、城乡维护建设税、资源税、土地增值税、关税、房产税、车船税、土地使用税、印花税、教育费附加等产品销售税金及附加。

④损失是指企业在生产经营活动中发生的固定资产和存货的盘亏、毁损、报废损失，转让财产损失，呆账损失，坏账损失，自然灾害等不可抗力因素造成的损失以及其他损失。

⑤扣除的其他支出是指除成本、费用、税金、损失外，企业在生产经营活动中发生的与生产经营活动有关的、合理的支出。

（3）扣除项目的具体范围和标准

① 工资、薪金支出

企业发生的合理的工资、薪金支出准予据实扣除。工资、薪金，是指企业每一纳税年度支付给在本企业任职或者受雇的员工的所有现金形式或者非现金形式的劳动报酬，包括基本工资、奖金、津贴、补贴、年终加薪、加班工资，以及与员工任职或者受雇有关的其他支出。

② 职工福利费、工会经费、职工教育经费支出

企业实际发生的职工福利费、工会经费、职工教育经费按标准扣除，未超过标准的按实际数扣除，超过标准的只能按标准扣除：职工福利费支出，不超过工资、薪金总额14%的部分准予扣除，超过规定部分不得扣除；工会经费支出，不超过工资、薪金总额2%的部分准予扣除，超过规定部分不得扣除；职工教育经费工资、薪金总额2.5%的部分准予扣除，超过规定部分准予在以后纳税年度结转扣除。

③ 社会保险费

企业依照国务院有关主管部门或者省级人民政府规定的范围和标准为职工缴纳的基本养老保险费、基本医疗保险费、失业保险费、工伤保险费、生育保险费等基本社会保险费和住房公积金，准予扣除。企业为投资者或者职工支付的补充养老保险费、补充医疗保险费，在国务院财政、税务主管部门规定的范围和标准内，准予扣除。

除企业依照国家有关规定为特殊工种职工支付的人身安全保险费和国务院财政、税务主管部门规定可以扣除的其他商业保险费外，企业为投资者或者职工支付的商业保险费，不得扣除。

④ 利息费用

非金融企业向金融企业借款的利息支出、金融企业的各项存款利息支出和同业拆借利息支出、企业经批准发行债券的利息支出可据实扣除；非金融企业向非金融企业借款的利息支出，不超过按照金融企业同期同类贷款利率计算数额的部分可据实扣除，超过部分不许扣除。

⑤ 借款费用

企业在生产经营活动中发生的合理的不需要资本化的借款费用，准予扣除；企业为购置、建造固定资产、无形资产和经过12个月以上的建造才能达到预定可销售状态的存货发生借款的，在有关资产购置、建造期间发生的合理的借款费用，应当作为资本性支出计入有关资产的成本，有关资产交付使用后发生的借款利息，可在发生当期扣除。

⑥ 汇兑损失

企业在货币交易中，产生的将人民币以外的货币性资产、负债按照末期人民币汇率中间价折算为人民币时产生的汇兑损失，除已经计入有关资产成本以及与向所有者进行利润分配相关的部分外，准予扣除。

⑦ 业务招待费

企业发生的与生产经营活动有关的业务招待费支出，按照发生额的60%扣除，但最高不得超过当年销售（营业）收入的5‰。

⑧ 广告费和业务宣传费

企业发生的符合条件的广告费和业务宣传费支出，除国务院财政、税务主管部门另有规定外，不超过当年销售（营业）收入15%的部分，准予扣除；超过部分，准予在以后纳税年度结转扣除。

⑨ 环境保护专项资金

企业提取的用于环境保护、生态恢复等方面的专项资金，准予扣除。该专项资金提取后改变用途的，不得扣除。

⑩ 保险费

企业参加财产保险，按照规定缴纳的保险费，准予扣除。

⑪ 租赁费

企业根据生产经营活动的需要租入固定资产支付的租赁费，以经营租赁方式租入固定资产发生的租赁费支出，按照租赁期限均匀扣除；以融资租赁方式租入固定资产发生的租赁费支出，按照规定构成融资租入固定资产价值的部分应当提取折旧费用，分期扣除。

⑫ 劳动保护费

企业发生的合理的劳动保护支出，准予扣除。

⑬ 公益性捐赠支出

企业发生的公益性捐赠支出，不超过年度利润总额 12% 的部分，准予扣除。年度利润总额，是指企业依照国家统一会计制度的规定计算的年度会计利润。

⑭ 有关资产的费用

企业转让各类固定资产发生的费用，准予扣除。企业按规定计算的固定资产折旧费、无形资产和递延资产的摊销费，准予扣除。

⑮ 总机构分摊的费用

非居民企业在中国境内设立的机构、场所，就其中国境外总机构发生的与该机构、场所生产经营有关的费用，能够提供总机构出具的费用汇集范围、定额、分配依据和方法等证明文件，并合理分摊的，准予扣除。

⑯ 资产损失

企业当期发生的固定资产和流动资产盘亏、毁损净损失，由其提供清查盘存资料经主管税务机关审核后，准予扣除；企业因存货盘亏、毁损、报废等原因不得从销项税金中抵扣的进项税金，应视同企业财产损失，准予与存货损失一起在所得税前按规定扣除。

⑰ 准予扣除的其他项目

依照有关规定准予扣除的其他项目，如会员费、合理的会议费、差旅费、违约金、诉讼费用等。

4. 不得扣除的项目

企业所得税在计算应纳税所得额时，不得扣除的项目如下。

（1）向投资者支付的股息、红利等权益性投资收益款项。

（2）企业所得税税款。

（3）税收滞纳金。

（4）罚金、罚款和被没收财物的损失。

（5）超过规定标准的捐赠支出。

（6）赞助支出。

（7）未经核定的准备金支出；会计上的八大准备金，在以前税法规定上允许扣除的只有坏账准备金和金融、保险企业的呆账准备金。

（8）与取得收入无关的其他支出。

（9）企业之间支付的管理费、企业内营业机构之间支付的租金和特许权使用费，以及非银行企业内营业机构之间支付的利息，不得扣除。

5. 亏损弥补

企业纳税年度发生的亏损，准予向以后年度结转，用以后年度的所得弥补，但结转年限最长不得超过五年。而且，企业在汇总计算缴纳企业所得税时，其境外营业机构的亏损不得抵减境内营业机构的盈利。

6.1.4 应纳税额的计算

1. 居民企业应纳税额的计算

$$应纳税额 = 应纳税所得额 \times 适用税率 - 减免税额 - 抵免税额$$

其中，应纳税所得额的计算一般有两种方法。

（1）直接计算法

应纳税所得额为企业每一纳税年度的收入总额减除不征税收入、免税收入、各项扣除以及允许弥补的以前年度亏损后的余额，即

$$应纳税所得额 = 收入总额 - 不征税收入 - 免税收入 - 各项扣除金额 - 弥补亏损$$

（2）间接计算法

应纳税所得额为会计利润总额加或减按照税法规定调整的项目金额后的余额，即

$$应纳税所得额 = 会计利润总额 \pm 纳税调整项目金额$$

2. 居民企业核定征收应纳税额的计算

为了加强企业所得税的征收管理，规范核定征收企业所得税工作，保障国家税款及时足额入库，维护纳税人合法权益，核定征收企业所得税的有关规定如下。

（1）核定征收企业所得税的范围

纳税人具有下列情形之一的，应采取核定征收方式征收企业所得税：

①依照税收法律法规规定可以不设账簿的或按照税收法律法规规定应设置但未设置账簿的；

②擅自销毁账簿或者拒不提供纳税资料的；

③虽设置账簿，但账目混乱或者成本资料、收入凭证、费用凭证残缺不全，难以查账的；

④发生纳税义务，未按照规定的期限办理纳税申报，经税务机构责令限期申报，逾期仍不申报的；

⑤申报的计税依据明显偏低，无正当理由的。

特殊行业、特殊类型的纳税人和一定规模以上的纳税人不适用本办法。

（2）核定征收企业所得税的办法

核定征收方式包括核定应纳税所得额征收和核定应税所得率征收两种办法，以及其他合理的办法。

①核定应纳税所得额征收

是指税务机关按照一定的标准、程序和方法直接核定纳税人年度应纳企业所得税额，由纳税人按规定进行申报缴纳的办法。

②核定应税所得率征收

是指税务机关按照一定的标准、程序和方法，预先核定纳税人的应税所得率，由纳税人根据纳税年度内的收入总额或成本费用等项目的实际发生额，按预先核定的应税所得率计算缴纳企业所得税的办法。

凡是具有下列情形之一的，需核定其应税所得率：能正确核算（查实）收入总额，但不能正确核算（查实）成本费用总额的；能正确核算（查实）成本费用总额，但不能正确核算（查实）收入总额的；通过合理方法，能计算和推定纳税人收入总额或成本费用总额的。

税务机关一般采用下列方法核定征收企业所得税：参照当地同类行业或者类似行业中经营规模和收入水平相近的纳税人的税负水平核定；按照应税收入额或成本费用支出额定率核定；按照耗用的原材料、燃料、动力等推算或测算核定；按照其他合理方法核定。采用上述某种方法不足以正确核定应纳税所得额或应纳税额的，可以同时采用两种以上的方法核定。采用两种以上方法测算的应纳税额不一致时，可按测算的应纳税额从高核定。

实行核定应税所得率征收办法的，应纳税额的计算公式如下：

$$应纳所得税额 = 应纳税所得额 × 适用税率$$
$$应纳税所得额 = 收入总额 × 应税所得率$$

或：

$$应纳税所得额 = 成本费用支出额 ÷ （1 - 应税所得率） × 应税所得率$$

纳税人经营多业的，无论其经营项目是否单独核算，均由税务机关主营项目确定适用的应税所得率。应税所得率应按规定的标准执行，详见表6-1。

表6-1 应税所得率表

经营行业	应税所得率（％）
1. 农、林、牧、渔业	3 ~ 10
2. 制造业	5 ~ 15
3. 批发和零售业	4 ~ 15
4. 交通运输业	7 ~ 15
5. 建筑业	8 ~ 20
6. 饮食业	8 ~ 25
7. 娱乐业	15 ~ 30
8. 其他行业	10 ~ 30

（3）核定征收企业所得税的管理

①主管税务机关应及时向纳税人送达《企业所得税核定征收鉴定表》，及时完成对其核定征收企业所得税的鉴定工作。纳税人应在收到《企业所得税核定征收鉴定表》后10个工

作日内填好该表并报送主管税务机关。《企业所得税核定征收鉴定表》一式三联，主管税务机关和县级税务机关各执一联，另一联送达纳税人执行。主管税务机关还可根据实际工作需要，适当增加联次备用。主管税务机关应在受理《企业所得税核定征收鉴定表》后20个工作日内，分类逐户审查核实，提出鉴定意见，并报县级税务机关复核、认定。县级税务机关应在收到《企业所得税核定征收鉴定表》后30个工作日内，完成复核、认定工作。

纳税人收到《企业所得税核定征收鉴定表》后，未在规定期限内填列、报送的，税务机关视同纳税人已经报送，按上述程序进行复核认定。

②税务机关应在每年6月底前对上年度实行核定征收企业所得税的纳税人进行重新鉴定。重新鉴定工作完成前，纳税人可暂按上年度的核定征收方式预缴企业所得税；重新鉴定工作完成后，按重新鉴定的结果进行调整。

③主管税务机关应当分类逐户公示核定的应纳所得税额或应税所得率。主管税务机关应当按照便于纳税人及社会各界了解、监督的原则确定公示地点、方式。

纳税人对税务机关确定的企业所得税征收方式、核定的应纳所得税额或应税所得率有异议的，应当提供合法、有效的相关证据，税务机关经核实认定后调整有异议的事项。

④纳税人实行核定应税所得率方式的，按下列规定申报纳税。

主管税务机关根据纳税人应纳税额的大小确定纳税人按月或者按季预缴，年终汇算清缴。预缴方法一经确定，一个纳税年度内不得改变。

纳税人应依照确定的应税所得率计算纳税期间实际应缴纳的税额，进行预缴。按实际数额预缴有困难的，经主管税务机关同意，可按上一年度应纳税额的1/12或1/4预缴，或者按经主管税务机关认可的其他方法预缴。

纳税人预缴税款或年终进行汇算清缴时，应按规定填写《中华人民共和国企业所得税月（季）度预缴纳税申报表（B类）》，在规定的纳税申报时限内报送主管税务机关。

⑤纳税人实行核定应纳所得税额方式的，按下列规定申报纳税。

纳税人在应纳所得税额尚未确定之前，可暂按上年度应纳所得税额的1/12或1/4预缴，或者按经主管税务机关认可的其他方法，按月或按季分期预缴。

在应纳所得税额确定以后，减除当年已预缴的所得税额，余额按剩余月份或季度均分，以此确定以后各月或各季的应纳税额，由纳税人按月或按季填写《中华人民共和国企业所得税月（季）度预缴纳税申报表（B类）》，在规定的纳税申报期限内进行纳税申报。

纳税人年度终了后，在规定的时限内按照实际经营额或实际应纳税额向税务机关申报纳税。申报额超过核定经营额或应纳税额的，按申报额缴纳税款；申报额低于核定经营额或应纳税额的，按核定经营额或应纳税额缴纳税款。

⑥对违反上述规定的行为，按照《税收征管法》及其实施细则的有关规定处理。

3. 非居民企业应纳税额的计算

对于在中国境内未设立机构、场所的，或者虽设立机构、场所但取得的所得与其所设机构、场所没有实际联系的非居民企业的所得，按照下列方法计算应纳税所得额。

（1）股息、红利等权益性投资收益和利息、租金、特许权使用费所得，以收入全额为应纳税所得额。

（2）转让财产所得，以收入全额减除财产净值后的余额作为应纳税所得额，其中财产净值是指财产的计税基础减除已经按照规定扣除的折旧、折耗、摊销、准备金等后的余额。

（3）其他所得，参照前两项规定的方法计算应纳税所得额。

4. 房地产开发企业所得税预缴税款的处理规定

本规定适用于从事房地产开发经营业务的居民纳税人，一般包括内资、外商投资房地产开发经营企业；自 2008 年 1 月 1 日起执行，已按原预计利润率办理完毕 2008 年一季度预缴的外商投资房地产开发企业，从二季度起按本通知执行。

（1）房地产开发企业按当年实际利润据实分季（或月）预缴企业所得税的，对开发、建造的住宅、商业用房以及其他建筑物、附着物、配套设施等开发产品，在未完工前采取预售方式销售取得的预售收入，按照规定的预计利润率分季（或月）计算出预计利润额，计入利润总额预缴，开发产品完工、结算计税成本后按照实际利润再行调整。

（2）预计利润率暂按以下规定的标准确定。

①非经济适用房开发项目：位于省、自治区、直辖市和计划单列市人民政府所在地城区和郊区的，不得低于 20%；位于地级市、地区、盟、州城区及郊区的，不得低于 15%；位于其他地区的，不得低于 10%。

②经济适用房开发项目：经济适用房开发项目符合建设部、国家发展改革委员会、国土资源部、中国人民银行《关于印发〈经济适用房管理办法〉的通知》（建住房〔2004〕77号）等有关规定的，不得低于 3%。

（3）房地产开发企业按当年实际利润据实预缴企业所得税的，对开发、建造的住宅、商业用房以及其他建筑物、附着物、配套设施等开发产品，在未完工前采取预售方式销售取得的预售收入，按照规定的预计利润率分季（或月）计算出预计利润额，填报在《中华人民共和国企业所得税月（季）度预缴纳税申报表（A 类）》（国税函〔2008〕44 号文件附件 1）第 4 行"利润总额"内。

（4）房地产开发企业对经济适用房项目的预售收入进行初始纳税申报时，必须附送有关部门批准经济适用房项目开发、销售的文件以及其他相关证明材料。凡不符合规定或未附送有关部门的批准文件以及其他相关证明材料的，一律按销售非经济适用房的规定执行。

5. 境内外所得已纳税额的扣除问题

（1）境外所得已纳税额的扣除

企业所得税的税额扣除，是指国家对企业来自境外所得依法征收所得税时，允许企业将其已在境外缴纳的所得税税额从其应向本国缴纳的所得税税额中扣除。

税额扣除有全额扣除和限额扣除，我国税法实行限额扣除。税法规定，纳税人来源于中国境外的所得，已在境外缴纳的所得税税款，准予在汇总纳税时，从其应纳税额中扣除，但是扣除额不得超过其境外所得依照中国税法规定计算的应纳税额。

所谓"已在境外缴纳的所得税税款"，是指纳税人来源于中国境外的所得，在境外实际缴纳的所得税税款，不包括减免税或纳税后又得到补偿，以及由他人代为承担的税款。

所谓"境外所得依税法规定计算的应纳税额"，是指纳税人的境外所得，依照企业所得税法的有关规定，扣除为取得该项所得摊计的成本、费用以及损失，得出应纳税所得额，据以计算的应纳税额。该应纳税额即为扣除（抵免）限额，应当分国（地区）不分项计算，其计算公式是：

境外所得税税款扣除限额＝境内、境外所得按税法计算的应纳税总额×（来源于某外国的所得）÷境内、境外所得总额

纳税人来源于境外所得在境外实际缴纳的税款，低于按上述公式计算的扣除限额的，可以从应纳税额中按实扣除；超过扣除限额的，其超过部分不得在本年度的应纳税额中扣除，也不得列为费用支出，但可用以后年度税额扣除的余额补扣，补扣期限最长不得超过5年。

（2）境内投资所得已纳税额的扣除

①如果投资方企业所得税税率低于被投资方企业的，不退还所得税。

②如果投资方企业所得税税率高于被投资方企业的，按现行规定，投资企业分回税后投资收益时，先按规定计入收入总额，计算应缴纳的企业所得税税额，然后将在被投资企业已缴纳的企业所得税税额予以扣除。计算公式如下：

准予扣除的被投资企业已缴纳的税款＝投资方分回的实际应补税的投资收益/（1－被投资企业实际使用的所得税税率）×被投资企业法定的所得税税率

6.1.5 资产的税务处理

税法规定了纳税人资产的税务处理，其目的是通过对资产的分类，区别资本性支出与收益性支出，确定准予扣除的项目与不准扣除的项目，正确计算应纳税所得额。资产的税务处理主要有固定资产计价和折旧、生产性生物资产的计价和折旧、投资资产的税务处理、无形资产计价和摊销、长期待摊费用的扣除以及存货的计价。

1. 固定资产的计价和折旧

固定资产是指企业为生产产品、提供劳务、出租或经营管理而持有的、使用时间超过12个月的非货币性资产，包括房屋、建筑物、机器、机械、运输工具以及其他与生产、经营有关的设备、器具、工具等。

（1）固定资产的计价

由于固定资产的价值关系到纳税人计提折旧的数额，从而影响应纳税额，因此，对固定资产的计价按以下原则处理。

①外购的固定资产，以购买价款和支付的相关税费以及直接归属于使该资产达到预定用途发生的其他支出计价。

②自行建造的固定资产，以竣工结算前发生的支出计价。

③融资租入的固定资产，以租赁合同约定的付款总额和承租人在签订租赁合同过程中发生的相关费用为计税基础，租赁合同未约定付款总额的，以该资产的公允价值和承租人在签订租赁合同过程中发生的相关费用计价。

④盘盈的固定资产，以同类固定资产的重置完全价值计价。

⑤通过捐赠、投资、非货币性资产交换、债务重组等方式取得的固定资产，以该资产的公允价值和支付的相关税费计价。

⑥改建的固定资产，除已足额提取折旧的固定资产和租入的固定资产以外的其他固定资

产，以改建过程中发生的改建支出增加计价。

（2）固定资产的折旧

固定资产折旧是关系企业应纳税所得额的一个重要因素。正确计算和提取折旧，有利于正确计算成本、利润和所得税，有利于加强企业的固定资产管理和企业的设备更新。关于固定资产的折旧有以下规定。

①应当计提折旧的固定资产。包括房屋、建筑物；在用的机器设备、运输车辆、器具、工具；季节性停用和大修理停用的机器设备；以经营租赁方式租出的固定资产；以融资租赁方式租入的固定资产；财政部确定的计提折旧的其他固定资产。

②不得提取折旧的固定资产。包括房屋、建筑物以外未投入使用的固定资产；以经营租赁方式租入的固定资产；以融资租赁方式租出的固定资产；已足额提取折旧仍继续使用的固定资产；与经营活动无关的固定资产；单独估价作为固定资产入账的土地；其他不得计算折旧扣除的固定资产。

③提取折旧的方法和依据。固定资产按照直线法计算的折旧，准予扣除。企业应当自固定资产投入使用月份的次月起计算折旧；停止使用的固定资产，应当自停止使用月份的次月起停止计算折旧。企业应当根据固定资产的性质和使用情况，合理确定固定资产的预计净残值。固定资产的预计净残值一经确定，不得变更。

对于由于技术进步产品更新换代较快的固定资产或常年处于强震动、高腐蚀状态的固定资产，可以采取缩短折旧年限或者采取加速折旧的方法计提。采取缩短折旧年限方法的，最低折旧年限不得低于规定折旧年限的60%；采取加速折旧方法的，可以采取双倍余额递减法或者年数总和法。

④固定资产的折旧年限。除国务院财政、税务主管部门另有规定外，固定资产计算折旧的最低年限如下：

房屋、建筑物，为20年；

飞机、火车、轮船、机器、机械和其他生产设备，为10年；

与生产经营活动有关的器具、工具、家具等，为5年；

飞机、火车、轮船以外的运输工具，为4年；

电子设备，为3年。

⑤从事开采石油、天然气等矿产资源的企业，在开始商业性生产前发生的费用和有关固定资产的折耗、折旧方法，由国务院财政、税务主管部门另行规定。

2. 生产性生物资产的计价和折旧

生产性生物资产，是指企业为生产农产品、提供劳务或者出租等而持有的生物资产，包括经济林、薪炭林、产畜和役畜等。

（1）生产性生物资产的计价

①外购的生产性生物资产，以购买价款和支付的相关税费计价。

②通过捐赠、投资、非货币性资产交换、债务重组等方式取得的生产性生物资产，以该资产的公允价值和支付的相关税费计价。

（2）生产性生物资产的折旧

①生产性生物资产按照直线法计算的折旧，准予扣除。

②企业应当自生产性生物资产投入使用月份的次月起计算折旧；停止使用的生产性生物资产，应当自停止使用月份的次月起停止计算折旧，企业应当根据生产性生物资产的性质和使用情况合理确定生产性生物资产的预计净残值。生产性生物资产的预计净残值一经确定，不得变更。

③生产性生物资产计算折旧的最低年限：林木类生产性生物资产，为10年；畜类生产性生物资产，为3年。

3. 投资资产的税务处理

投资资产，是指企业对外进行权益性投资和债权性投资形成的资产。

（1）投资资产成本的确定

①通过支付现金方式取得的投资资产，以购买价款为成本。

②通过支付现金以外的方式取得的投资资产，以该资产的公允价值和支付的相关税费为成本。

（2）投资资产成本的税前扣除

①企业对外投资期间，投资资产的成本在计算应纳税所得额时，不得扣除；

②企业在转让或者处置投资资产时，投资资产的成本，准予扣除。

4. 无形资产的计价和摊销

无形资产是指纳税人长期使用但没有实物形态的资产，包括专利权、商标权、著作权、土地使用权、非专利技术、商誉等。

（1）无形资产的计价

①自行开发的无形资产，以开发过程中该资产符合资本化条件后至达到预定用途前发生的支出计价。

②购入的无形资产，以购买价款和支付的相关税费以及直接归属于使该资产达到预定用途发生的其他支出计价。

③通过捐赠、投资、非货币性资产交换、债务重组等方式取得的无形资产，以该资产的公允价值和支付的相关税费计价。

（2）无形资产的摊销

①在计算应纳税所得额时，企业按照规定计算的无形资产摊销费用，准予扣除。

②不得计算摊销费用扣除的无形资产：自行开发的支出已在计算应纳税所得额时扣除的无形资产；自创商誉；与经营活动无关的无形资产；其他不得计算摊销费用扣除的无形资产。

③摊销方法及年限。无形资产按照直线法计算的摊销费用，准予扣除。无形资产的摊销年限不得低于10年。作为投资或者受让的无形资产，有关法律规定或者合同约定了使用年限的，可以按照规定或者约定的使用年限分期摊销。外购商誉的支出，在企业整体转让或者清算时，准予扣除。

5. 长期待摊费用的扣除

长期待摊费用是指企业已经支出，但摊销期限在1年以上的各项费用。长期待摊费用不能全部计入当年损益，应当在以后年度内分期摊销，具体包括开办费、固定资产修理支出、租入固定资产的改良支出及摊销期限在一年以上的其他待摊费用。其中开办费是指企业在筹建期间内所发生的费用，包括员工薪酬、办公费用、培训支出、差旅费、印刷费、注册登记费以及不计入固定资产价值的借款费用等。

①在计算应纳税所得额时，准予扣除的长期待摊费用：已足额提取折旧的固定资产的改建支出；租入固定资产的改建支出；固定资产的大修理支出；其他应当作为长期待摊费用的支出。

②固定资产的改建支出，是指改变房屋或者建筑物结构、延长使用年限等发生的支出。已足额提取折旧的固定资产改建支出，按照固定资产预计尚可使用年限分期摊销；租入固定资产改建支出，按照合同约定的剩余租赁期限分期摊销。改建的固定资产延长使用年限的，除上述两项规定外，应当适当延长折旧年限。

③固定资产的大修理支出，是指同时符合下列条件的支出：修理支出达到取得固定资产时的计税基础 50% 以上；修理后固定资产的使用年限延长 2 年以上。该项支出，按照固定资产尚可使用年限分期摊销。

④其他应当作为长期待摊费用的支出，自支出发生月份的次月起，分期摊销，摊销年限不得低于 3 年。

6. 存货的计价

存货，指企业在正常生产经营过程中持有以备出售的产成品或商品，或者为了出售仍然处在生产过程中的在产品，或者将在生产过程或提供劳务过程中耗用的材料、物料等。

（1）存货成本的确定

①通过支付现金方式取得的存货，以购买价款和支付的相关税费为成本。

②通过支付现金以外的方式取得的存货，以该存货的公允价值和支付的相关税费为成本。

③生产性生物资产收获的农产品，以产出或者采收过程中发生的材料费、人工费和分摊的间接费用等必要支出为成本。

（2）存货成本的计算方法

企业使用或者销售的存货的成本计算方法，可以在先进先出法、加权平均法、个别计价法中选用一种。计价方法一经选用，不得随意变更。

（3）存货成本的扣除

①企业使用或者销售存货，按照规定计算的存货成本，准予在计算应纳税所得额时扣除。

②除国务院财政、税务主管部门另有规定外，企业在重组过程中，应当在交易发生时确认有关资产的转让所得或者损失，相关资产应当按照交易价格重新确定计税基础。

6.1.6 特别纳税调整

1. 主要内容

企业与其关联方之间的业务往来，不符合独立交易原则而减少企业或者其关联方应纳税收入或者所得额的，税务机关有权按照合理方法进行调整。企业与其关联方共同开发、受让无形资产，或者共同提供、接受劳务发生的成本，在计算应纳税所得额时应当按照独立交易原则进行分摊。

（1）关联方，是指与企业有下列关联关系之一的企业、其他组织或者个人：①在资金、经营、购销等方面存在直接或者间接的控制关系；②直接或者间接地同为第三者控制；③在利益上具有相关联的其他关系。

（2）独立交易原则，是指没有关联关系的交易各方，按照公平成交价格和营业常规进行业务往来遵循的原则。

（3）合理方法，包括：①可比非受控价格法，是指按照没有关联关系的交易各方进行相同或者类似业务往来的价格进行定价的方法；②再销售价格法，是指按照从关联方购进商品再销售给没有关联关系的交易方的价格，减除相同或者类似业务的销售毛利进行定价的方法；③成本加成法，是指按照成本加合理的费用和利润进行定价的方法；④交易净利润法，是指按照没有关联关系的交易各方进行相同或者类似业务往来取得的净利润水平确定利润的方法；⑤利润分割法，是指将企业与其关联方的合并利润或者亏损在各方之间采用合理标准进行分配的方法；⑥其他符合独立交易原则的方法。

（4）企业可以依照企业所得税法的规定，按照独立交易原则与其关联方分摊共同发生的成本，达成成本分摊协议；企业与其关联方分摊成本时，应当按照成本与预期收益相配比的原则进行分摊，并在税务机关规定的期限内，按照税务机关的要求报送有关资料；企业与其关联方分摊成本时违反以上规定的，其自行分摊的成本不得在计算应纳税所得额时扣除。

2. 特别纳税调整的管理

（1）预约定价安排

预约定价安排，是指企业就其未来年度关联交易的定价原则和计算方法，向税务机关提出申请，与税务机关按照独立交易原则协商、确认后达成的协议。企业可以向税务机关提出与其关联方之间业务往来的定价原则和计算方法，税务机关与企业协商、确认后，达成预约定价安排。

（2）企业报送的相关资料

企业向税务机关报送年度企业所得税纳税申报表时，应当就其与关联方之间的业务往来附送年度关联业务往来报告表。税务机关在进行关联业务调查时，企业及其关联方，以及与关联业务调查有关的其他企业，应当按照规定提供相关资料。

相关资料包括：①与关联业务往来有关的价格、费用的制定标准、计算方法和说明等同期资料；②关联业务往来所涉及的财产、财产使用权、劳务等的再销售（转让）价格或者最终销售（转让）价格的相关资料；③与关联业务调查有关的其他企业应当提供的与被调查企业可比的产品价格、定价方式以及利润水平等资料；④其他与关联业务往来有关的资料。

与关联业务调查有关的其他企业，是指与被调查企业在生产经营内容和方式上相类似的企业。

企业应当在税务机关规定的期限内提供与关联业务往来有关的价格、费用的制定标准、计算方法和说明等资料。关联方以及与关联业务调查有关的其他企业应当在税务机关与其约定的期限内提供相关资料。

（3）核定应纳税所得额

企业不提供与其关联方之间的业务往来资料，或者提供虚假、不完整资料，未能真实反映其关联业务往来情况的，税务机关有权依法核定其应纳税所得额。

税务机关依照企业所得税法的规定核定企业的应纳税所得额时，可以采用下列方法：①参照同类或者类似企业的利润率水平核定；②按照企业成本加合理的费用和利润的方法核定；③按照关联企业集团整体利润的合理比例核定；④按照其他合理方法核定。

企业对税务机关按照前款规定的方法核定的应纳税所得额有异议的，应当提供相关证据，经税务机关认定后，调整核定的应纳税所得额。

（4）利润归属

由居民企业，或者由居民企业和中国居民控制的设立在实际税负明显低于本法规定税率水平的国家（地区）的企业，并非由于合理的经营需要而对利润不作分配或者减少分配的，上述利润中应归属于该居民企业的部分，应当计入该居民企业的当期收入。其中：

①中国居民，是指根据《中华人民共和国个人所得税法》的规定，就其从中国境内、境外取得的所得在中国缴纳个人所得税的个人。

②控制的内含包括：居民企业或者中国居民直接或者间接单一持有外国企业10%以上有表决权股份，且由其共同持有该外国企业50%以上股份；居民企业，或者居民企业和中国居民持股比例没有达到上述规定的标准，但在股份、资金、经营、购销等方面对该外国企业构成实质控制。

③实际税负明显偏低是指实际税负明显低于企业所得税法规定税率25%的50%。

（5）超标利息支出

企业从其关联方接受的债权性投资与权益性投资的比例超过规定标准而发生的利息支出，不得在计算应纳税所得额时扣除。其中：

债权性投资，是指企业直接或者间接从关联方获得的，需要偿还本金和支付利息或者需要以其他具有支付利息性质的方式予以补偿的融资；

企业间接从关联方获得的债权性投资，包括：①关联方通过无关联第三方提供的债权性投资；②无关联第三方提供的、由关联方担保且负连带责任的债权性投资；③其他间接从关联方获得的具有负债实质的债权性投资。

权益性投资，是指企业接受的不需要偿还本金和支付利息，投资人对企业净资产具有所有权的投资。

（6）纳税调整

企业实施其他不具有合理商业目的的安排而减少其应纳税收入或者所得额的，税务机关有权按照合理方法调整。其中，不具有合理商业目的，是指以减少、免除或者推迟缴纳税款为主要目的。

（7）加收利息

税务机关依照规定作出纳税调整，需要补征税款的，应当补征税款，并按照国务院规定加收利息。应当对补征的税款，自税款所属纳税年度的次年6月1日起至补缴税款之日止的期间，按日加收利息。利息，应当按照税款所属纳税年度中国人民银行公布的与补税期间同期的人民币贷款基准利率加 5 个百分点计算。

（8）纳税调整追溯期限

企业与其关联方之间的业务往来，不符合独立交易原则，或者企业实施其他不具有合理商业目的安排的，税务机关有权自该业务发生的纳税年度起 10 年内进行纳税调整。

6.1.7 征收管理

1. 纳税期限

企业所得税按年计征，分月或分季预缴，年终汇算清缴，多退少补。从公历每年 1 月 1 日至 12 月 31 日作为一个纳税年度。如果纳税人在一个纳税年度的中间开业，或者由于合并、关闭等原因，使该纳税年度的实际经营期不足 12 个月，应当以实际经营期为一个纳税年度。纳税人清算时，应当以清算期间作为一个纳税年度。清算所得应按开始清算日的前一个纳税年度企业所得税适用税率征税，不采用上述经营期不满一年的换算办法。

企业应当自年度终了之日起 5 个月内向税务机关报送年度企业所得税纳税申报表，并汇算清缴，结清应缴应退税款。

企业在年度中间终止经营活动的，应当自实际经营终止之日起 60 日内，向税务机关办理当期企业所得税汇算清缴。

2. 纳税申报

企业应当自月份或者季度终了之日起 15 日内，向税务机关报送预缴企业所得税纳税申报表，预缴税款。企业在报送企业所得税纳税申报表时，应当按照规定附送财务会计报告和其他有关资料。企业应当在办理注销登记前，就其清算所得向税务机关申报并依法缴纳企业所得税。

企业所得税分月或者分季预缴，由税务机关具体核定。企业根据规定分月或者分季预缴企业所得税时，应当按照月度或者季度的实际利润额预缴；按照月度或者季度的实际利润额预缴有困难的，可以按照上一纳税年度应纳税所得额的月度或者季度平均额预缴，或者按照经税务机关认可的其他方法预缴。预缴方法一经确定，该纳税年度内不得随意变更。

企业在纳税年度内无论盈利或者亏损，都应当依照企业所得税法规定的期限，向税务机关报送预缴企业所得税纳税申报表、年度企业所得税纳税申报表、财务会计报告和税务机关规定应当报送的其他有关资料。

3. 纳税地点

（1）居民企业纳税地点

除税收法律、行政法规另有规定外，居民企业以企业登记注册地为纳税地点；但登记注册地在境外的，以实际管理机构所在地为纳税地点。其中，企业登记注册地，是指企业依照国家有关规定登记注册的住所地。

居民企业在中国境内设立不具有法人资格的营业机构的，应当汇总计算并缴纳企业所得税。企业汇总计算并缴纳企业所得税时，应当统一核算应纳税所得额，具体办法由国务院财政、税务主管部门另行制定。

（2）非居民企业纳税地点

非居民企业在中国境内设立机构、场所的，应当就其所设机构、场所取得的来源于中国境内的所得，以及发生在中国境外但与其所设机构、场所有实际联系的所得，以机构、场所所在地为纳税地点。

非居民企业在中国境内设立两个或者两个以上机构、场所的，经税务机关审核批准，可以选择由其主要机构、场所汇总缴纳企业所得税。

非居民企业在中国境内未设立机构、场所的，或者虽设立机构、场所但取得的所得与其所设机构、场所没有实际联系的所得，以扣缴义务人所在地为纳税地点。

非居民企业经批准汇总缴纳企业所得税后，需要增设、合并、迁移、关闭机构、场所或者停止机构、场所业务的，应当事先由负责汇总申报缴纳企业所得税的主要机构、场所向其所在地税务机关报告；需要变更汇总缴纳企业所得税的主要机构、场所的，依照前款规定办理。

4. 跨地区经营汇总纳税企业所得税征收管理

（1）基本原则

跨地区经营汇总纳税企业按照"统一计算、分级管理、就地预缴、汇总清算、财政调库"的所得税处理原则计算缴纳企业所得税。统一计算，是指企业总机构统一计算包括企业所属各个不具有法人资格的营业机构、场所在内的全部应纳税所得额、应纳税额；分级管理，是指总机构、分支机构所在地的主管税务机关都有对当地机构进行企业所得税管理的责任，总机构和分支机构应分别接受机构所在地主管税务机关的管理；就地预缴，是指总机构、分支机构应按本办法的规定，分月或分季分别向所在地主管税务机关申报预缴企业所得税；汇总清算，是指在年度终了后，总机构负责进行企业所得税的年度汇算清缴，统一计算企业的年度应纳所得税额，抵减总机构、分支机构当年已就地分期预缴的企业所得税款后，多退少补税款；财政调库，是指财政部定期将缴入中央国库的跨地区总分机构企业所得税待分配收入，按照核定的系数调整至地方金库。

（2）适用范围

居民企业在中国境内跨地区（指跨省、自治区、直辖市和计划单列市）设立不具有法人资格的营业机构、场所的，该居民企业即为汇总纳税企业，除另有规定外，适用本办法。

由于铁路运输企业（包括广铁集团和大秦铁路公司）、国有邮政企业、中国工商银行股份有限公司、中国农业银行、中国银行股份有限公司、国家开发银行、中国农业发展银行、中国进出口银行、中央汇金投资有限责任公司、中国建设银行股份有限公司、中国建银投资有限责任公司、中国石油天然气股份有限公司、中国石油化工股份有限公司以及海洋石油天然气企业（包括港澳台和外商投资、外国海上石油天然气企业）等缴纳所得税，未纳入中央和地方分享范围，收入跨地区缴纳不影响地方财政收入，所以不适用本办法。

（3）税款预缴和汇算清缴

为了防止企业预缴超缴税款，要求企业按照月度或者季度的实际利润额预缴。企业应根据当期实际利润额，按照本办法规定的预缴分摊方法计算总机构和分支机构的企业所得税预缴额，分别由总机构和分支机构分月或者分季就地预缴。在规定期限内按实际利润额预缴有困难的，经总机构所在地主管税务机关认可，可以按照上一年度应纳税所得额的 1/12 或 1/4，由总机构、分支机构就地预缴企业所得税。预缴方式一经确定，当年度不得变更。

为了兼顾总机构和分支机构所在地的财政利益，总机构和分支机构应分期预缴的企业所得税，50% 在各分支机构间分摊预缴，50% 由总机构预缴。总机构预缴的部分，其中 25% 就地入库，25% 预缴入中央国库，按照《财政部 国家税务总局中国人民银行关于印发〈跨省市总分机构企业所得税分配及预算管理暂行办法〉的通知》（财预［2008］10 号文件）的有关规定进行分配。

对按照当期实际利润额预缴税款的企业，分支机构应分摊的预缴数为：总机构根据统一计算的企业当期实际应纳所得税额，在每月或季度终了后 10 日内，按照各分支机构应分摊的比例，将本期企业全部应纳所得税额的 50% 在各分支机构之间进行分摊并通知到各分支机构；各分支机构应在每月或季度终了之日起 15 日内，就其分摊的所得税额向所在地主管税务机关申报预缴。总机构应分摊的预缴数为：总机构根据统一计算的企业当期应纳所得税额的 25%，在每月或季度终了后 15 日内自行就地申报预缴。总机构缴入中央国库分配税款的预缴数为：总机构根据统一计算的企业当期应纳所得税额的 25%，在每月或季度终了后 15日内自行就地申报预缴。

对按照上一年度应纳税所得额的 1/12 或 1/4 预缴税款的企业，分支机构应分摊的预缴数为：总机构根据上年汇算清缴统一计算应缴纳所得税额的 1/12 或 1/4，自每月或季度终了之日起 10 日内，按照各分支机构应分摊的比例，将本期企业全部应纳所得税额的 50% 在各分支机构之间进行分摊并通知到各分支机构；各分支机构应在每月或季度终了之日起 15 日内，就其分摊的所得税额向所在地主管税务机关申报预缴。总机构应分摊的预缴数为：总机构根据上年汇算清缴统一计算应缴纳所得税额的 1/12 或 1/4，将企业全部应纳所得税额的 25% 部分，在每月或季度终了后 15 日内自行向所在地主管税务机关申报预缴。总机构缴入中央国库分配税款的预缴数为：总机构根据上年汇算清缴统一计算应缴纳所得税额的 1/12 或 1/4，将企业全部应纳所得税额的 25% 部分，在每月或季度终了后 15 日内，自行向所在地主管税务机关申报预缴。

总机构应在年度终了后 5 个月内，依照法律、法规和其他有关规定进行纳税企业的所得税年度汇算清缴。当年应补缴的所得税款，由总机构缴入中央国库。当年多缴的所得税款，由总机构所在地主管税务机关开具"税收收入退还书"等凭证，按规定程序从中央国库办理退库。

（4）分支机构分摊税款比例的计算

借鉴国际上跨地区企业税款分配的经验，对税款预缴考虑的因素采用了经营收入、职工工资和资产总额三个因素。总机构应按照以前年度（1～6 月份按上上年度，7～12 月份按上年度）分支机构的经营收入、职工工资和资产总额三个因素计算各分支机构应分摊所得税款的比例，三因素的权重依次为 0.35、0.35、0.30。计算公式如下：

某分支机构分摊比例 =0.35 ×（该分支机构营业收入/各分支机构营业收入之和）+0.35 ×（该分支机构工资总额/各分支机构工资总额之和）+0.30 ×（该分支机构资产总额/各分支机构资产总额之和）

上述公式中分支机构仅指需要就地预缴的分支机构，该税款分摊比例按上述方法一经确定，当年不作调整。

分支机构所在地主管税务机关对总机构计算确定的分摊所得税款比例有异议的，应于收到《中华人民共和国企业所得税汇总纳税分支机构分配表》后 30 日内向企业总机构所在地主管税务机关提出书面复核建议，并附送相关数据资料。总机构所在地主管税务机关必须于收到复核建议后 30 日内对分摊税款的比例进行复核，并作出调整或维持原比例的决定。分支机构所在地主管税务机关应执行总机构所在地主管税务机关的复核决定。分摊所得税款比例复核期间，分支机构应先按总机构确定的分摊比例申报预缴税款。

（5）征收管理

汇总纳税企业的总机构和分支机构均应依法办理税务登记，接受所在地税务机关的监督和管理。

总机构应在每年 6 月 20 日前，将依照规定方法计算确定的各分支机构当年应分摊税款的比例，填入《中华人民共和国企业所得税汇总纳税分支机构分配表》报送总机构所在地主管税务机关，同时下发各分支机构。总机构所在地主管税务机关收到总机构报送的《中华人民共和国企业所得税汇总纳税分支机构分配表》后 10 日内，应通过国家税务总局跨地区经营汇总纳税企业信息交换平台或邮寄等方式，及时传送给各分支机构所在地主管税务机关。总机构应当将其所有二级分支机构（包括不参与就地预缴的分支机构）的信息及二级分支机构主管税务机关的邮编、地址报主管税务机关备案。

分支机构应将总机构信息、上级机构、下属分支机构信息报主管税务机关备案。分支机构注销后 15 日内，总机构应将分支机构注销情况报主管税务机关备案。

总机构及其分支机构除按纳税申报规定向主管税务机关报送相关资料外，还应报送《中华人民共和国企业所得税汇总纳税分支机构分配表》、财务会计决算报告和职工工资总额情况表。

分支机构的各项财产损失，应由分支机构所在地主管税务机关审核并出具证明后，再由总机构向所在地主管税务机关申报扣除。各分支机构主管税务机关应根据总机构主管税务机关反馈的《中华人民共和国企业所得税汇总纳税分支机构分配表》，对其主管分支机构应分摊入库的所得税税款和计算分摊税款比例的 3 项指标进行查验核对。发现计算分摊税款比例的 3 项指标有问题的，应及时将相关情况通报总机构主管税务机关。分支机构未按税款分配数额预缴所得税造成少缴税款的，主管税务机关应按照《中华人民共和国税收征收管理法》及其实施细则的有关规定对其予以处罚，并将处罚结果通知总机构主管税务机关。

5. 合伙企业所得税的征收管理

合伙企业以每一个合伙人为纳税义务人。合伙企业合伙人是自然人的，缴纳个人所得税；合伙人是法人和其他组织的，缴纳企业所得税。合伙企业生产经营所得和其他所得采取"先分后税"的原则。

合伙企业的合伙人应按四项标准来确定应纳税所得额：

（1）合伙企业的合伙人以合伙企业的生产经营所得和其他所得，按照合伙协议约定的分配比例确定应纳税所得额；

（2）合伙协议未约定或者约定不明确的，以全部生产经营所得和其他所得，按照合伙人协商确定的分配比例确定应纳税所得额；

（3）协商不成的，以全部生产经营所得和其他所得，按照合伙人实际出资比例确定应纳税所得额；

（4）无法确定出资比例的，以全部生产经营所得和其他所得，按照合伙人数量评价计算每个合伙人的应纳税所得额。

合伙企业是法人和其他组织的，合伙人在计算其缴纳企业所得税时，不得用合伙企业的亏损抵减其盈利。

6. 新增企业所得税征管范围的调整

自 2009 年 1 月 1 日起，对 2009 年以后新增企业的所得税征管范围进行了调整。从 2009 年起，新增企业所得税纳税人中，应缴纳增值税的企业，其企业所得税由国税局管理；应缴纳营业税的企业，其企业所得税由地税局管理。以 2008 年为基年，2008 年底之前国税局、地税局各自管理的企业所得税纳税人不作调整。

从 2009 年起，下列新增企业的所得税征管范围执行以下规定：企业所得税全额为中央收入的企业和在国税局缴纳营业税的企业，其企业所得税由国税局管理。银行（信用社）、保险公司的企业所得税由国税局管理，除上述规定外的其他各类金融企业的企业所得税由地税局管理。外商投资企业和外国企业常驻代表机构的企业所得税仍由国税局管理。

2008 年底之前已成立跨区经营汇总纳税企业，从 2009 年起新设立的分支机构，其企业所得税的征管部门应与总机构企业所得税征管部门相一致；从 2009 年起新增跨区经营汇总纳税企业，总机构按基本规定确定的原则划分征管归属，其分支机构企业所得税的管理部门也应与总机构企业所得税管理部门相一致。按税法规定免缴流转税的企业，按其免缴的流转税税种确定企业所得税征管归属；既不缴纳增值税，也不缴纳营业税的企业，其企业所得税暂由地税局管理。既缴纳增值税又缴纳营业税的企业，原则上按照其税务登记时自行申报的主营业务应缴纳的流转税税种确定征管归属；企业税务登记时无法确定主营业务的，一般以工商登记注明的第一项业务为准；一经确定，原则上不再调整。

6.2 企业所得税税收筹划

6.2.1 税收优惠的税收筹划

1. 免征与减征优惠

（1）从事农、林、牧、渔业项目的所得

①免征企业所得税的项目的所得：蔬菜、谷物、薯类、油料、豆类、棉花、麻类、糖料、水果、坚果的种植；农作物新品种的选育；中药材的种植；林木的培育和种植；牲畜、家禽的饲养；林产品的采集；灌溉、农产品初加工、兽医、农技推广、农机作业和维修等农、林、牧、渔服务业项目；远洋捕捞。

②减半征收企业所得税的项目的所得：花卉、茶以及其他饮料作物和香料作物的种植；海水养殖、内陆养殖。

（2）从事国家重点扶持的公共基础设施项目投资经营所得

国家重点扶持的公共基础设施项目是指《公共基础设施项目企业所得税优惠目录》规定的港口码头、机场、铁路、公路、电力、水利等项目。

从事国家重点扶持的公共基础设施项目投资经营所得，自项目取得第一笔生产经营收入所属纳税年度起，从第一年至第三年免征企业所得税，第四年至第六年减半征收企业所得税。

（3）从事符合条件的环境保护、节能节水项目所得

环境保护、节能节水项目的所得，自项目取得第一笔生产经营收入所属纳税年度起，从第一年至第三年免征企业所得税，第四年至第六年减半征收企业所得税。

符合条件的环境保护、节能节水项目包括公共污水处理、公共垃圾处理、沼气综合开发利用、节能减排技术改造、海水淡化等。

（4）符合条件的技术转让所得

符合条件的技术转让所得是指一个纳税年度内，居民企业转让技术所有权所得不超过500 万元的部分，免征企业所得税；超过 500 万元的部分，减半征收企业所得税。

2. 高新技术企业优惠

（1）国家需要重点扶持的高新技术企业，减按 15% 的税率征收企业所得税。重点扶持的高新技术企业是指拥有核心自主知识产权，并同时符合以下 6 个条件的企业。

①拥有核心自主知识产权是指在中国境内注册的企业，近三年内通过自主研发、受让、受赠、并购等方式，或通过五年以上的独占许可方式，对其主要产品的核心技术拥有自主知识产权。

②产品属于《国家重点主持的高新技术领域》规定的范围。

③研发费占销售收入的比例不低于规定比例。

④高新技术产品收入占企业总收入的比例不低于规定比例。是指高新技术产品收入占企业总收入的比例在 60% 以上。

⑤科技人员占企业职工总数的比例不低于规定比例。是指具有大专以上学历的科技人员占企业职工总数的 30% 以上，其中研发人员占企业职工总数的 10% 以上。

⑥高新技术企业认定管理办法规定的其他条件。

（2）经济特区和上海浦东新区新设立高新技术企业享受过渡性税收优惠。

①经济特区和上海浦东新区在 2008 年 1 月 1 日之后完成登记注册的国家重点扶持的高新技术企业取得的所得，自项目取得第一笔生产经营收入所属纳税年度起，从第一年至第二年免征企业所得税，第三年至第五年按照 25% 的法定税率减半征收企业所得税。

②经济特区和上海浦东新区新设立高新技术企业同时在经济特区和上海浦东新区以外的地区从事生产经营的，应该单独计算在经济特区和上海浦东新区取得的所得，并合理分摊期间费用，没有单独计算的，不得享受企业所得税优惠。

③经济特区和上海浦东新区新设立的高新技术企业在享受优惠期间，不再具有高新技术

企业资格的，从不再具有高新技术企业资格年度起，停止享受过渡性税收优惠；以后再被认定为高新技术企业的，不得继续享受或重新享受过渡性税收优惠。

3. 小型微利企业优惠

符合条件的小型微利企业，减按 20% 的税率征收企业所得税。符合条件的小型微利企业，是指从事国家非限制和禁止行业，并符合下列条件的企业。

①工业企业，年度应纳税所得额不超过 30 万元，从业人数不超过 100 人，资产总额不超过 3000 万元。

②其他企业，年度应纳税所得额不超过 30 万元，从业人数不超过 80 人，资产总额不超过 1000 万元。

上述"从业人数"按企业全年平均从业人数计算，"资产总额"按企业年初和年末的资产总额平均计算。

4. 加计扣除优惠

（1）研究开发费

研究开发费是指企业为开发新技术、新产品、新工艺的研究开发费用支出，未形成无形资产计入当期损益的，在按照规定据实扣除的基础上，按照研究开发费用的 50% 加计扣除；形成无形资产的，按照无形资产成本的 150% 摊销。

从 2008 年 1 月 1 日起，可以加计扣除的研究开发费按照下列规定执行。

研究开发费是指是指从事规定范围内的研究开发活动发生的相关费用。研究开发活动是指企业为获得科学与技术新知识，创造性运用科学技术新知识，或实质性改进技术、工艺、产品而持续进行的具有明确目标的研究开发活动。

企业从事"国家重点支持的高新技术领域"和国家发展改革委员会等部门公布的《当前优先发展的高技术产业化重点领域指南（2007 年度）》规定项目的研究开发活动，其在一个纳税年度中实际发生的相关费用支出，允许在计算应纳税所得额时按规定加计扣除。

对企业共同合作开发的项目，凡是符合条件的，由合作各方就自身承担的研发费用分别按照规定计算加计扣除。

对企业委托给外单位进行开发的研发费用，凡是符合条件的，由委托方按照规定计算加计扣除，受托方不再进行加计扣除。

企业结合财会核算和研发项目的实际情况，对发生的研发费进行收益化或本金化处理的，可以按照以下规定加计扣除：研发费计入当期损益未形成无形资产的，允许再按照当年研发费实际发生额的 50%，直接抵扣当年的应纳税所得额。研发费形成无形资产的，按照该无形资产成本的 150% 在税前摊销，除另有规定外，摊销期限不得低于 10 年。

法律、行政法规和国税局规定不允许企业所得税前扣除的费用和支出项目，均不允许计入研究开发费。

企业未设立专门的研发机构或企业研发机构同时承担生产经营业务的，应对研发费和生产经营费用分开进行核算，准确、合理地计算各项研究开发费用和支出，对划分不清的，不得实行加计扣除。

企业必须对研发费实行专账管理，同时必须按照规定，准确归集填写年度可加计扣除的各项研发费实际发生金额。

企业实际发生的研发费在年度中间预缴所得税时，允许据实计算扣除，在年度终了进行所得税申报和汇算清缴时，再按照规定加计扣除。

（2）企业安置残疾人员所支付的工资

企业的安置残疾人员及国家鼓励安置的其他就业人员所支付的工资支出，可以在计算应纳税所得额时加计扣除。企业安置残疾人员所支付的工资的加计扣除，是指企业安置残疾人员的，在按照支付给残疾职工工资据实扣除的基础上，按照支付给残疾职工工资的 100% 加计扣除。企业安置国家鼓励安置的其他就业人员所支付的工资的加计扣除办法，由国务院另行规定。

5. 创投企业优惠

创业投资企业从事国家需要重点扶持和鼓励的创业投资，可以按投资额的一定比例抵扣应纳税所得额。

创投企业优惠，是指创业投资企业采取股权投资方式投资于未上市的中小高新技术企业 2 年以上的，可以按照其投资额的 70% 在股权持有满 2 年的当年抵扣该创业投资企业的应纳税所得额；当年不足抵扣的，可以在以后纳税年度结转抵扣。

6. 加速折旧优惠

企业的固定资产由于技术进步等原因，确需加速折旧的，可以缩短折旧年限或采取加速折旧的办法。可采取以上折旧办法的固定资产是指：

①由于技术进步，产品更新换代较快的固定资产；

②常年处于强震动、高腐蚀状态的固定资产。

采取缩短折旧年限方法的，最低折旧年限不得低于规定折旧年限的 60%；采取加速折旧方法的，可以采取双倍余额递减法和年数总和法。

7. 减计税收优惠

减计税收优惠企业综合利用资源，生产符合国家产业政策规定产品所取得的收入，可以在计算应纳税所得额时减计收入。

综合利用资源是指企业以《资源综合利用企业所得税优惠目录》规定的资源为主要原料，生产国家非限制和禁止并符合国家和行业标准的产品取得的收入，减按 90% 计入收入总额。

上述所称原材料占生产产品材料的比例不得低于《资源综合利用企业所得税优惠目录》规定的标准。

8. 税额抵免优惠

税额抵免是指企业购置并实际使用《环境保护专用设备企业所得税优惠目录》、《节能节水专用设备企业所得税优惠目录》和《安全生产专用设备企业所得税优惠目录》规定的环境保护、节能节水、安全生产等专用设备的，该专用设备的投资额的 10% 可以从企业当年的应纳税额中抵免；当年不足抵免的，可以在以后 5 个纳税年度结转抵免。

享受企业所得税优惠的企业，应当实际购置并自身实际投入使用前款规定的专用设备；

企业购置上述专用设备在 5 年内转让、出租的，应当停止享用企业所得税优惠，并补缴已经抵免的企业所得税税款。转让的受让方可以按照该专用设备投资额的 10% 抵免当年企业所得税应纳税额；当年应纳税额不足抵免的，可以在以后 5 个纳税年度结转抵免。

9. 民族自治地区的优惠

民族自治地方的自治机关对本民族自治地方的企业应缴纳的企业所得税中属于地方分享的部分，可以决定减征或者免征。对民族自治地方的企业减免企业所得税，仅限于减免企业所得税中属于地方分享的部分，不得减免属于中央分享的部分。对民族自治地方内国家限制和禁止行业的企业，不得减征或免征企业所得税。

10. 非居民企业优惠

非居民企业在中国境内未设立机构、场所的，或者虽设立机构、场所但所得与其所设机构、场所没有实际联系的，减按 10% 的税率征收企业所得税。该类非居民企业取得下列所得免征企业所得税。包括外国政府向中国政府提供贷款的利息所得；国际金融组织向中国政府和居民企业提供优惠贷款的利息所得；经国务院批准的其他所得，可以免征企业所得税。

11. 其他有关行业的优惠

（1）软件产业和集成电路产业优惠政策

①软件生产企业实行增值税即征即退政策所退还的税款，由企业用于研究开发软件产品和扩大再生产，不作为企业所得税应税收入，不予征收企业所得税。

②我国境内新办软件生产企业经认定后，自获利年度起，第一年和第二年免征企业所得税，第三年至第五年减半征收企业所得税。

③国家规划布局内的重点软件生产企业，如当年未享受免税优惠的，减按 10% 的税率征收企业所得税。

④软件生产企业的职工培训费用，可按实际发生额在计算应纳税所得额时扣除。

⑤企事业单位购进软件，凡符合固定资产或无形资产确认条件的，可以按照固定资产或无形资产进行核算，经主管税务机关核准，其折旧或摊销年限可以适当缩短，最短可为 2 年。

⑥集成电路设计企业视同软件企业，享受上述软件企业的有关企业所得税政策。

⑦集成电路生产企业的生产性设备，经主管税务机关核准，其折旧年限可以适当缩短，最短可为 3 年。

⑧投资额超过 80 亿元人民币或集成电路线宽小于 $0.25\mu m$ 的集成电路生产企业，可以减按 15% 的税率缴纳企业所得税，其中，经营期在 15 年以上的，从开始获利的年度起，第一年至第五年免征企业所得税，第六年至第十年减半征收企业所得税。

⑨对生产线宽小于 $0.8\mu m$（含）集成电路产品的生产企业，经认定后，自获利年度起，第一年和第二年免征企业所得税，第三年至第五年减半征收企业所得税。已经享受自获利年度起企业所得税"两免三减半"政策的企业，不再重复执行本条规定。

⑩自 2008 年 1 月 1 日起至 2010 年底，对集成电路生产企业、封装企业的投资者，以其取得的缴纳企业所得税后的利润，直接投资于本企业增加注册资本，或作为资本投资开办其他集成电路生产企业、封装企业，经营期不少于 5 年的，按 40% 的比例退还其再投资部分已

缴纳的企业所得税税款。再投资不满 5 年撤出该项投资的，追缴已退的企业所得税税款。

自 2008 年 1 月 1 日起至 2010 年底，对国内外经济组织作为投资者，以其在境内取得的缴纳企业所得税后的利润，作为资本投资于西部地区开办集成电路生产企业、封装企业或软件产品生产企业，经营期不少于 5 年的，按 80% 的比例退还其再投资部分已缴纳的企业所得税税款。再投资不满 5 年撤出该项投资的，追缴已退的企业所得税税款。

（2）证券投资基金的优惠政策

①对证券投资基金从证券市场中取得的收入，包括买卖股票、债券的差价收入，股权的股息、红利收入，债券的利息收入及其他收入，暂不征收企业所得税。

②对投资者从证券投资基金分配中取得的收入，暂不征收企业所得税。

③对证券投资基金管理人运用基金买卖股票、债券的差价收入，暂不征收企业所得税。

④全国社会保障基金从证券市场取得的收入为企业所得税不征税收入。在香港上市的境内居民企业派发股息时，可凭香港结算（代理人）有限公司确定的社保基金所持 H 股证明，不予代扣代缴企业所得税。

⑤在香港以外上市的境内居民企业向境外派发股息时，可凭有关证券结算公司确定的社保基金所持股证明，不予代扣代缴企业所得税。

⑥在境外上市的境内居民企业向其他经批准对股息不征企业所得税的机构派发股息时，可参照本通知执行。

12. 其他优惠

企业所得税法公布前已经完成登记注册的企业，依照当时的税收法律、行政法规规定，享受低税率优惠的，按照国务院规定，可以在本法施行后五年内，逐步过渡到本法规定的税率；享受定期减免税优惠的，按照国务院规定，可以在本法施行后继续享受到期满为止，但因未获利而尚未享受优惠的，优惠期限从本法施行年度起计算。

法律设置的发展对外经济合作和技术交流的特定地区内，以及国务院已规定执行上述地区特殊政策的地区内新设立的国家需要重点扶持的高新技术企业，可以享受过渡性税收优惠，具体办法由国务院规定。

国家已确定的其他鼓励类企业，可以按照国务院规定享受减免税优惠。

（1）低税率优惠过渡政策

自 2008 年 1 月 1 日起，原享受低税率优惠政策的企业，在新税法施行后 5 年内逐步过渡到法定税率。原享受 15% 税率的企业，2008 年按照 18% 执行；2009 年按照 20% 执行；2010 年按照 22% 执行；2011 年按照 24% 执行；2012 年按照 25% 执行。原享受 24% 税率的企业，2008 年按照 25% 执行。

（2）"两免三减半"、"五免五减半"过渡政策

自 2008 年 1 月 1 日起，原享受企业所得税"两免三减半"、"五免五减半"等定期减免税优惠的企业，新税法实行后继续按照原税法、行政法规及相关文件规定的优惠办法及年限享受至期满为止。

但未获利而尚未享受税收优惠的，其优惠期限从 2008 年度算起。

（3）优惠政策的其他规定

国家对重点扶持和鼓励发展的产业和项目，给予企业所得税优惠。

根据国民经济和社会发展的需要，或者由于突发事件等原因对企业经营活动产生重大影响的，国务院可以制定企业所得税专项优惠政策，报全国人民代表大会常务委员会备案。

企业同时从事适用不同企业所得税待遇的项目的，其优惠项目应当单独计算所得，并合理分摊企业的期间费用；没有单独计算的，不得享受企业所得税优惠。

13. 利用税收优惠进行税收筹划的思路

(1) 利用对特定区域的过渡优惠政策，选择新办企业的投资地点

为继续发挥经济特区和上海浦东新区的特殊作用，新税法对其给予了一定的过渡性优惠政策，即对经济特区和上海浦东新区内在 2008 年 1 月 1 日（含）之后完成登记注册的国家需要重点扶持的高新技术企业（以下简称新设高新技术企业），在经济特区和上海浦东新区内取得的所得，自取得第一笔生产经营收入所属纳税年度起，第一年至第二年免征企业所得税，第三年至第五年按照 25% 的法定税率减半征收企业所得税。

此外，根据国务院实施西部大开发有关文件精神，西部大开发企业所得税优惠政策继续执行。因此，新办企业可以利用这些优惠政策，在这些地区设立国家需要重点扶持的高新技术企业，享受过渡性优惠，或在西部大开发地区成立国家鼓励类的企业，继续享受所得税优惠。

纳税人需要注意的是：经济特区和上海浦东新区内新设高新技术企业，同时在经济特区和上海浦东新区以外的地区从事生产经营的，应当单独计算其在经济特区和上海浦东新区内取得的所得，并合理分摊企业的期间费用；没有单独计算的，不得享受企业所得税优惠。此外，经济特区和上海浦东新区内新设高新技术企业在按照规定享受过渡性税收优惠期间，由于复审或抽查不合格而不再具有高新技术企业资格的，从其不再具有高新技术企业资格年度起，停止享受过渡性税收优惠；以后再次被认定为高新技术企业的，不得继续享受或者重新享受过渡性税收优惠。

(2) 适时调整投资行业

纳税人要享受行业定期减免优惠，可以选择一些政策鼓励和扶持的项目。例如，从事农、林、牧、渔业项目的所得，可以免征或减征企业所得税；从事港口码头、机场、铁路、公路、城市公共交通、电力、水利等项目的所得，自项目取得第一笔生产经营收入所属纳税年度起，第一年至第三年免征企业所得税，第四年至第六年减半征收企业所得税（以下简称"三免三减半"）；从事包括公共污水处理、公共垃圾处理、沼气综合开发利用、节能减排技术改造、海水淡化等环境保护项目、节能节水项目的所得，可以"三免三减半"。一个纳税年度内，居民企业技术转让所得不超过 500 万元的部分，免征企业所得税；超过 500 万元的部分，减半征收企业所得税。

此外，纳税人要从事这些受政策鼓励和扶持的项目，需要研究行业的具体规定，注意审批程序，取得行业准入资格。如果选择公共设施免税项目，就必须符合《公共基础设施项目企业所得税优惠目录》的规定，否则即使从事公共设施建设，也不一定能享受免税。还要注意，企业同时从事享受不同企业所得税待遇的项目的，其优惠项目应当单独计算所得，并合理分摊企业的期间费用；没有单独计算的，不能享受企业所得税优惠。

（3）利用特定老企业的过渡优惠期，借壳经营

新税法规定，原享受定期优惠的企业，一律从新税法实施年度起，按原税法规定的优惠标准和年限开始计算免税期，在新税法实施后最长不超过 10 年的期限内，享受尚未期满或尚未享受的优惠，但因未获利而尚未享受优惠的，优惠期限从新税法实行年度起计算。因此，对原享受"两免三减半"优惠的企业，可加快新办企业投产进度，加紧实现盈利，充分享受税收优惠。因为"两免三减半"从投产年度起算，过渡期未获利未享受优惠的，优惠期限从新税法施行的 2008 年开始计算，2008 年尚未获利的，则当年无法享受免税优惠。

6.2.2 纳税人身份的税收筹划

纳税人身份的税收筹划主要是改变居民身份或通过纳税人之间的合并、分立、集团公司内设立子公司或分公司的选择，从而达到规避高税率、享受税收优惠的目的。

1. 居民企业与非居民企业

新《企业所得税法》首次把企业分为居民和非居民两类，这是我国税收立法上的一大进步，而居民企业与非居民企业在税法上规定的差异（见表 6-2），为企业进行税收筹划提供了一定的空间。

表 6-2　居民企业与非居民企业的比较

纳税人		征税对象	税率
居民企业		境内、外所得	
非居民企业	在中国境内设立机构、场所的	来源于中国境内的所得，以及发生在中国境外但与其所设机构、场所有实际联系的所得	基本税率 25%
	在中国境内未设立机构、场所	来源于中国境内的所得	低税率 20%（减按 10% 征收）

企业应当尽可能避免作为居民企业进行纳税，还应注意要尽可能将企业设在避税地或低税地区；尽可能减少一些与境内机构、场所有实际联系的收入。

2. 企业合并与分立

（1）企业合并

一般情况下，被合并企业应视为按公允价值转让、处置全部资产，计算资产的转让所得，依法缴纳所得税；被合并企业以前年度的亏损不得结转到合并企业弥补。合并企业接受被合并企业的有关资产，计税时可按经评估确认的价值确定成本。合并企业和被合并企业为实现合并而向股东回购本公司股份，回购价格与发行价格之间的差额，应作为股票转让所得或损失。

合并企业支付给被合并企业或其股东的收购价款中，除合并企业股权以外的现金、有价证券和其他资产，不高于所支付的股权票面价值 20% 的，当事人各方可选择按以下规定进行

所得税税收处理：①被合并企业不确认全部资产的转让所得或损失，不计算缴纳所得税；被合并企业合并以前的全部企业所得税事项由合并企业承担，以前年度的亏损，如未超过法定弥补期限，可由合并企业与被合并企业资产相关所得弥补；合并企业接受被合并企业全部资产的计税成本，须以被合并企业原账面净值为基础确定。②被合并企业的股东以其持有的原被合并企业的股权交换合并企业的股权，不视为出售旧股、购买新股处理。被合并企业的股东换得新股的成本，须以其所持旧股的成本为基础确定。

因此企业在合并中由于产权交换支付方式不同，其转让所得、资产计价、亏损弥补等涉及所得税事项可选择不同的税务处理方法，企业在合并时进行税收筹划要注意以下几点。

①资产转让损益确认与否对所得税负的影响。在企业合并中，被合并企业是否确认财产转让收益取决于产权交换支付方式。在合并企业支付给被合并企业或其股东的收购价款中，非股权支付额不高于20%的，被合并企业可以不确认全部资产的转让所得或损失，只有待股权转让后才计算损益，作为资本利得所得税。如合并企业支付给被合并企业或其股东的非股权支付额高于20%的，被合并企业应视为按公允价值转让、处置全部资产，计算资产转让所得，依法缴纳财产转让所得税。

②资产计价税务处理对所得税负的影响。在非股权支付额不高于20%的情况下，合并企业接受被合并企业全部资产的计税成本，可按被合并企业原账面净值基础确定；而如果非股权支付额高于20%，合并企业接受被合并企业的资产，可按经评估确认的价值确定计税成本。由于两种不同情况下，合并企业接受的被合并企业的资产计入成本费用价值基础不同，必然导致税前扣除的金额不同，从而使合并后合并企业的所得税负不同。

③亏损弥补的处理对所得税负的影响。在非股权支付额不高于20%的情况下，被合并企业以前年度的亏损，如果未超过法定弥补期限的，可由合并企业继续按规定用以后年度实现的与被合并企业资产相关的所得弥补；而高于20%的，被合并企业以前年度的亏损，不得结转到合并企业弥补。

（2）企业分立

一般情况下，被分立企业应视为按公允价值转让其被分离出去的部分或全部资产，计算被分立资产的财产转让所得，依法缴纳所得税；分立企业接受被分立企业的资产，在计税时可按经评估确认的价值确定成本。如是存续分立，被分立企业未超过法定弥补期限的亏损额可由存续企业继续弥补。如是新设分立，被分立企业未超过法定弥补期限的亏损额不得结转到分立企业弥补。分立企业支付给被分立企业或其股东的交换价款中，除分立企业股权以外的非股权支付额，不高于20%的，经税务机关审核确认，企业分立当事各方也可选择下列规定进行分立业务的所得税处理：被分立企业可不确认分离资产的转让所得或损失，不计算所得税；分立企业接受被分立企业的全部资产和负债的成本，须以被分立企业的账面净值为基础结转确定；被分立企业已分离资产相对应的纳税事项由接受资产的分立企业承继，被分立企业的未超过法定弥补期限的亏损额由接受分离资产的分立企业承继。

同样的，企业分立中由于产权交换所采用的支付方式不同，其资产转让损益、亏损弥补等涉及所得税的事项也可选择不同的税务处理方法，企业在分立时进行税收筹划要注意以下几点。

①资产转让损益的确认。当被分立企业分离给分立企业的资产转让价格高于账面净值时，应选择分立企业支付给被分立企业的非股权支付额不高于 20% 的支付方式；当被分立企业分离给分立企业的资产转让价格低于账面净值时，则应选择分立企业支付给被分立企业的非股权支付额高于 20% 的支付方式，从而降低被分立企业的所得税负。

②资产计价的税收处理。当被分立企业分离给分立企业资产的评估价值低于账面净值时，应选择非股权支付额不高于 20% 的支付方式，从而降低分立企业的所得税负；当被分立企业分离给分立企业资产的评估价值高于账面净值时，要选择哪一种支付方式，则必须考虑其他方面的因素，因为不管采用哪种支付方式，分立企业都可按其所接受的资产的评估价值确定结转计税成本。

③亏损弥补的处理。如果被分立企业尚有未超过法定弥补期限的亏损额时，应选择非股权支付额不高于 20% 的支付方式，因为选择这种支付方式可以降低分立企业的所得税负。而是否选择非股权支付额高于 20% 的支付方式，则还必须看企业采用的是存继分立还是新设分立。

3. 企业清算

（1）一般规定

企业清算是指企业由于经济或契约等原因，不能或不再继续经营时，按照国家有关法律法规及企业具有法律效力的章程协议等文件精神，依照法定的程序，对企业的资产、债权、债务等进行清理与结算，并对企业剩余财产进行分配，解除企业法人资格的一系列行为。一般的，企业清算时，应以清算期间作为一个纳税年度，清算所得应依法缴纳所得税。企业的清算所得可按下列公式计算：

$$全部清算财产变现损益 = 存货变现损益 + 非存货财产变现损益 + 清算财产盘盈$$

$$净资产或剩余财产 = 全部清算财产变现损益 - 应付未付职工工资、劳动保险费等 - 清算费用 - 企业拖欠的各项税金 - 尚未偿付的各项债务 - 收取债权损失 + 偿还负债的收入（因债权人原因确实无法归还的债务）$$

$$应缴清算所得税 = 清算所得 × 适用税率$$

（2）筹划空间

企业所得税法对清算所得计算规定的差异，为我们进行企业清算的税收筹划提供了可能。

①法定财产重估增值的税收筹划。从上述公式可以看出，由于法定财产重估增值形成的资本公积部分，在计算清算所得时不得扣除。企业在财产重估中发生增值的有关资产，平时能否按经评估确认的价值确定计税成本，取决于对财产进行重估的原因。一般情况下，在全国统一组织的城镇集体企业的清产核资中以及企业合并或分立的产权重组中，可按经评估确认的价值确定计税成本，而在企业进行股份制改造和对外投资资产评估时，对已调整相关资产账户的评估增值部分，在计算应纳税所得额时不得扣除。因此，企业应创造条件进行允许按重估后的财产价值确定计税成本的财产评估，抵减更多的所得税，以达到减轻税负的目的。

②企业清算日期选择的税收筹划。企业在清算年度应划分为两个纳税年度，从 1 月 1 日到清算开始日为一个生产经营纳税年度，从清算开始日到清算结束日的清算期间为一个清算

纳税年度。清算日期的选择，往往会影响到两个纳税年度的计税所得，从而影响企业的所得税负。

4. 企业并购后组织形式的设置

当并购企业并购目标企业后，目标企业通常成为并购企业的从属机构。从属机构的形式一般有分公司和子公司，对从属机构形式的不同选择，决定着并购后企业总体税收负担的高低。

（1）子公司和分公司的税收待遇差异

子公司和分公司的税收待遇差异主要体现在企业所得税的纳税主体和税收优惠方面。国际上通行的做法是把总公司和分公司作为一个纳税实体，允许它们合并纳税。分公司不是独立法人，税法中规定由法人才可以享受的税收优惠待遇，如果总公司不符合条件，分公司就不能享受。子公司具备独立法人地位，国际上通行的做法是把母公司和子公司视为独立的法人，分别纳税。

（2）筹划思路

根据上述差异，可以做以下筹划。

①对于设立初期亏损的分支机构，或者在总公司亏损、分支机构盈利的情况下，分支机构宜采用分公司的形式，从而可以盈亏相抵；

②若分公司处于税率较高的地区，通过汇总纳税，从而实现规避高税率的目的。反之，分支机构适合选择子公司的形式。

6.2.3 计税依据的税收筹划

计税依据的确定较复杂，其筹划空间较大，也是企业所得税税收筹划的重点。按照新企业所得税法的规定。企业所得税的计税依据为应纳税所得额。应纳税所得额是企业每一纳税年度的收入总额，减除不征税收入、免税收入、各项扣除以及允许弥补的以前年度亏损后的余额。因此，企业所得税计税依据的筹划又可以分为收入的筹划、扣除的筹划和亏损的筹划。

1. 收入的筹划

①推迟收入的实现时间，以获得资金的时间价值。按照新企业所得税法，收入包括企业的货币形式收入和非货币形式收入，具体分为销售货物收入、提供劳务收入、转让财产收入、股息和红利等权益性投资收益、利息收入、租金收入、特许权使用费收入、接受捐赠收入和其他收入。股息、红利等权益性投资收益、利息收入、租金收入、特许权使用费收入、接受捐赠收入明确规定了收入确认的时点，这就为收入的税收筹划提供了依据和空间。比如，让被投资方推迟作出利润分配决定的日期，就可以推迟股息、红利等权益性投资收益的确认时间；推迟借债合同中债务人应付利息的日期，就可以推迟利息收入确认时间；推迟合同约定的承租人应付租金的日期，就可以推迟租金收入确认时间；推迟合同约定的特许权使用人应付特许权使用费的日期。就可以推迟特许权使用费收入确认时间；推迟实际收到捐赠资产的日期，就可以推迟接受捐赠收入确认时间；推迟企业分得产品的日期，就可以推迟采

取产品分成方式取得收入的确认时间。推迟这些类型收入的确认时间，无疑会推迟缴纳企业所得税，相当于企业从税务局那里取得了一项无息贷款，使企业获得了资金的时间价值。

②减少收入额，以降低计税依据。这主要是充分利用免税收入的规定。按照新企业所得税法，企业的免税收入包括国债利息收入、符合条件的居民企业之间的股息、红利等权益性投资收益、在中国境内设立机构或场所的非居民企业从居民企业取得与该机构或场所有实际联系的股息及红利等权益性投资收益、符合条件的非营利组织的收入。因此，企业应充分利用这些免税收入的规定，在经营活动一开始就应进行筹划，争取这些免税收入规定。

2. 扣除的筹划

企业所得税扣除的筹划空间较大，也是计税依据筹划的重点。扣除的筹划策略也主要包括以下两种。

①增加扣除。比如，按照实施条例第三十五条的规定，企业依照国务院有关主管部门或者省级人民政府规定的范围和标准为职工缴纳的基本养老保险费、基本医疗保险费、失业保险费、工伤保险费、生育保险费等基本社会保险费和住房公积金，准予扣除。企业为投资者或者职工支付的补充养老保险费、补充医疗保险费，在国务院财政、税务主管部门规定的范围和标准内，准予扣除。企业应该充分利用这些规定，为职工安排好福利方案。

②合理安排扣除的时间。若假设在一个较长时期如十年时间，或者企业存续的整个期间内。企业的总扣除额不变，那么，如何安排每个纳税年度的扣除额，其税收筹划效果就可能不同。一般来说。在企业亏损时，减少当期扣除较为有利；在企业盈利时，增加当期扣除，可获得更多的资金时间价值。比如，按照实施条例，固定资产最低折旧年限大大缩短，企业在利润较高时，就应该考虑按照实施条例允许的最低折旧年限计提折旧，增加当期扣除，以减少当期应纳税所得额。再如。实施条例规定发出存货的计价方法包括先进先出法、加权平均法和个别计价法，这也为发出存货的成本扣除提供了筹划的空间。一般来说，在通货紧缩时。若企业盈利，则采用先进先出法有利于减少当期应纳税所得额；在通货膨胀时，若企业盈利，采用加权平均法和个别计价法，可能更有利于减少当期应纳税所得额。

3. 亏损的筹划

按照实施条例第十条的规定，新企业所得税法所称的亏损是指企业依照企业所得税法和实施条例的规定，将每一纳税年度的收入总额减除不征税收入、免税收入和各项扣除后小于零的数额。新《企业所得税法》第十八条规定，企业纳税年度发生的亏损，准予向以后年度结转。用以后年度的所得弥补，但结转年限最长不得超过五年。因此，合理确定企业的亏损额，显然可以获得一定的税收收益。一般情况下，企业如果能够预测亏损当年后五年内的盈利额可以弥补当年的亏损，那么，能够扩大当年的亏损显然是有利的。这就要求进行有效的税收筹划。首先，要推迟收入的确认；其次，要准确核算和增加不征税收入及免税收入额；最后，要尽量增加当期扣除。其中，值得注意的是，新企业所得税法明确将免税收入作为了亏损额的减除项，（如国债利息收入、符合条件的居民企业之间的股息、红利等权益性投资收益、在中国境内设立机构或场所的非居民企业从居民企业取得与该机构或场所有实际联系的股息及红利等权益性投资收益都是免税收入），可在计算亏损额前剔除，在亏损筹划时充分利用这一点也非常重要。

4. 具体税收筹划

（1）固定资产折旧的税收筹划

①固定资产折旧方式的税收筹划

固定资产的折旧方式有直线法和加速折旧法，不同的折旧方法计算出来的各期的折旧额不一样，从而影响企业的应纳税所得额。折旧方式的税收筹划应该尽量使折旧费用的抵税效应发挥最大的作用。

对于盈利企业来说，折旧费用能从当年的所得中税前扣除，就是说折旧费用的抵税效应能够完全发挥出来，这时应该关注的是使折旧费用的抵税效应尽早的发挥出来。而对于享受所得税税收优惠的企业，应该选择免税期折旧少、非减免期折旧多的折旧方式。这样尽可能地减少费用，增加利润，尽量在正常年度摊销费用，降低企业所得税费用。

②固定资产折旧年限的税收筹划

缩短折旧年限有利于加速固定资产的回收，使后期成本前移，从而使前期利润后移。

对于盈利企业来说，选择最低的固定资产折旧年限，有利于加速投资的回收，使计入成本的费用前移、应纳税所得额尽量后移，从而降低纳税人的负担。而对于享受所得税税收优惠的企业，选择较长的固定资产折旧年限，有利于企业充分享受税收优惠政策，把税收优惠政策对折旧费用抵税效应的抵消作用降到最低，从而降低企业所得税税负。

（2）资产租赁方式的税收筹划

租赁可以分为经营租赁和融资租赁两种，不同的租赁方式是企业减轻税负的重要方法。对于承租人来说，租赁的优点有：一是可以避免因为长期拥有设备而承担的负担和风险；一是可以在经营活动中以支付租金的方式冲减企业利润，从而减少计税依据，降低税负。尤其是，出租人和承租人在一个利益集团时，最终会降低集团的税负。对于出租人来说，经营性质的租赁按照租金收入的5%缴纳营业税。融资性租赁对经过中国人民银行批准的经营融资租赁业务的单位所从事的融资租赁业务，无论融资租赁货物的所有权是否转让给租赁方，均按照租金收入的5%缴纳营业税。其他单位从事的融资租赁业务，融资租赁货物的所有权转让给承租方，征收增值税；融资租赁货物的所有权未转让给承租方的，征收营业税。

总之，资产租赁方式不同，纳税人的税收待遇也不同，双方应该选择适当的租赁方式，以获取较低的所得税税负。

（3）选择合理的筹资方式

企业的筹资渠道主要有：财政资金金融机构贷款、企业自我积累、企业之间相互拆借、企业内部集资、发行债券或股票筹资、商业信用筹资、租赁筹资等。不同筹资渠道形成的税负差异很大，而且筹资活动涉及还本付息的问题，利息摊入成本的方法不同、资金往来双方的关系不同以及企业在经济活动中所处的地位不同，税收负担也就不同，这些问题往往是税收筹划的关键。

6.2.4 税率的税收筹划

税率的筹划无外乎尽量降低企业适用的税率，这就要求企业根据新企业所得税法的低税率优惠来进行筹划。新企业所得税法的低税率优惠包括对小型微利企业和高科技企业的低税率优惠。按照新企业所得税法和实施条例的规定，小型微利企业适用 20% 的税率，国家需要重点扶持的高科技企业适用 15% 的税率优惠。

小型微利企业从事国家非限制和禁止行业，并符合下列条件的企业：（1）工业企业，年度应纳税所得额不超过 30 万元，从业人数不超过 100 人，资产总额不超过 3000 万元；（2）其他企业。年度应纳税所得额不超过 30 万元，从业人数不超过 80 人，资产总额不超过 1000 万元。

国家需要重点扶持的高科技企业是指拥有核心自主知识产权，并同时符合下列条件的企业：（1）产品（服务）属于《国家重点支持的高新技术领域》规定的范围；（2）研究开发费用占销售收入的比例不低于规定比例；（3）高新技术产品（服务）收入占企业总收入的比例不低于规定比例；（4）科技人员占企业职工总数的比例不低于规定比例；（5）高新技术企业认定管理办法规定的其他条件。

因此，当企业的规模刚刚要超过小企业标准时就要注意进行筹划，尽量享受小型微利企业和高科技企业的税收优惠。特别是小型微利企业年度应纳税所得额的筹划，还存在一个临界点的问题。即：若企业年度应纳税所得额刚刚达到 30 万元，比如 30.1 万元，就要按照全额缴纳 25% 的企业所得税；若企业减少 0.1 万元应纳税所得额，就可以按照 20% 来缴纳企业所得税。因此，当企业应纳税所得额达到 30 万元这个临界点时就必须认真筹划。经计算，只有当企业的年度应纳税所得额超过 32 万元时。企业多得的 2 万元利润才能够抵补多交的所得税，若企业的年度应纳税所得额超过 30 万元而少于 32 万元，那么企业的税后利润反而会小于年度应纳税所得额为 30 万元时的税后利润。因此。对于小型微利企业来说，当年度应纳税所得额接近 30 万元时，使应纳税所得额为 30 万元最为有利，若不能为 30 万元，必须使应纳税所得额超过 32 万元才划算。

6.3 案例分析

6.3.1 企业所得税法律制度案例分析

案例一

某企业 2008 年发生以下业务。

（1）销售产品收入 2000 万元。

（2）接受捐赠材料一批，取得赠出方开具的增值税专用发票，注明价款 10 万元，增值税 1.7 万元。

（3）转让一项商标著作权，取得营业外收入 60 万元。

（4）收取当年让渡资产使用权的专利实施许可费，取得其他业务收入 10 万元。

（5）取得国债利息收入 2 万元。

（6）全年销售成本 1000 万元，销售税金及附加 100 万元。

（7）全年销售费用 500 万元，含广告费 400 万元，全年管理费用 200 万元，含招待费 80 万元，新产品开发费用 70 万元；全年财务费用 50 万元。

（8）全年营业外支出 40 万元，含通过政府部门对灾区捐款 20 万元；直接对私立小学捐款 10 万元；违反政府规定被工商局罚款 2 万元。

要求：根据上述资料，回答下列问题。

（1）该企业的会计利润总额。

（2）该企业对收入的纳税调整额。

（3）该企业对广告费用的纳税调整额。

（4）该企业对招待费、三新费用的纳税调整额合计数。

（5）该企业对营业外支出的纳税调整额。

（6）该企业当年应纳税所得额。

（7）该企业当年应缴纳的企业所得税额。

案例分析

（1）该企业的会计利润总额

企业账面会计利润 = 2000 + 10 + 1.7 + 60 + 10 + 2 - 1000 - 100 - 500 - 200 - 50 - 40 = 193.7（万元）

（2）该企业对收入的纳税调整额

2 万元国债利息属于免税收入，调减收入 2 万元。

（3）该企业对广告费用的纳税调整额

以销售营业收入（2000 + 10）万元为基数，不能包括营业外收入。

广告费限额 = （2000 + 10）×15% = 301.5（万元）

广告费超支 = 400 - 301.5 = 98.5（万元）

调增应纳税所得额 98.5 万元。

（4）该企业对招待费、三新费用的纳税调整额合计

招待费限额计算：① 80 × 60% = 48（万元）

② （2000 + 10）× 5‰ = 10.05（万元）

因为税法规定业务招待费按照发生额的 60% 扣除，但最高不得超过当年销售（营业）额的 5‰，所以招待费限额为 10.05 万元，超支 69.95 万元。

三新费用加扣所得 = 70 × 50% = 35 万元；合计调增应纳税所得额 = 69.95 - 35 = 34.95 万元。

（5）该企业对营业外支出的纳税调整额

捐赠限额 = 193.7 × 12% = 23.24（万元）

该企业 20 万元公益性捐赠可以扣除；直接对私立小学的捐赠不得扣除；行政罚款不得扣除。

对营业外支出的纳税调整额 12 万元。

（6）该企业当年应纳税所得额 = 193.7 - 2 + 98.5 + 34.95 + 12 = 337.15（万元）

（7）该企业当年应缴纳的企业所得税额 = 337.15 × 25% = 84.29（万元）

案例二

某商贸企业 2006 年度自行核算实现利润总额 40 万元，后经聘请的会计师事务所审计，发现有关情况如下。

（1）在成本费用中实际列支了工资薪金 400 万元，提取并列支了相应的职工工会经费、职工福利费、职工教育经费 74 万元，取得《工会经费拨缴款专用收据》。

该企业实行工效挂钩工资制度，当年经主管部门和税务机关核准的工效挂钩工资总额为 350 万元，实际发放工资总额 380 万元（其中，经批准动用以前年度工资结余 30 万元，其对应的附加三项费用已在相应年度扣除）。

（2）4 月 1 日以经营租赁方式租入设备一台，租赁期为 2 年，一次性支付租金 40 万元，计入了当期的管理费用。

（3）该企业根据需要按应收账款期末余额的 1% 提取了坏账准备金。上年末应收账款期末余额为 240 万元，本年实际发生坏账损失 8 000 元，本年应收账款期末余额为 300 万元。上述业务，企业均按会计制度进行了核算处理，并补提了坏账准备金。税法规定的坏账准备金提取比例为 5‰。

（4）从境内 A 子公司分回股息 76 万元，A 适用企业所得税税率 24%；从境内 B 子公司分回股息 33.5 万元，B 适用企业所得税税率 33%。分回股息尚未计入利润总额。

（5）企业 2005 年自行申报亏损 80 万元，后经税务机关检查调增应纳税所得额 30 万元。

要求：根据上述资料，按下列序号回答问题，每问需计算出合计数。

（1）工资和三项经费应调整的所得额。
（2）租赁设备的租金应调整的所得额。
（3）子公司 A、B 分回的投资收益应调整的所得额。
（4）该企业的纳税调整后所得。
（5）该企业当年应缴纳的企业所得税额。

案例分析

（1）工效挂钩制度下，符合增长幅度内的实际发放工资（含动用以前限额）计入成本费用。按规定，该企业当期可计入成本费用的工资是 380 万元，福利费应以 350 元为基数计提。所以，

工资以及三项经费应调增应纳税所得额 = 400 − 380 + (400 − 350) × (14% + 2% + 2.5%) = 29.25（万元）

（2）租赁设备的租金应按照实际受益期计入成本费用，故，

调增应纳税所得额 = 40 − 40/24 × 9 = 25（万元）

（3）境内子公司 A 分回的投资收益整体应调增应纳税所得额为：

调增应纳税所得额 = 76 ÷ (1 − 24%) = 76 + 24 = 100（万元）

从境内 B 子公司分回股息不用补税，整体对应纳税所得额没有影响。

（4）该企业纳税调整后所得 = 40 + 29.25 + 25 + 76 + 33.5 = 203.75（万元）

（5）该企业当年应纳税所得额 = 203.75 + 24 − 33.5 − (80 − 30) = 144.25（万元）

该企业当年应纳税额 = 144.25 × 33% − 24 = 23.60（万元）

案例三

某市一家居民企业为增值税一般纳税人，主要生产销售彩色电视机，假定 2008 年度有关经营业务如下。

（1）销售彩电取得不含税收入 8600 万元，与彩电配比的销售成本 5660 万元。

（2）转让技术所有权取得收 700 万元，直接与技术所有权转让有关的成本和费用 100 万元。

（3）出租设备取得租金收入 200 万元，接受原材料捐赠取得增值税专用发票注明材料金额 50 万元、增值税进项税金 8.5 万元，取得国债利息收入 30 万元。

（4）购进原材料共计 3000 万元，取得增值税专用发票注明进项税额 510 万元；支付购料运输费用共计 230 万元，取得运输发票。

（5）销售费用 1650 万元，其中广告费 1400 万元。

（6）管理费用 850 万元，其中业务招待费 90 万元。

（7）财务费用 80 万元，其中含向非金融企业借款 500 万元所支付的年利息 40 万元（当年金融企业贷款的年利率为 5.8%）。

（8）计入成本、费用中的实发工资 540 万元，发生的工会经费 15 万元、职工福利费 82 万元、职工教育经费 18 万元。

（9）营业外支出 300 万元，其中包括通过公益性社会团体向贫困山区的捐款 150 万元。

其他相关资料：①上述销售费用、管理费用和财务费用不涉及技术转让费用；②取得的相关票据均通过主管税务机关认证。

要求：根据上述资料，按下列序号计算回答问题，每问需计算出合计数。

（1）2008 年应缴纳的增值税。

（2）2008 年应缴纳的营业税。

（3）2008 年应缴纳的城市维护建设税和教育费附加。

（4）2008 年实现的会计利润。

（5）广告费用应调整的应纳税所得额。

（6）业务招待费应调整的应纳税所得额。

（7）财务费用应调整的应纳税所得额。

（8）职工工会经费、职工福利费、职工教育经费应调整的应纳税所得额。

（9）公益性捐赠应调整的应纳税所得额。

（10）企业 2008 年度企业所得税的应纳税所得额。

（11）企业 2008 年度应缴纳的企业所得税。

案例分析

（1）企业 2008 年应缴纳的增值税

$$=8600\times17\%-(8.5+510+230\times7\%)=1462-534.6=927.4（万元）$$

（2）企业 2008 年应缴纳的营业税

700 万元技术转让收入免征营业税

租金收入应纳营业税 $=200 \times 5\% =10$（万元）

（3）企业 2008 年应缴纳的城市维护建设税和教育费附加

$= (927.4 +10) \times (7\% +3\%) =93.74$（万元）

（4）企业 2008 年实现的会计利润

$=8600 +700 +200 +50 +8.5 +30 -5660 -100 -1650 -850 -80 -300 -10 -93.74$

$=844.76$（万元）

50 万元和 8.5 万元捐赠收入计入收入总额，还要减除营业税、城建税、教育费附加。

（5）广告费用应调整的应纳税所得额

限额 $= (8600 +200) \times 15\% =1320$（万元）

应调整应纳税所得额 $=1400 -1320 =80$（万元）

（6）业务招待费应调整的应纳税所得额

因为，$90 \times 60\% =54$（万元）$> (8600 +200) \times 5‰ =44$（万元），所以，

应调整应纳税所得额 $=90 -44 =46$（万元）

（7）财务费用应调整的应纳税所得额

$=40 -500 \times 5.8\% =11$（万元）

（8）职工工会经费、职工福利费、职工教育经费应调整的应纳税所得额

工会经费限额 $=540 \times 2\% =10.8$（万元）

职工福利费限额 $=540 \times 14\% =75.6$（万元）

职工教育经费限额 $=540 \times 2.5\% =13.5$（万元）

应调整应纳税所得额 $=15 +82 +18 -10.8 -75.6 -13.5 =115 -99.9 =15.1$（万元）

（9）公益性捐赠应调整的应纳税所得额

$=150 -844.76 \times 12\% =150 -101.37 =48.63$（万元）

（10）企业 2008 年度企业所得税的应纳税所得额

技术转让所得 $=700 -100 =600$ 万元，其中 500 万元免税，100 万元减半征收。

$=844.76 +80 +46 +11 +15.1 +48.63 -30$（国债利息）$-500$（免税所得）

$=515.49$（万元）

（11）企业 2008 年度应缴纳的企业所得税

$= (515.49 -100) \times 25\% +100 \times 25\% \times 50\% =103.87 +12.5 =116.37$（万元）

案例四

某小汽车生产企业为增值税一般纳税人，2008 年度自行核算的相关数据为：全年取得产品销售收入总额 68 000 万元，应扣除的产品销售成本 45 800 万元，应扣除的营业税金及附加 9250 万元，应扣除的销售费用 3600 万元、管理费用 2900 万元、财务费用 870 万元。另外，取得营业外收入 320 万元以及直接投资其他居民企业分回的股息收入 550 万元，发生营业外支出 1050 万元，全年实现会计利润 5400 万元，应缴纳企业所得税 1350 万元。

2009 年 2 月经聘请的会计师事务所对 2008 年度的经营情况进行审核，发现以下相关问题。

税法与税收筹划

（1）12月20日收到代销公司代销5辆小汽车的代销清单及货款163.8万元（小汽车每辆成本价20万元，与代销公司不含税结算价28万元）。企业会计处理为：

借：银行存款——代销汽车款　　　　　　1 638 000
　　贷：预收账款——代销汽车款　　　　　　1 638 000

（2）管理费用中含有业务招待费280万元、新技术研究开发费用120万元。

（3）营业外支出中含该企业通过省教育厅向某山区中小学捐款800万元。

（4）成本费用中含2008年度实际发生的工资费用3000万元、职工福利费480万元、职工工会经费90万元、职工教育经费70万元。

（5）7月10日购入一台符合有关目录要求的安全生产专用设备，支付金额200万元、增值税额34万元，当月投入使用，当年已经计提了折旧费用11.7万元。

（说明：该企业生产的小汽车适用消费税税率为9%、城市维护建设税税率为7%、教育费附加征收率为3%；12月末"应交税费——应交增值税"账户借方无余额；购买专用设备支付的增值税34万元，不符合进项税额抵扣条件；假定购入并投入使用的安全生产专用设备使用期限为10年，不考虑残值）

要求：

（1）填列表6-3中带*号项目的金额。

（2）针对表6-3第13～17行所列项目需作纳税调整增加的情况，逐一说明调整增加的理由。

表6-3　企业所得税计算表

类别	行次	项目	金额
利润总额的计算	1	一、营业收入	*
	2	减：营业成本	*
	3	营业税金及附加	*
	4	销售费用	3600
	5	管理费用	2900
	6	财务费用	870
	7	加：投资收益	550
	8	二、营业利润	*
	9	加：营业外收入	320
	10	减：营业外支出	1050
	11	三、利润总额	*
	12	加：纳税调整增加额	*
	13	业务招待费支出	*

（续表）

类别	行次	项目	金额
应纳税所得额计算	14	公益性捐赠支出	*
	15	职工福利支出	*
	16	职工工会经费支出	*
	17	其他调增项目	*
	18	减：纳税调整减少额	*
	19	加计扣除	*
	20	免税收入	*
	21	四、应纳税所得额	*
税额计算	22	税率	25%
	23	应纳所得税额	*
	24	抵免所得税额	*
	25	五、实际应纳税额	*

案例分析

第 1 行：营业收入 $=68000+28\times5=68\,140$（万元）

第 2 行：营业成本 $=45800+20\times5=45\,900$（万元）

第 3 行：营业税金及附加 $=9250+（5\times28\times17\%+5\times28\times9\%）\times（7\%+3\%）+5\times28\times9\%=9266.24$（万元）

第 8 行：营业利润 $=68\,140-45\,900-9266.24-3600-2900-870+550=6153.76$（万元）

第 11 行：利润总额 $=6153.76+320-1050=5423.76$（万元）

第 12 行：纳税调增加额 $=112+149.15+60+30+1.95=353.1$（万元）

第 13 行：业务招待费发生额的 60% $=280\times60\%=168$（万元）$<68\,140\times5‰$

纳税调增金额 $=280-168=112$（万元）

第 14 行：公益性捐赠限额 $=5423.76\times12\%=650.85$（万元）

纳税调增金额 $=800-650.85=149.15$（万元）

第 15 行：福利费开支限额 $=3000\times14\%=420$（万元）

纳税调整金额 $=480-420=60$（万元）

第 16 行：工会经费开支限额 $=3000\times2\%=60$（万元）

纳税调整金额 $=90-60=30$（万元）

第 17 行：折旧限额 $=（200+34）\div10\div12\times5=9.75$（万元）

折旧的纳税调整金额 $=11.7-9.75=1.95$（万元）

第 18 行：纳税调整减少额 $=60+550=610$（万元）

第 19 行：加计扣除 $=120\times50\%=60$（万元）

第 20 行：免税收入 = 550（万元）

第 21 行：应纳税所得额 = 5423.76 + 353.10 − 610 = 5166.86（万元）

第 23 行：应纳所得税额 = 5166.86 × 25% = 1291.72（万元）

第 24 行：抵免所得税额 =（200 + 34）× 10% = 23.40（万元）

第 25 行：实际应纳税额 = 1291.72 − 23.40 = 1268.32（万元）

案例五

某商业企业 2009 年度生产经营情况如下。

（1）取得商品零售收入总额 1170 万元（商品适用增值税率为 17%）。

（2）应扣除商品销售成本 640 万元。

（3）发生销售费用 80 万元（其中含广告费用 70 万元）、管理费用 120 万元、逾期归还银行贷款的罚息 2 万元。

（4）应缴纳的增值税 30 万元、其他销售税款 3 万元。

（5）营业外支出 80 万元（其中向公益捐赠 50 万元、缴纳税收滞纳金 4 万元）。

（6）成本费用已列支实发工资总额 200 万元。

要求计算：

（1）该企业 2009 年度利润总额。

（2）该企业 2009 年度公益救济捐赠调整额。

（3）该企业 2009 年度广告费用调整额。

（4）该企业 2009 年度应缴纳的企业所得税额。

案例分析

（1）该企业利润总额 = 1170 ÷（1 + 17%）− 640 − 80 − 120 − 2 − 3 − 80 = 75（万元）

（2）该企业 2009 年度公益救济捐赠扣除限额 = 75 × 12% = 9（万元）

准予扣除的公益捐赠为 9 万元，纳税调整额 = 50 − 9 = 41（万元）

（3）该企业 2009 年度广告费用调整额

广告费用扣除限额 = 1170 ÷（1 + 17%）× 15% = 150 万元，实际发生的广告费 70 万元，在扣除限额之内，准予按实际扣除。

（4）该企业 2009 年度应缴纳的企业所得税

应纳税所得额 = 75 + 41（公益救济捐赠纳税调整额）+ 4（税收滞纳金）= 120（万元）

2009 年度应缴企业所得税 = 120 × 25% = 30（万元）

案例六

位于经济特区的某中外合资家电生产企业，原适用 15% 的所得税优惠税率，执行新会计准则。2008 年发生以下业务。

（1）销售产品 25 000 台，每台不含税单价 2000 元，每台销售成本 1500 元。

（2）出租设备收入 300 万元，购买企业债券利息 20 万元，股票转让所得 80 万元。

（3）销售费用 450 万元（其中广告费用 320 万元），管理费用 600 万元（其中业务招待费 90 万元，支付给关联企业的管理费用 20 万元）。

（4）营业外支出 120 万元，其中公益性捐赠的自产产品 100 台。

（5）以 200 台自产产品作为实物股利分配给其投资方，没有确认收入（按新会计准则应确认收入）。

要求：根据上述资料，按下列序号计算有关纳税事项，每问需计算出合计数。

（1）全年销售（营业）收入。

（2）全年准予税前扣除的销售成本。

（3）全年准予税前扣除的销售费用。

（4）全年准予税前扣除的管理费用。

（5）全年准予税前扣除的营业外支出。

（6）全年生产经营所得应纳税所得额。

（7）2008 年应纳企业所得税。

案例分析

（1）全年销售（营业）收入 =（25 000 + 100 + 200）×2000÷10 000 + 300 = 5360（万元）

（2）全年准予税前扣除的销售成本 =（25 000 + 100 + 200）×1500÷10 000 = 3795（万元）

（3）全年准予税前扣除的销售费用

广告费扣除限额 = 5360×15% = 804（万元），实际广告费用 320 万元，未超过限额，可据实扣除，全年可扣除销售费用为 450 万元。

（4）全年准予税前扣除的管理费用

业务招待费扣除限额 = 5360×5‰ = 26.8（万）

实际发生额的 60% 为 54（90×60%）万元。

准予税前扣除的管理费用 = 600 − 90 + 26.8 − 20 = 516.8（万元）

（5）全年准予税前扣除的营业外支出

会计利润 =（25 000 + 200）×0.2 + 300 + 20 + 80 −（25 000 + 200）×0.15 − 300×5% − 450 − 600 − 120 = 475（万元）

公益捐赠扣除限额 = 475×12% = 57（万元）

营业外支出中的公益捐赠额 = 100×0.15 + 100×0.2×17% = 18.4（万元），小于扣除限额，可以据实扣除，税法准予扣除的营业外支出为 120 万元。

（6）全年应纳税所得额

直接法：（5360 + 20 + 80）− 3795（成本）− 300×5%（出租收入营业税）− 450（销售费用）− 516.8（管理费用）− 120（营业外支出）= 563.2（万元）

间接法：475 + 90 − 26.8 + 20 + 100×（0.2 − 0.15）= 563.2（万元）

（7）享受企业所得税 15% 税率的企业，2008 年执行 18% 税率。

应纳企业所得税 = 563.2×18% = 101.38（万元）

案例七

某中外合资家电生产企业，共有在册职工120人，资产3500万元。2008年销售产品取得不含税收入2500万元，会计利润600万元，已预缴所得税150万元。经会计师事务所审核，发现以下问题。

（1）期间费用中广告费450万元、业务招待费15万元、研究开发费用20万元。

（2）营业外支出50万元（含通过公益性社会团体向贫困山区捐款30万元，直接捐赠6万元）。

（3）计入成本、费用中的实发工资总额150万元、拨缴职工工会经费3万元、支出职工福利费和职工教育经费29万元。

（4）7月购置并投入使用的安全生产专用设备企业未进行账务处理。取得购置设备增值税专用发票上注明价款70万元，增值税11.9万元，预计使用10年。

（5）在A国设有分支机构，A国分支机构当年应纳税所得额300万元，其中生产经营所得200万元，A国规定税率为20%；特许权使用费所得100万元，A国规定的税率为30%；从A国分后税后利润230万元，尚未作入账处理。

要求：根据上述资料，按下列序号计算有关纳税事项，每问需计算出合计数。

（1）计算专用设备对会计利润及应纳税所得额的影响额。

（2）广告费的调整额。

（3）业务招待费的调整额。

（4）调账后的会计利润总额。

（5）对外捐赠的纳税调整额。

（6）研究开发费用的纳税调整额。

（7）"三费"应调增所得额。

（8）境内所得应纳企业所得税。

（9）A国分支机构在我国应补缴企业所得税额。

（10）年终汇算清缴实际缴纳的企业所得税。

案例分析

（1）专用设备对会计利润及应纳税所得额的影响额 = $(70 + 11.9) \div 10 \div 12 \times 5 = 3.41$（万元）

（2）广告费的调整额 $= 450 - 2500 \times 15\% = 450 - 375 = 75$（万元）

（3）业务招待费的调整额 $= 2500 \times 5‰ = 12.5$（万元）；$15 \times 60\% = 9$（万元）

业务招待费调增所得 $= 15 - 9 = 6$（万元）

（4）调账后的会计利润总额 $= 600 - 3.41 + 230 = 826.59$（万元）

（5）公益捐赠扣除限额 $= 826.59 \times 12\% = 99.19$（万元）> 实际公益捐赠30万元，公益捐赠不需纳税调整。对外捐赠的纳税调整额 $= 6$（万元）

（6）研究开发费用加计扣除 $20 \times 50\% = 10$ 万元，可以调减所得额

（7）"三费"应调增所得额 $= 3 + 29 - 150 \times 18.5\% = 4.25$（万元）

（8）境内所得应纳企业所得税

境内应纳税所得额 = 826.59 + 75 + 6 + 6 - 10 + 4.25 - 230 = 677.84（万元）

应纳企业所得税 = 677.84 × 25% = 169.46（万元）

（9）A 国分支机构在境外实际缴纳的税额 = 200 × 20% + 100 × 30% = 70（万元），

A 国的分支机构境外所得的税收扣除限额 = 300 × 25% = 75（万元）

A 国分支机构在我国应补缴企业所得税额 = 75 - 70 = 5（万元）

（10）2008 年该企业年终汇算清缴实际缴纳的企业所得税 = 169.46 -（70 + 11.9）× 10%（投资抵税）+ 5（境外补税）- 150（已预缴）= 16.27（万元）

6.3.2 筹划案例

案例一

某公司拥有 100 万元闲置资金，准备用于获得利息。假设五年期国债年利率为 4%，银行 5 年定期存款年利率为 4%，向其他企业贷款五年期年利率为 6%。请为该公司进行纳税筹划。

案例分析

企业在条件允许的条件下，应当尽可能多地获得免税收入。国债利息免税，当企业选择国债或者其他债券进行投资时，就应当将免税作为一个重要的因素予以考虑。

方案一：如果购买国债，年利息为：100 × 4% = 4（万元），税后利息为 4 万元；

方案二：如果存入银行，年利息为：100 × 4% = 4（万元），税后利息为 4 - 4 × 25% = 3（万元）；

方案三：如果借给企业，年利息为：100 × 6% = 6（万元），营业税为 6 × 5% = 0.3（万元），税后利息为（6 - 0.3）×（1 - 25%）= 4.275（万元）。

从税后利息看，存入银行的利息最少，不足取，购买国债的利息高于储蓄利息但低于借给企业的利息，但由于购买国债风险较小，借给企业风险较大，该公司应当在充分考虑借给该企业的风险以后确定是否选择借给企业。

案例二

某企业 2008 年纳税年度缴纳企业所得税 1200 万元，企业预计 2009 纳税年度应纳税所得额会有一个比较大的增长，每季度实际的应纳税所得额分别为 1500 万元、1600 万元、1400 万元、1700 万元。企业选择按照纳税期限的实际数额来预缴企业所得税。请计算该企业每季度预缴企业所得税的数额，并提出纳税筹划方案。

案例分析

企业可以通过选择适当的预缴企业所得税办法进行纳税筹划。当企业预计当年的应纳税所得额比上一纳税年度低时，可以选择按纳税期限的实际数预缴，当企业预计当年的应纳税所得比上一纳税年度高时，可以选择按上一年度应纳税所得额的 1/12 或 1/4 的方法分期预缴所得税。

该企业需要在每季度预缴企业所得税分别为：

$1500 \times 25\% = 375$（万元）

$1600 \times 25\% = 400$（万元）

$1400 \times 25\% = 350$（万元）

$1700 \times 25\% = 425$（万元）

由于 2009 年度的实际应纳税所得额比 2008 年度高，而且也在企业的预料之中，因此，企业可以选择按上一年度应纳税所得的 1/4 的方法按季度分期预缴所得税。这样，该企业在每季度只需要预缴所得税 300 万元。假设银行活期存款利息为 1%，假设每年计算一次利息，该企业可以获得利息收入 ＝（375 － 300）×1% ×9 ÷12 ＋（400 － 300）×1% ×6 ÷12 ＋（350 － 300）×1% ×3 ÷12 ＝1.1875（万元）

案例三

某工业企业 2008 年度预计可以实现会计利润（假设等于应纳税所得额）1000 万元，企业所得税税率为 25%。企业为提高其产品知名度及竞争力，树立良好的社会形象，决定向有关单位捐赠 200 万元。企业提出两套方案：一是进行非公益性捐赠或不通过我国境内非盈利性社会团体、国家机关做公益性捐赠；二是通过我国境内非盈利性社会团体、国家机关进行公益性捐赠，并且在当年全部捐赠。请对上述两套方案进行评价，并提出纳税筹划方案。

案例分析

纳税人进行捐赠时应当通过特定的机构进行公益性捐赠，可以最大限度的降低企业的税收负担。如果企业在当年的捐赠达到了限额，则可以考虑在下一个纳税年度再进行捐赠，或者将捐赠分成两次或多次进行。

方案一：不符合公益性捐赠的条件，捐赠额不能在税前扣除。企业在 2008 年度应当缴纳企业所得税为：$1000 \times 25\% = 250$（万元）；

方案二：符合公益性捐赠的条件，捐赠额在法定扣除限额内的部分可以据实扣除，超过的部分不能扣除。企业应纳所得税为：$(1000 - 1000 \times 12\%) \times 25\% = 220$（万元）。

为了最大限度地将捐赠支出予以扣除，企业可以将该捐赠分两次进行，2008 年年底一次捐赠 100 万元，2009 年度再次捐赠 100 万元。这样，该 200 万元的捐赠支出同样可以在计算应纳税所得额时予以全部扣除。该方案比方案二少缴企业所得税：$(200 - 120) \times 25\% = 20$（万元）。

案例四

某企业早在 2005 年就在上海浦东新区设立了分支机构。该分支机构 2007 年的盈利为 100 万元，预计 2008 年的盈利为 200 万元，2009 年的盈利为 400 万元。该分支机构的总机构适用的企业所得税税率为 25%，该企业属于高新技术企业。请为该企业进行纳税筹划。

案例分析

该案例可以利用分立企业享受的特定地区的税收优惠政策进行筹划。根据规定，分支机构应当和总机构合并缴纳企业所得税，适用总机构适用的企业所得税税率，而子公司则属于独立法人，应当独立缴纳企业所得税。该企业可以将该分支机构撤销，同时以该分支机构为基础设立一个全资子公司，这种形式上的变更，不会对该子公司的经营产生实质性影响，因此，可以认为该子公司在 2008 年仍可以达到 200 万元的盈利。在企业分立之前，该 200 万元利润需要缴纳企业所得税：$200 \times 25\% = 50$（万元）。2009 年的 400 万元利润需要缴纳的企业所得税为：$400 \times 25\% = 100$（万元）。分立以后，该子公司（设在上海浦东新区）则不需要缴纳企业所得税。减轻的税收负担为：$50 + 100 = 150$ 万元。

小结：根据规定经济特区和上海浦东新区内新设高新技术企业同时在经济特区和上海浦东新区以外的地区从事生产经营的，应当单独计算其在经济特区和上海浦东新区内取得的所得，并合理分摊企业的期间费用；没有单独计算的，不得享受企业所得税优惠。因此，如果该企业已经在该地区设有分支机构，此时，就可以考虑将该分支机构变成独立的新设立的企业，以享受该地区的税收优惠政策。

案例五

某企业有一辆价值 500 000 元的货车，残值按原价的 4% 估算，估计使用年限为 8 年。该企业适用 25% 的企业所得税税率。该企业资金成本为 10%，按直线法年计提折旧额。

案例分析

一般说来，折旧年限取决于固定资产的使用年限。由于使用年限本身就是一个预计的经验值，使得折旧年限容纳了很多人为的成分，为税务筹划提供了可能性。缩短折旧年限有利于加速成本收回，可以使后期成本费用前移，从而使前期会计利润发生后移。在税率稳定的情况下，所得税的递延交纳，相当于从国家获得了一笔无息贷款。按直线法年计提折旧额。

方案一：年折旧额为：

$$500\ 000 \times (1 - 4\%) \div 8 = 60\ 000 （元）$$

折旧节约所得税支出折合为现值为：

$$60\ 000 \times 25\% \times 5.335 = 80\ 025 （元）$$

方案二：企业将折旧期限缩短为 6 年，则为：

$$500\ 000 \times (1 - 4\%) \div 6 = 80\ 000 （元）$$

折旧而节约所得税支出，折合为现值为：

$$80\ 000 \times 25\% \times 4.355 = 87\ 100 （元）$$

小结：尽管折旧期限的改变并未从数字上影响到企业所得税税负的总和，但考虑到资金的时间价值，方案二对企业更为有利。

第7章 个人所得税法律制度与税收筹划

学习目的和要求

通过本章学习，使学生了解个人所得税法律制度基本知识和个人所得税税收筹划基本内容，具体包括个人所得税的纳税人、应税所得项目、税率、计税依据、应纳税额的计算、纳税申报与缴纳；个人所得税税收优惠税收筹划、纳税人身份税收筹划、计税依据税收筹划以及在此基础上的案例分析。

个人所得税是对个人（自然人）的劳动和非劳动所取得的各项应税所得征收的一种税，体现国家与个人之间的分配关系。它诞生于 1799 年的英国，迄今已经经历了两个多世纪的发展和完善过程。我国在 1950 年公布的《全国税政实施要则》中就明确规定了税收体系中包含对个人征收的薪给报酬所得税和存款利息所得税。但是，由于我国长期实行低工资制，"文革"中又取消了稿酬，这个税种的征收不具有现实的可能性，一直没有开征。存款利息所得税也因为种种原因于 1959 年停征。十一届三中全会以后，借改革开放的东风，我国公民的收入来源开始多元化，收入水平逐渐提高，1980 年 9 月 10 日，经第五届全国人民代表大会通过颁布了《中华人民共和国个人所得税法》，这标志着新中国第一部个人所得税法正式诞生。随着改革开放的不断深入，我国又陆续发布并实施了《中华人民共和国城乡个体工商户所得税暂行条例》（1986 年 1 月发布了并于同年实施）和《中华人民共和国个人收入调节税暂行条例》（1986 年 9 月发布，1987 年 1 月实施），使得我国的个人所得税出现了"三税并立"的局面。随着经济的发展，全国人大常委会于 1993 年对我国个人所得税制度作了一次重大修订，修订后的《中华人民共和国个人所得税法》将原来的个人所得税、个人收入调节税和个体工商户所得税三税合一，并于 1994 年 1 月 1 日起施行。1999 年全国人大常委会对《中华人民共和国个人所得税法》作了第二次修正。2000 年又将个人独资企业和合伙企业投资者纳入缴纳个人所得税的范围。2008 年 2 月 18 日修改《中华人民共和国个人所得税法实施条例》。

7.1 个人所得税法律制度

7.1.1 纳税义务人

个人所得税的纳税义务人，包括中国公民、个体工商户，以及在中国有所得的外籍人员（包括无国籍人员，下同）和香港、澳门、台湾同胞。上述纳税义务人依据住所和居住时间两个标准，区分为居民纳税人和非居民纳税人，分别承担不同的纳税义务。

1. 居民纳税义务人

《个人所得税法》规定：居民纳税义务人是指在中国境内有住所，或者无住所而在中国境内居住满 1 年的人。居民纳税人负有无限纳税义务，即其所得的应纳税所得，无论来源于中国境内还是中国境外任何地方，都要在中国缴纳个人所得税。

其中，在中国有住所的个人，是指因户籍、家庭、经济利益关系而在中国境内习惯性居住的个人。所谓在境内居住满 1 年，是指在一个纳税年度（即公历 1 月 1 日起至 12 月 31 日止，下同）内，在中国境内居住满 365 日。临时离境的，不扣减日数。临时离境，是指在一个纳税年度中一次不超过 30 日或者多次累计不超过 90 日的离境。

具体讲，个人所得税的居民纳税义务人包括有以下两类。

（1）在中国境内居住的中国公民和外国侨民，但不包括虽具有中国国籍，却没有在中国大陆定居，而是侨居海外的华侨和居住在香港、澳门、台湾的同胞。

（2）从公历 1 月 1 日起至 12 月 31 日止，居住在中国境内的外国人、海外侨胞和香港、澳门、台湾同胞。这些人如果在一个纳税年度内，一次离境不超过 30 天，或多次离境累计不超过 90 天的，仍视为居民纳税义务人。

现行税法中关于"中国境内"的概念，是指中国大陆地区，目前还不包括香港、澳门和台湾地区。

2. 非居民纳税义务人

《个人所得税法》规定：非居民纳税义务人是在中国境内无住所又不居住或者无住所而在境内居住不满 1 年的个人。也就是说，非居民纳税义务人，是指习惯居住地不在中国境内，而且不在中国居住，或者在一个纳税年度内，在中国境内居住不满 1 年的个人。

非居民纳税人承担有限纳税义务，即仅就来源于中国境内的所得向中国缴纳个人所得税。

自 2004 年 7 月 1 日起，对境内居住的天数和境内实际工作期间以下面的规定为准。

（1）判断纳税义务及计算在中国境内居住的天数

对在中国境内无住所的个人，需要确定其在中国境内居住的天数，以便按照税法和协定或安排的规定判定其在华负有何种纳税义务时，均应以该个人实际在华逗留的天数计算。上述个人入境、离境、往返或多次往返境内外当日，均按一天计算其在华的实际逗留天数。

（2）对个人入、离境当日及计算在中国境内实际工作期间

对在中国境内、外机构同时担任职务或仅在境外机构任职的境内无住所个人，按《国家税务总局关于在中国境内无住所的个人计算缴纳个人所得税若干具体问题的通知》中规定计算其境内工作期间时，对其入、离境、往返或多次往返境内外当日，均按半天计算其在华的实际工作天数。

自 2000 年 1 月 1 日起，个人独资企业和合伙企业投资者也视为个人所得税的纳税义务人。

7.1.2 所得来源的确定

判断所得来源地，对于非居民纳税义务人来说非常重要。我国的个人所得税，依据所得来源地的判断应该反映经济活动的实质，遵循方便税务机关实行有效征管的原则，具体规定

如下。

（1）工资、薪金所得，以纳税人任职、受雇的公司、企业、事业单位、机关、团体、部队、学校等单位的所在地，作为所得来源地。

（2）生产、经营所得，以生产、经营活动的实现地作为所得来源地。

（3）劳动报酬所得，以纳税人实际提供劳务的地点作为所得来源地。

（4）不动产转让所得，以不动产座落地为所得来源地；动产转让所得，以实现转让的地点作为所得来源地。

（5）财产租赁所得，以被租赁财产的使用地作为所得来源地。

（6）利息、股息、红利所得，以支付利息息、股息、红利的公司、机构的所在地，作为所得来源地。

（7）特许权使用费所得，以特许权使用地作为所得来源地。

7.1.3 应税所得项目

1. 工资、薪金所得

工资、薪金所得，是指个人因任职或者受雇而取得的工资、薪金、奖金、年终加薪、劳动分红、津贴、补贴以及任职或者受雇有关的其他所得。

一般来说，工资、薪金所得属于非独立个人劳动所得。非独立个人劳动是指个人所从事的是由他人指定、安排并接受管理的劳动，工作或服务于公司、工厂、行政、事业单位的人员均为非独立劳动者。

除工资、薪金外，奖金、年终加薪、劳动分红、津贴、补贴也被确定为工资、薪金范畴。其中，年终加薪、劳动分红不分种类和取得情况，一律按照工资、薪金所得课税。津贴、补贴则有例外，对不属于工资、薪金性质的津贴、补贴或不属于纳税人本人工资、薪金所得项目的收入，不予征税。这些项目包括：①独生子女补贴；②执行公务员工资制度未纳入基本工资总额的补贴、津贴差额和家属成员的副食品补贴；③托儿补助费；④差旅费津贴、误餐补助。奖金，是指所有具有工资性质的奖金，免税奖金的范围税法中另有规定。

2. 个体工商户的生产、经营所得

个体工商户生产经营所得包括如下内容。

（1）个体工商业户从事工业、手工业、建筑业、交通运输业、商业、饮食业、服务业、修理业及其他行业取得的所得。

（2）个人经政府有关部门批准，取得执照，从事办学、医疗、咨询以及其他有偿服务活动取得的所得。

（3）其他个人从事个体工商业生产、经营取得的所得。

（4）上述个体工商户和个人取得的与生产、经营有关的各项应税所得。

3. 对企事业单位的承包经营、承租经营的所得

对企事业单位的承包经营、承租经营的所得是指个人承包经营或承租经营及转包、转租取得的所得，包括个人按月或者按次取得的工资、薪金性质的所得。承包项目分为多种，如生产经营、采购、销售、建筑安装等各种承包。转包包括全部转包或部分转包。

4. 劳动报酬所得

劳动报酬所得指个人独立从事各种非雇用的各种劳务取得的所得。具体是指个人从事设计、装潢、安装、制图、化验、测试、医疗、法律、会计、咨询、讲学、新闻、广播、翻译、雕刻、审稿、书画、影视、录音、录像、演出、表演、广告、展览、技术服务、介绍服务、经纪服务、代办服务、其他服务等劳务取得的报酬。

工资、薪金所得与劳务报酬所得的区别：前者属于非独立个人劳务活动，即在单位、团体、学校、部队、企业、事业单位及其他组织中任职或受雇而取得的报酬；后者则是指个人独立从事各种技艺、提供各种劳务取得的报酬，不存在雇佣与被雇佣的关系。

5. 稿酬所得

稿酬所得是指个人因其作品以图书、报刊形式出版、发表而取得的所得。将稿酬所得独立划归一个征税项目，而对不作为劳务报酬所得，主要是考虑了出版、发表作品的特殊性。因此，稿酬所得应当与一般劳务报酬相区别，并给予适当的优惠照顾。

6. 特许权使用费所得

特许权使用费所得，是指个人提供专利权、商标权、著作权、非专利技术以及其他特许权的使用权取得的所得。提供著作权使用取得的所得，不包括稿酬所得。

专利权，是由国家专利主管机关授予专利申请人或其权利继承人在一定期间内实施其发明创造的专有权。我国没有开征资本利得税，因此把个人提供和转让专利权取得的所得，都列入特许权使用费所得征收个人所得税。

商标权，即商标注册人享有的商标专用权。著作权，即版权，是作者依法对文学、艺术和科学作品享有的专利权。个人提供或转让商标权、著作权、专有技术或技术秘密、技术诀窍取得的所得，应当依法缴纳个人所得税。

7. 利息、股息、红利所得

利息、股息、红利所得是指个人拥有债权、股权而取得的利息、股息、红利所得。其中，利息指个人拥有债权而取得的利息，包括存款利息、贷款利息和各种债券的利息。按照税法规定，除国债和国家发行的金融债券利息外，应该依法缴纳个人所得税。股息、红利是指个人拥有股权取得的股息、红利。按照一定的比率对每股发给的息金叫股息；公司、企业应分配的利润，按股份分配的叫红利。股息、红利所得，除另有规定外，都应该缴纳个人所得税。

8. 财产租赁所得

财产租赁所得，指个人出租建筑物、土地使用权、机器设备、车船以及其他财产取得的所得。个人取得的财产转租收入，属于"财产租赁所得"的征税范围，由财产转租人缴纳个人所得税。在确认纳税义务人时，应以产权凭证为依据，对无产权凭证的，由主管税务机关据情况确定。产权所有人死亡，在未办理产权继承手续期间，该财产出租而有租金收入的，以领取租金的个人为纳税义务人。

9. 财产转让所得

财产转让所得，指个人转让有价证券、股权、建筑物、土地使用权、机器设备、车船以及其他财产取得的所得。财产转让所得因其性质的特殊性，需要单独列举项目征税。对个人取得的各项财产转让所得，除股票转让所得外，都征收个人所得税。具体规定为：

（1）股票转让所得。鉴于我国股票市场发育不成熟，国务院规定，对股票转让所得暂不征收个人所得税。

（2）量化资产股份转让。集体所有制企业在改制为股份合作制企业时，对职工个人以股份形式取得拥有所有权的企业量化资产暂缓征税个人所得税；待个人将股份转让时，就其转让收入额，减除个人取得该股份时实际支付的费用和合理转让费用的余额，按照"财产转让所得"项目计征个人所得税。

（3）个人出售自有住房。按照《个人所得税法》规定，个人出售自有住房取得的所得按照"财产转让所得"项目计征个人所得税。

10. 偶然所得

偶然所得，指个人得奖、中奖、中彩以及其他偶然性质的所得。偶然所得应缴纳的个人所得税税款，一律由发奖单位或机构代扣代缴。

11. 经国务院财政部门确定征税的其他所得

除上述列举的各项个人应税所得外，其他确有必要征税的个人所得，由国务院财政部门确定。

7.1.4 税率

1. 工资、薪金所得适用税率

工资、薪金所得适用于九级超额累进税率，税率为 5% ~ 45%（见表 7-1）。

表 7-1 工资、薪金所得个人所得税税率表

级　数	全月应纳税所得额	税率（%）
1	不超过 500 元的	5
2	超过 500 元 ~ 2 000 元的部分	10
3	超过 2 000 ~ 5 000 元的部分	15
4	超过 5 000 ~ 2 0000 元的部分	20
5	超过 20 000 ~ 40 000 元的部分	25
6	超过 40 000 ~ 60 000 元的部分	30
7	超过 60 000 ~ 80 000 元的部分	35
8	超过 80 000 ~ 100 000 元的部分	40
9	超过 100 000 元的部分	45

注：本表所称全月应纳税所得额是指按照税法，以每月收入额减去费用 2000 元后的余额或者减除附加费用后的余额。

2. 个体工商户的生产，经营所得和对企事业单位的承包经营、承租经营所得适用税率

个体工商户的生产，经营所得和对企事业单位的承包经营、承租经营所得适用五级超额累进税率，税率为5%～35%（见表7-2）。

表7-2　个体工商户的生产、经营所得和对企事业单位的承包经营、承租经营所得个人所得税税率表

级　数	全年应纳税所得额	税率（％）
1	不超过5 000元的	5
2	超过5 000元～10 000元的部分	10
3	超过10 000～30 000元的部分	20
4	超30 000～50 0000元的部分	30
5	超过50 000元的部分	35

注：本表所称全年应纳税所得额是指以每一纳税年度的收入总额减除成本、费用以及损失后的余额；对企业事业单位的承包经营、承租经营所得来源，是指以每一纳税年度的收入总额，减除必要费用后的余额。

个人独资企业和合伙企业的生产经营所得，也适用5%～35%的五级超额累进税率。

3. 劳务报酬所得适用税率

劳务报酬所得，适用比例税率，税率为20%。对劳务报酬所得一次畸高的，可以实行加成征收，具体办法由国务院规定。

劳务报酬所得一次收入畸高，是指个人一次取得劳务报酬，其应纳税所得额超过20 000元。对应纳税所得额超过20 000～50 000元的部分，依照税法规定计算应纳税额后再按照应纳税额加征五成；超过50 000元的部分，加征十成。因此，劳务报酬所得实际上适用20%、30%、40%的三级超额累进税率。税率见表7-3。

表7-3　劳务报酬所得个人所得税税率表

级　数	每次应纳税所得额	税率（％）
1	不超过20 000元的	20
2	超过20 000元～50 000元的部分	30
3	超过50 000元的部分	40

注：本表所称"每次应纳税所得额"，是指每次收入额减除费用800元（每次收入额不超过4 000元时）或者减除20%的费用（每次收入额超过4000元时）后的余额。

4. 稿酬所得适用税率

稿酬所得，适用比例税率，税率为20%，并按应纳税额减征30%，故实际税率为14%。

5. 特许权使用费所得，利息、股息所得，财产租赁所得，财产转让所得，偶然所得和其他所得适用税率

特许权使用费所得，利息、股息所得，财产租赁所得，财产转让所得，偶然所得和其他

所得，适用比例税率，税率为 20%。个人出租居民住房取得的所得减按 10% 的税率征收个人所得税。自 2007 年 8 月 15 日起，将储蓄存款利息所得个人所得税的适用税率由 20% 调减为 5%，自 2008 年 1 0 月 9 日起暂免征收储蓄存款利息所得个人所得税。

7.1.5 应纳税所得额的规定

纳税人的应纳税所得额为某项应税项目的收入额减去税法规定的该项费用减除标准后的余额。

1. 费用减除标准

①工资、薪金所得，以每月收入额减除费用 2000 元后的余额为应纳税所得额。

②个体工商户的生产、经营所得，以每一纳税年度的收入总额，减除成本、费用及损失后的余额，为应纳税所得额。成本、费用是指纳税人从事生产、经营所发生的各项直接支出和分配计入成本的间接费用及销售费用、管理费用、财务费用；损失是指纳税人从事生产、经营所发生的各项营业外支出。

③对企事业单位的承包经营、承租经营所得，以每一纳税年度的收入总额，减除必要费用后的余额，为应纳税所得额。每一纳税年度的收入总额是指纳税人按照承包经营、承租经营合同规定分得的经营利润和工资薪金性质的所得；所说的必要费用，是指按月减除 2000 元。

④劳动报酬所得，稿酬所得，特许权使用费所得，财产租赁所得，每次收入不超过 4000 元的，减除费用 800 元；4000 以上的，减除 20% 的费用，其余额为应纳税所得额。

⑤财产转让所得，以转让财产的收入额减除财产原值[1]和合理费用[2]后的余额，为应纳税所得额。

⑥利息、股息、红利所得，偶然所得和其他所得，以每次收入为应纳税所得额。

2. 附加减除费用适用的范围和标准

①附加减除费用适用的范围，包括在中国境内的外商投资企业和外国企业中工作取得工资、薪金所得的外籍人员；应聘在中国境内企业、事业单位、社会团体、国家机关中工作取得工资、薪金所得的外籍专家；在中国境内有住所而在中国境外任职或受雇取得工资、薪金所得的个人；财政部确定的取得工资、薪金的其他人员。

②附加减除费用标准为上述适用范围内的人员每月工资、薪金所得在减除 2000 元费用的基础上，再减除 2800 元。

③华侨和香港、澳门、台湾同胞参照上述附加减除费用标准执行。

3. 每次收入的确定

①劳务报酬所得，根据不同劳动项目的特点，分别规定为：只有一次性收入的，以取得

---

[1] 财产原值，是指①有价证券，为买入价以及买入时按照规定交纳的有关费用；②建筑物，为建造费或者购进价格以及其他有关费用；③土地使用权，为取得土地使用权所支付的金额、开发土地的费用以及其他有关费用；④机器设备、车船，为购进价格、运输费、安装费以及其他有关费用；⑤其他财产，参照以上方法确定。纳税义务人未提供完整、准确的财产原值凭证，不能正确计算财产原值的，由主管税务机关核定其财产原值。

[2] 合理费用，是指卖出财产时按照规定支付的有关费用。

该项收入为一次；属于同一事项连续所得收入的，以一个月取得的收入为一次。

②稿酬所得，以每次出版、发表取得的收入为一次。具体又可细分为：同一作品再版取得的所得，应视作另一次稿酬所得计征个人所得税；同一作品先在报刊上连载，然后再出版，或先出版，再在报刊上连载的，应视为两次稿酬所得征税，即连载作为一次，出版作为另一次；同一作品在报刊上连载取得收入的，以连载完成后取得的所有收入合并为一次，计征个人所得税；同一作品在出版和发表时，以预付稿酬或分次支付稿酬等形式取得的稿酬收入，应合并计算为一次；同一作品出版、发表后，因添加印数而追加稿酬的，应与以前出版、发表时取得的稿酬合并计算为一次，计征个人所得税。

③特许权使用费所得，以某项使用权的一次转让所得的收入为一次。每一项使用权的每次转让所取得的收入为一次。如果该次转让取得的收入是分笔支付的，则应将各笔收入相加为一次的收入，计征个人所得税。

④财产租赁所得，以一个月内取得的收入为一次。

⑤利息、股息、红利所得，以支付利息、股息、红利时取得的收入为一次。

⑥偶然所得，以每次收入为一次。

⑦其他所得，以每次收入为一次。

4. 其他规定

（1）个人将其所得通过中国境内社会团体、国家机关向教育、公益事业和遭受严重自然灾害地区、贫困地区的捐赠，捐赠额不超过纳税人申报的应纳税所得额的30%的部分，可以从其应纳税所得额中扣除。

个人通过中国人口福利基金会、光华科技基金会的公益、救济性捐赠，可在应纳税所得额的30%内扣除。

个人通过非营利性的社会团体和国家机关向农村义务教育的捐赠在计算缴纳个人所得税时准予全额扣除。

（2）个人所得用于资助非关联科研机构和高等学校研究开发新产品、新技术、新工艺所发生的研究开发经费，经主管税务机关确定，可以全额在下月（工资、薪金所得）或下次（按次计征的所得）或当年（按年计征的所得）计征个人所得税时，从应纳税所得额中扣除，不足抵扣的，不得结转抵扣。

（3）个人取得的应纳税所得，包括现金、实物和有价证券。

7.1.6 应纳税额的计算

1. 工资、薪金所得应纳税额的计算

工资、薪金所得应纳税额的计算公式为：

应纳税额 = 应纳税所得额 × 适用税率 − 速算扣除数 = （每月收入额 − 2000 元或 4800 元）× 适用税率 − 速算扣除数

需要注意的是，由于工资、薪金所得在计算应纳个人所得税额时，适用的是超额累进税率，所以，计算比较繁琐，运用速算扣除数计算法，可以简化计算进程。工资、薪金所得适用的速算扣除数见表7-4。

表 7-4 工资、薪金所得适用的速算扣除数表

级 数	全月应纳税所得额	税率（%）	速算扣除数
1	不超过 500 元的	5	0
2	超过 500 ~ 2 000 元的部分	10	25
3	超过 2 000 ~ 5 000 元的部分	15	125
4	超过 5 000 ~ 20 000 元的部分	20	375
5	超过 20 000 ~ 40 000 元的部分	25	1 375
6	超过 40 000 ~ 60 000 元的部分	30	3 375
7	超过 60 000 ~ 80 000 元的部分	35	6 375
8	超过 80 000 ~ 10 0000 元的部分	40	10 375
9	超过 100 000 元的部分	45	15 375

2. 个体工商户的生产、经营所得应纳税额的计算

个体工商户的生产、经营所得应纳税额的计算公式为：

应纳税额 = 应纳税所得额 × 适用税率 − 速算扣除数 = （全年收入总额 − 成本、费用和损失）× 适用税率 − 速算扣除数

需要注意以下方面的规定。

（1）对个体工商户个人所得税计算征收的有关规定

①自 2008 年 3 月 1 日起，个体工商户业主的费用扣除标准统一确定为 24 000 元/年。

②个体工商户向其从业人员实际支付的工资、薪金支出，允许税前据实扣除。

③个体工商户拨缴的工会经费、职工福利费、职工教育经费分别在工资、薪金总额 2%、14%、2.5% 内据实扣除。

④个体工商户每一纳税年度发生的广告费和业务宣传费不超过当年销售收入 15% 的部分，可据实扣除，超过部分，准予在以后纳税年度结转扣除。

⑤个体工商户每一纳税年度发生的与生产经营业务直接相关的业务招待费支出，按照发生额的 60% 扣除，但最高不得超过当年销售收入的 5‰。

⑥个体工商户生产经营期间借款利息支出，凡有合法证明的，不高于按金融机构同类、同期贷款利率计算的数额部分准予扣除。

⑦个体工商户和从事生产、经营的个人，取得的与生产、经营活动无关的各项应税所得，应分别适用各应税项目的规定计算征收个人所得税。

（2）个体工商户的生产、经营所得适用的速算扣除数

个体工商户的生产、经营所得适用的速算扣除数见表 7-5。

表 7-5　个体工商户的生产、经营所得适用的速算扣除数表

级　数	含税级距	税率（%）	速算扣除数
1	不超过 5000 元的	5	0
2	超过 5000 元至 10 000 元的部分	10	250
3	超过 10 000 元至 30 000 元的部分	20	1250
4	超过 30 000 元至 50 000 元的部分	30	4250
5	超过 50 000 元的部分	35	6750

（3）个人独资企业和合伙企业应纳个人所得税的计算

第一种，查账征税。

①自 2008 年 3 月 1 日起，个人独资企业和合伙企业的费用扣除标准统一确定为 24 000 元/年。投资者的工资不得税前扣除。

②投资者及其家属发生的生活费用不允许税前扣除。

③企业生产经营和投资者及家属生活共用的固定资产，难以划分的，由税务机关核定税前扣除的折旧费用的数额或比例。

④企业向其从业人员实际支付的工资、薪金支出，允许税前据实扣除。

⑤企业拨缴的工会经费、职工福利费、职工教育经费分别在工资、薪金总额 2%、14%、2.5% 内据实扣除。

⑥企业每一纳税年度发生的广告费和业务宣传费不超过当年销售收入 15% 的部分，可据实扣除，超过部分，准予在以后纳税年度结转扣除。

⑦企业每一纳税年度发生的与生产经营业务直接相关的业务招待费支出，按照发生额的 60% 扣除，但最高不得超过当年销售收入的 5‰。

上述第 4、5、6、7 条规定，自 2008 年 1 月 1 日起执行。

⑧企业计提的各类准备金不得扣除。

第二种，核定征税。

实行核定应税所得率征收方式的，应纳所得税额的计算公式如下。

$$应纳所得税额＝应纳税所得额×适用税率$$

$$应纳所得税额＝收入总额×应税所得率＝成本费用支出额/（1－应税所得率）×应税所得率$$

实行核定征税的投资者，不能享受个人所得税的优惠政策。

实行查账征税方式的个人独资企业和合伙企业改为核定征税方式后，在查账征税方式下认定的年度经营亏损未补完的部分，不得再继续弥补。

3. 对企事业单位的承包、承租经营所得应纳税额的计算

对企事业单位的承包、承租经营所得应纳税额的计算公式为：

$$应纳税额＝应纳税所得额×适用税率－速算扣除数＝（纳税年度收入总额－必要费用）×适用税率－速算扣除数$$

这里需要说明以下两点。

①对企事业单位的承包经营、承租经营所得，以每一纳税年度的收入总额，减除必要费

用后的余额为应纳所得税所得额。

在一个纳税年度内,承包、承租经营不足一年的,以其实际承包、承租经营的月份数为一个纳税年度,计算纳税。

②对企事业单位的承包经营、承租经营所得适用的速算扣除数,同个体工商户的生产、经营所得适用的速算扣除数。

4. 劳务报酬所得应纳税额的计算

劳务报酬所得应纳税额的计算公式如下。

①每次收入不足 4000 元的,

$$应纳税额 = 应纳税所得额 \times 适用税率 = (每次收入额 - 800) \times 20\%$$

②每次收入在 4000 元以上的,

$$应纳税额 = 应纳税所得额 \times 适用税率 = 每次收入额 \times (1 - 20\%) \times 20\%$$

③每次收入的应纳税所得额超过 20 000 元的,

$$应纳税额 = 应纳税所得额 \times 适用税率 - 速算扣除数$$

劳务报酬所得适用的速算扣除数见表 7-6。

表 7-6　劳务报酬所得适用的速算扣除数表

级数	每次应纳税所得额	税率（%）	速算扣除数
1	不超过 20 000 元的部分	20	0
2	超过 20 000 元至 50 000 元的部分	30	2000
3	超过 50 000 元的部分	40	7000

5. 稿酬所得应纳税额的计算

稿酬所得应纳税额的计算公式如下。

①每次收入不足 4000 元的,

$$应纳税额 = 应纳税所得额 \times 适用税率 \times (1 - 30\%) = (每次收入额 - 800) \times 20\% \times (1 - 30\%)$$

②每次收入在 4000 元以上的,

$$应纳税额 = 应纳税所得额 \times 适用税率 \times (1 - 30\%) = 每次收入额 \times (1 - 20\%) \times 20\% \times (1 - 30\%)$$

6. 特许权使用费所得应纳税额的计算

特许权使用费所得应纳税额的计算公式如下。

①每次收入不足 4000 元的,

$$应纳税额 = 应纳税所得额 \times 适用税率 = (每次收入额 - 800) \times 20\%$$

②每次收入在 4000 元以上的,

$$应纳税额 = 应纳税所得额 \times 适用税率 = 每次收入额 \times (1 - 20\%) \times 20\%$$

7. 利息、股息、红利所得应纳税额的计算

利息、股息、红利所得应纳税额的计算公式为:

$$应纳税额 = 应纳税所得额 \times 适用税率 = 每次收入额 \times 20\% (或 5\%)$$

适用税率:2007 年 8 月 15 日前为 20%,8 月 15 日后为 5%。

对于储蓄存款利息，1999 年 11 月 1 日前是免征个人所得税的。根据国务院 1999 年 9 月 30 日《对储蓄存款利息所得征收个人所得税的实施办法》的规定，从中华人民共和国境内的储蓄机构取得人民币、外币储蓄存款利息所得的个人，应当缴纳个人所得税。其中，还规定，储蓄存款在 1999 年 10 月 31 日前孳生的利息所得，不征收个人所得税；储蓄存款在 1999 年 11 月 1 日后孳生的利息所得，征收个人所得税。

8. 财产租赁所得应纳税额的计算

财产租赁所得应纳税额的计算公式如下。

①每次（月）收入不超过 4000 元的

应纳税所得额＝每次（月）收入额－准予扣除项目－修缮费用（800 元为限）－800 元

②每次（月）收入超过 4000 元的

应纳税所得额＝[每次（月）收入额－准予扣除项目－修缮费用（800 元为限）]×（1－20%）

应纳税额＝应纳税所得额×适用税率＝应纳税所得额×20%（或 10%）

其中，准予扣除项目包括在财产租赁过程中缴纳的税费，由纳税人负担的该出租财产实际开支的修缮费。在进行扣除时，应该持完税凭证，允许扣除的修缮费用，以每次 800 元为限，一次扣除不完的，准予下次继续扣除，直到扣完为止。

9. 财产转让所得应纳税额的计算

（1）一般情况下，财产转让所得应纳税额的计算

财产转让所得应纳税额的计算公式为：

应纳税额＝应纳税所得额×适用税率＝（收入总额－财产原值－合理税费）×20%

（2）个人住房转让所得应纳税额的计算

①以实际成交价格为转让收入。

②纳税人可以凭原购房合同、发票等有效凭证，经税务机关审核，允许从其转让收入中减除房产原值、转让住房过程中缴纳的税金及有关合理费用；

③纳税人未提供完整、准确的房屋原值凭证，不能正确计算应纳税额的，实行定额征税，即按照纳税人转让住房收入的一定比例核定应纳个人所得税额。

（3）个人销售无偿受赠不动产应纳税额的计算

受赠人取得赠与人无偿赠与的不动产后，再次转让该不动产的，在缴纳个人所得税时，以财产转让收入减除受赠、转让过程中缴纳的税金及有关合理费用后的余额为应纳税所得额，按 20% 的税率计算缴纳个人所得税。

10. 偶然所得应纳税额的计算

偶然所得应纳税额的计算公式为：

应纳税额＝应纳税所得额×适用税率＝每次收入额×20%

11. 其他所得应纳税额的计算

应纳税额＝应纳税所得额×适用税率＝每次收入额×20%

12. 应纳税额计算中的特殊问题

（1）对个人取得全年一次性奖金等计算征收个人所得税的方法

纳税人取得全年一次性奖金，单独作为 1 个月工资、薪金所得计算纳税，按以下办法计

税，由扣缴义务人发放代扣代缴。

①先将纳税人全年一次性奖金除以 12，按其商数确定适用的税率和速算扣除数；如果在纳税人发放年终一次性奖金的当月，工资薪金所得低于税法规定的费用扣除额，应将全年一次性奖金减除"当月工资薪金所得与费用扣除额的差额"后的余额除以 12 个月，按其商数确定适用的税率和速算扣除数。

②具体计算公式。

纳税人当月工资、薪金所得高于（或等于）税法规定的费用扣除标准的，适用公式为：

应纳税额＝当月取得全年一次性奖金×适用税率－速算扣除数

纳税人当月工资、薪金所得低于税法规定的费用扣除标准的，适用公式为：

应纳税额＝（当月取得全年一次性奖金－当月工资、薪金所得与扣除费用标准的差额）×适用税率－速算扣除数

在一个纳税年度内，对每一个纳税人，该计税办法只允许采用一次。

（2）对在中国境内无住所的个人一次取得月奖金或年终加薪、劳动分红（以下简称奖金，不包括按月支付的奖金）的计税方法

上述个人取得的奖金，可单独作为一个月的工资、薪金所得计算纳税。由于对每月的工资、薪金所得计税时已按月扣除了费用，因此，对上述奖金原则上不再减除费用，全额作为应纳税所得额直接按适用税率计算应纳税款，并且不再按居住天数进行划分计算。

（3）特定行业职工取得的工资、薪金所得的计税方法

为了照顾采掘业、远洋运输业、远洋捕捞业因季节、产量等因素的影响，职工的工资、薪金收入呈现较大幅度波动的实际情况，对这三个特定行业的职工的工资、薪金所得，可按月预缴，年度终了后 30 日内，合计其全年工资、薪金所得，再按 12 个月平均并计算实际应纳的税款，多退少补。用公式表示为：

$$应纳所得税额＝\left[\left(\frac{全年工资、薪金收入}{12}－费用扣除标准\right)×税率－速算扣除数\right]×12$$

（4）在外商投资企业、外国企业和外国驻华机构工作的中方人员取得的工资、薪金所得的征税问题

①在外商投资企业、外国企业和外国驻华机构工作的中方人员取得的工资、薪金收入，凡是由雇佣单位和派遣单位分别支付的，支付单位应按税法规定代扣代缴个人所得税。同时，按税法规定，纳税义务人应以每月全部工资、薪金收入减除规定费用后的余额为应纳税所得额。为了利于征管，税法规定只由雇佣单位在支付工资、薪金时，按税法规定减除费用，计算扣缴个人所得税；派遣单位支付的工资、薪金不再减除费用，以支付金额直接确定适用税率，计算扣缴个人所得税。

上述纳税义务人，应持两处支付单位提供的原始明细工资、薪金单（书）和完税凭证原件，选择并固定到一地税务机关申报每月工资、薪金收入，汇算清缴其个人所得税，多退少补。具体申报期限，由各省、自治区、直辖市税务机关确定。

②对外商投资企业、外国企业和外国驻华机构发放给中方工作人员的工资、薪金所得，应全额征税。但对可以提供有效合同或有关凭证能够证明其工资、薪金所得的一部分按照有关规定上交派遣（介绍）单位的，可扣除其实际上交的部分，按其余额计征个人所得税。

（5）在中国境内无住所的个人取得工资、薪金所得的征税问题

依照《个人所得税法》及其实施条例和我国对外签订的避免双重征税协定（以下简称税收协定）的有关规定，对在中国境内无住所的个人由于在中国境内公司、企业、经济组织（以下简称中国境内企业）或外国企业在中国境内机构、场所以及税收协定所说常设机构（以下简称中国境内机构）从事工作，而取得的工资、薪金所得应分不同情况确定。

①关于工资、薪金所得来源地的确定。根据规定，属于来源于中国境内的工资、薪金所得应为个人实际在中国境内工作期间取得的工资、薪金，即：个人实际在中国境内工作期间取得的工资、薪金，不论是由中国境内还是境外企业或个人雇主支付的，均属来源于中国境内的所得；个人实际在中国境外工作期间取得的工资、薪金，不论是中国境内还是境外企业或个人雇主支付的，均属于来源于中国境外的所得。

②关于在中国境内无住所而在一个纳税年度中在中国境内连续或累计居住不超过 90 日或在税收协定规定的期间内在中国境内连续或累计居住不超过 183 日的个人，由中国境外雇主支付并且不是由该雇主的中国境内机构负担的工资、薪金，免予申报缴纳个人所得税。

③关于在中国境内无住所而在一个纳税年度中在中国境内连续或累计居住超过 90 日或在税收协定规定的期间内在中国境内连续或累计居住超过 183 日但不满 1 年的个人，其实际在中国境内工作期间取得的由中国境内企业或个人雇主支付和由境外企业或个人雇主支付的工资、薪金所得，均应申报缴纳个人所得税；其在中国境外工作期间取得的工资、薪金所得，除中国境内企业或高层管理人员外不予征收个人所得税。

④在中国境内无住所但在境内居住满 1 年而不超过 5 年的个人，其在中国境内工作期间取得的由中国境内企业或个人雇主支付和由中国境外企业或个人雇主支付的工资、薪金，均应申报缴纳个人所得税。但税法又规定，其来源于境外的所得，由中国境外企业或个人雇主支付的工资、薪金，免予申报缴纳个人所得税。

（6）两人或两人以上共同取得同一项所得的计税问题

两人或两人以上共同取得同一项所得的，应对每人分得的收入分别减除费用，并计算各自应纳的税款。

7.1.7 境外所得已纳税款的扣除

税法规定，纳税人从中国境外取得的所得，准予其在应纳税额中扣除已在境外缴纳的个人所得税额。但扣除额不得超过该纳税人境外所得依照我国税法规定计算的应纳税额。

需要解释的有下面四点。

①"已在境外缴纳的个人所得税税额"，是指纳税义务人从中国境外取得的所得，依照该所得来源国家或者地区的法律应当缴纳并且实际已经缴纳的税额。

②"依照我国税法规定计算的应纳税额"，是指纳税义务人从中国境外取得的所得，区别不同国家或者地区和不同应税项目，依照我国税法规定的费用减除标准和适用税率计算的应纳税额；同一国家或者地区内不同应税项目，依照我国税法计算的应纳税额之和，为该国家或者地区的扣除限额。

纳税义务人在中国境外一个国家或者地区实际已经缴纳的个人所得税税额，低于依照上

述规定计算出的该该国家或者地区扣除限额的，应当在中国缴纳差额部分的税款；超过该国家或者地区扣除限额的，其超过部分不得在本纳税年度的应纳税额中扣除，但是可以在以后纳税年度的该国家或者地区扣除限额的余额中补扣，补扣期限最长不得超过 5 年。

③纳税义务人依照税法的规定申请扣除已在境外缴纳的个人所得税税额时，应当提供境外税务机关填发的完税凭证原件。

④为了保证正确计算扣除限额及合理扣除境外已纳税额，税法要求：在中国境内有住所，或者无住所而在境内居住满 1 年的个人，从中国境内和境外取得的所得，应当分别计算应纳税税额。

7.1.8 纳税申报及缴纳

个人所得税的纳税办法，有自行申报纳税和代扣代缴两种。

1. 自行申报纳税

自行申报纳税，是由纳税人自行在规定的纳税期限内，向税务机关申报取得的应税所得项目和数额，如实填写个人所得税纳税申报表，并按照税法规定计算应纳税额，据以缴纳个人所得税的一种方法。

（1）自行申报纳税的纳税义务人

①自 2006 年 1 月 1 日起，年所得 12 万元以上的。

②从中国境内两处或两处以上取得工资、薪金所得的。

③取得应纳税所得，没有扣缴义务人的。

④从中国境外取得所得的。

⑤ 国务院规定的其他情形。

（2）自行申报纳税的内容

①构成 12 万元的所得，具体为个人所得税法规定的十一项所得和经国务院财政部门确定征税的其他所得。

②不包含在 12 万元内的所得，主要包括免税所得、暂免征税所得和可以免税的来源于中国境外的所得。

（3）自行申报纳税的申报期限

①年所得 12 万元以上的纳税人，在纳税年度终了后 3 个月内向主管税务机关办理纳税申报。

②个体工商户和个人独资、合伙企业投资者取得的生产、经营所得应纳的税款，按年计算，分月预缴的，由纳税人在每月终了后 7 日内办理纳税申报；分季预缴的，由纳税人在每个季度终了后 7 日内办理纳税申报。年度终了后 3 个月内汇算清缴，多退少补。

③纳税人年终一次性取得承包经营、承租经营所得的，由纳税人自取得收入之日起 30 日内办理纳税申报；在一年内分次取得承包经营、承租经营所得，在每次取得所得后的次月 7 日内预缴，年度终了后 3 个月内汇算清缴，多退少补。

④从中国境外取得所得的纳税人，在纳税年度终了后 30 日内向中国境内主管税务机关办理纳税申报。

⑤除以上情况外，纳税人应在取得应纳税所得的次月7日内向主管税务机关办理纳税申报。

（4）自行申报纳税的申报方式

纳税人可以采取数据电文、邮寄等方式申报，也可以直接到税务机关申报，或采取符合规定的其他方式申报。采取邮寄申报纳税的，以寄出地的邮戳日期为实际申报日期。

（5）自行申报纳税的申报地点

申报地点一般为收入来源地的主管税务机关。纳税人从两处或两处以上取得工薪所得的，可选择并固定在其中一地税务机关申报纳税；从境外取得所得的应向境内户籍所在地或经常居住地税务机关申报纳税。此外，对生产经营规模小，又确无建账能力，经主管税务机关审核，报经县级以上（含县级）税务机关批准可以不设置账簿或暂缓建账的个体工商户，实行定期定额征收，即由税务机关核定纳税人在一定经营时期内的应纳税额。

2. 代扣代缴纳税

代扣代缴，是指按照税法规定负有扣缴税款义务的单位或者个人，在向个人支付应纳税所得时，应计算纳税额，从其所得中扣出并缴入国库，同时向税务机关报送扣缴个人所得税报告表。

（1）扣缴义务人

凡支付个人应纳税所得的企业（公司）、事业单位、机关、社团组织、军队、驻华机构（不包括外国驻华使领馆和联合国及其他依法享有外交特权和豁免权的国际组织驻华机构）、个体户等单位和个人，为个人所得税的扣缴义务人。

（2）代扣代缴的范围

①工资、薪金所得。

②对企事业单位的承包经营、承租经营的所得。

③ 劳务报酬所得。

④ 稿酬所得。

⑤ 特许权使用费所得。

⑥ 利息、股息、红利所得。

⑦ 财产租赁所得。

⑧ 财产转让所得。

⑨ 偶然所得。

⑩ 经国务院财政部门确定征收的其他所得。

（3）扣缴义务人的义务及应承担的责任

①扣缴义务人应指定应纳税所得的财会部门或其他有关部门的办税人员，由办税人员具体办理个人所得税的代扣代缴工作。

②扣缴义务人的法人代表（或单位主要负责人）、财会部门负责人及具体办理代扣代缴税款的具体人员，共同对依法履行代扣代缴义务负法律责任。

③扣缴义务人对纳税人的应扣未扣的税款，其应纳税款仍然由纳税人缴纳，扣缴义务人应承担应扣未扣税款50%以上3倍以下的罚款。

（4）代扣代缴的期限

扣缴义务人每月所扣税款，应于次月 7 日前缴入国库。因特殊困难不能按期报送《扣缴个人所得税报告表》及其他有关资料的，经县级税务机关批推，可以延期申报。

7.2 个人所得税税收筹划

7.2.1 税收优惠的税收筹划

1. 免征个人所得税的优惠

（1）省级人民政府、国务院部委和中国人民解放军军以上单位，以及外国组织、国际组织颁发的科学、教育、技术、文化、卫生、体育、环境保护等方面的奖金。

（2）国债和国家发行的金融债券利息。国债利息是指个人持有的中华人民共和国财政部发行的债券而取得的利息所得；国家发行的金融债券利息是指个人持有经国务院批准发行的金融债券而取得的利息所得。

（3）按规定国家统一发给的补贴、津贴。指按照国务院规定发给的政府特殊津贴和国务院按规定免缴个人所得税的补贴、津贴。对中国科学院资深院士和中国工程院资深院士每人每年 1 万元的资深院士津贴免征个人所得税。

（4）福利费、抚恤金、救济金。福利费是指根据国家统一规定，从事企业、事业单位、国家机关、社会团体提留的福利费，或者从工会经费中支付给个人的生活补助费。救济金是指由国家民政部门支付给个人的生活困难补助费。

（5）保险赔款。

（6）军人转业安置费、复员费。

（7）按照国家统一规定发给干部、职工的安家费、退职费、退休工资、离休工资、离休生活补贴费。

（8）依照我国有关规定应予免税的各国驻华使馆、领事馆的外交代表、领事馆官员和其他人员的所得。

（9）中国政府参加的国际公约以及与其他国家签订的协议中规定免税的所得。

（10）发给见义勇为者的奖金。对乡、镇（含乡、镇）以上人民政府或经县（含县）以上人民政府主管部门批准成立的有机构、有章程的见义勇为基金或者类似性质组织奖励给见义勇为者的奖金或奖品，经主管税务机关核准，免征个人所得税。

（11）对个人取得的教育储蓄存款利息所得以及国务院财政部门确定的其他专项储蓄存款或者存储性专项基金存款的利息所得，免征个人所得税。

（12）企业和个人按照省级以上人民政府的比例提取并缴付的住房公积金、医疗保险金、基本养老保险、失业保险金、不计入个人当期的工资、薪金收入，免征个人所得税。超过规定比例的部分计征个人所得税。个人领取原提存的住房公积金、医疗保险金、基本养老保险时，免予征收个人所得税。

（13）储蓄机构从事代扣代缴工作的办税人员取得的扣缴利息税手续费所得，免征个人所得税。

（14）生育津贴、生育医疗费免税。生育妇女按照县级以上人民政府根据国家有关规定制定的生育保险办法，取得的生育津贴、生育医疗费或其他属于生育保险性质的津贴、补贴，免征个人所得税。

（15）高级专家延长离休退休免税所得。对高级专家从其劳动人事关系所在单位取得的，单位按国家有关规定向职工统一发放的工资、薪金、奖金、津贴、补贴等收入，视同离休、退休工资，免征个人所得税。

（16）个人通过扣缴单位统一向灾区的捐款，由扣缴单位凭政府机构或非盈利组织开具的汇总捐款凭证据、扣缴单位记载的个人捐款明细表等，由扣缴单位在代扣代缴税款时，依法据实扣除。

（17）经国务院财政部门批准免税的所得。

2. 减征个人所得税的优惠

（1）残疾、孤老人员和烈属的所得。

（2）因严重自然灾害造成重大损失的。

（3）其他经国务院财政部门批准减税的。

3. 暂免征收个人所得税的优惠

（1）下列所得，暂免征个人所得税。

①奖金。个人举报、协查各种违法、犯罪行为而获得的奖金；个人取得单张有奖发票奖金所得不超过 800 元（含 800 元）的暂免征个人所得税，超过 800 元的，应全额按照"偶然所得"项目征收个人所得税。

②手续费。个人办理代扣代缴税款手续费，按规定取得的扣缴手续费。

③转让房产所得。个人转让自用达 5 年以上并且是唯一的家庭生活用房取得的所得。

④延期离退休工薪所得。达到离、退休年龄，但因工作需要，适当延长离退休年龄的高级专家，其在延长离退休期间的工资、薪金所得，视同离、退休工资免征个人所得税。

⑤证券交易结算资金利息所得。个人投资者证券交易结算资金从 2008 年 10 月 9 日（含9 日）之后孳生的利息，暂免征收个人所得税。

（2）外籍个人的下列所得，暂免征个人所得税。

①生活费用。外籍个人以非现金形式或实报实销形式取得的住房补贴、伙食补贴、搬迁费、洗衣费。

②出差补贴。外籍个人按合理标准取得的境内、外出差补贴。

③其他费用。外籍个人取得的探亲费、语言培训费、子女教育费等，经审核批准为合理的部分。

④股息、红利所得。外籍个人从外商投资企业取得的股息、红利所得。

（3）下列外籍专家的工资、薪金所得，暂免征个人所得税。

①根据世界银行专项贷款协议由世界银行直接派往中国工作的外国专家。

②联合国组织直接派往中国工作的专家。

③为联合国援助项目来华工作的专家。

④援助国派往中国专为该国无偿援助项目工作的专家。

⑤根据两国政府签订的文化交流项目来华 2 年以内的文教专家，其工资、薪金所得由该国负担的。

⑥根据中国大专院校国际交流项目来华工作的专家，其工资、薪金所得由派遣国负担的。

⑦通过民间科研协定来华工作的专家，其工资、薪金所得由派遣国机构负担的。

（4）亚洲开发银行雇员或执行项目专家取得报酬免税。对由亚洲开发银行支付给我国公民或国民（包括为亚行执行任务的专家）的薪金和津贴，凡经亚洲开发银行确认这些人员为亚洲开发银行雇员或执行项目专家的，其取得的符合我国税法规定的有关薪金和津贴等报酬，应依相关的约定，免征个人所得税。

（5）城镇房屋拆迁补偿款免税。对被拆迁人按照国家有关城镇房屋拆迁管理办法规定的标准取得的拆迁补偿款，免征个人所得税。

（6）按规定取得廉租住房货币补贴免税。对个人按《廉租住房保障办法》（建设部等 9 部委令第 162 号）规定取得的廉租住房货币补贴，免征个人所得税；对于所在单位以廉租住房名义发放的不符合规定的补贴，应征收个人所得税。

（7）失业保险金免税。具备《失业保险条例》规定条件的失业人员，领取的失业保险金，免征个人所得税。

（8）保险营销员佣金中的展业成本，免征个人所得税；佣金中的劳务报酬部分，扣除实际缴纳的营业税及附加后，依规定计算征收个人所得税。

4. 减免税优惠

（1）在中国境内无住所，但在境内居住 1 年以上不到 5 年的纳税人的减免税优惠

在中国境内无住所仅在境内居住满 1 年而不超过 5 年的个人，其来源于中国境外的所得，经主管税务机批准，可以只就由中国境内公司、企业以及其他经济组织或个人雇主支付的部分缴纳个人所得税；居住超过 5 年的个人，从第 6 年起的以后各年度中，凡在境内工作满一年的，应当就其来源于中国境内和境外的工资薪金所得申报纳税；凡在境内工作不满 1 年的，则仅就该年内来源于境内的工资薪金所得申报纳税。如果这个外籍居民纳税人从第 6 年起以后的某一纳税年度内在境内工作不足 90 天的，其来源于中国境内的所得，由境外雇主支付并且不由该雇主在中国境内的机构、场所负担的部分，免予纳税，并从再次工作满 1 年的年度起，重新计算 5 年期限。

个人在中国境内居住满 5 年，是指个人在中国境内连续居住满 5 年，即在连续的 5 年中的每一纳税年度均居住满一年。

（2）在中国境内无住所，但在一个纳税年度中在中国境内居住不超过 90 日的纳税人的减免税优惠

在中国境内无住所而在一个纳税年度内在中国境内连续或累计工作不超过 90 日的个人，由中国境外雇主支付并且不是由该雇主的中国境内机构负担的工资薪金，免于申报缴纳个人所得税。对前述个人应仅就其实际在中国境内工作期间由中国境内企业或个人雇主支付或者由中国境内机构负担的工资薪金所得申报纳税。凡是该中国境内企业、机构属于采取核定利

润方法计征企业所得税或没有营业收入而不征收企业所得税的，在该中国境内企业、机构任职、受雇的个人实际在中国境内工作期间取得的工资薪金，不论是否在该中国境内企业、机构会计账簿中有记载，均应视为该中国境内企业支付或由该中国境内机构负担的工资薪金。

7.2.2 纳税人身份的税收筹划

1. 居民纳税人和非居民纳税人

个人所得税根据纳税人的住所和在中国境内居住的时间，分为居民纳税人和非居民纳税人，并分别承担不同的纳税义务（见表7-7）。

表7-7　居民纳税人和非居民纳税人的比较

纳税人	判定标准	纳税义务	征税对象
居民纳税人	在中国境内有住所或在中国境内居住满1年	无限纳税义务	来源于中国境内、外的所得
非居民纳税人	在中国境内无住所且在一个纳税年度内不居住或居住不满1年	有限纳税义务	来源于中国境内的所得

2. 控制在华居住时间

判断纳税人身份的主要依据是其在华居住时间的长短，而且非居民纳税人在华居住时间长短不同，其纳税义务的轻重也各不相同。根据规定在中国居住满5年的纳税人，从第6年起的以后各年度中，凡在境内居住满1年的，应当就其来源于中国境内和境外的工资、薪金所得申报纳税被视为即居民纳税人；在中国境内居住满1年而不超过5年的纳税人，可就其在中国境内工作期间由中国境内企业或个人雇主支付，或由中国境外企业或个人雇主支付的工资、薪金所得纳税，而对其离境期间由中国境外企业或个人雇主支付的工资、薪金所得可以不申报纳税。

而对在中国境内连续或累计居住时间超过90天但不满1年的纳税人，则仅就其实际在中国境内工作期间取得的、由中国境内外企业或个人雇主支付的工资、薪金所得纳税，其在中国境外工作期间取得的工资、薪金所得可以不予纳税；对在一个纳税年度中在中国境内居住不超过90天的纳税人，则被视为临时来华者，其来自于中国境内工作期间的工资、薪金所得仅就中国境内企业或个人负担的部分纳税，而由境外雇主支付且不由境内企业负担的工资、薪金所得可以不予纳税。

因此，纳税人在华居住5年以上、1~5年、90天~1年、90天以下这4个不同时间范围内，国家依此免除了纳税人的部分纳税义务。纳税人应该把握好这些时间界限，通过合理安排自己的居住时间，减轻个人所得税税负。

对长期在华居住的纳税人，应尽量避免自己在中国境内连续居住5年时间，在连续5年时间内的某一年度内要安排一次超过30天或多次累计超过90天的离境，就可以使其离境期间由中国境外企业或个人雇主支付的工资、薪金所得，及境外财产转让、租赁收入等其他境外收入免予在境内纳税。如果纳税人确因工作需要在中国境内连续居住 5 年以上，也应在这以后的任意一个年度内（最好在第 5 年）安排一次超过 30 天或多次累计超过 90 天的离境，以终止这个 5 年期限，使其在当年及以后连续 5 年时间内，只就其来自于中国的所得缴纳个人所得税。

对短期来华的纳税人，应尽量将自己在中国境内居住时间控制在 90 天之内，使自己在中国境内期间由外国企业支付的工资、薪金所得免予在境内纳税。

3. 转换工资薪酬来源地

我国税法对非居民纳税人仅就其来自于中国境内的所得缴纳个人所得税，而对其来源于境外的所得免予征税，并对非居民纳税人的工资、薪金来源地的认定进行了明确规定。

因任职、受雇等而实际在中国境内工作期间取得的工资、薪金，属于来源于中国境内的工资、薪金所得。

对纳税义务人能够提供在境内、境外同时任职或者受雇及其工资、薪金标准的有效证明文件，可判定其所得是来源于境内或境外所得，应按税法相关条例的规定分别减除费用并计算纳税，不能提供上述证明文件的，应视为来源于一国的所得，如其任职或者受雇单位在中国境内，应认为是来源于中国境内的所得，如其任职或受雇单位在中国境外，应认为是来源于中国境外的所得。

可以看出，对在中国境内居住 1 年以上 5 年以下的外籍人士，当其取得由境外企业支付的工资、薪金所得时，如果能够提供在境外任职或者受雇及其工资、薪金标准的有效证明文件，其工资、薪金所得可判定为来源于境外所得，由境外企业支付的工资、薪金所得可以不在境内纳税。反之，如果不能提供在境外任职或者受雇及其工资、薪金标准的有效证明文件，即使该工资、薪金所得由境外企业支付也应该在境内纳税。

对在中国境内居住 90 天以上 1 年以下的外籍人士，如果能够提供在境外任职或者受雇及其工资、薪金标准的有效证明文件，该工资、薪金所得可判定为来源于境外所得，可以不在境内纳税。因此，对外派到中国境内工作的外籍人士，应向派出企业索取其境外任职及其工资、薪金标准的证明文件，这样可以使其外派企业支付的工资、薪金在中国免予征税。在条件许可的前提下，也可以适当提高其中国境外企业支付的工资、薪金水平，适度降低中国境内企业支付的工资、薪金水平，从而达到降低其个人所得税税负的目的。

7.2.3 计税依据的税收筹划

1. 工资薪金与劳务报酬

我国工资、薪金所得适用的是 5%～45% 的九级超额累进税率；劳务报酬所得适用的是 20% 的比例税率，而且对于一次收入畸高的，可以实行加成征收（劳务报酬实际上相当于适用 20%、30%、40% 的超额累进税率。），两种取得收入的方式不同，则适用的税率也不同。

工资、薪金所得是指个人在机关、团体、学校、部队、企事业单位及其他组织中任职或者受雇而取得的各项报酬，是个人从事非独立性劳务活动的收入；而劳务报酬是指个人独立地从事各种技艺、提供各项劳务所取得的报酬。两者的主要区别在于，前者提供所得的单位与个人之间存在着稳定的雇佣与被雇佣关系，而后者不存在这种关系。由此可见，雇员与非雇员是存在税收待遇上的差别的。在某些情况下将工资、薪金所得与劳务报酬所得分开有利于节税，而在有些情况下将工资、薪金所得合并反而会节约税收，即将劳务报酬转化为工资、薪金所得更利于节税。

合并纳税是指将劳务报酬所得转化为工资、薪金所得，与原工资、薪金所得合并起来纳税。这种节税方法的原理在于计税收入较少时，将工资、薪金所得和劳务报酬所得合并有利于节税，因为此时工资、薪金所得适用的税率较低，即使将一部分劳务报酬所得合并进来仍然不会提高应纳税所得额和适用税率。当然，劳务报酬所得要转化为工资、薪金，关键在于取得的收入必须属于工资、薪金收入，也就是个人和单位之间要有稳定的雇佣关系，并已签订劳动合同。

分开纳税指将工资、薪金所得和劳务报酬所得分开按各自适用税率纳税。这种节税方法的原理在于计税收入较高时，由于工资、薪金所得适用的税率比劳务报酬所得适用的税率高，而劳务报酬所得税率级距较大，因此将工资、薪金所得和劳务报酬所得分开有利于节省税款。

2. 稿酬所得的税收筹划

稿酬所得，根据个人所得税法，适用比例税率，税率为20%，并按应纳税额减征30%，其应纳税所得额计算是：每次稿酬收入不超过4000元的，减除费用800元；超过4000元的，减除20%的费用。

合理的做法通常有以下几种。

（1）收入后移法。将实际取得的收入权利延期支付或分次支付，是节税的又一种形式。如果作品市场看好，可与出版社商量采取分批量印刷的办法，比如，一部30万字的作品，双方协定稿费标准为30元/千字，每发行量在1万册内，另支付发行费5000元，那么，印刷量在1万册时，将取得14 000元的收入；两万册时则可取得19 000元的收入，3万册时取得24 000元的收入。这样，通过签订协议，采用发行3万册，分两次印刷的办法，出版社将分两次支付费用，每次12 000元，这样可以取得两次20%定额扣除，而且可以享受税率减半的优惠。

（2）降低收入总额法。当稿酬标准和支付方式不变时，你可以采取分册发行的方法。当稿酬超过2万元，字数超过一定标准时，将书稿编写为上下册或分部送出版社出版发行，从而降低每一册作品的稿酬金额，使之使用最低税率，达到节税的目的。

（3）集体创作法，即本来由一人完成的作品改为由多人共同合作，这样既能加快作品完成的进度，还能使本来只能享受一次扣除800元费用的优惠，变成享受数次扣除800元费用的优惠，达到节税的目的。比如3人合作，稿酬10 500元，若为1人写作，则费用扣除额为10 500×20%＝2100元。由于收入分配给3人时，各人仅得收入3500元，则每人可享受800元扣除，总额为2400元，比第一方案多得300元。一般来讲，当稿酬收入将要超过4000元时，选择合作为好。

另外，有些作者会要求出版社采取费用转移法来减少纳税额。这是指作者在为出版社提供作品时，与出版社签订写作合同，或者与社会团体签订合同，由对方提供社会实践费用

（包括交通费、住宿费、误餐补助、实验费、资料费、前期搜集素材费用等）。承担国家及社会团体科研课题的个人还可以以申请课题经费的名义申请经费，由其为对方提供科研技术服务。这样，作品完工后将其版权卖给对方，取得稿费和版权收入。而在此计算所得税时，作者仍然取得20%的定额扣除费用率，可实际费用支付为0或低于20%的扣除率。对于这种做法我们并不提倡，必须以实际需要和遵守税法要求为前提。

3. 捐赠所得的税收筹划

（1）明确捐赠对象

根据现行税收法律和政策的规定，国家给予优惠的仅限于某些范围的捐赠，这些捐赠包括：向教育和其他社会公益事业以及遭受严重自然灾害地区、贫困地区的捐赠在应纳税所得额30%的部分，可以从应纳税所得额中扣除；向中华健康快车基金会、孙冶方经济科学基金会、中华慈善总会、中国法律援助基金会和中华见义勇为基金会的捐赠，可以全额扣除；向防治非典型肺炎事业的捐赠，允许全额扣除；向农村义务教育的捐赠、准予全额扣除；向福利性、非营利性的老年服务机构的捐赠，准予全额扣除；向红十字事业的捐赠，准予全额扣除；向公益性青少年活动场所的捐赠，准予全额扣除。

（2）选择捐赠途径

为防止纳税人随意捐赠、虚假捐赠，现行政策在给予捐赠人税收优惠的同时也确定了优惠的条件，只有符合规定的条件才能享受优惠，纳税人必须按照政策确定的途径进行捐赠。按现行法律法规和政策规定，纳税人必须通过中国境内非营利的社会团体或者国家机关进行捐赠，具体地讲包括中国青少年发展基金会、希望工程基金会、宋庆龄基金会、减灾委员会、中国红十字会、中国残疾人联合会、全国老年基金会、老区促进会、中华慈善总会、中国法律援助基金会、各级政府的民政部门、卫生部门以及经民政部门批准成立的其他非营利的公益性组织等。如果纳税人直接向捐赠对象进行捐赠，则不能享受任何税前扣除。因此，纳税人应当尽可能地通过这些部门与社团进行，并且要求这些部门与社团开具适当的票证，以作为捐赠的证明。

（3）捐赠方法

现行的税收优惠有两种办法即全额扣除与限制比例扣除。对全额扣除的，只要选择好捐赠对象与途径就行了，但对于那些不能全额扣除的捐赠，如果选择的方法不同，则享受的税收优惠也不同。

7.3 案例分析

7.3.1 个人所得税法律制度案例分析

案例一

某大学周教授2008年6月份收入情况如下。

（1）工资收入3200元。

（2）学校发上半年奖金3600元。

（3）担任兼职律师取得收入 80 000 元，从中捐给"希望工程"教育基金会 40 000 元。

（4）取得稿酬所得 3800 元。

（5）出售自有自用 7 年的家庭唯一住房，扣除当初购买公房的价值和售房时按规定支付的有关税费后，取得净收入 12 万元。

要求：请按上述条件分别计算周教授 6 月份应缴纳的个人所得税。

案例分析

（1）7 月份工资薪金应纳个人所得税

6 月份所获上半年奖金应并入工薪收入，一并缴纳个人所得税。

6 月份工资薪金应纳税额 =（3200 + 3600 − 2000）× 15% − 125 = 595 元

（2）律师费收入应纳个人所得税

①未考虑捐赠因素时，应税所得额 = 80 000 ×（1 − 20%）= 64 000（元）

②考虑捐赠因素时，捐赠扣除限额 = 64 000 × 30% = 19 200（元），小于捐赠额 40 000元。

③律师费收入应纳个人所得税 =（64 000 − 19 200）× 30% − 2000 = 11 400（元）

（3）稿酬所得应纳个人所得税 =（3800 − 800）× 20% ×（1 − 30%）= 420（元）

计算稿酬所得应纳个人所得税注意减征步骤。

（4）出售自有自用 7 年的家庭唯一住房取得的净收入，免征个人所得税。

案例二

中国公民李某系自由职业者，以绘画为生。李某 2008 年 4 月至 6 月收入如下。

（1）一次取得绘画收入 23 000 元（人民币，下同）。

（2）在 A 国出版画册取得稿酬 150 000 元，在 B 国取得银行储蓄利息 10 000 元，已分别按收入来源国税法缴纳了个人所得税 12 000 元和 1000 元。

（3）取得保险赔款 20 000 元。

（4）取得投资分红股息 5000 元。

要求：请计算李某 2008 年 4 月至 6 月应纳的个人所得税税款。

案例分析

（1）绘画收入应缴纳的个人所得税税款 = 23 000 ×（1 − 20%）× 20% = 3680（元）

（2）A、B 国收入应缴纳的个人所得税税款

①A 国出版画册收入按我国税法规定计算的应纳税额（即抵扣限额）

= 150 000 ×（1 − 20%）× 20% ×（1 − 30%）= 16 800（元）

李某在 A 国实际缴纳的税款（12000 元）低于抵扣限额，因此，可全额抵扣，并需在我国补缴个人所得税 4800 元（16 800 − 12 000）。

②B 国收入按我国税法规定计算的应纳税额（即抵扣限额）

= 1000 × 5% = 500 元

李某在 B 国实际缴纳的税款（1000 元）超出了抵扣限额，因此，只能在限额内抵扣 500

元。不用在我国补缴税款。

（3）取得保险赔款 20 000 元，可免征个人所得税。

（4）投资分红股息应纳的个人所得税款 = 5000 × 20% = 1000（元）

（5）李某 2008 年 4 月至 6 月应纳个人所得税税款 = 3680 + 4800 + 0 + 1000 = 9480（元）

案例三

中国公民张某 2008 年收入如下。

（1）因个人身体状况，距离法定退休年龄尚有 3 年零 4 个月的张某，于 2008 年 12 月办理了内部退养手续，当月领取工资 1800 元和一次性补偿收入 60 000 元。

（2）取得国债利息收入 2000 元。

（3）为影视作品审稿取得 80 000 元，通过国家机关向受灾地区捐赠 20 000 元。

（4）其论文被某论文集出版取得稿酬 5000 元，因添加印数又取得追加收入 2000 元。

（5）2008 年 1 月将自有将商铺出租，扣除有关税费后（不含以下修理费用），全年取得租金净收入 36 000 元；2008 年 7 月，张先生对出租商铺维修花费了 4800 元。

（6）获得侵占其专利权的经济赔偿 6000 元。

（7）在 A 国讲学一次，取得收入 50 000 元，已按该国税法规定在该国缴纳了个人所得税 7000 元。

（8）取得投资分红股息 5000 元。

（9）在 B 国取得银行储蓄利息 4000 元，已按 B 国税法缴纳了个人所得税 400 元。

（10）将一作品的文字手稿原件公开拍卖，取得拍卖收入 50 000 元。

要求：计算张某应缴纳的个人所得税。

案例分析

（1）60 000/40 + 1800 - 2000 = 1300（元）

适用税率 10%、速算扣除数为 25，所以，

应纳税额 =（60 000 + 1800 - 2000）× 10% - 25 = 5955（元）

（2）取得的国债利息收入免税。

（3）捐赠扣除限额 = 80 000 ×（1 - 20%）× 30% = 19 200（元）

实际发生 20 000 元，应扣除 19 200 元，所以

应缴纳个人所得税 = [80 000 ×（1 - 20%）- 19 200] × 30% - 2000 = 11 440（元）

（4）稿酬应缴纳的个人所得税 =（5000 + 2000）×（1 - 20%）× 20% ×（1 - 30%）

$$= 784（元）$$

（5）36 000/12 = 3000（元）

前六个月：应纳税额 =（3000 - 800）× 20% × 6 = 2640（元）

后六个月：应纳税额 =（3000 - 800 - 800）× 20% × 6 = 1680 元；共计 = 4320（元）

（6）获赔偿收入应纳税 = 6000 ×（1 - 20%）× 20% = 960（元）

（7）扣除限额：50 000 ×（1 - 20%）× 30% - 2000 = 10 000（元）

应补缴：10 000 - 7000 = 3000（元）

（8）投资分红股息应纳的个人所得税款 = 5000 × 20% = 1000（元）

（9）扣税限额 = 4000 × 5% = 200（元）

实际应缴纳 400 元 > 扣税限额 200 元，所以不用补交税款。

（10）应纳税额 = 50 000 ×（1 − 20%）× 20% = 8000（元）

合计应纳个人所得税 = 5955 + 0 + 11 440 + 784 + 4320 + 960 + 1000 + 3000 + 0 + 8000

$$= 35\ 459（元）$$

案例四

王某在市区内开办了一家餐馆和一个副食加工店，均为个人独资。2007 年初，自行核算餐馆 2006 年度销售收入为 400 000 元，支出合计 360 000 元，副食加工店 2006 年度销售收入为 800 000 元，支出合计 650 000 元。后经聘请的会计师事务所审计，餐馆核算无误，发现副食加工店下列各项未按税法规定处理。

（1）将加工的零售价为 52 000 元的副食品用于儿子婚宴；成本已列入支出总额，未确认收入。

（2）6 月份购置一台税控收款机，取得普通发票注明价款 3510 元。当月开始使用，但未做任何账务处理。

（3）支出总额中列支广告费用 20 000 元，业务宣传费 10 000 元。

（4）支出总额中列支了张某的工资费用 40 000 元。

其他相关资料：①副食加工店为增值税小规模纳税人；②税控收款机经税务机关核准的使用年限为 3 年，无残值。

要求：根据上述资料，按下列序号问题，每问需计算出合计数。

（1）2006 年副食加工店应补缴的增值税。

（2）2006 年副食加工店应补缴的城市维护建设税和教育费附加费。

（3）2006 年副食加工店应调整的收入。

（4）2006 年副食加工店购置税控收款机应调整的税前扣除额。

（5）2006 年副食加工店广告费用和业务宣传费用应调整的扣除额。

（6）2006 年副食加工店张某工资应调整的税前扣除额（不考虑工资附加三费）。

（7）2006 年副食加工店缴纳个人所得税的应纳税所得额。

（8）2006 年餐馆和副食加工店经营所得应缴纳的个人所得税。

案例分析

（1）2006 年副食加工店应补缴的增值税

= 52 000 ÷（1 + 6%）× 6% − 3510 ÷（1 + 17%）× 17% = 2433.40（元）

食品加工企业小规模纳税人使用 6% 的征收率。

（2）2006 年副食加工店应补缴的城市维护建设税和教育费附加费

= 2433.40 ×（7% + 3%）= 243.34（元）

（3）2006 年副食加工店应调整的收入 = 52 000 ÷（1 + 6%）= 49 056.60（元）

零售价收入记账时要进行价税分离的计算。

（4）2006 年副食加工店购置税控收款机税前准予扣除额

    = 3510 ÷（1 + 17%）÷（3 × 12）× 6 = 500（元）

（5）2006 年副食加工店广告费用和业务宣传费用应调增应纳税所得额

    =（20 000 + 10 000）－ [800 000 + 52 000 ÷（1 + 6%）] × 2% = 13 018.87（元）

（6）2006 年副食加工店张某工资应调增 = 40 000 － 2000 × 12 = 16 000（元）

（7）2006 年副食加工店缴纳个人所得税的应纳税所得额

副食店应纳税所得额 = 800 000 － 650 000 + 49 056.60 － 243.34 － 500 + 13 018.87 + 16 000

    = 227 732.13（元）

（8）2006 年餐馆和副食加工点经营所得应缴纳的个人所得税

    =（227 732.13 + 232 132.13 + 400 000 － 360 000）× 35% － 6750 = 86 956.245 5（元）

案例五

我国公民张先生为国内某企业高级技术人员，2008 年 3 ~ 12 月收入情况如下。

（1）每月取得工薪收入 8400 元。

（2）3 月转让 2006 年购买的三居室精装修房屋一套，售价 230 万元，转让过程中支付的相关税费 13.8 万元。该套房屋的购进价为 100 万元，购房过程中支付的相关税费为 3 万元。所有税费支出均取得合法凭证。

（3）6 月因提供重要线索，协助公安部门侦破某重大经济案件，获得公安部门奖金 2 万元，已取得公安部门提供的获奖证明材料。

（4）9 月在参加某商场组织的有奖销售活动中，中奖所得共计价值 30 000 元。将其中的 10 000 元通过市教育局用于公益性捐赠。

（5）10 月将自有的一项非职务专利技术提供给境外某公司使用，一次性取得特许权使用费收入 60 000 元，该项收入已在境外缴纳个人所得税 7800 元。

要求：根据上述资料，按照下列序号计算回答问题，每问需计算出合计数。

（1）3 ~ 12 月工薪收入应缴纳的个人所得税。

（2）转让房屋所得应缴纳的个人所得税。

（3）从公安部门获得的奖金应缴纳的个人所得税。

（4）中奖所得应缴纳的个人所得税。

（5）从境外取得的特许权使用费在我国缴纳个人所得税时可以扣除的税收限额。

（6）从境外取得的特许权使用费在我国实际应缴纳的个人所得税。

案例分析

（1）3 ~ 12 月工薪收入应缴纳的个人所得税 = [（8400 － 2000）× 20% － 375] × 10 = 9050（元）

（2）转让房屋所得应缴纳的个人所得税 =（230 － 100 － 13.8 － 3）× 20%

    = 22.64（万元）

（3）从公安部门获得的奖金免征个人所得税。

（4）公益捐赠扣除限额 = 30 000 × 30% = 9000（元）

中奖所得应缴纳的个人所得税 = （30 000 – 9000）×20% = 4200（元）

（5）从境外取得的特许权使用费在我国缴纳个人所得税时可以扣除的税收限额

= 60 000 × （1 – 20%）×20% = 9600（元）

（6）从境外取得的特许权使用费在我国实际应缴纳的个人所得税 = 9600 – 7800 = 1800（元）

案例六

中国公民李某系一公司高级职员，2008 年 3 ~ 12 月收入情况如下。

（1）每月取得工资收入 3500 元，另在 3 月底、6 月底、9 月底、12 月底分别取得季度奖金 3000 元。

（2）取得翻译收入 20 000 元，从中先后拿出 6000 元、5000 元，通过国家机关分别捐给了农村义务教育和贫困山区。

（3）出版的小说在报刊上连载 50 次后再出版，分别取得报社支付的稿酬 50 000 元、出版社支付的稿酬 80 000 元。

要求：按下列顺序回答问题，每问均为共计金额。

（1）全年工资和奖金应该缴纳的个人所得税。

（2）翻译收入应该缴纳的个人所得税。

（3）稿酬应该缴纳的个人所得税。

案例分析

（1）全年工资和奖金缴纳的个人所得税

= [（3500 – 2000）×10% – 25] ×6 + [（3500 + 3000 – 2000）×15% – 125] ×4

= 750 + 2200 = 2950（元）。

[提示] 2008 年 1 月和 2 月每月减除 1600 元，从 2008 年 3 月 1 日起每月减除 2000 元。如果计算 2008 年全年的应纳税额，必须分段计算。

（2）向农村义务教育的捐赠可以全额扣除；向贫困地区的捐赠限额扣除，扣除限额 = 20 000 × （1 – 20%）× 30% = 4800（元），小于实际捐赠额 5000 元，所以可以扣除 4800 元。

翻译收入缴纳的个人所得税 = [20 000 × （1 – 20%）– 6000 – 4800] ×20% = 1040（元）

（3）稿酬收入缴纳的个人所得税

= 50 000 × （1 – 20%）×20% × （1 – 30%）+ 80 000 × （1 – 20%）×20% × （1 – 30%）= 14 560（元）

案例七

中国公民王某为某文艺团体演员，2008 年 6 月收入情况如下。

（1）每月取得工薪收入 6000 元，第二季度的奖金 4000 元。

（2）自编剧本取得某文工团给予的剧本使用费 10 000 元。

（3）每周参加赴郊县乡村文艺演出一次，每次收入 3000 元，每次均通过当地教育局向农村义务教育捐款 2000 元。

（4）录制个人专辑取得劳务报酬 45 000 元，与报酬相关的个人所得税由支付单位代付。

（5）为他人提供贷款担保获得报酬 5000 元。

（6）在乙国出版自传作品一部，取得稿酬 160 000 元，已按乙国税法规定在该国缴纳了个人所得税 16 000 元。

要求：按下列顺序回答问题。

（1）6 月份工资和奖金收入应缴纳的个人所得税。

（2）取得的剧本使用费应缴纳的个人所得税。

（3）赴郊县乡村文艺演出收入应缴纳的个人所得税。

（4）录制个人专辑公司应代付的个人所得税。

（5）担保所得应缴纳的个人所得税。

（6）在乙国出版自传作品收入在我国应缴纳的个人所得税。

案例分析

（1）工薪收入应缴纳个人所得税

$$= [（6000 + 4000 - 2000）× 20\% - 375] = 1225（元）$$

（注：雇员取得除全年一次性奖金以外的其他各种名目奖金，如半年奖、季度奖、加班奖、先进奖、考勤奖等，一律与当月工资、薪金收入合并，按税法规定缴纳个人所得税。）

（2）剧本使用费按照特许权使用费所得缴纳的个人所得税

$$= 10\ 000 × （1 - 20\%）× 20\% = 1600（元）$$

（3）演出收入属于一次性劳务报酬 $= [（3000 × 4）× （1 - 20\%）- 2000 × 4] × 20\%$
$$= 320（元）$$

（4）录制个人专辑代付个人所得税

应纳税所得额 $= [（45\ 000 - 2000）× （1 - 20\%）] ÷ [1 - 30\% × （1 - 20\%）]$
$$= 45\ 263.16（元）$$

应代付个人所得税 $= 45\ 263.16 × 30\% - 2000 = 11\ 578.95（元）$

（5）个人为他人提供贷款担保，获得报酬属于其他所得。

应缴纳的个人所得税 $= 5000 × 20\% = 1000（元）$

（6）稿酬所得税扣除限额 $= 160\ 000 × （1 - 20\%）× 20\% × （1 - 30\%）= 17\ 920（元）$

王某在乙国缴纳了 16 000 元，低于扣除额 17 920 元

应补缴个人所得税 $= 17\ 920 - 16\ 000 = 1920（元）$

案例八

居住在市区的中国居民李某，为一中外合资企业的职员，2007 年取得以下所得。

（1）每月取得合资企业支付的工资薪金 9800 元。

（2）2 月份，为某企业提供技术服务，取得报酬 30 000 元，与其报酬相关的个人所得税由该企业承担。

（3）3 月份，从 A 国取得特许权使用费折合人民币 15 000 元，已按 A 国税法规定缴纳

个人所得税折合人民币 1500 元并取得完税凭证。

（4）4 月 1 日 ~ 6 月 30 日，前往 B 国参加培训，利用业余时间为当地三所中文学校授课，取得课酬折合人民币各 10 000 元，未扣缴税款；出国期间将其国内自己的小汽车出租给他人使用，每月取得租金 5000 元。

（5）7 月份，与同事杰克（外籍）合作出版了一本中外文化差异的书籍，共获得稿酬 56 000 元，李某与杰克事先约定按 6 : 4 比例分配稿酬。

（6）10 月份，取得 3 年期国债利息收入 3888 元；10 月 30 日取得于 7 月 30 日存入的三个月定期存款 90 000 元的利息（银行按年利率 1.71% 结息）。

（7）11 月份，以每份 218 元的价格转让 2006 年的企业债券 500 份，发生相关税费 870 元；债券申购价每份 200 元，申购时共支付相关税费 350 元；转让 A 股股票取得所得 24 000 元。

（8）1 ~ 12 月份，与 4 个朋友合伙经营一个酒吧，年底酒吧将 30 万元生产经营所得在合伙人中进行平均分配。

（其他相关资料：银行定期存款自存款当日计息、到期日不计息，全年按 365 天计算。）

要求：根据上述资料，按下列序号计算回答问题，每问需计算出合计数。

（1）李某全年工资薪金应缴纳的个人所得税。

（2）某企业为李某支付技术服务报酬应代付的个人所得税。

（3）李某从 A 国取得特许权使用费所得应补缴的个人所得税。

（4）李某从 B 国取得课酬所得应缴纳的个人所得税。

（5）李某出租小汽车应缴纳的营业税、城市维护建设税和教育费附加。

（6）李某小汽车租金收入应缴纳的个人所得税。

（7）李某稿酬所得应缴纳的个人所得税。

（8）银行应扣缴李某利息所得的个人所得税。

（9）李某转让有价证券所得应缴纳的个人所得税。

（10）李某分得的生产经营所得应缴纳的个人所得税。

案例分析

（1）全年工资薪金应缴纳的个人所得税

$= [(9800 - 1600) \times 20\% - 375] \times 12 = 15\ 180$（元）

（2）应纳税所得额 $= [(30\ 000 - 2000) \times (1 - 20\%)] \div [1 - 30\% \times (1 - 20\%)]$
$= 29\ 473.68$（元）

应代付的个人所得税 $= 29\ 473.68 \times 30\% - 2000 = 6842.10$（元）

（3）应补缴的个人所得税 $= 15\ 000 \times (1 - 20\%) \times 20\% - 1500 = 900$（元）

（4）应缴纳的个人所得税 $= 10\ 000 \times (1 - 20\%) \times 20\% \times 3 = 4800$（元）

（5）出租小汽车应缴纳的营业税、城市维护建设税和教育费附加
$= 5000 \times 5\% \times (1 + 7\% + 3\%) \times 3 = 275 \times 3 = 825$（元）

（6）租金收入应缴纳的个人所得税 $= (5000 - 275) \times (1 - 20\%) \times 20\% \times 3 = 2268$（元）

（7）稿酬所得应缴纳的个人所得税 $=56\,000\times60\%\times(1-20\%)\times20\%\times(1-30\%)$
$$=3763.2\ （元）$$

（8）累计天数 $=2+31+30+29=92$（天）

利息所得的个人所得税 $=90\,000\times1.71\%\times16\div365\times20\%+90\,000\times1.71\%\times76\div365\times5\%$
$$=29.52\ （元）$$

（9）有价证券所得应缴纳的个人所得税 $=[(218-200)\times500-870-350]\times20\%$
$$=1556\ （元）$$

（10）李某分得：$300\,000\div5=60\,000$（元）

生产经营所得应缴纳的个人所得税 $=60\,000\times35\%-6750=14\,250$（元）

7.3.2 筹划案例

案例一

请分别为威廉先生和约翰生提供适当的筹划方案，以减轻其税负。

（1）约翰先生是美国一家公司的经理，准备到中国居住一年半，原计划于 2008 年 1 月 1 日来中国，于 2009 年 5 月 30 日回国。

（2）威廉先生是英国居民，1999 年 1 月 20 日来中国，一直居住到 2005 年 12 月 5 日，之后回国；后又于 2006 年 1 月 1 日来中国，一直居住到 2009 年 5 月 30 日，之后回国。

案例分析

该案例可以通过改变在中国居住的时间，进行居民纳税人与非居民纳税人的转化来减轻税负。

（1）约翰先生

原计划：2008 年 1 月 1 日来华，2009 年 5 月 30 日回国，在 2008 年度居住满 1 个纳税年度，可判定为居民纳税人，应就其来源于中国境内外的所得征税。

新计划：2008 年 2 月 1 日来中国，2009 年 6 月 30 日回国（在中国居住一年半），这样他在中国的居住时间就跨越两个纳税年度，而且均没有居住满一年，可判定为非居民纳税人，仅就其来源于中国境内的所得征收个人所得税。

（2）威廉先生

2005 年 12 月 5 日回国，又于 2006 年 1 月 1 日来中国，离境不超过 30 天，属于临时离境，在计算所得税时不可扣减天数。也就是说 2000 年度到 2008 年度，威廉先生应被判定为居民纳税人，应就其来源于中国境内外的所得征税。

可作税收筹划如下：调整 2005 年底的离境时间，如从 2005 年 11 月 30 日回国，这样 2005 年度威廉先生离境超过 30 天，可判定为非居民纳税人；并且在中国居住满 5 年的期间由此中断，2006 年度到 2008 年度仍可以享受税法规定的"居住满 1 年以上 5 年以下的个人，其来源于中国境外的所得，经主管税务机批准，可以只就由中国境内公司、企业以及其他经济组织或个人雇主支付的部分缴纳个人所得税"的税收优惠了。

小结：对来中国居住的纳税人，应充分考虑税法中临时离境和纳税年度的规定，尽量把居住期间放在两个纳税年度且在任何一个纳税年度都不达到居住满 365 天，这样该纳税人在上述两个纳税年度都不判定为居民纳税人；对长期在中国居住的纳税人，应尽量避免自己在中国境内连续居住 5 年时间，在连续 5 年时间内的某一年度内要安排一次超过 30 天或多次累计超过 90 天的离境，使其离境期间的境外收入免予在境内纳税；如果纳税人确因工作需要在中国境内连续居住 5 年以上，也应在这以后的任意一个年度内（最好在第 5 年）安排一次超过 30 天或多次累计超过 90 天的离境，以终止这个 5 年期限，使其在当年及以后连续 5 年时间内，只就其来源于中国的所得缴纳个人所得税。

案例二

请分别为赵女士和刘先生进行适当的筹划，以减少应缴的个人所得税。

（1）赵女士 2008 年 1 月份从单位获得工资类收入 1500 元，由于单位工资比较低，张女士同时在甲企业找了一份兼职工作，收入为每月 2500 元。

（2）刘先生 2008 年 1 月从单位获得工资、薪金收入共 15 000 元。另外，该月陈先生还为某高新技术公司提供技术服务，获得收入 20 000 元。

案例分析

该案例涉及工资薪金所得与劳务报酬所得是否合并纳税的问题。

（1）赵女士

方案一：分开纳税。如果张女士与甲企业没有固定的雇佣关系，则按照税法规定，工资、薪金所得与劳务报酬所得分开计算征收。这时，工资、薪金所得没有超过基本扣除限额 2000 元，不用纳税，而劳务报酬所得应纳税额为（2500 - 800）元 × 20% = 340 元，因而张女士 1 月份应纳税额为 340 元。

方案二：合并纳税。如果张女士与甲企业有固定的雇佣关系，则由甲企业支付的 2500 元作为工资薪金收入应和单位支付的工资合并缴纳个人所得税，应纳税额为（1500 + 2500 - 2000）元 × 10% - 25 元 = 175 元，因而张女士 1 月份应纳税额为 175 元。

采用方案二合并纳税则每月可以节税 165 元（340 元 - 175 元），一年则可节税 1980 元。

（2）刘先生

方案一：分开纳税。根据个人所得税法的规定，不同类型的所得分类计算应纳税额，因此计算如下：工资、薪金收入应纳税额为（15 000 - 2000）元 × 20% - 375 元 = 2225 元，劳务报酬所得应纳税额为 20 000 元 ×（1 - 20%）× 20% = 3200 元，该月陈先生共应纳税 5425 元（2225 元 + 3200 元）。

方案二：合并纳税。如果陈先生与该高新技术公司签订了雇佣合同，则不对这两项所得分开缴税，而是合并纳入他的工资、薪金所得缴纳，陈先生 1 月份应缴纳个人所得税税额为（15 000 + 20 000 - 2000）元 × 25% - 1375 元 = 6875 元。

采用方案一分开纳税则每月可以节省税收 1450 元（6875 元 - 5425 元），一年则可节税 17 400 元。

小结：通过以上两个案例的计算分析可以发现，工资、薪金与劳务报酬两项所得合并纳税还是分开纳税，对个人最终的税收负担会产生重要的影响，根据个人计税收入高低的不同，采用了两种不同的节税方案。在计税收入比较少的时候，采用合并纳税的形式缴纳的个人所得税较少；而当计税收入比较大时，采用分开纳税的形式缴纳的个人所得税较少。另外由于我国个人所得税税法实行分项目计税，工资、薪金所得和劳务报酬所得分别可减扣一定的免征额，因此把收入项目分开申报纳税将会有利于节约税收。

案例三

李某 2008 年 11 月与 12 月分别取得工资薪金收入 4000 元和 5000 元，打算通过民政部门向贫困地区捐赠 1000 元，请为他进行税收筹划。

案例分析

该案例可以通过选择捐赠方式——分次捐赠，来达到节税的目的。

方案一：于 11 月通过民政部门向贫困地区捐赠 1000 元。根据规定，李某的捐赠只能在 11 月进行扣除，其扣除限额为 =（4000 - 2000）×30% = 600 元，余下的 400 元则需要自己负担。则 11 - 12 月，

李某应缴纳的个人所得税 =（4000 - 2000 - 600）×10% - 25 +（5000 - 2000）×15% - 125 = 440 元。

方案二：11 月、12 月两个月分别通过民政部门向贫困地区捐赠 500 元（合计仍为 1000 元）。每个月的捐赠都是 500 元，均未超过税收法律规定扣除限额的比例，都可作全额扣除。

11 - 12 月应缴纳的个人所得税 =（4000 - 2000 - 500）×10% - 25 +（5000 - 2000 - 500）×15% - 125 = 375 元。

方案二比方案一少纳税 65 元，因此，李某应选择分次捐赠的方法来节税。

小结：对个人的捐赠事项做税收筹划时，应注意方法的选择，在捐赠数额较大时，可以考虑分次捐赠，把捐赠数额分配在不同的时间上，实现节税。而对于那些取得多种类型所得的个人在进行捐赠时，可以选择分类捐赠的方法进行筹划。

案例四

某人某月取得工资收入 3000 元，同时取得劳务报酬收入 4000 元，如果该个人想通过民政部门向受灾地区捐赠 1200 元，请为他进行税收筹划。

案例分析

该案例可以通过选择捐赠方式——分类捐赠，来达到节税的目的。

方案一：用工资进行捐赠

该人应缴纳的个人所得税 = [（3000 - 2000）-（3000 - 2000）×30%]×10% - 25 +（4000 - 800）×20% = 685 元。

方案二：用劳务报酬进行捐赠

该人应缴纳的个人所得税 =（3000 - 2000）×10% - 25 + [（4000 - 800）-（4000 - 800）×30%]×20% = 523 元。

方案三：用 300 元的工资，同时用 900 元的劳务报酬进行捐赠

由于 300 元和 900 元的捐赠都在法定的 30% 以内，可以全额扣除，

该人应缴的个人所得税 = （3000 – 2000 – 300） × 10% – 25 + （4000 – 800 – 900） × 20% = 505 元。

因此，对纳税人来说，方案三捐赠交税最少，所以是最合适的选择。

案例五

2009 年度某企业员工李某每月基本工资为 5000 元，年末确定李某的奖金为 36 000 元。请为李某提出合适的纳税筹划方案。

案例分析

方案一：按月平均发放奖金，每月 3000 元。月应纳税所得额 = 5000 + 3000 – 2000 = 6000 元，适用 20% 的税率，月应纳所得税税额为 6000 × 20% – 375 = 825 元，全年应纳所得税税额 = 825 × 12 = 9900 元。

方案二：年中 7 月发放一次半年奖金 10 000 元，年末再发放全年一次性奖金 26 000 元。除 7 月份以外各月应纳税所得额 = 5000 – 2000 = 3000 元，适用 15% 的税率，应纳所得税额为 3000 × 15% – 125 = 325 元。7 月份应纳税所得额 = 5000 + 10 000 – 2000 = 13 000 元，适用 20% 的税率，7 月份应纳所得税额 = 13 000 × 20% – 375 = 2225 元。年终奖金各月平均 = 26 000 ÷ 12 = 2167 元，适用 15% 的税率，年终奖金应纳税所得额 = 26 000 × 15% – 125 = 3775 元。李某全年应纳所得税额 = 325 × 11 + 2225 + 3775 = 9575 元。

方案三：年终一次性发放奖金 36 000 元。每月应纳税所得额 = 5000 – 2000 = 3000 元，适用 15% 的税率，每月应纳所得税额 = 3000 × 15% – 125 = 325 元，年终奖金各月平均 = 36 000 ÷ 12 = 3000 元，适用 15% 的税率，年终奖金应纳税所得额 = 36 000 × 15% – 125 = 5275 元。李某全年应纳所得税额 = 325 × 12 + 5275 = 9175 元。

方案四：每月随同工资一起发放奖金 1000 元，剩余 24 000 元作为年终奖金一次性发放。每月应纳税所得额 = 5000 + 1000 – 2000 = 4000 元，适用 15% 的税率，每月应纳所得税额 = 4000 × 15% – 125 = 475 元。年终奖金各月平均 = 24 000 ÷ 12 = 2000 元，适用 10% 的税率，年终奖金应纳所得税额 = 24 000 × 10% – 25 = 2375 元。李某全年应纳所得税额 = 475 × 12 + 2375 = 8075 元。

方案四是上述方案中税负最轻的一种，是最佳的纳税方案。

案例六

2008 年 5 月，北京某名牌大学工商管理学院的教授钱老师与海南一家中外合资企业签约，双方约定由钱老师给该合资企业的经理层人士讲课，讲课时间是 10 天。关于讲课的劳务报酬，讲课费 5 万元人民币（不含往返交通费、住宿费、伙食费等）。

案例分析

方案一：该企业财务人员支付钱老师讲课费，并代扣代缴个人所得税 1 万元，实际支付讲课费 4 万元，往返交通费、住宿费、伙食费等一概由钱老师自负。

应纳个人所得税额 = 50 000 × （1 – 20%） × 30% – 2000 = 10 000 （元）

支付讲课费 = 50 000 − 10 000 = 40 000（元）

钱老师 10 天以来的开销为：往返飞机票 3000 元，住宿费 5000 元，伙食费 1000 元，其他费用开支 1000 元。钱老师 10 天净收入为 30 000 元。

方案二：该企业财务人员支付钱老师讲课费 42 000 元，并代扣代缴个人所得税 8080 元，实际支付讲课费 33 920 元，往返飞机票、住宿费、伙食费及应纳税款全部由企业负责。

应纳个人所得税额 = 42 000 × （1 − 20%） × 30% − 2000 = 8080（元）

支付讲课费 = 42 000 − 8080 元 = 33 920（元）

钱老师 10 天净收入为 33 920 元。

方案二明显是税负较轻的一种，是最佳的纳税方案。

第8章 关税法律制度及税收筹划

学习目的和要求

通过本章学习，使学生了解关税法律制度基本知识和关税税收筹划基本内容，具体包括关税的纳税人、征税对象、税率、原产地的规定、完税价格的确定、应纳税额的计算、关税的征收与管理；关税减免的税收筹划、完税价格的税收筹划、税率的税收筹划、行李和邮递物品进口税的税收筹划以及在此基础上的案例分析。

8.1 关税法律制度

8.1.1 纳税义务人

进口货物的收货人、出口货物的发货人、进出境物品的所有人，是关税的纳税义务人。

进出口货物的收、发货人是依法取得对外贸易经营权，并进口或者出口货物的法人或者其他社会团体。进出境物品的所有人包括该物品的所有人和推定为所有人的人。一般情况下，对于携带进境的物品，推定其携带人为所有人；对分离运输的行李，推定相应的进出境旅客为所有人；对以邮递方式进境的物品，推定其收件人为所有人；以邮递或其他运输方式出境的物品，推定其寄件人或托运人为所有人。

8.1.2 征税对象

关税的征税对象是国家准许进出境的货物和物品。货物是指贸易性商品；物品包括入境旅客随身携带的行李物品、个人邮递物品、各种运输工具上的服务人员携带进口的自用物品、馈赠物品以及其他方式进入国境的个人物品。

8.1.3 税率

1. 进口关税税率

进口关税规定了最惠国税率、协定税率、特惠税率、普通税率、关税配额税率五种税率形式。不同税率的运用是以进口货物的原产地为标准的。对进口货物在一定时期内可以实行暂定税率。

最惠国税率适用原产于与我国共同适用最惠国待遇条款的世界贸易组织成员国或地区的进口货物，或原产于与我国签订有相互给予最惠国待遇条款的双边贸易协定的国家或地区进口的货物，以及原产于我国境内的进口货物；协定税率适用原产于我国参加的含有关税优惠条款的区域性贸易协定有关缔约方的进口货物；特惠税率适用原产于与我国签订有特殊优惠关税协定的国家或地区的进口货物；普通税率适用原产于上述国家或地区以外的其他国家或地区的进口货物；按照国家规定实行关税配额管理的进口货物，关税配额内的，适用关税配额税率；关税配额外的，其税率的适用按上述税率形式的规定执行。

2. 出口关税税率

我国出口税则为一栏税率，即出口税率。国家仅对少数资源性产品及易于竞相杀价、盲目进口、需要规范出口秩序的半制成品征收出口关税。现行税则对 36 种商品计征出口关税，但有 16 种商品的税率为零，因此，我国真正征收出口关税的商品只有 20 种，税率也较低，一般在 20%～40%，而且出口税率无普通、优惠之分。

3. 特别关税

特别关税包括报复性关税、反倾销税与反补贴税、保障性关税。

（1）报复性关税。任何国家或者地区对其进口的原产于我国的货物征收歧视性关税或者给予其他歧视性待遇的，我国对原产于该国家或者地区的进口货物征收报复性关税。

（2）反倾销税与反补贴税。进口产品经初裁确定倾销或者补贴成立，并由此对国内产业造成损害的，可以采取临时反倾销或反补贴措施，实施期限为自决定公告规定实施之日起，不超过 4 个月。采取临时反补贴措施在特殊情形下，可以延长至 9 个月。经终裁确定倾销或者补贴成立，并由此对国内产业造成损害的，可以征收反倾销税或反补贴税，有可能导致倾销或补贴以及损害的继续或再度发生的，征收期限可以适当延长。

（3）保障性关税。有明确证据表明进口产品数量增加，在不采取临时保障措施将对国内产业造成难以补救的损害的紧急情况下，可以作出初裁决定，并采取临时保障措施。临时保障措施采取提高关税的形式。终裁决定确定进口产品数量增加，并由此对国内产业造成损害的，可以采取保障措施。保障措施可以采用提高关税、数量限制等形式，针对正在进口的产品实施，不区分产品来源国家或地区。其中采取提高关税形式的，由对外贸易经济合作部提出建议，国务院关税税则委员会根据建议作出决定，由对外贸易经济合作部予以公告。

8.1.4 原产地的规定

确定进境货物原产国的主要原因之一，是便于正确运用进口税则的各栏税率，对产自不同国家或地区的进口货物适用不同的关税税率。我国原产地规定基本上采用了"全部产地生产标准"、"实质性加工标准"两种国际上通用的原产地标准。

全部产地生产标准是指进口货物"完全在一个国家内生产或制造"，生产或制造国即为该货物的原产国。实质性加工标准是适用于确定有两个或两个以上国家参与生产的产品的原产国的标准，其基本含义是：经过几个国家加工、制造的进口货物，以最后一个对货物进行经济上可以视为实质性加工的国家作为有关货物的原产国。"实质性加工"是指产品加工后，在进出口税则中四位数税号一级的税则归类已经有了改变；或者加工增值部分所占新产品总值的比例已超过 30% 及以上的。

对机器、仪器、器材或车辆所用零件、部件、配件、备件及工具，如与主件同时进口且数量合理的，其原产地按主件的原产地确定，分别进口的则按各自的原产地确定。

8.1.5 关税的完税价格

《海关法》规定，进出口货物的完税价格，由海关以该货物的成交价格为基础审查确定。成交价格不能确定时，完税价格由海关依法估定。

1. 进口货物的完税价格

（1）以成交价格为基础的完税价格

根据《海关法》，进口货物的完税价格包括货物的货价、货物运抵我国境内输入地点起卸前的运输及其相关费用、保险费。货物的货价以成交价格为基础。进口货物的成交价格是指买方为购买该货物，并按《完税价格办法》有关规定调整后的实付或应付价格。

"实付或应付价格"指买方为购买进口货物直接或间接支付的总额，即作为卖方销售进口货物的条件，由买方向卖方或为履行卖方义务向第三方已经支付或将要支付的全部款项。

如下列费用或者价值未包括在进口货物的实付或者应付价格中，应当计入完税价格：

第一，由买方负担的除购货佣金以外的佣金和经纪费；

第二，由买方负担的与该货物视为一体的容器费用；

第三，由买方负担的包装材料和包装劳务费用；

第四，与该货物的生产和向我国境内销售有关的，由买方以免费或者以低于成本的方式提供并可以按适当比例分摊的料件、工具、模具、消耗材料及类似货物的价款，以及在境外开发、设计等相关服务的费用。

第五，与该货物有关并作为卖方向我国销售该货物的一项条件，应当由买方直接或间接支付的特许权使用费；

第六，卖方直接或间接从买方对该货物进口后转售、处置或使用所得中获得的收益。

上列所述的费用或价值，应当由进口货物的收货人向海关提供客观量化的数据资料。如果没有客观量化的数据资料，完税价格由海关按《完税价格办法》规定的方法进行估定。

下列费用，如能与该货物实付或者应付价格区分，不得计入完税价格：

第一，厂房、机械、设备等货物进口后的基建、安装、装配、维修和技术服务的费用；

第二，货物运抵境内输入地点之后的运输费用；

第三，进口关税及其他国内税。

（2）进口货物海关估价方法

进口货物的价格不符合成交价格条件或者成交价格不能确定的，海关应当依次以相同货物成交价格方法、类似货物成交价格方法、倒扣价格方法、计算价格方法及其他合理方法确定的价格为基础，估定完税价格。如果进口货物的收货人提出要求，并提供相关资料，经海关同意，可以选择倒扣价格方法和计算价格方法的适用次序。

①相同或类似货物成交价格方法。相同或类似货物成交价格方法，即以与被估的进口货物同时或大约同时（在海关接受申报进口之日的前后各 45 天以内）进口的相同或类似货物的成交价格为基础；估定完税价格。

以该方法估定完税价格时，应使用与该货物相同商业水平且进口数量基本一致的相同或类似货物的成交价格，但对因运输距离和运输方式不同，在成本和其他费用方面产生的差异应当进行调整。在没有上述的相同或类似货物的成交价格的情况下，可以使用不同商业水平或不同进口数量的相同或类似货物的成交价格，但对因商业水平、进口数量、运输距离和运输方式不同，在价格、成本和其他费用方面产生的差异应当作出调整。

以该方法估定完税价格时，应当首先使用同一生产商生产的相同或类似货物的成交价格，只有在没有这一成交价格的情况下，才可以使用同一生产国或地区生产的相同或类似货物的成交价格。如果有多个相同或类似货物的成交价格，应当以最低的成交价格为基础估定进口货物的完税价格。

②倒扣价格方法。倒扣价格方法即以被估的进口货物、相同或类似进口货物在境内销售的价格为基础估定完税价格。

按该价格销售的货物应当同时符合五个条件，即在被估货物进口时或大约同时销售；按照进口时的状态销售；在境内第一环节销售；合计的货物销售总量最大；向境内无特殊关系方的销售。

③计算价格方法。计算价格方法即按下列各项的总和计算出的价格估定完税价格。有关项为：生产该货物所使用的原材料价值和进行装配或其他加工的费用；与向境内出口销售同等级或同种类货物的利润、一般费用相符的利润和一般费用；货物运抵境内输入地点起卸前的运输及相关费用、保险费。

④其他合理方法。使用其他合理方法时，应当根据《完税价格办法》规定的估价原则，以在境内获得的数据资料为基础估定完税价格。但不得使用以下价格：境内生产的货物在境内的销售价格；可供选择的价格中较高的价格；货物在出口地市场的销售价格；以计算价格方法规定的有关各项之外的价值或费用计算的价格；出口到第三国或地区的货物的销售价格；最低限价或武断虚构的价格。

2. 出口货物的完税价格

（1）以成交价格为基础的完税价格

出口货物的完税价格，由海关以该货物向境外销售的成交价格为基础审查确定，并应包括货物运至我国境内输出地点装载前的运输及其相关费用、保险费，但其中包含的出口关税税额，应当扣除。出口货物的成交价格，是指该货物出口销售到我国境外时买方向卖方实付或应付的价格。出口货物的成交价格中含有支付给境外的佣金的，如果单独列明，应当扣除。

（2）出口货物海关估价方法

出口货物的成交价格不能确定时，完税价格由海关依次使用下列方法估定：①同时或大约同时向同一国家或地区出口的相同货物的成交价格；②同时或大约同时向同一国家或地区出口的类似货物的成交价格；③根据境内生产相同或类似货物的成本、利润和一般费用、境内发生的运输及其相关费用、保险费计算所得的价格；④按照合理方法估定的价格。

8.1.6 关税应纳税额的计算

1. 从价税计算方法

从价税是最普遍的关税计征方法，它以进（出）口货物的完税价格作为计税依据。进

（出）口货物应纳关税税额的计算公式为：

$$应纳税额 = 应税进（出）口货物数量 × 单位完税价格 × 适用税率$$

2. 从量税计算方法

从量税是以进口货物的数量为计税依据的一种关税计征方法。其应纳关税税额的计算公式为：

$$应纳税额 = 应税进（出）口货物数量 × 单位货物税额$$

3. 复合税计算方法

我国目前实行的复合税都是先计征从量税，再计征从价税。其应纳关税税额的计算公式为：

$$应纳税额 = 应税进（出）口货物数量 × 单位货物税额 + 应税进（出）口货物数量 × 单位完税价格 × 适用税率$$

4. 滑准税计算方法

滑准税是指关税的税率随着进口货物价格的变动而反方向变动的一种税率形式，即价格越高，税率越低，税率为比例税率。因此，对实行滑准税率的进口货物应纳关税税额的计算方法仍同于从价税的计算方法。即：

$$应纳税额 = 应税进（出）口货物数量 × 单位完税价格 × 滑准税税率$$

8.1.7 关税的征收与管理

1. 关税缴纳

进口货物自运输工具申报进境之日起 14 日内，出口货物在货物运抵海关监管区后装货的 24 小时以前，应由进出口货物的纳税义务人向货物进（出）境地海关申报，海关根据税则归类和完税价格计算应缴纳的关税和进口环节代征税，并填发税款缴款书。纳税义务人应当自海关填发税款缴款书之日起 15 日内，向指定银行缴纳税款。如关税缴纳期限的最后一日是周末或法定节假日，则关税缴纳期限顺延至周末或法定节假日过后的第一个工作日。

关税纳税义务人因特殊情况不能按期缴纳税款的，经海关审核批准将纳税义务人的全部或部分应纳税款的缴纳期限予以延长，但最长不得超过 6 个月。

2. 关税的强制执行

纳税义务人未在关税缴纳期限内缴纳税款，即构成关税滞纳。为保证海关征收关税决定的有效执行和国家财政收入的及时入库，《海关法》赋予海关对滞纳关税的纳税义务人强制执行的权力。强制措施主要有两类：

（1）征收关税滞纳金

滞纳金自关税缴纳期限届满滞纳之日起，至纳税义务人缴纳关税之日止，按滞纳税款万分之五的比例按日征收，周末或法定节假日不予扣除。具体计算公式为：

$$关税滞纳金金额 = 滞纳关税税额 × 滞纳金征收比率 × 滞纳天数$$

（2）强制征收

如纳税义务人自海关填发缴款书之日起 3 个月内仍未缴纳税款，经海关关长批准，海关可以采取强制扣缴、变价抵缴等强制措施。强制扣缴即海关从纳税义务人在开户银行或者其他金融机构的存款中直接扣缴税款。变价抵缴即海关将应税货物依法变卖，以变卖所得抵缴税款。

3. 关税退还

关税退还是关税纳税义务人按海关核定的税额缴纳关税后，因某种原因的出现，海关将实际征收多于应当征收的税额（称为溢征关税）退还给原纳税义务人的一种行政行为。根据《海关法》规定，海关多征的税款，海关发现后应当立即退还。

按规定，有下列情形之一的，进出口货物的纳税义务人可以自缴纳税款之日起一年内，书面声明理由，连同原纳税收据向海关申请退税并加算银行同期活期存款利息，逾期不予受理。

（1）因海关误征，多纳税款的。

（2）海关核准免验进口的货物，在完税后，发现有短缺情形，经海关审查认可的。

（3）已征出口关税的货物，因故未将其运出口，申报退关，经海关查验属实的。

4. 关税补征和追征

补征和追征是海关在关税纳税义务人按海关核定的税额缴纳关税后，发现实际征收税额少于应当征收的税额（称为短征关税）时，责令纳税义务人补缴所差税款的一种行政行为。《海关法》根据短征关税的原因，将海关征收原短征关税的行为分为补征和追征两种。由于纳税人违反海关规定造成短征关税的，称为追征；非因纳税人违反海关规定造成短征关税的，称为补征。根据《海关法》规定，进出境货物和物品放行后，海关发现少征或者漏征税款，应当自缴纳税款或者货物、物品放行之日起1年内向纳税义务人补征；因纳税义务人违反规定而造成的少征或者漏征，海关在3年以内可以追征，并从缴纳税款之日起按日加收少征或漏征税款万分之五的滞纳金。

8.2 关税税收筹划

8.2.1 关税减免的税收筹划

关税的优惠主要表现在关税的减免方面，关税减免是对某些纳税人和征税对象给予鼓励和照顾的一种特殊调节手段。关税减免分为法定减免税、特定减免税和临时减免税。根据《海关法》规定，除法定减免税外的其他减免税均由国务院决定，目前我国的减征关税是以最惠国税率或者普通税率为基准的。

1. 法定减免税

法定减免税是税法中明确列出的减免税或免税。符合税法规定可予减免税的进出口货物，纳税义务人无需提出申请，海关可按规定直接给予减免。海关对法定减免税货物一般不进行后续管理。

（1）下列进出口货物，免征关税。

①关税税额在人民币50万元以下的货物。

②无商业价值的广告品和货样。

③外国政府、国际组织无偿赠送的物资。

④在海关放行前损失的货物。

⑤进出境运输工具装卸的途中必需的燃料、物料和饮食用品。

⑥在海关放行前遭受损失的货物，可以根据海关认定的受损程度减征关税。

⑦因品质或者规格原因，出口货物自出口之日起 1 年内原状复运出境的，不征收进出关税。因品质或者规格原因，进口货物自进口之日起 1 年内原状复运出境的，不征收出口关税。

（2）下列进出口货物，可以暂不缴纳关税。

经海关批准暂时进境或者暂时出境的下列货物，在进境或者出境时纳税义务人向海关缴纳相当于应纳税款的保证金或者提供其他担保的，可以暂不缴纳关税，并应当自进境或者出境之日起 6 个月内复运进境；经纳税义务人申请，海关可以根据海关总署的规定延长复运出境或者复运进境的期限。

①在展览会、交易会、会议及类似活动中展示或者使用的货物。

②文化、体育交流活动中使用的表演、比赛用品。

③进行新闻报道或者摄制电影、电视节目使用的仪器、设备及用品。

④开展科研、教学、医疗活动使用的仪器、设备及用品。

⑤在第①项至第④项所列活动中使用的交通工具及特种车辆。

⑥货样。

⑦供安装、调试、检测设备时使用的仪器、工具。

⑧盛装货样的容器。

⑨其他用于非商业目的的货物。

以上所列暂准进境货物在规定的期限内未复运出境的，或者暂准出境货物在规定的期限内未复运出境的，海关应当依法征收关税。

（3）有下列情形之一的，纳税义务人在缴纳税款之日起 1 年内，可以申请退还关税，并应当以书面形式向海关说明理由，提供原缴款凭证及相关资料。

①已征进口关税的货物，因品质或者规格原因，原装退货复运出境的。

②已征出口关税的货物，因品质或者规格原因，原装退货复运出境，并已重新交纳因出口而退还的国内环节有关税收的。

③已征出口关税的货物，因故未装运出口，申请退关的。

2. 特定减免税

特定减免税也称政策性减免税。在法定减免税之外，国家按照国际通行规则和我国实际情况，制定发布的有关进出口货物减免关税的政策，称为特定或政策性减免税。目前我国对进出口货物关税进行特定减免的项目如下。

①科教用品。

②残疾人专用品。

③扶贫、慈善性捐赠物资。

④加工贸易产品（包括加工装配和补偿贸易、进料加工）。

⑤边境贸易进口物资。

⑥保税区进出口货物。

⑦出口加工区进出口货物。

⑧进口设备。

⑨特定行业或用途的减免税政策。

⑩特定地区的减免税政策。

3. 临时减免税

临时减免税是指以上法定和特定减免税以外的其他减免税，即由国务院根据《海关法》对某个单位、某类商品、某个项目或某批进出口货物的特殊情况，给予特别照顾，一案一批，专文下达的减免税。一般有单位、品种、期限、金额或数量等限制，不能比照执行。

8.2.2 完税价格的税收筹划

关税属于流转税，它是按货物的流转额来完税的。关税的完税价格就是进出口货物的流转额。根据上面关税的计算公式我们不难发现，在税率固定的情况下，进出口货物的完税价格直接关系到纳税人的关税负担的多少。如果进出口货物在法律许可的范围内，能够制定或获取较低的定税价格，这显然可以达到节约税收成本的目的。

根据我国《海关法》和《中华人民共和国进出口关税条例》的规定，进口货物与出口货物的完税价格的计算方法是不同的，那么在进行税收筹划时也是不同的。下面将分别就进口货物和出口货物的完税价格，做出相应的税收筹划方案。

（1）进口货物完税价格的税收筹划

进口货物是以海关审定的成交价格为基础的到岸价格作为完税价格的。根据对成交价格的规定，目前海关的估价主要有两种情况：一种是海关审查可确定的完税价格；另一种是成交价格经海关审查能确定的。因此，我们就这两种情况来分别加以筹划。

①审定价格成交法。这种方法是指进口商向海关申报的进口货物价格，如果经海关审定认为符合"成本价格"的要求和有关规定，就可以以此作为计算完税价格的依据，然后经海关对货价、费用和运费、保险费等各项费用进行必要的调整后，即可确定其完税价格。我国进口货物一般都是按此方法来确定完税价格的。由此我们可知，在审定成交价格下，如果降低进口货物的申报价格而又能被海关审定为正常成交价格，便成为税收筹划的关键所在。

现实中，成交价格是指进口货物的买方为了购买该项货物而向卖方实际支付的价格。该成交价格的核心是货物本身的价格，除包括该货物生产、销售等成本费用外，还包括买方在成交价格之外另向卖方支付的佣金（不包括运费、保险费、杂费的货物价格）。由此看来，在进行税收筹划时，可以选择同类产品中成交价格比较低、运输杂项费用相对较少的货物进口，这样可以降低完税价格。对于卖方向我方支付的正常回扣，应该从完税价格中扣除，以降低关税负担。

②成交价格经海关审查未能确定的。如果按审定成交价格经海关审查未能确定，海关将按以下次序对完税价格进行估定：相同货物成交价格法、类似货物成交价格法、国际市场价格法、国内市场倒扣法。如上述方法都不能确定，则海关用其他合理方法估定完税价格。

由于有些货物，特别是目前市场上还没有或很少出现的高新技术、特种产品或新产品，这些产品无法准确地定性归类，因此产品进口没有确定的市场价格，而且其预期市场价格一般要远远高于通常市场类似产品的价格，这就为进口完税价格的申报留下了较大的空间。

（2）出口货物完税价格的税收筹划

《关税条例》第 16 条规定："出口货物应当以海关审定的货物售予境外的离岸价格，扣除出口关税后，作为完税价格。"其计算公式为：

$$出口货物的完税价格 = 离岸价格 / （1 + 出口税率）$$

出口商品的海关估价应是成交价格，即该出口商品售予境外的应售价格。应售价格应由出口商品的境内生产成本、合理利润以及外贸所需的储运费、保险费等组成。概括地讲，就是扣除关税后的离岸价格。因此，成交价格的确定就成为出口货物完税价格税收筹划的关键。

在进行出口货物完税价格的税收筹划时，应注意以下几点。

①出口货物的离岸价格，应以该项货物运离国境前的最后口岸的离岸价格作为实际离岸价格。从内地起运的货物应扣除国内段的运输费用。

②出口货物的成交价格如为货价加运费价格，成为国外口岸的到岸价格时，应扣除运费或再扣除保险费后，再按照规定公式计算完税价格。

③如果纳税人的公司在商品成交价格以外，还存在着支付给国外的与此项业务有关的佣金，那么在纳税人的申报表上应该单独列明，加以确认反映。因为佣金按税法规定可以扣除，如果不单独列明的，可不予扣除。

除了以上几点，我们还应该对现行的海关法、进出口条例和其他有关的海关法律法规进行认真的研究，以找到更多的对完税价格进行税收筹划的方法。

8.2.3 关税税率的筹划

1. 从关税税率结构角度筹划

虽然关税税率是不可变的，但通过观察我国进口商品的税率结构便可发现筹划空间。目前进口商品的税率结构主要体现为产品加工程度越深，关税税率越高，即在不可再生资源、一般资源性产品及原材料、半成品、制成品中，不可再生性资源税率较低，制成品税率较高。因此，企业可以考虑进口原材料和零部件部分进行加工生产，从而降低关税税负。

2. 利用原产地标准进行税收筹划

目前，我国进口则设有最优惠国税率、协定税率、特惠税率和普通税率共四栏税率。最惠国税率适用原产与我国共同适用最惠国待遇条款的 WTO 成员国或地区的进口货物，或原产与我国签订有相互给予最惠国待遇条款的双边贸易协定的国家或地区的货物，以及原产于我国境内的进口货物；协定税率适用原产与我国参加的含有关税优惠条款的区域性贸易协定有关缔约方的进口货物；特惠税率适用原产与我国签订有特殊优惠关税协定的国家或地区的进口货物；普通税率适用于原产于上述国家或地区以外的其他国家或地区的进口货物。

由此可知，同一种进口货物的原产国不同，使用的税率就有很大的区别。我国关于原产地的规定基本上采用了"全部产地生产标准"、"实质性加工标准"两种国际上通用的原产地标准。一般来讲，利用全部产地标准进行筹划的空间较小，但利用实质性加工标准进行筹划则具有较大的空间。所谓"实质性加工"是指产品加工后，在进出口税则中四位数税号一级的税则归类已经有了改变，或者加工增值部分所占新产品总值的比例已超过 30% 及以上的。目前许多跨国公司在全球不同国家设立了分支机构，这些机构在某种商品的生产过程中承担了一定的角色，可以说，成品是用在不同国家生产的零部件组装起来的，那么最后组装成最终产品的地点就很重要，一般应选择在同进口国家签订有优惠税率的国家或地区，避开进口国征收特别关税的国家或地区。如果已经选择了一个非常有利于节税的国家或地区建立最后产品生产厂，只是加工增值部分达不到新产品总值的30%，企业就可以利用转让定价的方式进行筹划，也就是降低其他地区的零部件生产价格，从而加大最后产品生产厂中增值部分占全部新产品的比重，达到税收筹划的目的。

8.2.4 行李和邮递物品进口税的筹划

对行李和邮递物的税收筹划往往是利用行邮税，从行邮税的税率角度来进行的。目前我国现行的行邮税的税率分别为50%、20%、10%三个档次，并且税法对适用各个档次税率的物品已作了明确的规定，因此纳税人可以通过选择适用低税率的物品来达到节税的目的。

8.3 案例分析

8.3.1 关税法律制度案例分析

案例一

某公司从日本进口铁盘条10万吨，其成交价格为 CIF 上海新港 100 000 美元，计算应征关税税款是多少。

已知海关填发税款书之日的外汇牌价：

100 美元 = 847.26 人民币元（买入价）

100 美元 = 857.18 人民币元（卖出价）

案例分析

税款计算如下：

（1）审核申报价格，符合"成交价格"条件，确定进口关税税率为15%。

（2）根据填发税款缴款书日的外汇牌位，将货价折算人民币。

当天外汇汇价为：

外汇买卖中间价 100 美元 = （847.26 + 857.18）÷2 = 852.22（人民币元）

即 1 美元 = 8.522 2 人民币元

完税价格 = 100 000 × 8.522 2 = 852 220（人民币元）

（3）关税税款 = 852 220 × 15% = 127 833（人民币元）

案例二

我国从国外进口一批中厚钢材共计 200 000 公斤，成交价格为 FBO 伦敦 2.5 英镑/公斤，已知单位运费为 0.5 英镑，保险费率为 0.25%。求应征关税税款是多少。

已知海关填发税款缴款书之日的外汇牌价：

1 英镑 = 11.268 3 人民币元（买入价）

1 英镑 = 11.885 7 人民币元（卖出价）

案例分析

（1）根据填发税款缴款书之日的外汇牌价，将货价折算人民币。

当天外汇汇价为：

外汇买卖中间价 =（11.268 3 + 11.885 7）人民币元 ÷ 2 = 11.577 人民币元

即 1 英镑 = 11.577 人民币元

完税价格 =（FBO 价 + 运费）×（1 + 保险费率）=（2.5 + 0.5）×（1 + 0.25%）

= 3.007 5 英镑 = 3.007 5 × 11.577 = 34.82 人民币元

（2）计算关税税款：根据税则归类，中厚钢板是日本原产货物适用于最惠国税率，最惠国税率为 10%。

该批货物进口关税税款 = 34.82 人民币元 × 200 000 公斤 × 10% = 696 400 人民币元

案例三

公司进口美国产"蓝带"牌啤酒 600 箱，每箱 24 瓶，每瓶容积 500 毫升，价格为 CIF3000 美元。计算应纳关税（征税日人民币与美元的外汇折算率为 1:8.24，适用优惠税率为 3 元/升）。

案例分析

应纳关税税额 = 600 × 24 × 500/1000 × 3 = 21 600（元）

案例四

某公司进口 2 台日本产电视摄像机，价格为 CIF13 000 美元，计算应纳关税（征税日人民币与美元的外汇折算率为 1:8.24，适用优惠税率为：每台完税价格高于 5000 美元的，从量税为每台 13 280 元，再征从价税 3%）。

案例分析

应纳关税税额 = 2 × 13 280 + 13 000 × 8.24 × 3% = 26 560 + 3213.6 = 29 773.6（元）

案例五

某市进出口企业发生如下业务。

进口设备一批，合同规定的货款为 50 000 美元，进口海运费 1000 美元，报关费及港口至企业内陆运费 200 美元，买方另支付进口货物保险费 100 美元，向采购中介支付中介费 500 美元。进口后将该批设备以 500 000 元含税价格销售。（机器关税税率 7%，当期汇率 1:7）

要求：（1）计算其应纳关税。

（2）计算其进口环节其他税金合计。

（3）内销环节实际缴纳各项税金及附加合计。

案例分析

（1）进口关税完税价格

＝（50 000 + 1000 + 100 + 500）×7 = 361 200（元）

应缴关税

＝361 200 × 7% = 25 284（元）

（2）进口环节缴纳增值税

＝（361 200 + 25 284）× 17% = 65 702.28（元）

设备进口不缴纳消费税，也不涉及城建税。

（3）内销环节实际缴纳各项税金及附加合计

内销环节增值税销项税 = 500 000/（1 + 17%）×17% = 72 649.57（元）

应缴增值税 = 72 649.57 – 65 702.28 = 6947.29（元）

应缴城建税及教育费附加 = 6947.29 ×（7% + 3%）= 694.73（元）

8.3.2 关税税收筹划案例分析

案例一

某公司现需要进口一批铁矿石 10 万吨，可以选择两家单位进口，一家是美国的，其价格为 9 美元/吨，运费为 24 万美元；另一家是澳大利亚的，其价格为 10 美元/吨，运费为 10 万美元。其他费用（保险费、杂项费用等）美国的也比澳大利亚的高，从税收筹划角度分析该公司应选择从哪国进货（进口关税为 20%）。

案例分析

方案一：从美国进货，铁矿石完税价格 = 9 × 10 + 24 + 其他费用 = 114 万美元 + 其他费用

方案二：从澳进货，铁矿石完税价格 = 10 × 10 + 10 + 其他费用 = 110 万美元 + 其他费用

由上可知，若从澳大利亚进货至少可以节省 40 000 × 20% = 8000 美元的关税，所以应该选择从澳大利亚进货。

案例二

海外华侨李某欲回国探亲，准备花费 1400 美元购买礼品，在购买馈赠亲友的物品时，他有以下选择：

方案一：购买价值 300 美元的名酒，400 美元的影碟机，以及 700 美元的瑞士名表；

方案二：买 1400 美元的金银首饰、包金饰品。试分析从税收筹划的角度来讲哪种选择可以使李某缴纳的关税更少（酒、电器用品、手表和金银首饰的关税税率分别为 50%、20%、20%、10%）。

案例分析

由于税率上的差别，我们可以通过选择适用低税率的物品而避免适用高税率的物品。本案中，方案一中含有酒，适用于高税率，因此缴纳关税就会高。

方案一应缴纳关税 = 300 × 50% + 400 × 20% + 700 × 20% = 370（美元）

方案二应缴纳关税 $= 1400 \times 10\% = 140$ （美元）

案例三

A 公司从国外进口钢材一批，货价为 500 万元人民币，运费为 20 万元人民币，但是国外的保险税率高于 3‰，为 5‰，所以该公司对进口的钢材采取了不上保险的做法。假设钢材的进口关税税率为 20%。

案例分析

根据《中华人民共和国海关法》的规定，进口货物的完税价格包括货物的货价、货物运抵我国境内输入地点起卸前的运费及相关费用、保险费。在正常情况下，运费和保险费应该按照实际支付的费用计算。如果进口货物的运费无法确定或未实际发生，海关应该按照该货物进口同期运输行业公布的运费率（额）计算运费，保险费则按照"货价加运费"两者总额的 3‰ 计算保险费。

应纳关税 $= (500 + 20) \times (1 + 3‰) \times 20\% = 104.312$ （万元）

如果按保险费 5‰ 计算，则：

应纳关税 $= (500 + 20) \times (1 + 5‰) \times 20\% = 104.52$ （万元）

二者的差额为 0.208 万元（104.52 − 104.312）。运费和保险费作为完税价格的组成部分对进口货物关税的征收有重要影响。如果在其不能确定的情况下，当然应该尽可能地压低运费和保险费，使完税价格降低，达到少纳关税的目的。这方面的筹划并不复杂，即实际运费和保险费不能超过不确定时按照规定办法计算的运费与保险费，如果超过，应想办法按照后者计算运费与保险费。

作为纳税人应注意，由于关税是要计入材料成本的，在其他条件不变的情况下，关税税额的降低会增加企业的应纳税所得额，多缴纳所得税。另外，按关税法计算 3‰ 的保险费，由于没有发票凭证，是不能在成本费用中列支的，会相应增加应纳税所得额，所以纳税人在进行这方面筹划时应该统筹考虑。

案例四

王某在国外买了 300 美元的酒、400 美元的松下录像机、300 美元的手表作为探亲礼物的话，计算他所负担的进口关税。

案例分析

根据关税规定，入境旅客行李物品和个人邮递物品系指进入我国关境的非贸易性的应税自用物品，其中就包括馈赠物品。对这些物品征收的进口税包括关税、代征的国内增值税和消费税。纳税人是入境行李物品的携带人和进口邮件的收件人。

进口关税对烟、酒、化妆品、金银及其制品、包金饰品、纺织品和制成品、电器用具、手表、照相机、录像机、汽车等规定了不同的税率，而且差异很大。其中金银及其制品、包金饰品是免税的，酒的税率是 200%，录像机的税率是 150%，手表的税率是 100%。所以，

应纳关税额 $= 300 \times 200\% + 400 \times 150\% + 300 \times 100\%$

$= 600 + 600 + 300 = 1500$ （美元）

加上关税税额，王某共花了 2500 美元在探亲礼物上。如果王某用 1000 美元购买金银及其制品或包金饰品的话，由于金银制品及包金饰品免税，那么他就不负担关税，即节税 1500 美元。

案例五

珠海市某进出口公司 2008 年 4 月 15 日，从德国进口奔驰 600 型小轿车 2 部自用，报关入境时，海关审定的计税价为 450 000 元/辆（含随同报关的工具件和零部件 50 000 元/辆），海关课征关税 405 000 元/辆，海关代征消费税 68 400 元/辆，增值税 156 978 元/辆。

案例分析

依照现行关税的有关规定，进口小轿车整车的税率相对较高，而进口零部件的税率则较低。该公司进行纳税筹划的做法是：该进出口公司进口报关时，将每部车的工具件和零部件 50 000元，单独报关进口。

假设进口小轿车整车的税率为 90%，进口零部件的税率为 45%。

（1）该进出口公司不进行纳税筹划，应纳的车辆购置税

组成计税价格 = 关税完税价格 + 关税 + 消费税

 = 450 000 + 405 000 + 68 400 = 923 400（元）

应纳车辆购置税税额 = 自用数量 × 组成计税价格 × 税率

 = 2 × 923 400 × 10% = 184 680（元）

购置两部轿车实际支付款项

 =（450 000 + 405 000 + 68 400 + 156 978）× 2 + 184 680 = 2 345 436（元）

（2）进行纳税筹划后，应纳的车辆购置税

应纳关税税额 = 400 000 × 2 × 90% + 50 000 × 2 × 45% = 765 000（元）

少纳关税税额 = 405 000 × 2 − 756 000 = 45 000（元）

应纳消费税税额 =（400 000 × 2 + 765 000）× 8% = 125 200（元）

少纳消费税税额 = 68 400 × 2 − 125 200 = 11 600（元）

应纳增值税税额 = [（400 000 + 50 000）× 2 + 765 000 + 125 200] × 17%

 = 304 334（元）

少纳增值税税额 = 156 978 × 2 − 304 334 = 9622（元）

车辆购置税组成计税价格 = 关税完税价格 + 关税 + 消费税

 = 400 000 × 2 + 765 000 + 125 200 = 1 690 200（元）

应纳车辆购置税税额 = 组成计税价格 × 税率 = 1 690 200 × 10% = 169 020（元）

少纳车辆购置税税额 = 184 680 − 169 020 = 15 660（元）

购置两部轿车实际支付款项 = 900 000 + 756 000 + 125 200 + 304 334 + 169 020

 = 2 263 554（元）

相比节约税收 = 2 345 436 − 2 263 554 = 81 882（元）

第9章 土地与资源课税法律制度和税收筹划

学习目的和要求

通过本章学习，使学生了解耕地占用税法律制度基本知识和城镇土地使用税税收筹划基本内容，主要包括耕地占用税的纳税人、征税范围、计税依据、税率、应纳税额的计算、征收与管理，耕地占用税税收优惠的税收筹划、纳税人的税收筹划、地区差别税负的税收筹划以及在此基础上的案例分析；城镇土地使用税法律制度基本知识和城镇土地使用税税收筹划的基本内容，主要包括城镇土地使用税的纳税人、征税范围、计税依据、税率、应纳税额的计算、征收管理，城镇土地使用税税收优惠筹划以及在此基础上的案例分析；土地增值税法律制度基本知识和土地增值税税收筹划的基本内容，主要包括土地增值税的纳税人、征税范围、应税收入及扣除项目的确定、增值额的确定、税率、应纳税额的计算、征收管理，土地增值税税收优惠筹划、对增值额进行控制的税收筹划、房地产转让方式的税收筹划、税率的筹划以及在此基础上的案例分析；资源税法律制度基本知识和资源税税收筹划的基本内容，主要包括资源税的纳税人、税目和单位税额、扣缴义务人适用的税额、课税数量、应纳税额的计算、资源税和其他税种混合计算、征收管理，资源税税收优惠筹划、课税范围税收筹划、课税数量税收筹划、税率税收筹划、税款核算税收筹划以及在此基础上的案例分析。

9.1 耕地占用税法律制度与税收筹划

9.1.1 耕地占用税法律制度

耕地占用税法是指国家制定的调整耕地占用税征收与缴纳之间权利及义务关系的法律规范。耕地占用税是对占用耕地建房或从事其他非农业建设的单位和个人，就其实际占用的耕地面积征收的一种税，它属于对特定土地资源占用课税。耕地占用税的特点表现为：兼具资源税与特定行为税的性质，采用地区差别税率，在占用耕地环节一次性课征，税收收入专用于耕地开发的改良。

1. 纳税义务人

耕地占用税的纳税义务人，是占用耕地建房或从事非农业建设的单位和个人。

所称单位，包括国有企业、集体企业、私营企业、股份制企业、外商投资企业、外国企业以及其他企业和事业单位、社会团体、国家机关、军队以及其他单位；所称个人，包括个体工商户以及其他个人。

2. 征税范围

耕地占用税的征税范围包括纳税人为建房或从事其他非农业建设而占用的国家所有的集体所有的耕地。所谓"耕地"是指种植农业作物的土地，包括菜地、园地。其中，园地包括园圃、苗圃、茶园、果园、桑园和其他种植经济林木的土地。

占用鱼塘及其他农用土地建房或从事其他非农业建设，也视同占用耕地，必须依法征收耕地占用税。占用已开发从事种植、养殖的滩涂、草场、水面和林地等从事非农业建设，由省、自治区、直辖市本着有利于保护土地资源和生态平衡的原则，结合具体情况确定是否征收耕地占用税。

此外，在占用之前三年内属于上述范围的耕地或农用土地，也视为耕地。

3. 计税依据及税率

（1）计税依据

耕地占用税以纳税人占用耕地的面积为计税依据，以每平方米为计量单位。

（2）税率

考虑到不同地区之间客观条件的差别以及与此相关的税收调节力度和纳税人负担能力方面的差别，耕地占用税在税率设计上采用了地区差别定额税率。

人均耕地不超过1亩的地区（以县级行政区域为单位，下同）每平方米为10~50元；

人均耕地超过1亩但不超过2亩的地区，每平方米为8~40元；

人均耕地超过2亩但不超过3亩的地区，每平方米为6~30元；

人均耕地超过3亩以上的地区，每平方米为5~25元。

经济特区、经济技术开发区和经济发达、人均耕地特别少的地区，适用税额可以适当提高，但最多不得超过上述规定税额的50%（见表9-1）。

表9-1　全国各地平均税额

地　区	每平方米平均税额（元）
上海	45
北京	40
天津	35
江苏、浙江、福建、广东	30
辽宁、湖北、湖南	25
河北、安徽、江西、山东、河南、重庆、四川	22.5
广西、海南、贵州、云南、陕西	20
山西、吉林、黑龙江	17.5
内蒙古、西藏、甘肃、青海、宁夏、新疆	12.5

4. 应纳税额计算

应纳税额 = 实际占用耕地面积（平方米）×适用定额税率

例：假设某市一家企业新占用 19 800 平方米耕地用于工业建设，所占耕地适用的定额税率为 20 元/平方米。计算该企业应纳的耕地占用税。

解：应纳税额 = 19 800 平方米×20 元/平方米 = 396 000（元）

5. 征收管理

耕地占用税由财政部门负责征收。纳税人必须在经土地管理部门批准占用耕地之日起 30 日内缴纳耕地占用税。经土地管理部门批准占用耕地的单位和个人，应持县以上土地管理部门批准占用耕地的文件，向所在地乡财政机关申报纳税。土地管理部门根据纳税凭证和征用土地批准文件划拨土地。

9.1.2 耕地占用税税收筹划

1. 税收优惠的税收筹划

（1）减税规定

下列情况经批准可以减征耕地占用税。

农村居民占用耕地新建住宅，按规定税额减半征收。城镇居民占用耕地新建住宅，农村居民或联户占用耕地从事非农业生产经营，都应按全额纳税。

农村革命烈士家属、革命残废军人、鳏寡孤独以及革命老根据地、少数民族聚居地区和边远贫困山区生活困难的农户，在规定用地标准以内新建住宅纳税确有困难的，由纳税人提出申请，经所在地乡（镇）人民政府审核，报经县级人民政府批准后，可给予减免税照顾。

（2）免税规定

下列经批准征用的耕地，免征耕地占用税。

部队军事设施用地；铁路线路、飞机场跑道和停机坪用地；国家物资储备部门的炸药库用地；学校、幼儿园、敬老院、医院用地；殡仪馆、火葬场用地；革命历史纪念馆用地；水库移民、灾民、难民建造住宅用地；直接为农业服务的农用水利设施用地；三资企业用地。

2. 纳税人的税收筹划

根据《耕地占用税暂行条例》的规定，外国投资者在中国境内举办的中外合资经营企业、中外合作经营企业和外商独资企业不是耕地占用税的纳税人。为此，各类税收筹划主体可以在建立、发展而需要占用耕地时吸收外商直接投资，组建外商投资企业，以规避耕地占用税。

3. 地区差别税负税收筹划

根据《耕地占用税暂行条例》有关规定，全国范围的不同地区税负差别很大，有的甚至相差两至三倍。所以，企业可以设立于低税负的地区，以利用低税负的优势。比如，西部大开发地区的省份税负比较低。同时，即使在同一县市，耕地占用税的税负也不同。一般来讲，城市用地高于非城市用地；经济效益较好的菜地高于一般农业用地；城市近郊耕地高于远郊的耕地。总之，企业要根据自身的特点及其对投资环境的要求尽量选择税负较低的地区。

4. 结合其他税种进行税收筹划

对投资于滩涂并与种植业、捕捞业、养殖业等相关联，进行农产品初加工、深加工等工业项目的，在征用土地时可以结合增值税、企业所得税一并筹划，将农业生产部分以及农产品初加工部分与深加工部分分开核算，分别办理有关用地手续，不仅可以降低增值税税负，还可以享受企业所得税的免税待遇，同时也可以节省耕地占用税。

9.2 城镇土地使用税法律制度与税收筹划

9.2.1 城镇土地使用税法律制度

城镇土地使用税是指国家制定的调整城镇土地使用税征收与缴纳之间全部权利及义务关系的法律规范。现行城镇土地使用税法的基本规范，是 2006 年 12 月 31 日由国务院修改并颁布的。

城镇土地使用税是以国有土地为征税对象，对拥有土地使用权的单位和个人征收的一种税。开征城镇土地使用税有利于促进土地的合理使用，调节土地极差收入，筹集地方财政资金的作用。我国城镇土地使用税具有自己本身独特的特点：征税对象为国有土地；征税范围广；实行差别幅度税额。

1. 纳税义务人

在城市、县城、建制镇、工矿区范围内使用土地的单位和个人，为城镇土地使用税的纳税人。通常包括：拥有土地使用权的单位和个人；拥有土地使用权的单位和个人不在土地所在地的，其土地的实际使用人和代管人为纳税人；土地使用权未确定或权属纠纷未解决的，其实际使用人为纳税人；土地使用权共有的，共有各方都是纳税人，由共有各方分别纳税。

2. 征税范围

城镇土地使用税的征税范围，包括在城市、县城、建制镇和工矿区内的国家所有和集体所有的土地。建立在城市、县城、建制镇和工矿区以外的工矿企业则不需缴纳城镇土地使用税。上述范围中，城镇的土地包括市区和郊区的土地、县城的土地是指县人民政府所在地的城镇的土地，建制镇的土地是指镇人民政府所在地的土地。另外，自 2009 年 1 月 1 日起，公园、名胜古迹内的索道公司经营用地，应按规定缴纳城镇土地使用税。

3. 计税依据

城镇土地使用税以纳税人实际占用的土地面积为计税依据，土地面积计量标准为每平方米。即税务机关根据纳税人实际占用的土地面积，按照规定的税额计算应纳税额，向纳税人征收土地使用税。

4. 税率

城镇土地使用税采用定额税率；即采用有幅度的差别税额，按大、中、小城市和县城、建制镇、工矿区分别规定每平方米土地使用税年应纳税额。具体标准见表 9-2。

表9-2 城镇土地使用税税率表

级别	人口	每平方米税额（元）
大城市	50万以上	1.5~30
中等城市	20万~50万	1.2~24
小城市	20万以下	0.9~18
县城、建制镇、工矿区		0.6~12

5. 应纳税额的计算

城镇土地使用税的应纳税额可以通过纳税人实际占用的土地面积乘以该土地所属地段的使用税额求得。其计算公式为：

全年应纳税额＝实际占用应税土地面积（平方米）×适用税额

6. 征收管理

（1）纳税期限

城镇土地使用税实行按年计算、分期缴纳的征收方法，具体纳税期限由省、自治区、直辖市人民政府确定。

（2）纳税义务发生时间

纳税人购置新建商品房，自房屋交付使用之次月起，缴纳城镇土地使用税。

纳税人购置存量房，自办理房屋权属转移、变更登记手续，房地产权属登记机关签发房屋权属证书之次月起，缴纳城镇土地使用税。

纳税人出租、出借房产、自交付出租、出借房产之月起，缴纳城镇土地使用税。

以出让或转让方式有偿取得土地使用权，应由受让方从合同约定交付土地时间的次月起缴纳城镇土地使用税；合同未约定交付时间的，由受让方从合同签订的次月起缴纳城镇土地使用税。

纳税人新征用的耕地，自批准征用之日起满1年时开始缴纳土地使用税。

纳税人新征用的非耕地，自批准征用次月起缴纳土地使用税。

自2009年1月1日起，纳税人因土地的权利发生变化而依法终止城镇土地使用税纳税义务的，其应纳税款的计算应截止到土地权利发生变化的当月末。

（3）纳税地点和征收机构

城镇土地使用税在土地所在地缴纳。

纳税人使用的土地不属于同一省、自治区、直辖市管辖的，由纳税人分别向土地所在地的税务机关缴纳土地使用税；在同一省、自治区、直辖市管辖范围内，纳税人跨地区使用的土地，其纳税地点由各省、自治区、直辖市地方税务局确定。

土地使用税由土地所在地的地方税务机关征收，其收入纳入地方财政预算管理。土地使用税征收工作涉及面广，政策性较强，在税务局负责征收的同时，还必须注意加强同国土管理、测绘等有关部门的联系，及时取得土地的权属资料，沟通情况共同协作把征收管理工作做好。

9.2.2 城镇土地使用税税收筹划

1. 法定免缴土地使用税的优惠

（1）国家机关、人民团体、军队自用的土地。

（2）由国家财政部门拨付事业经费的单位自用的土地。

（3）宗教寺庙、公园、名胜古迹自用的土地。

（4）市政街道、广场、绿化地带等公共用地。

（5）直接用于农、林、牧、渔业的生产用地。

（6）经批准开山填海整治的土地和改造的废弃土地，从使用的月份起免缴土地使用税5～10年。

（7）对非营利性医疗机构、疾病控制机构和妇幼保健等卫生机构自用的土地，免征城镇土地使用税。对营利性医疗机构自用的土地自2000年起免征城镇土地使用税3年。

（8）企业办的学校、医院、托儿所、幼儿园，其用地能与企业其他用地明确区分的，免征城镇土地使用税。

（9）免税单位无偿使用纳税单位的土地，免征城镇土地使用税。纳税单位使用免税单位的土地，纳税单位应照章缴纳城镇土地使用税。

（10）对行使国家行政管理职能的中国人民银行总行所属分支机构自用的土地，免征城镇土地使用税。

（11）为了体现国家的产业政策，支持重点产业的发展，对石油、电力、煤炭等能源用地，民用港口、铁路等交通用地和水利设施用地，三线调整企业、盐业、采石场、邮电等一些特殊用地划分了征免税界限和给予政策性减免税照顾。

2. 省、自治区、直辖市地方税务局确定减免土地使用税的优惠

（1）个人所有的居住房屋及院落用地。

（2）房产管理部门在房租调整改革前借租的居民住房用地。

（3）免税单位职工家属的宿舍用地。

（4）民政部门举办的安置残疾人占一定比例的福利工厂用地。

（5）集体和个人办的各类学校、医院、托儿所、幼儿园用地。

（6）对基建项目在建期间使用的土地，原则上应照章征收城镇土地使用税。但对有些基建项目，特别是国家产业政策扶持发展的大型基建项目，对纳税人纳税确有困难的，可由各省、自治区、直辖市地方税务局根据具体情况予以免征或减征土地使用税。

（7）城镇内的集贸市场用地，按规定应征收城镇土地使用税。为了促进集贸市场的发展及照顾各地的不同情况，各省、自治区、直辖市地方税务局可根据具体情况自行确定对集贸市场用地征收或者免征城镇土地使用税。

（8）房地产开发公司建造商品房的用地，原则上应按规定计征城镇土地使用税。但在商品房出售之前纳税确有困难的，其用地是否给予缓征或减征、免征照顾。可由省、自治区、直辖市地方税务局根据从严的原则结合具体情况确定。

（9）原房产部门代管的私房，落实政策后，有些私房产权已归还给房主，但由于各种原因，房屋仍由原住户居住，并且住户仍是按照房管部门在房租调整改革前确定的租金标准向房屋房主缴纳租金。对这类房屋用地，房主缴纳土地使用税确有困难的，可由各省、自治区、直辖市地方税务局根据实际情况，给予定期减征或免征城镇土地使用税的照顾。

（10）对于各类危险品仓库、厂房所需的防火、防爆、防毒等安全防范用地，可由各省、自治区、直辖市地方税务局确定，暂免征收城镇土地使用税。

（11）企业搬迁后原厂地不使用的、企业范围内荒山等尚未利用的土地，免征城镇土地使用税。

（12）经贸仓库、冷库均属于征税范围，因此不宜一律免征城镇土地使用税。对于纳税有困难的企业，可向企业所在地地方税务机关提出减免申请。

（13）对房地产管理部门在房租调整改革之前经租的居民住房用地，考虑到在房租调整改革前，房产管理部门经租居民住房收取的租金标准一般较低，许多地方纳税确有困难的按实际情况而确定的一项临时性照顾措施。房租调整改革后，房产管理部门经租的居民住房用地（不论是何时经租的），都应缴纳城镇土地使用税。至于房租调整改革后，有的房产管理部门按规定缴纳城镇土地使用税确有实际困难的，可按税收管理体制的规定，报经批准后再给予适当的减征或免征土地使用税的照顾。

（14）考虑到中国物资储运总公司所属物资储运企业的经营状况，对中国物资储运总公司所属的物资储运企业的露天货场、库区道路、铁路专用线等非建筑用地征免城镇土地使用税问题，可由省、自治区、直辖市地方税务局按照下述原则处理：对经营情况好、有负税能力的企业，应恢复征收城镇土地使用税；对经营情况差、纳税确有困难的企业，可在授权范围内给予适当城镇土地使用税的照顾。

（15）向居民供热并向居民收取采暖费的供热企业暂免征收城镇土地使用税。对既向居民供热，又向非居民供热的企业，可按向居民供热收取的收入占其总供热收入的比例划分征免税界限；对于兼营供热的企业，可按向居民供热收取的收入占其生产经营总收入的比例划分征免税界限。

9.3 土地增值税法律制度与税收筹划

9.3.1 土地增值税法律制度

土地增值税法指国家制定的用于调整土地增值税征收与缴纳之间权利及义务关系的法律规范。现行的土地增值税的基本法规是 1993 年 12 月 13 日由国务院颁布的。

土地增值税是对有偿转让国有土地使用权、地上建筑物及其附着物并取得收入的单位和个人，就其转让房地产所取得的增值额征收的一种税。我国开征土地增值税的作用有：征收土地增值税可增强国家对房地产开发和房地产市场的调控；征收土地增值税有利于国家抑制炒买炒卖土地获取暴利的行为；开征土地增值税增加国家财政收入为经济建设积累资金。而我国的土地增值税的特点有：以转让房地产的增值额为计税依据；征税面比较广；实行超率累进税率；实行按次征收。

1. 纳税义务人

土地增值税纳税义务人为转让国有土地使用权、地上的建筑物及其附着物并取得收入的单位和个人。单位包括各类企业、事业单位、国家机关和社会团体及其他组织。个体包括个体经营者。

2. 征税范围

根据《土地增值税暂行条例》及其实施细则的规定，土地增值税的征税范围包括：

（1）转让国有土地使用权；

（2）地上的建筑物及其附着物连同国有土地使用权一并转让。

在实际工作中，我们可以通过以下几条标准来判定。

①土地增值税是对转让国有土地使用权及其地上建筑物和附着物的行为征税。这里转让的土地，其使用权是否为国家所有，是判定是否属于土地增值税征税范围的标准之一。

②土地增值税是对国有土地使用权及其地上建筑物和附着物的转让行为征税。这里土地使用权、地上的建筑物及其附着物的产权是否发生转让是判定是否属于土地增值税征税范围的标准之二。

③土地增值税是对转让房地产并取得收入的行为征税。

根据以上三条判定标准，可以对以下行为是否属于土地增值税的征税范围进行判定。

（1）以出售的方式转让国有土地使用权的、地上建筑物及附着物包括出售国有土地使用权的

这种情况是指土地使用者通过出让方式，向政府缴纳了土地出让金，有偿受让土地使用权后，仅对土地进行通水、通电、通路和平整地面等土地开发，不进行房产开发，即所谓"将生地变熟地"，然后直接将空地出售出去；取得国有土地使用权后进行房屋开发建造然后出售的，这种情况一般是指房地产开发；存量房地产的买卖，这种情况是指已经建成并已投入使用的房地产，其房屋所有人将房屋产权和土地使用权一并转让给其他单位和个人。

（2）以继承、赠与方式转让房地产的

这种情况因其只发生房地产产权的转让，没有取得相应的收入，属于无偿转让房地产的行为，所以不能将其纳入土地增值税的征税范围。这里还分为两种情况。

①房地产的继承。房地产的继承是指房产的原产权所有人、依照法律规定取得土地使用权的土地使用人死亡以后，又其继承人依法承受死者房产产权和土地使用权的民事法律行为。这种行为虽然发生了房地产权属变更，但作为房产产权、土地使用权的原所有人并没有因为权属的转让而取得任何收入。因此这种房地产的继承不属于土地增值税的征税范围。

②房地产的赠与。房地产的赠与是指房产所有人、土地使用权所有人将自己所拥有的房地产无偿地交给其他人的民事法律行为。但这里的"赠与"仅指以下情况：房产所有人、土地使用权所有人将房屋产权、土地使用权赠与直系家属或承担直接赡养义务人；房产所有人、土地使用权所有人通过中国境内非营利的社会团体、国家机关将房屋产权、土地使用权赠与与教育、民政和其他社会福利、公益事业的。上述社会团体是指中国青少年发展基金会、希望工程基金会、宋庆龄基金会、减灾委员会、中国红十字会、中国残疾人联合会、全

国老年基金会、老区促进会以及经民政部门批准成立的其他非营利的公益性组织。房地产的赠与虽发生房地产的权属变更，但作为房产所有人、土地使用权的所有人并没有因为权属的转让而取得任何收入。因此，房地产的赠与不属于土地增值税的征税范围。

（3）房地产的出租

房地产的出租是指房产的产权所有人、依照法律规定取得土地使用权的土地使用人，将房产、土地使用权租赁给承租人使用，由承租人向出租人支付租金的行为。房地产的出租，出租人虽取得了收入，但没有发生房产产权、土地使用权的转让，因此不属于土地增值税的征税范围。

（4）房地产的抵押

房地产的抵押是指房地产的产权所有人、依照法律规定取得土地使用权的土地使用人作为债务人或第三人向债权人提供不动产作为清偿债务的担保而不转移权属的法律行为。这种情况由于房产的产权、土地使用权在抵押期间产权并没有发生权属的变更，房产的产权所有人、土地使用权人虽然在抵押期间取得了一定的抵押贷款，但实际上这些贷款在抵押期满后是要连本带利偿还给债权人的。因此，对房地产的抵押，在抵押期间不征收土地增值税。待抵押期满后，视该房地产的是否转移占有而确定是否征收土地增值税。对于以房地产抵押而发生房地产抵债而发生房地产权属转让的，应列入土地增值税的征税范围。

（5）房地产的交换

这种情况是指一方以房地产与另一方的房地产进行交换的行为。由于这种行为既发生了房产产权、土地使用权的转移，交换双方又取得了实物形态的收入，按《土地增值税暂行条例》规定，它属于土地增值税的征税范围。但对个人之间互换自有居住用房地产的，经当地税务机关核实，可以免征土地增值税。

（6）以房地产进行投资、联营

对于以房地产进行投资、联营的，投资、联营的一方以土地（房地产）作价入股进行投资或作为联营条件，将房地产转让给所投资、联营的企业时，暂免征收土地增值税。对投资、联营企业将上述房地产再转让的，应征收土地增值税。

（7）合作建房

对于一方出地，一方出资金，双方合作建房，建成后按比例分房自用的，暂免征收土地增值税；建成后转让的，应征收土地增值税。

（8）企业兼并转让房地产

在企业兼并中，对被兼并企业将房地产转让到兼并企业中的，暂免征收土地增值税。

（9）房地产的代建房行为

这种情况是指房地产开发公司代客户进行房地产的开发，开发完成后向客户收取代建收入的行为。对于房地产开发公司而言，虽然取得收入，但没有发生房地产权属的转移，其收入属于劳务收入性质，故不属于土地增值税的征税范围。

（10）房地产的重新评估

这主要是指国有企业在清产核资时对房地产进行重新评估而使其升值的情况。这种情况下，房地产虽然有增值，但其既没有发生房地产权属的转移，房产产权、土地使用权人也未取得收入，所以不属于土地增值税的征税范围。

3. 税率

土地增值税实行四级超率累进税率（见表9-3）。

（1）增值额未超过扣除项目金额50%的部分，税率为30%。

（2）增值额超过扣除项目金额50%、未超过扣除项目金额100%的部分，税率为40%。

（3）增值额超过扣除项目金额100%、未超过扣除项目金额200%的部分，税率为50%。

（4）增值额超过扣除项目金额200%的部分，税率为60%。

表9-3　土地增值税超率累进税率表

级数	增值额与扣除项目金额的比率	税率（%）	速算扣除系数（%）
1	不超过50%的部分	30	0
2	超过50%至100%的部分	40	5
3	超过100%至200%的部分	50	15
4	超过200%的部分	60	35

4. 应税收入及扣除项目的确定

（1）应税收入的确定

根据《土地增值税暂行条例》及其实施细则的规定，纳税人转让房地产取得的应税收入，应包括转让房地产的全部价款及有关的经济收益。从收入的形式来看包括货币收入、实物收入和其他收入。

（2）扣除项目的确定

税法准予纳税人从转让收入额中减除的扣除项目包括下面各项。

①取得土地使用权所支付的金额，包括纳税人为取得土地使用权所支付的地价款和纳税人在取得土地使用权时按国家统一规定缴纳的有关费用。

②房地产开发成本，指的是纳税人房地产开发项目实际发生的成本。包括土地征用及拆迁补偿费、前期工程费、建筑安装工程费、基础设施费、公共配套设施费、开发间接费用等。

③房地产开发费用，指的是与房地产开发项目有关的销售费用、管理费用和财务费用。根据现行财务会计制度的规定，这三项费用作为期间费用，直接计入当期损益，不按成本核算对象进行分摊。故作为土地增值税扣除项目的房地产开发费用，不按纳税人房地产开发项目实际发生的费用进行扣除，而按《土地增值税暂行条例实施细则》的标准进行扣除。

《土地增值税暂行条例实施细则》具体规定：纳税人能够按转让房地产项目计算分摊利息支出，并能提供金融机构的贷款证明的，其允许扣除的房地产开发费用在利息＋（取得土地使用权所支付的金额＋房地产开发成本）×5%以内；纳税人不能按转让房地产项目计算分摊利息支出或不能提供金融机构贷款证明的，其允许扣除的开发费用在（取得土地使用权所支付的金额＋房地产开发成本）×10%以内。

此外，财政部、国家税务总局还对扣除项目金额中利息支出的计算问题做了专门规定：

一是利息的上浮幅度按国家的有关规定执行，超过上浮幅度的部分不允许扣除；二是对于超过贷款期限的利息部分和加罚的利息不允许扣除。

④与转让房地产有关的税金，指的是转让房地产时缴纳的营业税、城市维护建设税、印花税。因转让房地产缴纳的教育费附加，也可视同税金予以扣除。

需明确的是，房地产开发企业按照《施工、房地产开发企业财务制度》有关规定，其在转让时缴纳的印花税因列入管理费用中，故在此不允许单独扣除。其他纳税人缴纳的印花税按产权转移书据所载金额 5‰（贴花）允许在此扣除。

⑤其他扣除项目。可以按照《实施细则》规定扣除计算金额，加计 20% 的扣除。应特别指出的是：此条优惠只适用从事房地产开发的纳税人，除此之外的其他纳税人不适用。这样规定，目的是为了抑制炒买炒卖房地产的投机行为，保护正常开发投资者的积极性。

⑥旧房及建筑物的评估价格。旧房及建筑物的评估价格是指在转让已使用的房屋及建筑物时，由政府批准设立的房地产评估机构评定的重置成本价乘以成新度折扣率后的价格。评估价格须经当地税务机关确认。重置成本价的含义是：对旧房及建筑物，按转让时的建材价格及人工费用计算，建造同样面积、同样层次、同样结构、同样建设标准的新房及建筑物所需花费的成本费用。

此外转让旧房的，应按房屋及建筑物的评估价格、取得土地使用权所支付的地价款和按国家统一规定缴纳的有关费用及在转让环节缴纳的税金扣除项目金额计征土地增值税。对于取得土地使用权时未支付地价款或不能提供已支付的地价款凭据的，在计征土地增值税时不允许扣除。

5. 增值额的确定

土地增值税纳税人转让房地产所取得的收入减除规定的扣除项目金额后的余额，为增值额。

增值额是土地增值税的本质所在。由于计算土地增值税是以增值额与扣除项目金额的比率大小按相适用的税率累进计算征收的，增值额与扣除项目金额的比率越大，适用的税率越高，缴纳的税款越多，因此，准确核算增值额很重要。当然，准确核算增值额，还需要有准确的房地产转让收入额和扣除项目金额。在实际房地产交易活动中，有些纳税人由于不能准确提供房地产转让价格或扣除项目金额，致使增值额不准确，直接影响应纳税额的计算和缴纳。因此，纳税人有下列情形之一，按照房地产评估价格计算征收：（1）隐瞒、虚报房地产成交价格的；（2）提供扣除项目金额不实的；（3）转让房地产的成交价格低于房地产评估价格，又无正当理由的。

6. 应纳税额的计算

土地增值税按照纳税人转让房地产所取得增值额和规定的税率计算征收，计算公式为：

$$应纳税额 = \sum（每级距地土地增值额 \times 适用税率）$$
$$= 增值额 \times 税率 - 允许扣除项目金额 \times 扣除率$$
$$增值额 = 收入总额 - 允许扣除项目金额$$

7. 征收管理

（1）纳税地点

土地增值税的纳税人应向房地产所在地主管税务机关办理纳税申报，并在税务机关核定的期限内缴纳土地增值税。

这里所说的"房地产"，是指房地产的坐落地。纳税人转让的房地产坐落在两个或两个以上地区的，应按房地产所在地分别申报纳税。

在实际工作中，纳税地点的确定又可分为以下两种情况：

纳税人是法人的。当转让的房地产坐落地与其机构所在地或经营地一致时，则在办理税务登记的原管辖税务机关申报纳税即可；如果转让的房地产坐落地与其机构所在地或经营所在地不一致时，则应在房地产坐落所在地所管辖的税务机关申报纳税。

纳税人是自然人的。当转让的房地产坐落地与其居住所在地一致时，则在住所所在地税务机关申报纳税；当转让的房地产坐落地与其居住所在地不一致时，在办理过户手续所在地的税务机关申报纳税。

（2）纳税申报

土地增值税的纳税人应该在转让房地产合同签订后的 7 日内，到房地产所在地主管税务机关办理纳税申报，并向税务机关提交房屋及建筑物产权、土地使用权证书，土地转让、房产买卖合同，房地产评估报告及其他与转让房地产有关的资料。

纳税人因经常发生房地产转让而难以在每次转让后申报的，经税务机关审核同意后，可以定期进行纳税申报，具体期限由主管税务机关根据情况确定。

9.3.2 土地增值税税收筹划

1. 税收优惠的税收筹划

（1）建筑普通标准住宅的税收优惠

纳税人建造普通标准住宅出售，增值额未超过扣除项目金额 20% 的，免征土地增值税。增值额超过扣除项目金额 20% 的，应就其全部增值额按规定计税。对于纳税人既建普通标准住宅又搞其他房地产开发的，应分别核算增值额。不分别核算增值额或不能准确核算增值额的，其建造普通标准住宅不能适用这一免税规定。

（2）国家征用收回的房地产的税收优惠

因国家建设需要依法征用、收回的房地产，免征土地增值税。因城市实施规划、国家建设的需要而搬迁，由纳税人自行转让原房地产的，比照有关规定免征土地增值税。

（3）个人转让房地产的税收优惠

个人因工作调动或改善居住条件而转让原自用住房，经向税务机关申报核准，凡居住满 5 年或 5 年以上的，免于征收土地增值税；居住满 3 年未满 5 年的，减半征收土地增值税。居住未满 3 年的，按规定征收土地增值税。

2. 对增值额进行控制的税收筹划

土地增值税是以实行增值额为基础的超额累计税率，对其进行筹划的关键在于增值额的合法控制，使其降低金额。一方面增加扣除项目，另一方面降低商品房的销售价格。增加扣除项目的途径有很多种，比如可根据实际情况来选择房地产开发成本和房地产开发费用的扣除方法。税法规定，不能按转让房地产项目计算分摊借款利息支出的，开发费用的扣除比例不得超过取得土地使用权支付金额和开发成本的 10%；能提供金融机构证明并能按转让房地产项目计算分摊借款利息支出的，可据实扣除利息支出，但其他开发费用不得超过取得土地使用权支付金额和开发成本的 5%。同样选择扣除项目不变，以减少收入的方法来降低增值率的时候，应比较减少的销售收入和控制增值率减少的税金支出的大小，从而进行选择。也可选择将收入进行分散，即将可以分开单独处理的部分从整个房地产项目中分离，比如房屋里面的各种设施，从而使得转让收入变少，降低纳税人转让房地产的土地增值税。

3. 房地产转让方式的税收筹划

房地产开发人或所有人可以通过避免符合三个基本判定标准来避免成为土地增值税的纳税对象。如：通过土地管理部门转让房产；将房产、土地使用权租赁给承租人使用，由承租人向出租人支付租金；将房产作价入股进行投资或作为联营条件等，均可免征土地增值税。

4. 税率的税收筹划

由于土地增值税适用四档超率累进税率，其中最低税率为 30%，最高税率为 60%，如果将增值率不同的房地产并在一起核算，就有可能降低高增值率房地产的适用税率，使该部分房地产的税负下降，同时可能会提高低增值率房地产的适用税率，增加这部分房地产的税负，因而，纳税人需要具体测算分开核算与合并核算的相应税额，再选择低税负的核算方法，达到节税的目的。

9.4 资源税法律制度与税收筹划

9.4.1 资源税法律制度

1. 纳税人

资源税的纳税义务人是指在中华人民共和国境内开采应税资源的矿产品或者生产盐的单位和个人。

单位是指国有企业、集体企业、私营企业、股份制企业、其他企业和行政单位、事业单位、军事单位、社会团体及其他单位；个人是指个体经营者和其他个人；其他单位和其他个人包括外商投资企业、外国企业及外籍人员。

中外合作开采石油、天然气，按规定只征收矿区使用费，暂不征收资源税。因此，中外合作开采石油、天然气的企业不是资源税的纳税义务人。

《资源税暂行条例》还规定，收购未税矿产品的单位为资源税的扣缴义务人，主要是针对零星、分散、不定期开采的情况，为了加强管理，避免漏税，由扣缴义务人在收购矿产品时代扣代缴资源税。

收购未税矿产品的单位是指独立矿山、联合企业和其他单位。独立矿山是指只有采矿或者只有采矿和选矿、独立核算、自负盈亏的单位，其生产的原矿和精矿主要用于对外销售。联合企业是指采矿、选矿、冶炼（或加工）连续生产的企业或采矿、冶炼、（或加工）连续生产的企业，其采矿单位一般是该企业的二级或二级以下核算单位。其他单位也包括收购未税矿产品的个体户在内。

2. 税目和单位税额

资源税采取从量定额的办法征收，实施"普遍征收，级差调节"的原则。

普遍征收是指对在我国境内开发的一切应税资源产品征收资源税；级差调节是指运用资源税对因资源储存状况、开采条件、资源优劣、地理位置等客观存在的差别而产生的资源级差收入，通过实施差别税额标准进行调节。资源条件好的，税额高一些；资源条件差的，税额低一些。资源税的税目有七大类，分别是：原油、天然气、煤炭、其他非金属矿原矿、黑色金属矿原矿、有色金属矿原矿和盐。

（1）原油，是指开采的天然原油，不包括人造石油。税额为 8～30 元/吨。

（2）天然气，是指专门开采或与原油同时开采的天然气，煤矿生产的天然气暂不征税。税额为 2～15 元/千立方米。

（3）煤炭，是指原煤，不包括洗煤、选煤及其他煤炭制品。税额 0.3～8 元/吨。

（4）其他非金属矿原矿，是指原油、天然气、煤炭和井盐以外的非金属矿原矿，包括宝石、金刚石、玉石、膨润土、石墨、石英砂、萤石、重晶石、毒重石、蛭石、长石等。税额为 0.5～20 元/吨、克拉或立方米。

（5）黑色金属矿原矿，是指纳税人开采后自用、销售的，用于直接入炉冶炼或作为主产品先入选精矿、制造人工矿，再最终入炉冶炼的黑色金属矿石原矿，包括铁矿石、锰矿石和铬矿石。税额为 2～30 元/吨。

（6）有色金属矿原矿，包括铜矿石、铅锌矿石、铝土矿石、钨矿石、锡矿石、锑矿石、铝矿石、镍矿石、黄金矿石、钒矿石（含石煤钒）等。税额为 0.4～30 元/吨或立方米挖出量。

（7）盐，一是固体盐，包括海盐原盐、湖盐原盐和井矿盐，税率为 10～60 元/吨；二是液体盐（卤水），是指氯化钠含量达到一定浓度的溶液，是用于生产碱和其他产品的原料，税额为 2～10 元/吨。

纳税人在开采主矿产品的过程中伴采的其他应税矿产品，凡未单独规定适用税额的，一律按主矿产品或视同主矿产品税目征收资源税。

未列举名称的其他非金属矿原矿和其他有色金属矿原矿，由省、自治区、直辖市人民政府决定征收或暂缓征收资源税，并报财政部和国家税务总局备案。

3. 扣缴义务人适用的税额

（1）独立矿山、联合企业收购未税矿产品的单位，按照本单位应税产品税额标准，依据收购的数量代扣代缴资源税。

（2）其他收购单位收购的未税矿产品，按税务机关核定的应税产品税额标准，依据收购的数量代扣代缴资源税。

对于划分资源等级的应税产品，如果在几个主要品种的矿山资源等级表中未列举适用的税额，由省、自治区、直辖市人民政府根据纳税人的资源状况，参照资源税税目税额明细表和几个主要品种的矿山资源等级表中确定的邻近矿山的税额标准，在浮动30%的幅度内核定，并报财政部和国家税务总局备案。

4. 课税数量

（1）确定资源税课税数量的基本方法

纳税人开采或者生产应税产品销售的，以销售数量为课税数量。

纳税人开采或者生产应税产品自用的，以自用（非生产用）数量为课税依据。

（2）特殊情况课税数量的确定方法

纳税人不能准确提供应税产品销售数量或移送使用数量的，以应税产品的产量或主管税务机关确定的折算比换算成的数量为课税数量。

原油中的稠油、高凝油与稀油划分不清或不易划分的，一律按原油的数量课税。

对于连续加工前无法正确计算原煤移送使用量的，可按加工产品的综合回收率，将加工产品实行销售量和自用量折算成原煤数量作为课税数量。

金属和非金属矿产品原矿，因无法准确掌握纳税人移送使用原矿数量的，可将其精矿按选矿比折算成原矿数量作为课税数量。选矿比的计算公式如下：

选矿比＝精矿数量÷耗用原矿数量

纳税人以自产自用的液体盐加工固体盐，按固体盐税额征税，以加工的固体盐的数量为课税数量。纳税人以外购的液体盐加工固体盐，其加工固体盐所耗用液体盐的已纳税额准予抵扣。

5. 应纳税额的计算

应纳税额＝课税数量×单位税额

代扣代缴应纳税额＝收购未税矿产品的数量×适用的单位税额

6. 资源税和其他税种混合计算

（1）凡是需要同时计算资源税和增值税的矿产品，在计算2009年之前的增值税时，除了原油等特殊项目使用17%的基本税率外，其他金属矿采选产品和非金属矿采选产品、盐都要使用13%的低税率。在计算2009年之后的增值税时，则大多使用17%的基本税率，但天然气使用13%的低税率。

（2）资源税纳税环节单一，只在资源初级产品销售或自用时一次性缴纳资源税，且进口不征、出口不退；而增值税则具有多环节征收的特点，在出厂销售、自用、批发、零售、进口，多环节征收。

（3）资源税的计税依据是销售或自用数量；增值税计税依据是销售额（含价外费用但不含增值税销项税额）。

（4）在计算所得税税前扣除时，由于资源税是价内税，计入营业税金及附加账户，在计算企业所得税应纳税所得额时，可以扣除。而增值税是价外税，不在企业所得税前可扣除税金的范围之内。

7. 征收管理

（1）纳税义务发生时间

①纳税人销售应税产品，其纳税义务发生时间为：

纳税人采取分期收款结算方式的，其纳税义务发生时间，为销售合同规定的收款日期当天；

纳税人采取预收货款结算方式的，其纳税义务发生时间，为发出应税产品当天；

纳税人采取其他结算方式的，其纳税义务发生时间，为收讫销售款或者取得索取销售款凭证的当天。

②纳税人自产自用应税产品的纳税义务发生时间，为移送使用应税产品的当天。

③扣缴义务人代扣代缴税款的纳税义务发生时间，为支付首笔货款或者开具应支付货款凭据的当天。

（2）纳税期限

资源税纳税人的纳税期限为 1 日、3 日、5 日、10 日、15 日或者 1 个月，由主管税务机关根据实际情况具体核定。不能按固定期限计算纳税的，可以按次计算纳税。

纳税人以 1 个月为一期纳税的，自期满之日起 10 日内申报纳税；

以 1 日、3 日、5 日、10 日或者 15 日为一期纳税的，自期满之日起 5 日内预缴税款，于次月 1 日起 10 日内申报纳税并结清上月税款。

（3）纳税地点

凡是缴纳资源税的纳税人，都应当向应税产品的开采或生产所在地主管税务机关缴纳税款。

如果纳税人在本省、自治区、直辖市范围内开采或生产应税产品，其纳税地点需要调整的，由所在地省、自治区、直辖市税务机关决定。

如果纳税人应纳资源税属于跨省开采，其下属生产单位与核算单位不在同一省、自治区、直辖市的，对其开采的矿产品一律在开采地缴纳，其应纳税款由独立核算、自负盈亏的单位，按照开采地的实际销售量（或自用数量）及适用的税额计算划拨。

扣缴义务人代扣代缴的资源税，也应当向收购地主管税务机关缴纳税款。

9.4.2 资源税税收筹划

1. 税收优惠的税收筹划

（1）开采原油过程中用于加热、修井的原油，免税。

（2）纳税人开采或者生产应税产品过程中，因意外事故或者自然灾害等原因遭受重大损失的，由省、自治区、直辖市人民政府酌情决定减税或者免税。

（3）自 2007 年 2 月 1 日起，北方海盐资源税暂减按每吨 15 元征收，南方海盐、湖盐、井矿盐资源税暂减按每吨 10 元征收，液体盐资源税暂减按每吨 2 元征收。

（4）国务院规定的其他减税、免税项目。

纳税人的减税、免税项目，应当单独核算课税数量；未单独核算或者不能够准确提供课税数量的，不予减税或者免税。

（5）从 2007 年 1 月 1 日起，对地面抽采煤层气暂不征收资源税。煤层气是指储存于煤层及围岩中与煤炭资源伴生的非常规天然气，也称煤矿瓦斯。

（6）出口应税产品不退（免）资源税的规定。资源税仅对在中国境内开采或生产应税产品的单位和个人征收，进口产品和盐不征收资源税。由于对进口应税产品不征收资源税，相应地，对于出口应税产品也不免征或退还已纳资源税。

2. 课税范围的税收筹划

资源税的课税范围仅涉及矿产品和盐两类自然资源的开采和生产，对于其他的自然资源则没有列入课税范围。为此，纳税人可以利用课税范围的有限性进行税收筹划。纳税人可以在投资方向确定的前提下，选择那些未征收资源税的资源作为开发利用的对象，这样就可以避免成为资源税的纳税人。

3. 课税数量的税收筹划

据规定，纳税人由于某种原因，无法提供或无法准确提供应税产品销售数量或转移数量，以应税产品的产量或主管税务机关确定的折算比例换算成的数量为课税数量。对于连续加工前无法精确计算洗煤数量，可按加工产品的综合回收率，把加工产品的实际销量和自用量折算为原煤数量，以此作为课税数量。对于金属和非金属矿产品原矿，因无法准确掌握纳税人移送原矿数量的，可将其精矿选矿比折算为原矿数量。主管税务机关确定的折算比一般是按同行业平均综合回收率或选矿比确定的。

根据上述规定，企业可以依如下方法进行税收筹划：先计算本企业产品的综合回收率或选矿比，当企业综合回收率相对低于同行业时，实际移送的应税产品数量会高于税务机关以折算比计算的应税产品数量。企业在生产经营中可选择不登记应税产品的产量、实际销量及移送数量。税务机关在进行征税活动时，根据同行业企业的平均综合回收率或选矿比折算应税产品数量时，就会相对少算课税数量，从而节约税款。可用这种方式进行筹划的资源主要有煤碳、金属和非金属矿产品原矿三种。

4. 税率的税收筹划

开采矿产品是必然会有伴生矿、伴采矿及伴选矿产生的。利用这些相关产品可以进行资源税税率的纳税筹划。

（1）伴生矿。主产品一般是定额的主要依据，如果企业在开采之初注重个别单位税额较低的元素，以此来影响税务机关确定其单位税额，就能使整个矿床的矿产品适用较低的税率，降低整体税负。

（2）伴采矿。税法规定，对伴采矿量大的，由省、自治区、直辖市人民政府根据规定，对其核定资源税单位税额标准；对伴生矿量小的，则在销售时，按照国家对收购单位规定的相应产品的单位标准缴纳资源税。由于伴采矿量的大小可以由企业自己生产经营来决定，如果企业在开采之初少采甚至不采伴采矿，税务机关在进行认定时，通常都会认为企业的伴采矿量小。这样，企业可将伴采矿的单位税额与主产品单位税额比较，如果伴采矿的单位税额比主产品低，则开采之初少开采主产品矿，多开采伴采矿，等到税务机关按伴采矿确定单位税额标准后再扩大企业的主产品采矿量，则可以按较低的税率缴纳资源税。如伴采矿的单位税额相对较高，则企业进行相反的操作。

5. 税款核算的税收筹划

资源税中含有减免税规定，但是纳税人的减免项目应当单独核算课税数量，否则不予减免税。纳税人开采不同税目应税产品的，也应分开核算不同产品的数量，否则从高征收。因此纳税人不仅要分别核算减免税项目，对不同税目应税产品也要分别核算，以尽量减少资源税的缴纳。

9.5 案例分析

9.5.1 土地与资源课税法律制度案例分析

案例一

某公司拟投资 5000 万元在沿海滩涂兴办一个大型养猪场并建设一个现代化肉制品加工厂，计划年出栏生猪 30 000 头，除部分宰杀分割供应超市外，大部分用于生产肉制品。经与有关部门协商，征用土地 100 亩，使用年限 50 年，按照规定缴纳了相关费用。经向税务部门咨询，将其中 5 亩地用于建设肉制品加工厂，其余 95 亩用于养猪场建设，已知该企业坐落地耕地占用税每平方米平均税额 30 元，计算该企业应纳耕地占用税。

案例分析

应纳耕地占用税计算如下：

肉制品加工厂应纳耕地占用税 $= 5 \times 666.67 \times 30 = 10$（万元）。

如果整体征用，则应纳耕地占用税 $= 100 \times 666.67 \times 30 = 200$（万元）。

案例二

位于城市郊区的某集团公司提供的政府部门核发的土地使用证书显示：该公司实际占用的 50 000 平方米土地面积中，企业内医院和托儿所共占地 2000 平方米，厂区以外的公用绿化用地 5000 平方米，厂区内生猪养殖用地 600 平方米；2008 年 5 月 21 日，经批准，此公司新征用非耕地 5000 平方米的使用权。除上述土地外，其余土地均为该公司生产经营用地。假设当地的城镇土地使用税每半年征收一次，该地每平方米土地年税额 3 元。

计算该公司 2008 年 1 至 6 月份应缴纳的城镇土地使用税。

案例分析

（1）企业办的学校、医院、托儿所、幼儿园自用的土地，免征土地使用税。

（2）厂区以外的公共绿化用地和向社会开放的公园用地，暂免征收土地使用税。

（3）直接用于农、林、牧、渔业的生产用地免予缴纳城镇土地使用税。

（4）纳税人新征用的非耕地，自批准征用次月起缴纳土地使用税。

（5）该公司 2008 年 1 月至 6 月合计应纳土地使用税 $=$（50 000 $-$ 2000 $-$ 5000 $-$ 600）$\times 3 \div 2 + 5000 \times 3 \div 12 = 64\ 850$（元）

案例三

某县地方税务局稽查局于 2008 年 8 月对位于城郊的国有企业远洋公司的 2001 年 1 月 ~6 月纳税情况进行检查。在检查城镇土地使用税纳税情况时，检查人员发现 A 公司提供的政府部门核发的土地使用证书显示：A 公司实际占地面积 80 000 平方米，其中，

（1）企业内学校和医院共占地 2000 平方米；

（2）厂区外公共绿化用地 5000 平方米，厂区内生活小区的绿化用地 1000 平方米；

（3）2008 年 1 月 1 日，公司将一块 1000 平方米的土地对外出租给另一企业，用于生产经营；

（4）2008 年 3 月 1 日，将一块 1500 平方米的土地无偿借给某国家机关作公务使用；

（5）与某外商投资企业共同拥有一块面积为 5000 平方米的土地，其中远洋公司实际占有面积为 3000 平方米，其余归外商投资企业使用；

（6）2008 年 5 月 1 日，新征用厂区附近的两块土地共计 4000 平方米，一块是征用的耕地，面积为 2800 平方米，另一块是征用的非耕地，面积为 1200 平方米；

（7）除上述土地外，其余土地均为公司生产经营用地（该公司所在地适用税额为 1 元/平方米）。

案例分析

（1）税法规定，企业办的学校、医院、托儿所、幼儿园自用的土地，比照由国家财政部门拨付事业经费的单位自用的土地，免征城镇土地使用税。

（2）对企业厂区（包括生产、办公及生活区）以内的绿化用地，应按规定缴纳城镇土地使用税，厂区以外的公共绿化用地和向社会开放的公园用地，暂免征收城镇土地使用税。

应纳税额 $=1000 \times 1 \div 2 = 500$ （元）

（3）土地使用权出租的，由拥有土地使用权的企业缴纳城镇土地使用税。该公司不缴税。

（4）税法规定，对免税单位无偿使用纳税单位的土地，免征城镇土地使用税；对纳税单位无偿使用免税单位的土地，纳税单位照章缴纳城镇土地使用税。本题中承租土地的国家机关免予缴纳城镇土地使用税。

A 公司 2008 年 1 月 ~2 月应纳税额 $=1500 \times 1 \times 2 \div 12 = 250$ （元）

（5）土地使用权共有的，由共有各方分别纳税。对外商投资企业、外国企业和外籍人员暂不适用城镇土地使用税。

应纳税额 $=3000 \times 1 \div 2 = 1500$ （元）

（6）税法规定，对征用的耕地因缴纳了耕地占用税，从批准征用之日起满一年后征收城镇土地使用税；征用的非耕地因不需要缴纳耕地占用税，应从批准征用之次月起征收城镇土地使用税。因此，A 公司上半年只需对征用的非耕地缴纳 6 月份一个月的城镇土地使用税。

应纳税额 $=1200 \times 1 \div 12 = 100$ （元）

（7）应纳税额 = $(80\ 000 - 2000 - 5000 - 1000 - 1000 - 1500 - 3000 - 4000) \times 1 \div 2$

=31 250（元）

综上合计，

该公司 2008 年 1 月 ~ 6 月合计应纳城镇土地使用税 = 500 + 250 + 1500 + 100 + 31 250 = 33 600（元）

案例四

某市宏志房地产开发公司参与开发市内新区建设项目，建成后的普通标准住宅销售收入 5000 万元，综合楼销售收入 18 000 元，公司按税法规定分别缴纳了销售环节各项有关税金及教育费附加 990 万元（印花税可以忽略不计）。公司取得土地取得土地使用权所支付的金额为 2000 万元，其中建造普通标准住宅占用土地支付金额占全部支付金额的 1/4。公司分别计算了普通标准住宅和综合楼的开发成本及开发费用，普通标准住宅增值额占扣除项目金额的 18%；综合楼开发成本为 6000 元。另知该公司不能提供金融机构贷款证明，当地省人民政府规定允许扣除的房地产开发费用计算比例为 10%。

请计算该公司应缴纳土地增值税的税额。

案例分析

（1）建造普通标准住宅出售，增值额未超过扣除项目金额 20% 的，免征土地增值税。

（2）计算综合楼应纳土地增值税

①准予扣除项目金额

取得土地使用权支付的金额 = 2000 ×（1 – 1/4）= 1500（万元）

房地产开发成本 = 6000（万元）

房地产开发费用 =（1500 + 6000）× 10% = 750（万元）

扣除税金 = 990（万元）

加计扣除费用 =（1500 + 6000）× 20% = 1500（万元）

扣除项目金额 = 1500 + 6000 + 990 + 750 + 1500 = 10 740（万元）

② 增值额 = 18 000 – 10 740 = 7260（万元）

③ 增值额占扣除项目的比率 = 7260 ÷ 10 740 × 100% ≈ 67.6（万元）

④ 应缴土地增值税

应缴土地增值税 = 7260 × 40% – 10 740 × 5% = 2940 – 537 = 2367（万元）

或应缴土地增值税 = 10 740 × 50% × 30% +（7260 – 10 740 × 50%）× 40% = 1611 + 756 = 2367（万元）

案例五

某房地产开发公司出售一栋商品房，获得销售收入 3000 万元，并按当地市政府的要求，在售房时代收了 200 万元的各项费用。房地产开发企业开发该商品房的支出如下：支付土地出让金 200 万元，房地产开发成本为 600 万元，其他允许税前扣除的项目合计 200 万元。计算其应纳的土地增值税。

案例分析

（1）如果公司未将代收费用并入房价，而是单独向购房者收取，则：

允许扣除的金额 $= 200 + 600 + 200 + (200 + 600) \times 20\% = 1160$（万元）；

增值额 $= 3000 - 1160 = 1840$（万元）；

增值率 $= 1840 \div 1160 = 158.62\%$；

应缴纳的土地增值税为：$1840 \times 50\% - 1160 \times 15\% = 746$（万元）

（2）如果公司将代收费用并入房价向购买方一并收取，则：

允许扣除的金额为：$200 + 600 + 200 + (200 + 600) \times 20\% + 200 = 1360$（万元）；

增值额 $= 3000 + 200 - 1360 = 1840$（万元）；

增值率 $= 1840 \div 1360 = 135.29\%$；

应缴纳的土地增值税 $= 1840 \times 50\% - 1360 \times 15\% = 716$（万元）

案例六

某房地产开发公司同时开发 A、B 两幢商业用房，且处于同一片土地上，销售 A 房产取得收入 300 万元，允许扣除的金额为 200 万元；销售 B 房产共取得收入 400 万元，允许扣除的项目金额为 100 万元，计算应缴纳的土地增值税。

案例分析

（1）分开核算时

A 房产的增值率 $= (300 - 200) \div 200 \times 100\% = 50\%$，适用税率 30%；

应纳的土地增值税 $= (300 - 200) \times 30\% = 30$（万元）；

B 房产的增值率 $= (400 - 100) \div 100 \times 100\% = 300\%$，适用税率 60%；

应纳的土地增值税 $= (400 - 100) \times 60\% - 100 \times 35\% = 145$（万元）；

共缴纳土地增值税 175（30 + 145）万元。

（2）合并核算时

两幢房产的收入总额 $= 300 + 400 = 700$（万元）；

允许扣除的金额 $= 200 + 100 = 300$（万元）；

增值率 $= (700 - 300) \div 300 \times 100\% = 133.3\%$，适用税率 50%；

应纳土地增值税为 $= (700 - 300) \times 50\% - 300 \times 15\% = 155$（万元）

案例七

某铜矿山 12 月销售铜矿石原矿 30 000 吨，移送入选精矿 4000 吨，选矿比例为 20%，该矿山铜矿属于 5 等，按规定使用 1.2 元/吨单位税额。计算该矿山本月应纳资源税税额。

（1）外销铜矿石原矿的应纳税额

应纳税额 = 课税数量 × 课税单位

         = 30 000 吨 × 1.2 元/吨 = 36 000（元）

（2）因无法准确掌握入选精矿石的原矿数量，按选矿比计算的应纳税额

应纳税额 = 入选精矿 ÷ 选矿比 × 单位税额

$$= 4000 吨 \div 20\% \times 1.2 元/吨 = 24\ 000 （元）$$

（3）合计的应纳税额

应纳税额 = 原矿应纳税额 + 精矿应纳税额 = 36 000 + 24 000 = 60 000 （元）

案例八

某盐场 10 月份生产液体盐 500 吨，其中对外销售 100 吨。当月生产固体盐 1000 吨（本月已全部对外销售），共耗用液体盐 1200 吨，其中 400 吨是本企业自产的液体盐，另 800 吨液体盐全部从另一盐场购进，已知液体盐单位税额每吨 3 元，固体盐单位税额每吨 25 元。计算该盐场应纳的资源税税额。

案例分析

该盐场应纳资源税计算如下：

（1）销售液体盐应纳资源税 = 100 × 3 = 300 （元）

（2）销售固体盐应纳资源税 = 1000 × 2 = 25 000 （元）

（3）允许抵扣的外购液体盐已纳资源税 = 800 × 3 = 2400 （元）

合计应纳税额 = 300 + 25 000 − 2400 = 22 900 （元）

税法规定，纳税人以自产的液体盐加工固体盐，按固体盐税额征税，以加工的固体盐数量为课税数量。纳税人以外购的液体盐加工固体盐，其加工固体盐所耗用液体盐的已纳税额准予抵扣。

9.5.2 土地与资源课税税收筹划案例分析

案例一

山西省某煤矿以生产煤炭、原煤为主，同时也小规模生产洗煤和选煤，某月该煤矿发生如下业务。

（1）外销原煤 5000 吨，销售价为 600 元/吨。

（2）销售原煤 2000 吨，售价为 550 元/吨。

（3）销售本月生产的选煤 100 吨，选煤回收率为 70%，售价 1200 元/吨。

（4）移送加工煤制品用原煤 1500 吨。

（5）用本月生产的 80 吨选煤支付发电厂电费。

当月煤矿购进原材料及辅助材料准予抵扣的进项税额为 250 000 元。

山西省原煤资源税单位税额为 0.5 元/吨，月底煤矿计算应纳的资源税和增值税为：

应纳资源税课税数量为：5000 + 2000 + 100 + 1500 + 80 = 8680 （吨）

应纳资源税税额 = 8680 × 0.5 = 4340 （元）

增值税销项税额 = （5000 × 600 + 2000 × 550 + 100 × 1200 + 80 × 1200 + 1500 × 550） × 17% = 873 970 （元）

应纳增值税 = 873 970 − 250 000 = 623 970 （元）

案例分析

第一，选煤不缴纳资源税，但要依加工的回收率转化为原煤计缴资源税。

现行资源税税法中有关煤的规定主要有：

（1）煤炭是资源税的应税项目，它仅指原煤，洗煤、选煤和其他煤炭制品不征税；

（2）原煤应税数量是外销或自用的数量；

（3）煤炭，对于连续加工前无法正确计算原煤移送使用量的，可按加工产品的综合回收率，将加工产品实际销量和自用量折算为原煤数量作为课税数量。

由此可见，只有原煤才征收资源税，对于洗煤、选煤以及其他煤炭制品，要根据加工的综合回收率折算为原煤后计缴资源税，因此，该矿厂实际应缴纳的资源税为：

[5000 + 2000 + 1500 + （100 + 80）／0.7] ×0.5 = 4378.6 （元）

第二，资源税纳税人开采或者生产应税产品自用的资源，要以自用数量为课税对象缴纳资源税。但是，根据增值税法，将自产的货物用于生产应税项目，不属于视同销售行为，不用缴纳增值税。

因此，移送加工煤制品的1500吨原煤不需缴纳增值税，只需缴纳资源税。

第三，煤炭制品适用的增值税税率为13%，而不是17%。

因此，矿厂应纳增值税为：

（5000×600 + 2000×550 + 180×1200） ×13% – 250 000 = 311 080 （元）

煤矿厂应纳增值税、资源税共计 315 458.6 元。

总之，由于有关财务人员不清楚资源税的征税范围，同时不了解增值税与资源税之间的关系以及煤炭类产品所适用的增值税税率，导致该煤矿多缴税 312 851.4 （4340 + 623 970 – 315 458.6）元。

案例二

某煤矿10月份对外销售原煤400万吨，使用本矿生产的原煤加工洗煤80万吨，已知该矿加工产品的综合回收率为80%，税务机关确定的同行业综合回收率为60%，原煤适用单位税额为每吨2元。

案例分析

现行税法规定，对洗煤、选煤和其他煤炭制品不征税，但对加工洗煤、选煤和其他煤炭制品的原煤照章征收资源税。对于连续加工前无法正确计算原煤移送使用量的煤炭，可按加工产品的综合回收率，将加工产品实际销量和自用量折算成原煤数量，以此作为课税数量。

（1）按实际综合回收率计算

应纳资源税 = 400×2 + 80÷80% ×2 = 1000 （万元）

（2）按税务机关确定的综合回收率计算

应纳资源税 = 400×2 + 80÷60% ×2 ≈ 1066.67 （万元）

比较计算结果可以发现，按实际综合回收率计算可节省税款66.67万元。因此，当企业实际综合回收率高于税务机关确定的综合回收率时，应当加强财务核算，准确提供应税产品销售数量或移送数量，避免增加税收负担。

第10章 财产与行为课税法律制度和税收筹划

学习目的和要求

通过本章的学习，使学生了解房产税法律制度基本知识和房产税税收筹划基本内容，主要包括房产税的纳税人、计税依据、税率、应纳税额的计算、征收与管理，房产税税收优惠的税收筹划、合理确定房产原值税收筹划、房产修理、更新改造的税收筹划、房产税投资联营的税收筹划以及在此基础上的案例分析；契税法律制度基本知识和契税税收筹划的基本内容，主要包括城契税的征税对象、纳税人、计税依据、税率、应纳税额的计算、征收管理，契税税收优惠筹划、对企业合并分立改组的税收筹划、利用房屋交换税收筹划以及在此基础上的案例分析；车船税法律制度基本知识和车船税税收筹划的基本内容，主要包括车船税的纳税人、征税范围、税目和税率、应纳税额的计算、征收管理，车船税税收优惠筹划、利用税率临界点筹划、利用特殊规定筹划以及在此基础上的案例分析；车辆购置税法律制度基本知识和车辆购置税税收筹划的基本内容，主要包括车辆购置税的纳税人、税率、计税依据、征税对象、征税范围、应纳税额的计算、征收管理，车辆购置税减免税税收筹划、针对经销商的不同经销方式税收筹划、对一般纳税人经销商和小规模纳税人经销商的合理选择税收筹划、正确区分代收款项与价外费用税收筹划、延后部分商品购进时间或选择别家购进税收筹划、关注计税价格税收筹划以及在此基础上的案例分析；印花税法律制度基本知识和印花税税收筹划的基本内容，主要包括印花税的纳税人、税目、税率、应纳税额的计算、征收管理，印花税税收优惠筹划、分项核算筹划、利用模糊金额和保守金额进行筹划、利用不同借款方式筹划、减少书立使用凭证人数的筹划、压缩金额筹划法以及在此基础上的案例分析；城建税的特点、纳税人、税率、计税依据、应纳税额的计算、征收管理，城建税的税收优惠税收筹划。

10.1 房产税法律制度与税收筹划

10.1.1 房产税法律制度

1. 计税依据

房产税的计税依据是房产的计税价值或房产的租金收入。按照房产计税价值征收的，称为从价计征；按照房产租金收入计征的，称为从租计征。

（1）从价计征

《房产税暂行条例》规定，房产税依照房产原值一次减除10%～30%后的余值计算缴纳。各地扣除比例由当地省、自治区、直辖市人民政府确定。

①房产原值是指纳税人按照会计制度规定，在账簿"固定资产"科目中记载的房屋原价。因此，凡按会计制度规定在账簿中记载有房屋原价的，应以房屋原价按规定减除一定比例后作为房产余值计征房产税；没有记载房屋原价的，按照上述原则，并参照同类房屋确定房产原值，按规定计征房产税。

值得注意的是，自2009年1月1日起，对依照房产原值计税的房产，不论是否记载在会计账簿固定资产科目中，均应按照房屋原价计算缴纳房产税。房屋原价应根据国家有关会计制度规定进行核算。对纳税人未按照国家会计制度规定核算并记载的，应按规定予以调整或重新评估。

②房产原值应包括与房屋不可分割的各种附属设备或一般不单独计算价值的配套设施。主要有：暖气、卫生、通风、照明、煤气等设备；各种管线，如蒸汽、压缩空气、石油、给水排水等管道及电力、电信电缆导线；电梯、升降机、过道、晒台等。属于房屋附属设备的水管、下水道、暖气管、煤气管等应从最近的探视井或三通管起，计算原值；电灯网、照明线从进线盒连接管起，计算原值。

③纳税人对原有房屋进行改建、扩建的，要相应增加房屋的原值。

房产余值是房产的原值减除规定比例后的剩余价值。

此外，还应注意以下两个问题。

对投资联营的房产，在计征房产税时应予以区别对待。对于以房产投资联营，投资者参与投资利润分红，共担风险的，按房产余值作为计税依据计征房产税；对以房产投资，收取固定收入，不承担联营风险的，实际是以联营名义取得房产租金，应根据《房产税暂行条例》的有关规定由出租方按租金收入计缴房产税。

对融资租赁的房屋的情况，由于租赁费包括购进房屋的价款、手续费、借款利息等，与一般房屋出租的"租金"内涵不同，且租赁期满后，当承租方偿还最后一笔租赁费时，房屋产权要转移到承租方。根据财政部、国家税务总局下发的《关于房产税城镇土地使用税有关问题的通知》（财税〔2009〕128号）规定，融资租赁的房产，由承租人自融资租赁合同约定开始日的次月起依照房产余值缴纳房产税。合同未约定开始日的，由承租人自合同签订的次月起依照房产余值缴纳房产税。

④房屋附属设备和配套设施的计税规定。

从2006年1月1日起，房屋附属设备和配套设施计征房产税按下面的规定执行。

凡以房屋为载体，不可随意移动的附属设备和配套设施，如给水排水、采暖、消防、中央空调、电气及智能化楼宇设备等，无论在会计核算中是否单独记账与核算，都应计入房产原值，计征房产税。

对于更换房屋附属设备和配套设施的，在将其价值计入房产原值时，可扣减原来相应设备和设施的价值；对附属设备和配套设施中易损坏、需要经常更换的零配件，更新后不再计入房产原值。

⑤居民住宅区内业主共有的经营性房产缴纳房产税。

从2007年1月1日起，对居民住宅区内业主共有的经营性房产，由实际经营（包括自营和出租）的代管人或使用人缴纳房产税。其中自营的，依照房产原值减除 10% ~ 30% 后的余值计征，没有房产原值或不能将业主共有房产与其他房产的原值准确划分开的，由房产所在地地方税务机关参照同类房产核定房产原值；出租的，依照租金收入计征。

（2）从租计征

《房产税暂行条例》规定，房产出租的，以房产租金收入为房产税的计税依据。

所谓房产的租金收入，是房屋产权所有人出租房产使用权所得的报酬，包括货币收入和实物收入。

如果是以劳务或者其他形式为报酬抵付房租收入的，应根据当地同类房产的租金水平，确定一个标准租金额从租计征。

纳税人对个人出租房屋的租金收入申报不实或申报数与同一地段同类房屋的租金收入相比明显不合理的，税务部门可以按照《中华人民共和国税收征收管理法》的有关规定，采取科学合理的方法核定其应纳税款。具体办法由各省、自治区、直辖市地方税务机关结合当地实际情况制定。

2. 税率

我国现行房产税采用的是比例税率。由于房产税的计税依据分为从价计征和从租计征两种形式，所以房产税的税率也有两种：一种是按房产原值一次减除 10% ~ 30% 后的余值计征的，税率为 1.2%；另一种是按房产出租的租金收入计征的，税率为 12%。从 2001 年 1 月 1 日起，对个人按市场价格出租的居民住房，用于居住的，可暂减按 4% 的税率征收房产税。

3. 应纳税额的计算

房产税的计税依据有两种，与之相适应的应纳税额计算也分为两种：一是从价计征的计算；二是从租计征的计算。

（1）从价计征的计算

从价计征是按房产的原值减除一定比例后的余值计征，其计算公式为：

$$应纳税额 = 应税房产原值 \times (1 - 扣除比例) \times 1.2\%$$

如前所述，房产原值是"固定资产"科目中记载的房屋原价；减除一定比例是省、自治区、直辖市人民政府规定的 10% ~ 30% 的减除比例；计征的适用税率为 1.2%。

（2）从租计征的计算

从租计征是按房产的租金收入计征，其计算公式为：

$$应纳税额 = 租金收入 \times 12\% （或 4\%）$$

4. 征收管理

（1）纳税义务发生时间

①纳税人将原有房产用于生产经营，从生产经营之月起缴纳房产税。

②纳税人自行新建房屋用于生产经营，从建成之次月起缴纳房产税。

③纳税人委托施工企业建设的房屋，从办理验收手续之次月起缴纳房产税。

④纳税人购置新建商品房，自房屋交付使用之次月起缴纳房产税。

⑤纳税人购置存量房，自办理房屋权属转移、变更登记手续，房地产权属登记机关签发房屋权属证书的次月起，缴纳房产税。

⑥纳税人出租、出借房产，自交付出租、出借房产之次月起，缴纳房产税。

⑦房地产开发企业自用、出租、出借本企业建造的商品房，自房屋使用或交付的次月起，缴纳房产税。

⑧自2009年1月1日起，纳税人因房产的实物或权利状态变化而依法终止房产税纳税义务的，其应纳税款的计算应截止到房产的实物或权利状态发生变化的当月末。

（2）纳税期限

房产税实行按年计算、分期缴纳的征收方法，具体纳税期限由省、自治区、直辖市人民政府确定。

（3）纳税地点

房产税在房产所在地缴纳。房产不在同一地方的纳税人，应按房产的坐落地点分别向房产所在地的税务机关纳税。

10.1.2 房产税税收筹划

1. 税收优惠的税收筹划

房产税的税收优惠是根据国家政策和纳税人的负担能力指定的。由于房产税属于地方税，因此给予地方一定的减免权限，有利于地方因地制宜处理问题。

目前，房产税的税收优惠政策主要有下面几项。

（1）国家机关、人民团体、军队自用的房产免征房产税。但上述免税单位的出租房产以及非自身业务使用的生产、营业用房，不属于免税范围。

这里的"人民团体"，是指经国务院授权的政府部门批准设立或登记备案并由国家拨付行政事业费的各种社会团体。

这里的"自用的房产"，是指这些单位本身的办公用房和公务用房。

（2）由国家财政部门拨付事业经费（全额或差额）的单位（如学校、医疗卫生单位、托儿所、幼儿园、敬老院以及文化、体育、艺术类单位）所有的、本身业务范围内使用的房产免征房产税。

为了鼓励事业单位经济自立，由国家财政部门拨付事业经费的单位，其经费来源实行自收自支后，从事业单位实行自收自支的年度起，免征房产税3年。事业单位自用的房产，是指这些单位本身的业务用房。

上述单位所属的附属工厂、商店、招待所等不属于单位公务、业务的用房，应照章纳税。

（3）宗教寺庙、公园、名胜古迹自用的房产免征房产税。

宗教寺庙自用的房产，是指举行宗教仪式等的房屋和宗教人员使用的生活用房屋。

公园、名胜古迹自用的房产，是指供公共参观游览的房屋及其管理单位的办公用房屋。

宗教寺庙、公园、名胜古迹中附设的营业单位，如影剧院、饮食部、茶社、照相馆等所使用的房产及出租的房产，不属于免税范围，应照章纳税。

（4）个人所有非营业用的房产免征房产税。

个人所有的非营业用房，主要是指居民住房，不分面积多少，一律免征房产税。

对个人拥有的营业用房或者出租的房产，不属于免税房产，应照章纳税。

（5）对行使国家行政管理职能的中国人民银行总行（含国家外汇管理局）所属分支机构自用的房产，免征房产税。

（6）经财政部批准免税的其他房产。

这些免税房产，情况特殊，范围较小，是根据实际情况确定的。主要有以下几种情况。

①损坏不堪使用的房屋和危险房屋，经有关部门鉴定，在停止使用后，可免征房产税。

②纳税人因房屋大修导致连续停用半年以上的，在房屋大修期间免征房产税，免征税额由纳税人在申报缴纳房产税时自行计算扣除，并在申报表附表或备注栏中作相应说明。

纳税人房屋大修停用半年以上需要免征房产税的，应在房屋大修前向主管税务机关报送相关的证明材料，包括大修房屋的名称、坐落地点、产权证编号、房产原值、用途、房屋大修原因、大修合同及大修的起止时间等信息和资料，以备税务机关检查。具体报送材料由各省、自治区、直辖市和计划单列市地方税务局确定。

③在基建工地为基建工地服务的各种工棚、材料棚、休息棚和办公室、食堂、茶炉房、汽车房等临时性房屋，施工期间一律免征房产税。但工程结束后，施工企业将这种临时性房屋交还或估价转让给基建单位的，应从基建单位接收的次月起，照章纳税。

④为鼓励利用地下人防设施，对此暂不征收房产税。

⑤从 1988 年 1 月 1 日起，对房管部门经租的居民住房，在房租调整改革之前收取租金偏低的，可暂缓征收房产税。对房管部门经租的其他非营业用房，是否给予照顾，由各省、自治区、直辖市根据当地具体情况按税收管理体制的规定办理。

⑥对高校后勤实体免征房产税。

⑦对非营利性医疗机构、疾病控制机构和妇幼保健机构等卫生机构自用的房产，免征房产税。

⑧老年服务机构自用的房产。老年服务机构是指专门为老年人提供生活照料、文化、护理、健身等多方面服务的福利性、非营利性的机构，主要包括老年社会福利院、敬老院、老年服务中心、老年公寓（含老年护理院、康复中心、托老所）等。

⑨从 2001 年 1 月 1 日起，对按政府规定价格出租的共有住房和廉租住房，包括企业和自收自支事业单位向职工出租的单位自有住房，房管部门向居民出租的公有住房，落实私房政策中带户发还产权并以政府规定租金标准向居民出租的私有住房等，暂免征收房产税。

⑩对邮政部门坐落在城市、县城、建制镇、工矿区范围内的房产，应当依法征收房产税；对坐落在城市、县城、建制镇、工矿区范围以外的尚在县邮政局内核算的房产，在单位财务账中划分清楚的，从 2001 年 1 月 1 日起不再征收房产税。

除上面提到的可以免纳房产税的情况以外，如纳税人确有困难的，可由省、自治区、直辖市人民政府确定，定期减征或免征房产税。

⑪向居民供热并向居民收取采暖费的供热企业暂免征收房产税。"供热企业"包括专业供热企业、兼营供热企业、单位自供热及为小区居民供热的物业公司等，不包括从事热力生产但不直接向居民供热的企业。

对于免征房产税的"生产用房"，是指上述企业为居民供热所使用的厂房。对既向居民供热又向非居民供热的企业，可按向居民供热收取的收入占其总供热收入的比例划分征免税界限；对于兼营供热的企业，可按向居民供热收取的收入占其生产经营总收入的比例划分征免税界限。

⑫自 2006 年 1 月 1 日起至 2008 年 12 月 31 日止，对为高校学生提供住宿服务并按高教系统收费标准收取租金的学生公寓，免征房产税。

对从原高校后勤管理部门剥离出来而成立的进行独立核算并有法人资格的高校后勤经济实体自用房产，免征房产税。

2. 利用房产原值筹划

房产原值指房屋的造价，包括与房屋不可分割的各种附属设备或一般不单独计算价值的配置设施。可见，房产原值的大小直接决定房产税的多少，合理地减少房产原值是房产税筹划的关键。

其一，由于"纳税人或代缴人不能提供房产原值的，由评估机关进行评估，并由税务机关确认，或由税务机关根据同类房产确定"，作为固定资产，由于取得的来源不同，其原值的构成也不一致。新建或重建的固定资产以历史成本作为原值，从其他途径取得的固定资产以重置成本作为原值。因此，纳税人是否将房产在固定资产中正确分类及合理计价，直接影响到企业的折旧额，进而影响所得税，同时也影响房产税。

其二，附属设备分散筹划。在实际税收征管中对与房屋不可分割的各种附属设备的最终确认，还涉及具体的技术标准和相关的财务处理，目前尚没有明确、详细的税法规定，很多地方仍有进一步探讨的余地。有关国际会计准则规定，当一项固定资产的某些组成部分在使用效能上与该项资产相对独立，并且有不同的使用年限时，应将该组成部分单独确认为固定资产。将此项规定应用到房产原值的确定中可以得知，作为房产的有关附属设备按照财务制度的规定有可能单独划为非房屋类的固定资产处理，因而也就可能不计入房产原值。比如某一超市的保险制冷设备虽然在物理上是建在超市之中，直观上是房屋不可分割的附属设备，但是因其特殊的功能，使其使用年限也不同，具有相对的独立性，因此可以将其划分为机器设备类计提折旧，而不是划分为房屋，那么也就不用纳房产税。

3. 房产修理、更新改造的筹划

房屋的改扩建与修理、合资合股建房也是筹划的重要内容。进行更新改造后装饰装修而发生的相关费用，是否应计入房产原值非常关键。

我国会计准则规定：发生的修理支出达到固定资产原值 20% 以上；经过修理后有关固定资产经济使用寿命延长二年以上；经过修理后的固定资产被用于新的或不同的用途，应确认为固定资产更新改造支出，计入固定资产原值。不满足条件的大修理支出则计入待摊费用或预提费用，直接在税前扣除，不计入房产原值。发生改扩建房产行为的，应将房产改扩建支出减去改扩建过程中发生的变价收入计入房产原值。

4. 房产税投资联营的筹划

对投资联营的房产，由于投资方式不同房产税计征也不同，从而提供了筹划空间。

对于以房产投资联营，投资者参与投资股利分红，共担风险的，被投资方要按房产余额作为计税依据计征房产税；对以房产投资、收取固定收入、不承担联营风险的，以联营名义取得房产租金时，应由投资方按租金收入计缴房产税。纳税人可以进行成本效益分析以决定选择偏好。

10.2 契税法律制度与税收筹划

10.2.1 契税法律制度

1. 征税对象

契税的征税对象是境内转移的土地、房屋权属。具体包括以下六项。

（1）国有土地使用权的出让。国有土地使用权出让是指土地使用者向国家交付土地使用权出让费，国家将国有土地使用权在一定年限内让与出地使用者的行为。

（2）土地使用权的转让。土地使用权的转让是指土地使用者以出售、赠与、交换或者其他方式将土地使用权转移给其他单位或个人的行为。土地使用权的转让不包括农村集体土地承包经营权的转移。

（3）房屋买卖。即以货币为媒介，出卖者向购买者过渡房产所有权的交易行为。以下几种特殊情况，视同买卖房屋。

①以房产抵债或实物交换房屋。

经当地政府和有关部门批准，以房屋债和实物交换房屋，均视同房屋买卖，应由产权承受人，按房屋现值缴纳契税。

例如，甲某因无力偿还乙某债务，而以自由的房产折价抵偿债务。经双方同意，有关部门批准，乙某取得甲某的房屋产权，在办理产权过户手续时，按房产折价款缴纳契税。如以实物（金银首饰等等价物品）交换房屋，应视同以货币购买房屋。

②以房产作为投资或作股权转让。

这种交易业务属房屋产权转移，应根据国家房地产管理的有关规定，办理房屋产权交易和产权变更登记手续，视同房屋买卖，由产权承受方按契税税率计算缴纳契税。

例如，甲某以自有房产，投资于乙某企业。其房屋产权变为以某企业所有，故产权所有人发生变化。因此，乙某企业在办理产权登记手续后，按甲某入股房产现值（国有企事业房产须经国有资产管理部门评估核价）缴纳契税。如丙某以股份方式购买乙某企业房屋产权，丙某在办理产权登记手续后，按取得房产买价缴纳契税。

以自有房产作股投入本人独资经营的企业，免纳契税。因为以自有的房地产投入本人独资经营的企业，产权所有人和使用权使用人未发生变化，不需办理房产变更手续，也不办理契税手续。

③买房拆料或翻建房屋，应照章征收契税。

例如，甲某购买乙某房产，不论其目的是取得该房产的建筑材料还是翻建新房，均实际构成房屋买卖。甲某应首先办理房屋产权变更手续，并按买价缴纳契税。

（4）房屋赠与。房屋的赠与是指房屋产权所有人将房屋无偿转让给他人所有。其中，将自己的房屋转交给他人的法人和自然人，称作房屋赠与人；接受他人房屋的法人或自然人，成为受赠人。房屋赠与的前提必须是产权无纠纷，赠与任何受赠人双方自愿。

由于房屋是不动产，价值较大，故法律要求赠与房屋应有书面合同（契约），并到房地产管理机关或农村基层政权机关办理登记过户手续，才能生效。如果房屋赠与行为涉及到涉外关系，还需公证处证明和外事部门认证，才能生效。房屋的受赠人要按规定缴纳契税。

（5）房屋交换。房屋交换是指房屋所有者之间互相交换房屋的行为。

随着经济形势的发展，有些特殊方式转移土地、房屋权属的，也将视同土地使用权转让、房屋买卖或房屋赠与。一是以土地、房屋权属作价投资、入股；二是以土地、房屋权属抵债；三是以获奖方式承受土地、房屋权属；四是以于购房时或者预付集资建房款方式承受土地房屋权属。

（6）承受国有土地使用权支付的土地出让金。对承受国有土地使用权所应支付的土地出让金，要计征契税。不得因减免土地出让金而减免契税。

2. 纳税义务人

契税的纳税义务人市境内的转移土地、房屋权属，承受的单位和个人。境内是指中华人民共和国实际税收管辖范围内。土地、房屋权属是指土地使用权和房屋所有权。单位是指企业单位、事业单位、国家机关、军事单位和社会团体以及其他组织，个人是指个体经营者以及其他个人，包括中国公民和外籍人员。

3. 税率

契税实行3%～5%的幅度税率。实行幅度税率是考虑到我国经济发展的不平衡，各地经济差别较大的实际情况。因此，各省、自治县、直辖市人民政府可以在3%～5%的幅度税率规定范围内，按照本地区的实际情况决定。

4. 计税依据

契税的计税依据为不动产的价格。由于土地房屋权属转移方式不同，定价方法不同，因而具体计税依据视不同情况而定。

（1）国有土地使用权出让、土地使用权出售、房屋买卖，以成交价格为计税依据。成交价格是指土地、房屋权属转移合同确定的价格，包括承受者应交付的货币、实物、无形资产或者其他经济利益。

（2）土地使用权赠与、房屋赠与，由征税机关参照土地使用权出售、房屋买卖的市场价格核定。

（3）土地使用权交换、房屋交换，为所交换的土地使用权、房屋价格差额。也就是说，交换价格相等时，免征契税；交换价格不等时，由多交付的货币、实物、无形资产或者其他经济利益的一方缴纳契税。

（4）以划拨方式取得土地使用权，经批准转让房产时，由房地产转让者补交契税。计税依据为补交的土地使用权出让费用或者土地收益。

为了避免偷、逃税款，税法规定，成交价格明显低于市场价格并且无正当理由的，或者所交还土地使用权房屋的价格的差额明显不合理并且无正当理由的，征收机关可以参照市场价格核定计税依据。

（5）房屋附属设施的契税征收依据。

采取分期付款方式购买房屋附属设施土地使用权、房屋所有权的，应按合同规定的总价款计征契税。

承受的房屋附属设施权属如为单独计价的，按照当地确定的适用税率征收契税；如与房屋统一计价的，适用于房屋相同的契税税率。

（6）个人无偿赠与不动产行为（法定继承人除外），应对受赠人全额征收契税。在缴纳契税时，纳税人须提交经税务机关审核并签字盖章的个人无偿赠与不动产登记表，税务机关（或其他征收机关）应在纳税人的契税完税凭证上加盖"个人无偿赠与"印章，在个人无偿赠与不动产登记表中签字并将该表留存。

5. 应缴税额的计算方法

契税采用比例税率。当计税依据确定以后，应纳税额的计算比较简单。应纳税额的基数的计算公式为：

$$应纳税额 = 计税依据 \times 税率$$

10.2.2 契税税收筹划

1. 税收优惠筹划

（1）契税优惠的一般规定

①国家机关、事业单位、社会团体、军事单位承受土地、房屋用于办公、教学、医疗、科研和军事设施的，免征契税。

②城镇职工按规定第一次购买公有住房，免征契税。

此外，财政部、国家税务总局规定：自 2000 年 11 月 29 日起，对各类公有制单位为解决职工住房而采取集资建房方式建成的普通住房，或由单位购买的普通商品住房，经当地县级以上人民政府房改部门批准、按照国家房改政策出售给本单位职工的，同属职工首次购买住房，均可免征契税。

自 2008 年 11 月 1 日起对个人首次购买 90 平方米以下普通住房的，契税税率暂统一下调到 1%。

③因不可抗力灭失住房而重新购买住房的，酌情减免。不可抗力是指自然灾害、战争等不能预见、不可避免，并不能克服的客观情况。

④土地、房屋被县级以上人民政府征用、占用后，重新承受土地、房屋权属的，由省级人民政府确定是否减免。

⑤承受荒山、荒沟、荒丘、荒滩土地使用权，并用于农、林、牧、渔业生产的，免征契税。

⑥经外交部确认，依照我国有关法律规定以及我国缔结或参加的双边和多边条约或协定，应当予以免税的外国驻华使馆、领事馆、联合国驻华机构及其外交代表、领事官员和其他外交人员承受土地、房屋权属。

（2）契税优惠的特殊规定

①企业公司改造

非公司制企业，按照《中华人民共和国公司法》的规定，整体改建为有限责任公司

（含国有独资公司）或股份有限公司，或者有限责任公司整体改建为股份有限公司的，对改建后的公司承受原企业土地、房屋权属，免征契税。

非公司制国有独资企业或国有独资有限责任公司，以其部分资产与他人组建新公司，且该国有独资企业（公司）在新建公司中所占股份超过50%的，对新设公司承受该国有独资企业（公司）的土地、房屋权属，免征契税。

②企业股权重组

在股权转让中，单位、个人承受企业股权，企业土地、房屋权属不发生转移，不征收契税。

国有、集体企业实施"企业股份合作制改造"，由职工买断企业产权，或向其职工转让部分产权，或者通过其职工投资增资扩股，将原企业改造为股份合作制企业的，对改造后的股份合作制企业承受原企业的土地、房屋权属，免征契税。

为进一步支持国有企业改制重组，国有控股公司投资组建新公司有关契税政策规定如下：

对国有控股公司以部分资产投资组建新公司，且该国有控股公司占新公司股份85%以上的，对新公司承受该国有控股公司土地、房屋权属免征契税。上述所称国有控股公司，是指国家出资额占有限责任公司资本总额50%以上，或国有股份有限公司股本总额50%以上的国有控股公司。

以出让方承受原国有控股公司土地使用权的，不属于本规定的范围。

③企业合并

两个或两个以上的企业，根据法律规定、合同约定，合并改建为一个企业，对其合并后的企业承受合并各方的土地房屋权属，免征契税。

④企业分立

企业依据法律规定、合同约定分设为两个或两个以上投资主题相同的企业，对派生方、新设方承受原企业土地、房屋产权，不征收契税。

⑤企业出售

国有、集体企业出售，被出售企业法人予以注销，并且买受人按照《劳动法》等国家有关法律法规政策妥善安置原企业全部职工，其中与原企业30%以上职工签订服务年限不少于三年的劳动合同的，对其承受所购企业的土地、房屋权属，减半征收契税；与原企业全部职工签订服务年限不少于三年的劳动用工和合同的，免征契税。

⑥企业注销、破产

企业依照有关法律、法规的规定实施注销、破产后，债权人（包括注销、破产企业职工）承受注销、破产企业土地、房屋权属以抵偿债务的，免征契税；对非债权人承受注销、破产企业土地、房屋权属，凡按照《劳动法》等国家有关法律法规政策妥善安置原企业全部职工，与其中30%以上职工签订服务年限不少于三年的劳动用工合同的，对其承受所购企业的土地房屋权属，减半征收契税；与原企业全部职工签订服务年限不少于三年的劳动用工合同的，免征契税。

⑦房屋的附属设施

对于承受与房屋相关的附属设施（包括停车位、汽车库、自行车库、顶层阁楼以及储藏室，下同）所有权或土地使用权的行为，按照契税法律、法规的规定征收契税；对于不涉及土地使用权和房屋所有权和房屋所有权转移变动的，不征收契税。

⑧继承土地房屋权属

对于《中华人民共和国继承法》规定的法定继承人（包括配偶、子女、父母、兄弟姐妹、祖父母、外祖父母）继承土地、房屋权属，不征收契税。

按照《中华人民共和国继承法》规定，非法定继承人根据遗嘱承受死者生前的土地、房屋权属，属于赠与行为的，应征收契税。

⑨其他

经国务院批准实施债权转股权的企业，对债权转股权后新设立的公司承受原企业的土地、房屋权属，免征契税。

政府主管部门对国有资产进行行政性调整和划转过程中发生的土地、房屋权属转移，不征收契税。

企业改制重组过程中，同一投资主体内部所属企业之间土地、房屋权属的无偿划转，包括母公司与其全资子公司之间，同一公司所属全资子公司之间，同一自然人与其设立的个人独资企业、一人有限公司之间土地、房屋权属的无偿划转，不征收契税。

对拆迁居民拆迁重新购置住房的，对购房成交价格中相当于拆迁补偿款的部分免征契税，成交价格超过拆迁补偿款的，对超过部分征收契税。

公司制企业在重组过程中，以名下土地、房屋权属对其全资子公司进行增资，属同一投资主体内部资产划转，对全资子公司承受母公司土地、房屋权属的行为，不征收契税。

2. 对企业合并、分立、改组的税收筹划

现阶段企业改组改制的情况很多，税法对此做出了特殊的规定，了解和充分利用这些规定进行筹划，可以节省不少税收。

比如，在企业合并中，新设方或者存续方承受被解散方土地、房屋权属，如合并前各方为相同投资主体，则不征契税，其余征收契税；分立中，对派生方、新设方承受原企业土地、房屋权属的，不征收契税；以增加扩股进行股权重组，对以土地、房屋权属作价入股或作为出资投入企业的要征收契税，而以股权转让进行重组，单位、个人承受企业股权，企业的土地、房屋权属不发生转移，则不征收契税。

3. 利用房屋交换的税收筹划

契税暂行条例规定，土地使用权交换、房屋交换，以所交换土地使用权、房屋价格的差额为计税依据。可见，进行房屋交换所纳契税显然远远低于普通的房屋购置，所以纳税人可以将原来不属于交换的行为，通过合法的途径变为交换行为，减轻税负。

更进一步说，如果双方当事人进行交换的价格相等，由于价差为零任何一方都不用缴纳契税，所以当纳税人交换土地使用权或房屋所有权的时候，如果能想办法保持双方的价格差额较小甚至没有，就可达到节税的目的。

10.3 车船税法律制度与税收筹划

10.3.1 车船税法律制度

车船税，是指在中华人民共和国境内的车辆、船舶的所有人或者管理人按照中华人民共和国车船税暂行条例应缴纳的一种税。征收车船税，一方面可以促使纳税人提高车船使用效益，督促纳税人合理利用车船；一方面可以通过税收手段开辟财源、集中财力，缓解交通运输事业资金短缺的矛盾；同时还可以借此加强对车船的管理。

现行车船税的基本规范，是 2006 年 12 月 29 日国务院颁布并于 2007 年 1 月 1 日起实施的《中华人民共和国车船税暂行条例》（以下简称《车船税暂行条例》）。1951 年 9 月 13 日原政务院发布的《车船使用牌照税暂行条例》和 1986 年 9 月 15 日国务院发布的《中华人民共和国车船使用税暂行条例》同时废止。

1. 纳税人

车船税的纳税义务人，是指在中华人民共和国境内，车辆、船舶（以下简称车船）的所有人或者管理人，应当按照《中华人民共和国车船税暂行条例》的规定缴纳车船税。

2. 征收范围

车船税的征收范围，是指依法应当在我国车船管理部门登记的车船（规定减免的车船除外）。

（1）车辆

车辆，包括机动车辆和非机动车辆。机动车辆，指依靠燃油、电力等能源作为动力运行的车辆，如汽车、拖拉机、无轨电车等；非机动车辆，指依靠人力、畜力运行的车辆，如三轮车、自行车、畜力驾驶车等。

（2）船舶

船舶，包括机动船舶和非机动船舶。机动船舶，指依靠燃料等能源作为动力运行的船舶，如客轮、货船、汽垫船等；非机动船舶，指依靠人力或者其他力量运行的船舶，如木船、帆船、舢板等。

3. 税目和税率

车船税实行定额税率。定额税率，也称固定税额，是税率的一种特殊的形式。

《车船税暂行条例》对应税车辆实行有幅度的定额税率，即对各类车辆分别规定一个最低到最高限度的年税额，同时授权国务院财政部门、税务主管部门可以根据实际情况，在《车船税税目税率表》规定的税目范围和税额幅度内，划分子税目，并明确车辆的子税目税额幅度和船舶的具体适用税额。车辆的具体适用税额由省、自治区、直辖市人民政府确定。这样规定主要考虑到我国各地情况差异比较大，很难确定一个统一的税额；由省、自治区、直辖市人民政府自行规定，更有利于车船税的征收。车船税税目税额见表 10-1。

表 10-1　车船税税目税额表

税目	计税单位	每年税额	备注
载客汽车	每辆	60～660 元	包括电车
载货汽车	按自重每吨	16～120 元	包括半挂牵引车、挂车
三轮汽车低速货车	按自重每吨	24～120 元	
摩托车	每辆	36～180 元	
船舶	按净吨位每吨	3～6 元	拖船和非机动驳船分别按船舶税额的 50% 计算

（1）载客汽车

车船税的税目税额表的载客汽车，分为大型客车、中型客车、小型客车和微型客车 4 个子税目。其中，大型客车是指核定载客人数大于或者等于 20 人的载客汽车；中型客车是指核定载客人数等于或大于 9 人且小于 20 人的载客汽车；小型客车是指核定的载客人数小于 9 人的载客汽车；微型客车是指发动机气缸总排气量小于或等于 1 升的载客汽车。载客汽车各子税目的每年税额幅度为：

①大型客车：480～660 元；

②中型客车：420～660 元；

③小型客车：360～660 元；

④微型客车：60～480 元。

凡发动机排量小于或等于 1 升的载客汽车，都应按照微型客车的税额标准征收车船税。发动机排气量以如下凭证相应项目所载数额为准：

①车辆登记证书；

②车辆行驶证书；

③车辆出厂合格证明；

④车辆进口凭证；

⑤客货两用汽车按照载货汽车的计征单位和税额标准计征车船税。

（2）三轮汽车

车船税税目税额表中的三轮车，是指在车辆管理部门登记为三轮汽车或者三轮农用运输车的机动车。

（3）低速货车

车船税目税额表中的低速货车，是指在车辆管理部门登记为低速货车或者四轮农用运输车的机动车。

（4）专项作业车

车船税目税额表中的专项作业车，是指装置由专用设备或者器具，用于专项作业的机动车。轮式专用机械车是指具有装卸、挖掘、平整等设备的轮式自行机械。

专项作业车和轮式专用机械车的计征单位为自重每吨，每年税额为 16～120 元。具体适用税额由省、自治区、直辖市人民政府参照载货汽车的税额标准在规定幅度内确定。

（5）船舶

车船税税目税额表中的船舶，具体适用税额为：

①净吨位小于或者等于 200 吨的，每吨 3 元；

②净吨位 201～2000 吨的，每吨 4 元；

③净吨位 2001～10 000 吨的，每吨 5 元；

④净吨位 10 001 吨及其以上的，每吨 6 元。

4. 计税依据

（1）纳税人在购买机动车交通事故责任制保险时，应当向扣缴义务人提供地方税务机关出具的本年度车船税的完税凭证或者减免证明。不能提供完税凭证或者减免税证明的，应当在购买保险时按照当地的车船税税额标准计算缴纳车船税。

（2）拖船按照发动机功率每 2 马力折合净吨位 1 吨计算征收车船税。

（3）条例及本细则所涉及的核定载客人数、自重、净吨位、马力等计税标准，以车船管理部门合法的车船登记证书或者行使证书相应项目所载数额为准。纳税人未按照规定到车船管理部门办理登记手续的，上述计税标准以车船出厂合格证明或者进口凭证相应项目所载数额为准；不能提供车船出厂合格证明或者进口凭证的，由主管地方税务机关根据车船自身状况参照同类车船核定。

（4）车辆自重吨位数在 0.5 吨位以下（含 0.5 吨）的，按照 0.5 吨计算；超过 0.5 吨的，按照 1 吨计算；船舶净吨位数在 0.5 吨以下（含 0.5 吨）的不予计算；超过 0.5 吨的按照 1 吨计算；1 吨以下的小型车船，一律按照 1 吨计算。

（5）条例和本细则所称的自重，是指机动车的整体质量。

（6）对于无法准确获得自重数值且明显不合理的载货汽车、三轮汽车、低速货车、专项作业车和轮式专用机械车，由主管税务机关根据车辆自身状况并参照同类车辆核定计税依据。对能够获得总质量和核定载质量的，可按照车辆的总质量和核定载质量的差额作为车辆的自重；无法获得核定载质量的专项作业车和轮式专用机械车，可按照车辆的总质量确定自重。

5. 应纳税额的计算

购置的新车船，购置当年的应纳税额自纳税义务发生的当月起按月计算。计算公式为：

$$应纳税额 = 年应纳税额 ÷ 12 × 应纳税月份数$$

（1）特殊情况下车船税应纳税款的计算

①购买短期"交强险"的车辆。

对于境外机动车临时入境、机动车临时上道路行驶、机动车距规定的报废期限不足一年而购买短期"交强险"的车辆，保单中"当年应缴"项目的计算公式为：

$$当年应缴 = 计税单位 × 年单位税额 × 应纳税月份数 ÷ 12$$

其中，应纳税月份数为"交强险"有效期起始日期的当月至截止日期当月的月份数。

②已经向税务机关缴税的车辆或税务机关已批准减免税的车辆。

对于已向税务机关缴税或税务机关已经批准免税的车辆，保单中"当年应缴"项目应为0；对于税务机关已批准减税的机动车，保单中"当年应缴"项目应根据减税前的应纳税额扣除依据减税证明中注明的减税幅度计算的减税额确定，计算公式为：

减税车辆应纳税额＝减税前应纳税额×（1－减税幅度）

（2）欠缴车船税的车辆补缴税款的计算

从 2008 年 7 月 1 日起，保险机构在代收代缴车船税时，应根据纳税人提供的前次保险单，查验纳税人以前年度的完税情况。对于以前年度有欠缴车船税的，保险机构应代收代缴以前年度应纳税款。

①对于 2007 年 1 月 1 日前购置的车辆或者曾经缴纳过车船税的车辆，保险单"往年补缴"项目的计算公式为：

往年补缴＝计税单位×年单位税额×（本次缴税年度－前次缴税年度－1）

其中，对于 2007 年 1 月 1 日前购置的车辆，纳税人从未缴纳车船税的，前次缴税年度设定为 2006 年。

②对于 2007 年 1 月 1 日以后购置的车辆，纳税人从购置时起一直未缴纳车船税的，保单中"往年补缴"项目的计算公式为：

往年补缴＝购置当年欠缴的税款＋购置年度以后欠缴的税款

其中，

购置当年欠缴的税款＝计税单位×年单位税额×应纳税月份数÷12

应纳税月份数为车辆登记日期的当月起至该年度终了的月份数。若车辆尚未到车船管理部门登记，则应纳税月份数为购置日的当月起至该年度终了的月份数。

购置年度以后欠缴税款＝计税单位×年单位税额×（本次缴税年度－车辆登记年度－1）

（3）滞纳金计算

对于纳税人在购买"交强险"截止日期以后购买"交强险"的，或以前年度没有缴纳车船税的，保险机构在代收代缴税款同时，还应代收代缴税款的滞纳金。

保险单中"滞纳金"项目为各年度欠税与应加收滞纳金之和。

每一年度欠税应加收的滞纳金＝欠税金额×滞纳天数×5‰

滞纳天数的计算自应购买"交强险"截止日期的次日起到纳税人购买"交强险"当日止。纳税人连续两年以上欠缴车船税的，应分别计算每一年度欠税应加收的滞纳金。

6. 征收管理

（1）纳税义务发生时间

车船税的纳税义务发生时间，为车船管理部门核发的车船登记证书或者行驶证书所记载日期的当月。

（2）纳税期限

车船税按年征收，分期缴纳，具体缴纳期限由省、自治区、直辖市人民政府确定。

车船税授权省、自治区、直辖市人民政府确定纳税人具体的纳税期限，各地政府可以因地制宜，有利于税收征管。所以，对于那些车船拥有量多、应纳税额大、一次性缴纳有困难的，应允许其按季度或者按半年缴纳；而对那些非机动车船，纳税人面广人多、应纳税额小、纳税人愿意一次性缴纳的，就应允许其一次缴清全年税款。

（3）纳税地点和征税机关

①车船税的纳税地点由省、自治区、直辖市人民政府根据具体情况确定，一般为纳税人所在地。

所谓纳税人所在地，对单位，是指经营所在地或机构所在地；对个人，是指住所所在地。需要注意的是，企业的车辆上了外省的车船牌照，仍应在企业经营所在地纳税，而不在领取牌照所在地纳税。

②车船税实行源泉控制，一律由纳税人税收所在地的地方税务局负责征收和管理，各地对外省、市来的车船不再查补税款。

③车船税的所有人或者管理人未缴纳车船税的，使用人应当代为缴纳车船税。

④从事机动车交通事故责任强制保险业务的保险机构为机动车车船税的扣缴义务人，应当依法代收代缴车船税。

机动车车船税的扣缴义务人依法代收代缴车船税时，纳税人不得拒绝。

10.3.2 车船税税收筹划

1. 税收优惠筹划

（1）法定减免

①非机动车船（不包括非机动驳船）。非机动车是指以人力或者畜力驱动的车辆，以及符合国家有关标准的残疾人机动轮椅车、电动自行车等车辆。非机动船是指自身没有动力装置，依靠外力驱动的船舶。非机动驳船是指在船舶管理部门登记为驳船的非机动船。

②拖拉机。拖拉机是指在农业部门登记为拖拉机的车辆。

③捕捞、养殖渔船。捕捞、养殖渔船是指在渔业船舶管理部门登记为捕捞船或者养殖船的渔业船舶。不包括在渔业船舶管理部门登记为捕捞船或者养殖船以外类型的船舶。

④军队、武警专用的车船。军队、武警专用的车船是指按照规定在军队、武警车船管理部门登记，并领取军用牌照、武警牌照的车船。

⑤警用车船。警用车船，是指公安机关、国家安全机关、监狱、劳动教养管理机关和人民法院、人民检察院领取警用牌照的车辆和执行警务的专用车船。

⑥按照有关规定已经缴纳船舶吨税的船舶。

⑦依照我国有关法律和我国缔结或者参加的国际条约的规定应当予以免税的外国驻华使馆、领事馆和国际组织驻华机构以及有关人员的车船。

外国驻华使馆、领事馆和国际组织驻华机构及其有关人员在办理免税事项时，应向主管地方税务机关出具本机构或者个人身份的证明文件和车船所有权证明文件，并申明免税的依据和理由。

（2）特定减免

①对尚未在车辆管理部门办理登记，属于应减免税的新购置车辆，车辆所有人或管理人可提出减免税申请，并提供机构或个人身份证明文件和车辆权属证明文件以及地方税务机关要求的其他相关资料。经税务机关审验符合车船税减免条件的，税务机关可为纳税人出具该纳税年度的减免税证明，以方便纳税人购买机动车交通事故责任强制保险。

新购置应予减免税的车辆所有人或管理人在购买机动车交通事故责任强制保险时已缴纳车船税的，在办理车辆登记手续后可向税务机关提出减免税申请，经税务机关审验符合车船税减免条件的，税务机关应退还纳税人多交的税款。

②省、自治区、直辖市人民政府可以根据当地实际情况，对城市、农村公共交通车船给予定期减税、免税。

2. 车船使用税的筹划空间

（1）利用税率临界点进行筹划

由于对机动船和载货汽车以净吨位为单位、对非机动船以载重吨位为单位分级规定税率，从而就产生了应纳车船使用税税额相对吨位数变化的临界点。在临界点上下，吨位数虽然仅相差 1 吨，但临界点两边的税额却有很大变化，这种情况下进行税收筹划十分必要。

（2）利用特殊规定筹划

税法规定，机动车挂车，按机动载货汽车税额的 7 折计算征收车船使用税；对拖拉机，主要从事运输业务的，按拖拉机所挂拖车的净吨位计算，按机动载货汽车税额的 5 折计税；对客货两用车，载人部分按乘人汽车税额减半征税，载货部分按机动载货汽车税额征税等。

纳税人可以利用以上特殊规定进行筹划。

10.4 车辆购置税法律制度与税收筹划

10.4.1 车辆购置税法律制度

车辆购置税是以在中国境内购置规定车辆为课税对象、在特定的环节向车辆购置者征收的一种税。就其性质而言，属于直接税的范畴。车辆购置税是 2001 年 1 月 1 日在我国开征的新税种，是在原交通部门收取的车辆购置附加费的基础上，通过"费改税"方式改革而来的。车辆购置税基本保留了原车辆附加费的特点。

1. 纳税义务人

车辆购置税的纳税人是指在我国境内购置应税车辆的单位和个人。其中，购置是指购买使用行为、进口使用行为、受赠使用行为、自产自用行为、获奖使用行为以及以拍卖、抵债、走私、罚没等方式取得并使用的行为，这些行为都属于车辆购置税的应税行为。

车辆购置税的纳税人具体是指：

所谓单位，包括国有企业、集体企业、私营企业、股份制企业、外商投资企业、外国企业以及其他企业、事业单位、社会团体、国家机关、部队以及其他单位。

所谓个人，包括个体工商户及其他人，即包括中国公民又包括外国公民。

2. 征税对象与征税范围

车辆购置税以列举的车辆作为征税对象，未列举的车辆不纳税。其征税范围包括汽车、摩托车、电车、挂车、农用运输车，具体规定如下。

（1）汽车：包括各类汽车。

（2）摩托车。

①轻便摩托车：最高设计时速不大于 50km/h，发动机气缸总排量不大于 50cm^3 的两个或三个车轮的机动车；

②二轮摩托车：最高设计车速大于 50km/h，或者发动机气缸总排量大于 50cm^3 的两个车轮的机动车；

③三轮摩托车：最高设计车速大于 50km/h，发动机气缸总排量大于 50cm^3，空车质量不大于 400kg 的三个车轮的机动车。

（3）电车。

①无轨电车：以电能为动力，有专用输电电缆供电的轮式公共车辆；

②有轨电车：以电能为动力，在轨道上行驶的公用车辆。

（4）挂车。

①全挂车：无动力设备，独立承载，由牵引车辆牵引行驶车辆；

②半挂车：无动力设备，与牵引车共同承载，由牵引车辆牵引行驶的车辆。

（5）农用运输车。

①三轮农用运输车：柴油发动机，功率不大于 7.4km，载重量不大于 500kg，最高车速不大于 40km/h 的三个车轮的机动车；

②四轮农用运输车：柴油发动机，功率不大于 28kW，载重量不大于 1500kg，最高车速不超过 50km/h 的四个车轮的机动车。

为了体现税法的统一性、固定性、强制性和法律的严肃性，车辆购置税征收范围，由国务院决定，其他任何部门、单位和个人无权擅自扩大或缩小。

3. 税率与计税依据

（1）税率

车辆购置税实行统一比例税率，税率为 10%。

（2）计税依据

车辆购置税以应税车辆为课税对象，考虑到我国车辆市场供求的矛盾，价格差异变化，计量单位不规范以及征收车辆购置附加费的做法，实行从价定率价外征收的方法计算应纳税额，应税车辆的价格即计税价格就成为车辆购置税的计税依据。但是，由于应税车辆购置的来源不同，应税行为的发生不同，计税价格的组成也就不一样。车辆购置税的计税依据有以下几种情况。

①购买自用应税车辆计税依据有以下几种情况：

纳税人购买自用的应税车辆的计税依据为纳税人购买应税车辆而支付给销售方的全部价款和价外费用（不含增值税）。

购买的应税自用车辆包括购买自用的国产应税车辆和购买自用的进口应税车辆，如从国内汽车市场、汽车贸易公司购买的自用的应税车辆。价外费用是指销售方价外向购买方收取的手续费、基金、违约金、包装费、运输费、保管费、代垫款项、代收款项和其他各种性质的价外收费，但不包括增值税税款。

②进口自用应税车辆计税依据的确定。

纳税人进口自用的应税车辆以组成计税价格为计税依据，组成计税价格的计算公式为：

组成计税价格 = 关税完税价格 + 关税 + 消费税

进口自用的应税车辆是指纳税人直接从境外进口或委托代理进口自用的应税车辆，即非贸易方式进口自用的应税车辆，而且进口自用的应税车辆的计税依据，应根据纳税人提供的、经海关审查确认的有关完税证明资料确定。

③其他自用应税车辆计税依据的确定。

现行政策规定，纳税人自产、受赠、获奖和其他方式取得并自用的应税车辆的计税依据，凡不能确定提供车辆价格的，由主管税务机关依法依国家税务总局核定的、相应类型的应税车辆计税价格确定。因此，纳税人自产自用、受赠使用或将使用和以其他方式取得并自用的应税车辆一般以国家税务总局核定的最低计税价格为计税依据。

④最低计税价格作为计税依据的确定。

现行车辆购置税条例规定："纳税人购买自用或者进口自用应税车辆，申报的计税价格低于同类型应税车辆的最低计税价格，又无正当理由的，按照最低计税价格征收车辆购置税。"也就是说，纳税人购买和自用的应税车辆，首先应分别按前述计税价格、组成计税价格来确定计税依据。当申报的计税价格偏低，又无正当理由的，应以最低计税价格作为计税依据。实际工作中，通常是当纳税人申报的计税价格等于或高于最低计税价格时，按最低计税价格计税。

最低计税价格由我国税务总局依据全国市场的平均销售价格规定。根据纳税人购置应税车辆的不同情况，国家税务总局对以下几种特殊情形应税车辆的最低价格规定如下。

其一，对已缴纳并办理了登记注册手续的车辆，其底盘和发动机同时发生更换，其最低计税价格按同类型新车最低计税价格的70%计算。

其二，免税、减税条件消失的车辆，其最低计税价格的确定方法为：

最低计税价格 = 同类型新车最低计税价格 × [1 − (已使用年限 ÷ 规定使用年限)] × 100%

其中，规定使用年限为：国产车辆按10年计算；进口车辆按15年计算。超过使用年限的车辆，不再征收车辆购置税。

其三，非贸易渠道进口车辆的最低计税价格，为同类型新车最低计税价格。

车辆购置税的计税依据和应纳税额应使用同一货币单位计算。纳税人以外汇结算应税车辆价款的，按照申报纳税之日中国人民银行公布的人民币基准汇价，折合成人民币计算应纳税额。

4. 车辆购置税应纳税额的计算

车辆购置税实行从价定率的方法计算应纳税额，计算公式为：

应纳税额 = 计税依据 × 税率

由于应税车辆的来源、应税行为的发生以及计税依据组成的不同，因而，车辆购置税应纳税额的计算方法也有区别。

（1）购买自用应税车辆应纳税额的计算

在应纳税额的计算当中，应注意以下费用的计税规定。

①购买者随购买车辆支付的工具件和零部件价款应作为购车价款的一部分，并入计税依据中征收车辆购置税。

②支付的车辆装饰费应作为价外费用并入计税依据中计税。

③代收款项应区别征税。凡使用代收单位（受托方）票据收取的款项，应视作代收单位价外收费，购买者支付的价费款，应并入计税依据中一并征收；凡使用委托方票据收取，受托方只履行代收义务和收取代收手续费的款项，应按其他税收政策规定征收。

④销售单位开给购买者的各种发票金额中包含增值税税款，因此，计算车辆购置税时，应换算为不含增值税的计税价格。

⑤购买者支付的控购费，是政府部门的行政性收费，不属于销售者的价外费用范围，不应并入计税价格征税。

⑥销售单位开展优质销售活动所开票收取的有关费用，应属于经营性收入。企业在代理过程中按规定支付给有关部门的费用，企业已作经营性支出列支核算，其收取的各项费用并在一张发票上难以划分的，应作为价外收入计算征税。

（2）进口自用应税车辆应纳税额的计算。

纳税人进口自用的应税车辆应纳税额的计算公式为：

$$应纳税额 =（关税完税价格 + 关税 + 消费税）× 税率$$

（3）其他自用应税车辆应纳税额的计算

纳税人自产自用、受赠使用、获奖使用和以其他方式取得并自用应税车辆的，凡不能取得该型车辆的购置价格，或者低于最低计税价格的，以国家税务总局核定的最低计税价格作为计税依据计算征收车辆购置税：

$$应纳税额 = 最低计税价格 × 税率$$

（4）特殊情形下自用应税车辆应纳税额的计算

①减税、免税条件消失车辆应纳税额的计算。

对减税、免税条件消失的车辆，纳税人应按现行规定，在办理车辆过户手续前或者办理变更车辆登记注册手续前向税务机关缴纳车辆购置税。

$$应纳税额 = 同类型新车最低计税价格 × [1 -（已使用年限 ÷ 规定使用年限）] × 100\% × 税率$$

②未按规定纳税车辆应补税额的计算。

纳税人未按规定纳税的，应按现行政策规定的计税价格，区分情况分别确定征税。不能提供购车发票和有关购车证明资料的，检查的税务机关应按同类型应税车辆的最低计税价格征税；如果纳税人回落籍地后提供的购车发票金额与支付的价外费用之和高于核定的最低计税价格的，落籍地主管税务机关还应对其差额计算补税。

$$应纳税额 = 最低计税价格 × 税率$$

5. 征收管理

根据2006年1月1日开始执行的《车辆购置税征收管理办法》，车辆购置税的征收规定如下。

（1）纳税申报

车辆购置税实行一车一申报制度。纳税人在办理纳税申报时应如实填写《车辆购置税纳税申报表》，同时提供车主身份证明、车辆价格证明、车辆合格证明及税务机关要求提供的其他资料的原件和复印件，经车购办审核后，由税务机关保存有关复印件。

（2）纳税环节

车辆购置税的征税环节为使用环节，即最终消费环节。具体而言，纳税人应当在向公安机关等车辆管理机构办理车辆登记手续前缴纳车辆购置税。

（3）纳税地点

纳税人购置应税车辆，应当向车辆登记注册地的主管税务机关申报纳税；购置不需办理车辆登记注册手续的应税车辆，应当向纳税人所在地主管税务机关申报纳税。车辆登记注册地是指车辆的上牌落籍地或落户地。

（4）纳税期限

纳税人购买自用的应税车辆，自购买之日起 60 日内申报纳税；进口自用的应税车辆，应当自进口之日起 60 日内申报纳税；自产、受赠、获奖和以其他方式取得并自用的应税车辆，应当自取得之日起 60 日内申报纳税。

这里的"购买之日"是指纳税人购车发票上注明的销售日期；"进口之日"是指纳税人报关进口的当天。

（5）车辆购置税的缴税方法

车辆购置税税款缴纳方法主要有以下几种。

①自报核缴。即由纳税人自行计算应纳税额，自行填报纳税申报表有关资料，向主管税务机关申报，经税务机关审核后，开具完税证明，由纳税人持完税凭证向当地金库或金库经收处缴纳税款。

②集中征收缴纳。包括两种情况：一是由纳税人集中向税务机关统一申报纳税。它适用于实行集中购置应税车辆的单位缴纳和经批准实行代理制经销商的缴纳。二是由税务机关集中报缴税款。即在纳税人向实行集中征收的主管税务机关申报缴纳税款，税务机关开具完税凭证后，由税务机关填写汇总缴款书，将税款集中缴入当地金库或金库经收处。它适用于税源分散、税额较少、税务部门实行集中征收管理的地区。

③代征、代扣、代收。即扣缴义务人按税法规定代扣代缴、代收代缴税款，税务机关委托征收单位代征税款的征收方式。它适用于税务机关委托征收或纳税人依法受托征收税款。

（6）车辆购置税的缴税管理

①税款缴纳方式。纳税人在申报纳税时，税款的缴纳方式主要有现金支付、支票、信用卡和电子结算及委托银行代收、银行划转等方式。

②完税凭证及使用要求。税务机关在征收车辆购置税时，应根据纳税人税款缴纳方式的不同，分别使用税收通用完税凭证、税收转账专用完税凭证和税收通用缴款书三种税票，即：纳税人以现金方式向税务机关缴纳车辆购置税的，由主管税务机关开具《税收通用完税凭证》；纳税人以支票、信用卡和电子结算方式缴纳及税务机关委托银行代收税款的，由主管税务机关开具《税收转账专用完税证》；纳税人从其银行存款账户直接划转税款的，由主管税务机关开具《税收通用缴款书》。

（7）车辆购置税的退税制度

①已经缴纳车辆购置税的车辆，发生下列情形之一的，纳税人应到车购办申请退税：

因质量原因，车辆被退回生产企业或者经销商的；

应当办理车辆登记注册的车辆，公安机关车辆管理机构不予办理车辆登记注册的。

②纳税人在车购办申请办理退税手续时，应如实填写车辆购置税退税申请表，并提供生产企业或经销商开具的退车证明和退车的发票以及完税证明的正本和副本、公安机关车辆管理机构出具的注销车辆号牌证明。

③退税款的计算。因质量原因，车辆被退回生产企业或者经销商的，自纳税人办理纳税申报之日起，按已缴税款每满 1 年扣减 10% 计算退税额，未满一年的按已缴纳税款额退税；对公安机关车辆管理机构不予办理车辆登记注册手续的车辆，退还全部已缴纳税款。

10.4.2 车辆购置税税收筹划

1. 车辆购置税减免税税收筹划

我国车辆购置税实行法定减免，减免税范围的具体规定如下。

（1）外国驻华使馆、领事馆和国际组织驻华机构及其外交人员自用车辆免税。

（2）中国人民解放军和中国人民武装警察部队列入军队武器装备订货计划的车辆免税。

（3）设有固定装置的非运输车辆免税。

（4）对纳税人自 2009 年 1 月 20 日至 2009 年 12 月 31 日期间购置的排气量在 1.6 升及以下的小排量乘用车，暂减按 5% 的税率征收车辆购置税。

所称乘用车，是指在设计和技术特性上主要用于载运乘客及其随身行李和（或）临时物品，含驾驶员座位在内最多不超过 9 个座位的汽车。具体包括：

①国产轿车："中华人民共和国机动车整车出厂合格证"（以下简称合格证）中"车辆型号"项的车辆类型代号为"7"，"排量和功率（ml/kW）"项中排量不超过 1600ml。

②国产客车：合格证中"车辆型号"项的车辆类型代号为"6"，"排量和功率（ml/kW）"项中排量不超过 1600ml，"额定载客（人）"项不超过 9 人。

③国产越野汽车：合格证中"车辆型号"项的车辆类型代号为"2"，"排量和功率（ml/kW）"项中排量不超过 1600ml，"额定载客（人）"项不超过 9 人，"额定载质量（kG）"项小于额定载客人数和 65kG 的乘积。

④国产专用车：合格证中"车辆型号"项的车辆类型代号为"5"，"排量和功率（ml/kW）"项中排量不超过 1600ml，"额定载客（人）"项不超过 9 人，"额定载质量（kG）"项小于额定载客人数和 65kG 的乘积。

⑤进口乘用车：参照国产同类车型技术参数认定。

（5）有国务院规定予以免税或者减税的其他情形的，按照规定免税或减税。

根据现行政策规定，上述"其他情形"的车辆，目前主要有以下几种。

①防汛部门和森林消防部门用于指挥、检查、调度、报汛（警）、联络的设有固定装置的指定型号的车辆。

②回国服务的留学人员用现汇购买 1 辆自用国产小汽车。

③长期来华定居专家购买的 1 辆自用小汽车。

2. 车辆购置税的退税

纳税人已经缴纳车辆购置税但在办理车辆登记手续前，因下列原因需要办理退还车辆购置税的，由纳税人申请，征收机构审查后办理退还车辆购置税手续。

（1）公安机关车辆管理机构不予办理车辆登记注册手续的，凭公安机关车辆管理机构出具的证明办理退税手续。

（2）因质量等原因发生退回所购车辆的，凭经销商的退货证明办理退税手续。

3. 车辆购置税具体税收筹划

（1）针对经销商的不同经销方式进行筹划

目前汽车经销方式灵活多样，汽车经销商一般采用两种经销方式，一是经销商自己从厂家或上级经销商购进再卖给消费者，以自己的名义开具机动车销售发票，并按规定缴税；二是以收取手续费形式代理卖车，即由上级经销商直接开具机动车发票给消费者，本级经销商以收取代理费形式从事中介服务。由于车辆购置税目前征收以机动车发票上注明金额为计税依据，因此，两种不同购进方式对消费者缴纳车购税的影响较大，采用付手续费方式进行购车，将支付给本级经销商的报酬从车辆购置税的计税价格中剥离，从而消费者可少缴车购税，因此，消费者在买车时应把握购进方式利润平衡点，多选择付手续费方式购车，同时从减少车辆流通环节入手进行购车，所以消费者要尽量向上级经销商或生产厂家购车，以在获得价格优惠的同时少缴车辆购置税。

（2）对一般纳税人经销商和小规模纳税人经销商的合理选择

《国家税务总局关于确定车辆购置税计税依据的通知》明确规定：根据《中华人民共和国增值税暂行条例》及其实施细则的有关规定，纳税人销售货物不含增值税的销售额的计算公式为：

$$销售额 = 含税销售额 \div （1 + 增值税税率或征收率）$$

主管税务机关在计征车辆购置税确定计税依据时，计算车辆不含增值税价格的计算方法与增值税相同，即

$$不含税价 = （全部价款 + 价外费用） \div （1 + 增值税税率或征收率）$$

从增值税暂行条例及总局文件可知，上述所指的增值税税率是指增值税一般纳税人 17% 的税率，征收率是指商业增值税小规模纳税人 4% 的征收率。对由摩托车、农用运输车经销商及汽车经销商为消费者开具的机动车销售统一发票，凡该类经销商不能提供增值税一般纳税人证明的，对车购税纳税人一律按 4% 征收率换算车辆购置税计税依据，对该类经销商能提供增值税一般纳税人证明的，对车购税纳税人按 17% 增值税率换算车辆购置税计税依据。所以，对于纳税人从增值税一般纳税人及从小规模纳税人手中购买机动车计算缴纳的车辆购置税是不同的。从增值税一般纳税人手中购买机动车

$$应纳车购税 = （全部价款 + 价外费用） \div （1 + 17\%） \times 10\%$$

从小规模纳税人商业企业中购买机动车

$$应纳车购税 = （全部价款 + 价外费用） \div （1 + 4\%） \times 10\%$$

因此，消费者购买同类型机动车，付同样的购车款，从具有一般纳税人资格的经销商手中购买比从小规模纳税人经销商处购买可少缴车购税。

（3）正确区分代收款项与价外费用

《车辆购置税征收管理办法》中明确规定，《车辆购置税暂行条例》所说的价外费用是

指销售方价外向购买方收取的基金、集资费、返还利润、补贴、违约金（延期付款利息）和手续费、包装费、储存费、优质费、运输装卸费、保管费、代收款项、代垫款项以及其他各种性质的价外收费，但消费者应对现行税收政策理解透彻，按现行税收政策规定，对代收款项与价外费用应区别征税，凡使用代收单位的票据收取的款项，应视为代收单位的价外费用，并入计税价格计算车辆购置税；凡使用委托方的票据收取，受托方只履行代收义务或收取手续费的款项，代收款项不并入价外费用计征车辆购置税，另外，《财政部、国家税务总局关于增值税若干政策的通知》明确了代办保险费、车辆购置税、牌照费征税问题：纳税人销售货物的同时代办保险而向购买方收取的保险费，以及从事汽车销售的纳税人向购买方收取的代购买方缴纳的车辆购置税、牌照费，不作为价外费用征收增值税，由于使用委托方票据，当然也就不征收车购税了。

（4）延后部分商品购进时间或选择别家购进

对购买者随车购买的工具件或零件款、支付的车辆美容费用等应于缴纳车购税后再购进，或选择别家经销商处进行购买，因为按现行税法规定，对消费者随车购买的工具件、零件、车辆装饰费等，若与车款同时支付且开具在机动车发票中，应作为购车款的一部分作为价外费用并入计税价格征收车辆购置税，但若购进时间不同或销售方不同，则不并入计税价格征收车辆购置税，因此建议消费者对车辆维修工具及汽车美容等可日后再配或到另外经销商处购买，以少缴车辆购置税。

（5）关注计税价格

车辆购置税征管系统现与CTAIS2.0版数据对接，国家税务总局每季度对车辆购置税最低计税价格数据进行更新，对部分新增车辆该数据库中当季没有核定最低计税价格，需在本季基层国税机关采集后由总局审定后下发实施，对在数据库中没有核定最低计税价格的新增车辆由国税机关车购税征收人员比照已核定最低计税价格先行征税。由于在比照同类型车辆过程中车购税征收人员可比照同类型价格较高的，也可比照同类型价格较低的，因此当遇到此种情况时，消费者在缴纳车购税的过程中应注意自己所购车辆是否为厂家新增车辆，可要求车购税征收人员比照较低的同类型价格征税，以少缴车购税。

10.5 印花税法律制度与税收筹划

10.5.1 印花税法律制度

印花税是以经济活动和经济交往中，书立、领受应税凭证的行为为征收对象征收的一种税。印花税因其采用在应税凭证上粘贴印花税票的方法缴纳税款而得名。它具有征税范围广、税负从轻、自行贴花纳税、多缴不退不抵等特点。本节将主要介绍印花税的税法实务。

1. 纳税义务人

印花税的纳税义务人，是在中国境内书立、使用、领受印花税法所列举的凭证并应依法履行纳税义务的单位和个人。

所称单位和个人，是指国内各类企业、事业、机关、团体、部队以及中外合资企业、合作企业、外资企业、外国公司和其他经济组织及其在华机构等单位和个人。

上述单位和个人，按照书立、使用、领受应税凭证的不同，可以分别确立为立合同人、立据人、立账簿人、领受人和使用人五种。

（1）立合同人

立合同人指合同的当事人。所谓当事人，是指对凭证有直接权利义务关系的单位和个人，但不包括合同的担保人、证人、鉴定人。各类合同的纳税人是立合同人。各类合同，包括购销、加工承揽、建设工程承包、财产租赁、货物运输、仓储保管、借款、财产保险、技术合同或者具有合同性质的凭证。

所称合同，是指根据原《中华人民共和国经济合同法》、《中华人民共和国涉外经济合同法》和其他有关合同法规订立的合同。所称具有合同性质的凭证，是指具有合同效力的协议、契约、合约、单据、确认书及其他各种名称的凭证。

当事人的代理人有代理纳税的义务，他与纳税人负有同等的税收法律义务和责任。

（2）立据人

产权转移书据的纳税人是立据人，即指土地、房屋权属转移过程中买卖双方的当事人。

（3）立账簿人

营业账簿的纳税人是立账簿人。所谓立账簿人，指设立并使用营业账簿的单位和个人。例如，企业单位因生产、经营需要，设立了营业账簿，该企业即为纳税人。

（4）领受人

权利、许可证照的纳税人是领受人。领受人，是指领取、接受并持有该项凭证的单位和个人。例如，某人因其发明创造，经申请依法取得国家专利机关颁发的专利证书，该人即为纳税人。

（5）使用人

在国外书立、领受，但在国内使用的应税凭证，其纳税人是使用人。

（6）各类电子应税凭证的签订人

这里指的是以电子形式签订的各类应税凭证的当事人。

值得注意的是，对应税凭证，凡由两方或两方以上当事人共同书立的，其当事人各方都是印花税的纳税人，应各就其所持凭证的计税金额履行纳税义务。

2. 税目

印花税的税目，指印花税法明确规定的应当纳税的项目，它具体划定了印花税的征税范围。一般地说，列入税目的就要征税，未列入税目的就不征税。印花税共有13个税目。

（1）购销合同，包括供应、预购、采购、购销结合及协作、调剂、补偿、贸易等合同。此外，还包括出版单位与发行单位之间订立的图书、报纸、期刊和音像制品的应税凭证，例如订购单、订数单等。还包括发电厂与电网之间、电网与电网之间（国家电网公司系统、南方电网公司系统内部各级电网互供电量除外）签订的购售电合同。但是，电网与用户之间签订的供用电合同不属于印花税列举征税的凭证，不征收印花税。

（2）加工承揽合同，包括加工、定做、修缮、修理、印刷、广告、测绘、测试等合同。

（3）建设工程勘察设计合同，包括勘察、设计合同。

（4）建筑安装工程承包合同，包括建筑、安装工程承包合同。承包合同，包括总承包合同、分包合同和转包合同。

（5）财产租赁合同，包括租赁房屋、船舶、飞机、机动车辆、机械、器具、设备等合同，还包括企业、个人出租门店、柜台等签订的合同。

（6）货物运输合同，包括民用航空、铁路运输、海上运输、公路运输和联运合同，以及作为合同使用的单据。

（7）仓储保管合同，包括仓储、保管合同，以及作为合同使用的仓单、栈单等。

（8）借款合同，银行及其他金融组织与借款人（不包括银行同业拆借）所签订的合同，以及只填开借据并作为合同使用、取得银行借款的借据。银行及其他金融机构经营的融资租赁业务，是一种以融物方式达到融资目的的业务，实际上是分期偿还的固定资金借款，因此融资租赁合同也属于借款合同。

（9）财产保险合同，包括财产、责任、保证、信用保险合同，以及作为合同使用的单据。财产保险合同，分为企业财产保险、机动车辆保险、货物运输保险、家庭财产保险和农牧业保险五大类。"家庭财产两全保险"属于家庭财产保险性质，其合同在财产保险合同之列，应照章纳税。

（10）技术合同，包括技术开发、转让、咨询、服务等合同，以及作为合同使用的单据。技术转让合同，包括专利申请权转让、专利实施许可和非专利技术转让。

技术咨询合同，是当事人就有关项目的分析、论证、预测、和调查订立的技术合同。但一般的法律、会计、审计等方面的咨询不属于技术咨询，其所立合同不贴印花。

技术服务合同，是当事人一方委托另一方就解决有关特定技术问题，如为改进产品结构、改良工艺流程、提高产品质量、降低产品成本、保护资源环境、实现安全操作、提高经济效益等提出实施方案，实施指导所订立的技术合同，包括技术服务合同、技术培训合同和技术中介合同，但不包括以常规手段或者生产经营目的进行一般加工、修理、修缮、广告、印刷、测绘、标准化测试，以及勘察、设计等所书立的合同。

（11）产权转移书据，包括财产所有权和版权、商标专用权、专利权、专有技术使用权等转移书据和土地使用权出让合同、土地使用权转让合同、商品房销售合同等权力转移合同。

所称产权转移书据，是指单位和个人产权的买卖、继承、赠与、交换、分割等所立的书据。"财产所有权"转换书据的征税范围，是指经政府管理机关登记注册的动产、不动产的所有权转移所立的书据，以及企业股权转让所立的书据，并包括个人无偿赠送不动产所签订的"个人无偿赠与不动产登记表"。当纳税人完税后，税务机关（或其他征收机关）应在纳税人印花税完税凭证上加盖"个人无偿赠与"印章。

（12）营业账簿，指单位或者个人记载生产经营活动的财务会计核算账簿。营业账簿按其反映内容的不同，可分为记载资金的账簿和其他账簿。

记载资金的账簿，是指反映生产经营单位资本金数额增减变化的账簿。其他账簿，是指除上述账簿以外的有关其他生产经营活动内容的账簿，包括日记账簿和各明细分类账簿。

但是，对金融系统营业账簿，要结合金融系统财务会计核算的实际情况进行具体分析。

凡银行用以反映资金存贷经营活动、记载经营资金增减变化、核算经营成果的账簿，如各种日记账、明细账和总账都属于营业账簿，应按照规定缴纳印花税；银行根据业务管理需要设置的各种登记簿，如空白重要凭证登记簿、有价单证登记簿、现金收付登记簿等，其记载的内容与资金活动无关，仅用于内部备查，属于非营业账簿，均不征收印花税。

（13）权利、许可证照，包括政府部门发给的房屋产权证、工商营业执照、商标注册证、专利证、土地使用证。

3. 印花税税率

印花税的税率设计，遵循税负从轻、共同负担的原则。所以，税率比较低；凭证的当事人，即对凭证有直接权利与义务关系的单位和个人均应就其所持凭证依法纳税。

印花税的税率有两种形式，即比例税率和定额税率。

（1）比例税率。在印花税的 13 个税目中，各类合同以及具有合同性质的凭证（含以电子形式签订的各类应税凭证）、产权转移书据、营业账簿中记载资金的账簿，适用比例税率。

印花税的比例税率分为 4 个档次，分别是 0.05‰、0.3‰、0.5‰、1‰。

①适用 0.05‰税率的为"借款合同"；

②适用 0.3‰税率的为"购销合同"、"建筑安装工程承包合同"、"技术合同"；

③适用 0.5‰税率的是"加工承揽合同"、"建筑工程勘察设计合同"、"货物运输合同"、"产权转移书据"、"营业账簿"税目中记载资金的账簿；

④适用 1‰税率的为"财产租赁合同"、"仓储保管合同"、"财产保险合同"；

⑤"股权转让书据"适用 1‰税率，包括 A 股和 B 股。

（2）定额税率。在印花税的 13 个税目中，"权利、许可证照"和"营业账簿"税目中的其他账簿，适用定额税率，均为按件贴花，税额为 5 元。这样规定，主要是考虑到上述应税凭证比较特殊，有的是无法计算金额的凭证，例如权利、许可证照；有的是虽记载有金额，但以其作为计税依据明显不合理的凭证，例如其他账簿。采用定额税率，便于纳税人缴纳，便于税务机关征管。

4. 应纳税额的计算

（1）计税依据的一般规定

印花税的计税依据为各种应税凭证上所记载的计税金额。具体规定有以下 13 条。

①购销合同的计税依据为合同记载的购销金额。

②加工承揽合同的计税依据是加工或承揽收入的金额，具体规定如下：

第一，对于由受托方提供原材料的加工、定做合同，凡在合同中分别记载加工费和原材料金额的，应分别按"加工承揽合同"、"购销合同"计税，两项税额相加数，即为合同应贴印花；若合同中未分别记载，则应就全部金额按照加工承揽合同计税贴花。

第二，对于由委托方提供主要材料或原料，委托方只提供辅助材料的加工合同，无论加工费和辅助材料金额是否分别记载，均以辅助材料与加工费的合计数，依照加工承揽合同计税贴花。对委托方提供的主要材料或原料金额不计税贴花。

③建设工程勘察设计合同的计税依据为收取的费用。

④建筑安装工程承包合同的计税依据为承包金额。

⑤财产租赁合同的计税依据为租赁金额。经计算，税额不足 1 元的，按 1 元贴花。

⑥货物运输合同的计税依据为取得的运输费金额（即运费收入），不包括所运货物的金额、装卸费和保险费等。

⑦仓储保管合同的计税依据为收取的仓储保管费用。

⑧借款合同的计税依据为借款金额。

⑨财产保险合同的计税依据为支付（收取）的保险费，不包括所保财产的金额。

⑩技术合同的计税依据为合同所载的价款、报酬或使用费。为了鼓励技术研究开发，对技术开发合同，只就合同所载的报酬金额计税，研究开发经费不作为计税依据。单对合同约定按研究开发经费一定比例作为报酬的，应按一定比例的报酬金额贴花。

⑪产权转移书据的计税依据为所载金额。

⑫营业账簿税目中记载资金的账簿的计税依据为"实收资本"与"资本公积"两项的合计金额。实收资本，包括现金、实物、无形资产和材料物资。现金按实际收到或存入纳税人开户银行的金额确定。实物，指房屋、机器等，按评估确认的价值或者合同、协议约定的价格确定。无形资产和材料物资，按评估确认的价值确定。资本公积，包括接受捐赠、法定财产重估增值、资本折算差额、资本溢价等。如果是实物捐赠，则按同类资产的市场价格或有关凭据确定。

其他账簿的计税依据为应税凭证件数。

⑬权利、许可证照的计税依据为应税凭证件数。

（2）计税依据的特殊规定

①上述凭证以"金额"、"收入"、"费用"作为计税依据的，应当全额计税，不得作任何扣除。

②同一凭证，载有两个或两个以上经济事项而适用不同税目税率，如分别记载金额的，应分别计算应纳税额，相加后按合计税额贴花；如未分别记载金额的，按税率高的计税贴花。

③按金额比例贴花的应税凭证，未标明金额的，应按照凭证所载数量及国家牌价计算金额；没有国家牌价的，按市场价格计算金额，然后按规定税率计算应纳税额。

④应税凭证所载金额为外国货币的，应按照凭证书立当日国家外汇管理局公布的外汇牌价折合成人民币，然后计算应纳税额。

⑤应纳税额不足 1 角的，免纳印花税；1 角以上的，其税额尾数不满 5 分的不计，满 5 分的按 1 角计算。

⑥有些合同，在签订时无法确定计税金额，如技术转让合同中的转让收入，是按销售收入的一定比例收取或是按实现利润分成的；财产租赁合同，只是规定了月（天）租金标准而无租赁期限的。对这类合同，可在签订时先按定额 5 元贴花，以后结算时再按实际金额计税，补贴印花。

⑦应税合同在签订时纳税义务即已产生，应计算应纳税额并贴花。所以，不论合同是否兑现或是否按期兑现，均应贴花。

对已履行并贴花的合同，所载金额与合同履行后实际结算金额不一致的，只要双方未修改合同金额，一般不再办理完税手续。

⑧对有经营收入的事业单位，凡属由国家财政拨付事业经费，实行差额预算管理的单位，其记载经营业务的账簿，按其他账簿定额贴花，不记载经营业务的账簿不贴花；凡属经费来源实行自收自支的单位，其营业账簿，应对记载资金的账簿和其他账簿分别计算应纳税额。

跨地区经营的分支机构使用的营业账簿，应由各分支机构于其所在地计算贴花。对上级单位核拨资金的分支机构，其记载资金的账簿按核拨的账面资金额计税贴花，其他账簿按定额贴花；对上级单位不核拨资金的分支机构，只就其他账簿按件定额贴花。为避免对同一资金重复计税贴花，上级单位记载资金的账簿，应按扣除拨给下属机构资金数额后的其余部分贴花。

⑨商品购销活动中，采用以货换货方式进行商品交易签订的合同，是反映既购又销双重经济行为的合同。对此，应按合同所载的购、销合计金额计税贴花。合同未列明金额的，应按合同所载购、销数量依照国家牌位或者市场价格计算应纳税额。

⑩施工单位将自己承包的建设项目，分包或者转包给其他施工单位所签订的分包合同或者转包合同，应按新的分包合同或转包合同所载金额计算应纳税额。这是因为印花税是一种具有行为税性质的凭证税，尽管总承包合同已依法计税贴花，但新的分包或转包合同是一种新的凭证，又发生了新的纳税义务。

⑪对股票交易征收印花税，始于深圳和上海两地证券交易的不断发展。现行印花税法规定，股份制试点企业向社会公开发行的股票，因购买、继承、赠与所书立的股权转让书据，均依书立时证券市场当日实际成交价格计算的金额，由立据双方当事人分别按 1‰ 的税率缴纳印花税。

⑫对国内各种形式的货物联运，凡在起运地统一结算全程运费的，应以全程运费作为计税依据，由起运地运费结算双方缴纳印花税；凡分程结算运费的，应以分程的运费作为计税依据，分别由办理运费结算的各方缴纳印花税。

对国际货运，凡由我国运输企业运输的，不论在我国境内、境外起运或中转分程运输，我国运输企业所持的一份运费结算凭证，均按本程运费计算应纳税额；托运方所持的一份运费结算凭证，按全程运费计算应纳税额。由外国运输企业运输进出口货物的，外国运输企业所持的一份运费结算凭证免纳印花税；托运方所持的一份运费结算凭证应纳税印花税。国际货运运费结算凭证在国外办理的，应在凭证转回我国境内时按规定缴纳印花税。

必须明确的是，印花税票为有价证券，其票面金额以人民币为单位，分为 1 角、2 角、5 角、1 元、2 元、5 元、10 元、50 元、100 元 9 种。

（3）应纳税额的计算方法

纳税人的应纳税额，根据应纳税凭证的性质，分别按比例税率或者定额税率计算，其计算公式为：

应纳税额 = 应税凭证计税金额（或应税凭证件数）×适用税率

5. 征收管理

（1）纳税方法

印花税的纳税办法，根据税额大小、贴花次数以及税收征收管理的需要，分别采用以下三种纳税办法。

①自行贴花办法

这种办法，一般适用于应税凭证较少或者贴花次数较少的纳税人。纳税人书立、领受或者使用印花税法列举的应税凭证的同时，纳税义务即已产生，应当根据应纳税凭证的性质和适用的税目税率，自行计算应纳税额，自行购买印花税票，自行一次贴足印花税票并加以注销或者划销，纳税义务才算全部履行完毕。值得注意的是，纳税人购买了印花税票，支付了税款，国家就取得了财政收入。但就印花税来说，纳税人支付了税款并不等于已履行了纳税义务。纳税人必须自行贴花并注销或划销，这样才算完整地完成了纳税义务。这也就是通常所说的"三自"纳税办法。

对已贴花的凭证，修改后所载金额增加的，其增加部分应当补贴印花税票。凡多贴印花税票者，不得申请退税或者抵用。

②汇贴或汇缴办法

这种办法，一般适用于应纳税额较大或者贴花次数频繁的纳税人。

一份凭证应纳税额超过 500 元的，应当向当地税务机关申请填写缴款书或者完税证，将其中一联粘贴在凭证上或者由税务机关在凭证上加注完税标记代替贴花。这就是通常所说的"汇贴"办法。

同一种类应纳税凭证，需频繁贴花的，纳税人可以根据实际情况自行决定是否采用按期汇总缴纳印花税的方式，汇总缴纳的期限为 1 个月。采用按期汇总缴纳方式的纳税人应事先告知主管税务机关。缴纳方式一经选定，1 年内不得改变。

实行印花税按期汇总缴纳的单位，对征税凭证和免税凭证汇总时，凡分别汇总的，按本期征税凭证的汇总金额计算缴纳印花税；凡确属不能分别汇总的，应按本期全部凭证的实际汇总金额计算缴纳印花税。

凡汇总缴纳印花税的凭证，应加注税务机关指定的汇缴戳记、编号并装订成册后，将已贴印花或者缴款书的一联粘贴册后，盖章注销，保存备查。

经税务机关核准，持有代售许可证的代售户，代售印花税票取得的税款须专户存储，并按照规定的期限向当地税务机关结报，或者填开专用缴款书直接向银行缴纳，不得逾期不缴或者挪作他用。

③委托代征办法

这一办法主要是通过税务机关的委托，经由发放或者办理应纳税凭证的单位代为征收印花税税款。税务机关应与代征机关签订代征委托书。如税务机关委托工商行政管理机关代售印花税票，按代售金额 5% 的比例支付代售手续费。

印花税法规定，发放或者办理应纳税凭证的单位，负有监督纳税人依法纳税的义务，具体是指对以下纳税事项监督：①应纳税凭证是否已粘贴印花；②粘贴的印花是否足额；③粘贴的印花是否按规定注销。对未完成以上纳税手续的，应督促纳税人当场完成。

（2）纳税环节

印花税应当在书立或领受时贴花。具体是指在合同签订时，账簿启用时和证照领受时贴花。如果合同是在国外签订，并且不便在国外贴花的，应在将合同带入境时办理贴花纳税手续。

（3）纳税地点

印花税一般实行就地纳税。对于全国性商品物资订货会（包括展销会、交易会等）上所签订合同应纳的印花税，由纳税人回其所在地后及时办理贴花完税手续；对地方主办、不涉及省际关系的订货会、展销会上所签合同的印花税，其纳税地点由各省、自治区、直辖市人民政府自行确定。

（4）纳税申报

印花税的纳税人应按照条例的有关规定及时办理纳税申报，并如实填写印花税纳税申报表。

（5）管理与处罚

①对印花税应税凭证的管理

各级地方税务机关应加强对印花税应税凭证的管理，要求纳税人统一设置印花税应税凭证登记簿，保证各类应税凭证及时、准确、完整地进行登记。印花税应税凭证应按照《税收征收管理法实施细则》的规定保存 10 年。

②完善按期汇总缴纳的办法

各级地方税务机关应加强对按期汇总缴纳印花税单位的纳税管理，对核准实行汇总缴纳的单位，应发给汇缴许可证，核定汇总缴纳的限期；同时应要求纳税人定期报送汇总缴纳印花税情况报告，并定期对纳税人汇总缴纳印花税情况报告进行检查。

③加强对印花税代售人的管理

各级税务机关应加强对印花税代售人代售税款的管理，对代售人违反代售规定的，可视其情节轻重，取消代售资格，发现代售人各种影响印花税票销售的行为要及时纠正。

④核定征收印花税

根据《税收征收管理法》第三十五条规定和印花税的税源特征，为加强印花税征收管理，纳税人有下列情形之一的，地方税务机关可以核定纳税人印花税计税依据：

未按规定建立印花税应税凭证登记簿，或未如实登记和完整保存应税凭证的；

拒不提供应税凭证，或不如实提供应税凭证致使计税依据明显偏低的；

采用按期汇总缴纳办法的，未按地方税务机关规定的期限报送汇总缴纳印花税情况报告，经地方税务机关责令限期报告，逾期仍不报告的或者地方税务机关在检查中发现纳税人有未按规定汇总缴纳印花税情况的。

⑤违章处罚

印花税纳税人有下列行为之一的，由税务机关根据情节轻重予以处罚：

在应纳税凭证上未贴或者少贴印花税票的或者已粘贴在应税凭证上的印花税票未注销或者未划销的，由税务机关追缴其不缴或少缴的税款、滞纳金，并处不缴或少缴的税款 50% 以上 5 倍以下的罚款。

已贴用的印花税票揭下重用造成未缴或少缴印花税的，由税务机关追缴其不缴或少缴的税款、滞纳金，并处不缴或少缴的税款 50% 以上 5 倍以下的罚款；构成犯罪的，依法追究刑事责任。

伪造印花税票的，由税务机关责令改正，处以 2000 元以上 1 万元以下的罚款；情节严重的，处以 1 万元以上 5 万元以下的罚款；构成犯罪的，依法追究刑事责任。

按期汇总缴纳印花税的纳税人，超过税务机关核定的纳税期限，未缴或少缴印花税款的，由税务机关追缴其不缴或少缴的税款、滞纳金，并处不缴或少缴的税款 50% 以上 5 倍以下的罚款；情节严重的，同时撤销其汇缴许可证；构成犯罪的，依法追究刑事责任。

纳税人违反以下规定的，由税务机关责令限期改正，可处以 2000 元以下的罚款；情节严重的，处以 2000 元以上 1 万元以下的罚款。

Ⅰ 凡汇总缴纳印花税的凭证，应加注税务机关指定的汇缴戳记，编号并装订成册后，将已贴印花或者缴款书的一联粘附册后，盖章注销，保存备查。

Ⅱ 纳税人对纳税凭证应妥善保存。凭证的保存期限，凡国家已有明确规定的，按规定办；没有明确规定的其余凭证均应在履行完毕后保存 1 年。

⑥代售户对取得的税款逾期不缴或者挪作他用的，或者违反合同将所领印花税票转托他人代售或者转至其他地区销售，或者未按规定详细提供领、售印花税票情况的，税务机关可视其情节轻重，给予警告或者取消其代售资格的处罚。

10.5.2 印花税的税收筹划

1. 税收优惠税收筹划

（1）对已缴纳印花税凭证的副本或者抄本免税

凭证的正式签署本已按规定缴纳了印花税，其副本或者抄本对外不发生权利义务关系，只是留存备查。但以副本或者抄本视同正本使用的，则应另贴印花。

（2）对财产所有人将财产赠与政府、社会福利单位、学校所立的书据免税

所谓社会福利单位，是指抚养孤老伤残的社会福利单位。

对上述书据免税，旨在鼓励财产所有人这种有利于发展文化教育事业、造福社会的捐赠行为。

（3）对国家指定的收购部门与村民委员会、农民个人书立的农副产品收购合同免税

由于我国农副产品种类繁多，地区之间差异较大，随着经济的发展，国家指定的收购部门也会有所变化。对此，印花税法授权省、自治区、直辖市主管税务机关根据当地实际情况，具体划定本地区"收购部门"和"农副产品"的范围。

（4）对无息、贴息贷款合同免税

无息、贴息贷款合同，是指我国的各专业银行按照国家金融政策发放的无息贷款，以及由各专业银行发放并按有关规定由财政部门或中国人民银行给予贴息的贷款项目所签订的贷款合同。

一般情况下，无息、贴息贷款体现国家政策，满足特定时期的某种需要，其利息全部或者部分是由国家财政负担的，对这类合同征收印花税没有财政意义。

（5）对外国政府或者国际金融组织向我国政府及国家金融机构提供优惠贷款所书立的合同免税。

该类合同是就具有援助性质的优惠贷款而成立的政府间协议，对其免税有利于引进和利用外资，以推动我国经济与社会的快速发展。

（6）对房地产管理部门与个人签订的用于生活居住的租赁合同免税

（7）对农牧业保险合同免税

对该类合同免税，是为了支持农村保险事业的发展，减轻农牧业生产的负担。

（8）对特殊货运凭证免税

这类凭证有：

①军事物资运输凭证，即附有军事运输命令或使用专用的军事物资运费结算凭证。

②抢险救灾物资运输凭证，即附有县级以上（含县级）人民政府抢险救灾物资运输证明文件的运费结算凭证。

③新建铁路的工程临管线运输凭证，即为新建铁路运输施工所需物料，使用工程临管线专用的运费结算凭证。

（9）企业改制过程中有关印花税征免规定

①资金账簿的印花税

实行公司制改造的企业在改制过程中成立的新企业（重新办理法人登记的），其新启用的资金账簿记载的资金或因企业建立资本纽带关系而增加的资金，凡原已贴花的部分可不再贴花，未贴花的部分和以后新增加的资金按规定贴花。

公司制改造包括国有企业依《公司法》整体改造成国有独资有限责任公司；企业通过增资扩股或者转让部分产权，实现他人对企业的参股，将企业改造成有限责任公司或股份有限公司；企业以其部分财产和相应债务与他人组建新公司；企业将债务留在原企业，而以其优质财产与他人组建的新公司。

以合并或分立方式成立的新企业，其新启用的资金账簿记载的资金，凡原已贴花的部分可不再贴花，未贴花的部分和以后新增加的资金按规定贴花。

合并包括吸收合并和新设合并。分立包括存续分立和新设分立。

企业债权转股权新增加的资金按规定贴花。

企业改制中经评估增加的资金按规定贴花。

企业其他会计科目记载的资金转为实收资本或资本公积的资金按规定贴花。

②各类应税合同的印花税

企业改制前签订但尚未履行完的各类应税合同，改制后需要变更执行主体的，对仅改变执行主体，其余条款未作变动且改制前已贴花的，不再贴花。

③产权转移书据的印花税

企业因改制签订的产权转移书据免予贴花。

④股权分置试点改革转让的印花税

股权分置改革过程中因非流通股股东向流通股股东支付对价而发生的股权转让，暂免征收印花税。

自 2006 年 1 月 1 日起至 2008 年 12 月 31 日，对与高校学生签订的学生公寓租赁合同，免征印花税。

2. 税收筹划思路

(1) 充分利用印花税的税收优惠规定进行筹划

例如，税法规定应纳税额不足 1 角的，免纳印花税；1 角以上的，其税额尾数不满 5 分的不计，满 5 分的按 1 角计算；已缴印花税的凭证的副本或者抄本，只要不视同正本使用，也就不需要缴纳印花税。

(2) 分项核算筹划

一个合同如果涉及若干项经济业务，应当分别核算各项业务的金额，因为业务类型不同，适用印花税税率也不同，而税法明确规定同一凭证载有两个或两个以上经济事项而适用不同税目税率，如分别记载金额的，应分别计算应纳税额，相加后按合计税额贴花；如未分别记载金额的，按税率较高的计税贴花。

(3) 利用模糊金额和保守金额进行筹划

税法规定对于在签订时无法确定计税金额的合同，可在签订时先按定额 5 元贴花，以后结算时再按实际金额计税，补贴印花。该项规定提供了利用不确定金额筹划的可能性。

纳税人在签订金额较大的合同时，可有意识地使合同中所载金额不能明确，从而在签订时先按定额 5 元贴花，已达到少缴印花税税款的目的。

或者双方在订立合同时，充分考虑以后经济交往中可能会遇到的种种情况，确定比较合理、保守的金额，防止所载金额大于合同履行后的实际结算金额。

(4) 利用不同借款方式筹划

根据规定，银行及其他金融机构与借款人所签订的合同，以及只填开借据并作为合同使用，取得银行借款的借据应按照"借款合同"税目缴纳印花税。而企业之间的借款合同不需要贴花。因此，如果两者的借款利率是相同的，则向企业借款更能节税。

(5) 减少书立使用凭证人数的筹划

这种筹划方法的思路就是尽量减少书立使用各种凭证的人数，使更少的人缴纳印花税，使当事人总体税负下降，从而达到少缴税款的目的。根据印花税相关法规，对于应税凭证，凡是由两方或两方以上当事人共同书立的，其当事人各方都是印花税的纳税人。如果几方当事人在书立合同时，能够不在合同上出现的当事人不以当事人身份出现在合同上，则效果就可达到。比如甲、乙、丙、丁四人签订一份合同，乙、丙、丁三人基本利益一致，就可以任意选派一名代表，让其和甲签订合同，则合同的印花税纳税人便只有甲和代表人。这种筹划方法也可以应用到书立产权转移书据的立据人。因为一般来说，产权转移书据的纳税人只有立据人，不包括持据人，持据人只有在立据未贴或少贴印花税票时，才负责补贴印花税票。但是如果立据人和持据人双方当事人以合同形式签订产权转移书据，双方都应缴纳印花税。因而这时采取适当的方式，使尽量少的当事人成为纳税人，税款自然就会减少。

(6) 压缩金额筹划法

印花税是对在我国境内设立、领受应税凭证的单位和个人，就其设立、领受的凭证征收的一种税。由于种种经济合同的纳税人是订立合同的双方或多方当事人，其计税依据是合同记载的金额，因而出于共同利益，双方或多方当事人可以经过合理筹划，使各项费用及原材料等的金额通过非违法的途径从合同所载金额中得以减除，从而压缩合同的表面金额，达到少缴税款的目的。但是要注意一下限度，以免被税务机关调整价格，最终税负可能反而更重。

10.6 城市维护建设税法律制度与税收筹划

10.6.1 城建税法律制度

1. 概述

城市维护建设税（简称城建税）是国家对缴纳增值税、消费税、营业税（简称"三税"）的单位和个人就其实际缴纳的"三税"税额为计税依据而征收的一种附加税。现行的城建税税法为 1985 年 2 月 8 日国务院正式颁布并于 1985 年 1 月 1 日在全国范围内施行的《中华人民共和国城市维护建设税暂行条例》。

城建税具有如下明显特点。

（1）具有特定目的。城建税税款专门用于城市公用事业和公共设施的维护建设。

（2）具有附加税性质。它以纳税人实际缴纳的"三税"税额为计税依据，附加于"三税"税额，本身没有特定的、独立的征收对象。

2. 纳税人

城建税的纳税人是指负有缴纳"三税"义务的单位和个人，包括国有企业、集体企业、私营企业、股份制企业、其他企业和行政单位、事业单位、军事单位、社会团体、其他单位，以及个体工商户及其他个人。但目前为止，对外商投资企业和外国企业缴纳的"三税"不征收城建税。

3. 税率

城建税按纳税人所在地的不同，设置了三档地区差别比例税率，见表 10-2。

表 10-2 城建税税率表

档次	纳税人所在地	税率
1	市 区	7%
2	县城、镇	5%
3	不在市区、县城、镇	1%

4. 计税依据

城建税，以纳税人实际缴纳"三税"税额为计税依据。纳税人违反"三税"有关税法而被加收的滞纳金和罚款，是税务机关对纳税人违法行为的经济制裁，不作为城建税的计税依据，但纳税人在被查补"三税"和被处以罚款时，应同时对其偷漏的城建税进行补税、征收滞纳金和罚款。

城建税以"三税"税额为依据并同时征收，如果要免征或者减征"三税"，也要同时免征或减征城建税。

自 1997 年 1 月 1 日起，供货企业向出口企业和市县外贸企业销售出口产品时，以增值税当期销项税额抵扣进项税额后的余额计算缴纳城建税；但对出口退还增值税、消费税的，不退还已缴纳的城建税。

5. 应纳税额的计算

城建税的纳税人的应纳税额的大小是由纳税人实际缴纳的"三税"税额决定的，其计算公式是：

应纳税额 = 纳税人实际缴纳的增值税、营业税、消费税税额 × 税率

6. 征收管理

（1）纳税环节

城建税的纳税环节，是指城建税法规定的纳税人应当缴纳城建税的环节。实际上，城建税的纳税环节，就是纳税人缴纳"三税"的纳税环节。纳税人只要发生"三税"纳税义务，就要在同样的环节，分别计算缴纳城建税。

（2）纳税地点

城建税以纳税人实际缴纳的增值税、消费税、营业税税额为计税依据，分别与"三税"同时缴纳。所以，纳税人缴纳"三税"的地点，就是该纳税人缴纳城建税的地点。但是，有一些情况需特殊处理。

①代扣代缴、代收代缴"三税"的单位和个人，同时也是城建税的代扣代缴、代收代缴义务人，其城建税的纳税地点为代扣代收地。

②跨省开采的油田，下属生产单位和核算单位不在同一省内的，其生产的原油，在油井所在地缴纳增值税，其应纳税款由核算单位按照各油井的产量和规定税率计算汇拨各油井缴纳。所以，各油井应纳的城建税，应由核算单位计算，随同增值税一并汇拨油井所在地，由油井在缴纳增值税的同时一并缴纳城建税。

③对管道局输油部分的收入，由取得收入的各管道局于所在地缴纳营业税，其应纳城建税，也应由取得收入的各管道局于所在地缴纳营业税时一并缴纳。

④对于流动经营等无固定纳税地点的单位和个人，应随同"三税"在经营地按适用的税率缴纳。

（3）纳税期限

由于城建税是由纳税人在缴纳"三税"时同时缴纳的，所以其纳税期限分别与"三税"的纳税期限一致。根据增值税法和消费税法的规定，增值税、消费税的纳税期限均为 1 日、3 日、5 日、10 日、15 日或者 1 个月；根据营业税法规定，营业税的纳税期限分别为 5 日、10 日、15 日或者 1 个月。增值税、消费税、营业税的纳税人的具体纳税期限，由主管税务部门根据纳税人应纳税额的大小分别核定；不能按照固定期限纳税的，可以按次纳税。

由于城建税法规是在 1994 年分税制改革前制定的，而在 1994 年后增值税、消费税由国家税务总局征收管理，而城建税是由地方税务局征收管理，因此，在缴税入库时间上不一定完全一致。

10.6.2 城建税的税收优惠税收筹划

城建税原则上不单独减免。但是由于城建税具有附加税的性质，计税依据是实际缴纳的增值税、消费税、营业税，所以，它会随其主税的减免而减免。具体有以下几种情况。

（1）城建税按减免后实际缴纳的"三税"税额计征，即随"三税"的减免而减免。

（2）对于因减免税而需进行"三税"退库的，城建税也可同时退库。

（3）海关对进口产品代征的增值税、消费税，不征收城建税。

（4）为支持三峡工程建设，对三峡工程建设基金，2004年1月1日至2009年12月31日期间，免征城建税和教育费附加。

10.7 案例分析

10.7.1 财产与行为课税法律制度案例分析

案例一

某企业某年2月开业，当年发生以下有关业务事项：领受房屋产权证、工商营业执照、土地使用证各1件；与其他企业订立转移专用技术使用权书据1份，记载资金的账簿，"实收资本"、"资本公积"为800万元；其他营业账簿10本。试计算该企业当年应缴纳的印花税税额。

案例分析

（1）企业领受权利许可证照应纳税额

应纳税额 = $3 \times 5 = 15$（元）

（2）企业订立产权转移书据应纳税额

应纳税额 = $1\,000\,000 \times 0.5‰ = 500$（元）

（3）企业订立购销合同应纳税额

应纳税额 = $2\,000\,000 \times 0.3‰ = 600$（元）

（4）企业订立借款合同应纳税额

应纳税额 = $4\,000\,000 \times 0.05‰ = 200$（元）

（5）企业记载资金的账簿

应纳税额 = $8\,000\,000 \times 0.5‰ = 4000$（元）

（6）企业其他营业账簿应纳税额

应纳税额 = $10 \times 5 = 50$（元）

（7）当年企业应纳印花税税额

应纳印花税税额 = $15 + 500 + 600 + 200 + 4000 + 50 = 5365$（元）

案例二

甲方（某建设单位）与乙方（建筑公司）、丙方（建筑设计单位）签订了一份经济合同，将建筑安装工程承包给乙方，将建筑设计项目承包给丙方。建筑项目投资额 3000 万元。勘察设计费用 200 万元。乙公司又将部分安装工程分包给丁，分包额 1000 万元。请计算甲、乙、丙、丁四方各自应缴纳的印花税税额。

案例分析

合同双方均应纳印花税。

（1）甲方应纳印花税涉及 3000 万元建筑安装工程承包合同和 200 万元建设工程勘察设计合同。

应纳税额 $= 3000 \times 0.3‰ + 200 \times 0.5‰ = 1$（万元）

（2）乙方应纳印花税涉及 3000 万元建筑安装工程承包合同和 1000 万元分包合同。

应纳税额 $=（3000 + 1000）\times 0.3‰ = 1.2$（万元）

（3）丙方应纳印花税涉及 200 万元建设工程勘察设计合同。

应纳税额 $= 200 \times 0.5‰ = 0.1$（万元）

（4）丁方应按 1000 万元分包合同缴纳印花税。

应纳税额 $= 1000 \times 0.3‰ = 0.3$（万元）

案例三

某运输公司拥有载货汽车 15 辆（火车载重净吨位全部为 10 吨），载人大客车 20 辆，小客车 10 辆。计算该公司应纳车船税。（注：载货汽车每吨年税额 80 元，载人大客车每辆年税额 500 元，小客车每辆年税额 400 元）

案例分析

（1）载货汽车应纳税额 $= 15 \times 10 \times 80 = 12\,000$（元）

（2）载人汽车应纳税额 $= 20 \times 500 + 10 \times 400 = 14\,000$（元）

（3）全年应纳车船税额 $= 12\,000 + 14\,000 = 26\,000$（元）

案例四

张某 2009 年 1 月份，从某汽车有限公司购买一辆小汽车供自己使用，支付了含增值税税款在内的款项 234 000 元，另支付代收临时牌照费 550 元，代收保险费 1000 元，支付购买工具件和零配件价款 3000 元，车辆装饰费 1300 元。所支付的款项均由该汽车有限公司开具"机动车销售统一发票"和有关票据。请计算张某应纳车辆购置税。

案例分析

（1）计税依据 $=（234\,000 + 550 + 1000 + 3000 + 1300）\div（1 + 17\%）$

$\qquad\qquad = 205\,000$（元）

（2）应纳税额 $= 205\,000 \times 10\% = 20\,500$（元）

案例五

赵某拥有两处房产，一处原值 60 万元的房产供自己及家人居住，另一处原值 20 万元的房产于 2009 年 9 月 1 日出租给王某居住，按照市场价每月取得租金收入 1200 元，赵某当年应缴的房产税为多少？

案例分析

个人所有非营业用房产税免征房产税，对于出租的房主，对其出租期间的租金收入缴纳房产税，出租后仍用于居住的，按 4% 征收。所以，

应纳税额 $= 1200 \times 4\% \times 6 = 288$（元）

案例六

某外贸进出口公司 2008 年 10 月发生如下经济业务：

（1）向某汽车制造公司购进 18 辆国产车辆，发票注明购进价为不含税价 100 000 元/辆，4 辆作为业务车供本公司自用，2 辆用于抵顶前欠本市某船运公司 240 000 元的债务，其余 12 辆出口，出口离岸价每辆 120 000 元；国家税务总局规定同类车辆最低计税价格为 110 000 元。（税务机关认为 100 000 元/辆的购进价格明显偏低且无正当理由）。

（2）进口已使用 8000 公里的旧货车 2 辆，有效证明关税完税价格共折合人民币 80 000 元，缴纳关税 16 000 元，增值税 16 320 元，国家税务总局规定同类新车最低计税价格为每辆 120 000 元。

（3）向某汽车厂购买一辆自用的载货汽车及挂车、配套的备用件，分别取得机动车统一发票载明的载货汽车价税合计款 210 600 元，挂车价税合计款 93 600 元，备用件价税合计款 3744 元。

（4）接受某汽车制造厂赠送新小汽车 1 辆，经税务机关审核，参照国家税务总局规定上述同类车型应税车辆的最低计税价格为 100 000 元，小汽车的成本为 70 000 元，成本利润率为 8%。接受 A 工业企业使用过的旧轿车一辆冲抵 A 企业拖欠外贸公司的报关费 50 000 元。

要求：根据以上材料，分别计算该公司每笔业务应纳的车辆购置税税额。

案例分析

（1）为出口购进的车辆不具备自用的特征，不属于车购税的征收范围；购入直接抵债的车辆应由取得车辆自用的运输公司缴纳车购税，所以该外贸公司 4 辆自用车应纳车购税。由于交易价格明显偏低且无正当理由，按照国家税务总局规定同类车辆最低计税价格计算纳税。应纳车辆购置税 $= 110\,000 \times 10\% \times 4 = 44\,000$（元）

（2）进口旧车，凡纳税人能提供有效证明的，按照纳税人提供的统一发票或有效证明注明的完税价格。应纳车辆购置税 $= (80\,000 + 16\,000) \times 10\% = 9\,600$（元）

（3）应纳车辆购置税 $= (210\,600 + 93\,600 + 3\,744) \div (1 + 17\%) \times 10\%$
$$= 26\,320 \ （元）$$

（4）税法规定，纳税人自产、受赠、获奖和以其他方式取得并自用的应税车辆的计税价格，按购置该型号车辆的价格确认；不能取得购置价格的，则由主管税务机关参照国家税务总局规定相同类型应税车辆的最低计税价格核定。对于取得缴纳过车辆购置税的旧车不再缴

纳车辆购置税。应纳车辆购置税 = 100 000 × 10% = 10 000（元）

10.7.2 财产与行为课税税收筹划案例分析

案例一

南方某企业欲兴建一座花园式工厂，除厂房、办公用房外，还包括厂区围墙、水塔、变电塔、室内停车场、露天凉亭、室内游泳池、喷泉设施等建筑物总造价 1 亿元。如果 1 亿元都作为房产原值的话，该企业自工厂建成的次月起就应缴纳房产税，每年房产税（扣除比例为 30%）为 84 万元。这 84 万元的税负只要该工厂存在，就不可避免。如果按 20 年计算的话，就是 1680 万元。

案例分析

按照税法的有关规定，房产是以房屋形态表现的财产。房屋是指有屋面结构，可供人们在其中生产、工作、居住或储藏物资的场所。不包括独立于房屋以外的建筑物，如围墙、水塔、变电塔、室内停车场、露天凉亭、室内游泳池、喷泉设施等。因此，如果把停车场、游泳池都设成露天的，并且把这些独立建筑物的造价同厂房、办公用房的造价分开，在会计账簿中单独记载，则这部分建筑物的造价不计入房产原值，不缴纳房产税。假设除了厂房、办公用房外的建筑物的造价为 800 万元，独立出来后，每年可少缴纳房产税 800 ×（1 − 30%）× 1.2% = 6.72 万元，20 年的话就节约了 134 万元的房产税。

案例二

王某和陈某各拥有一套价值 200 万元的房屋，杨某想购买王某的房屋，而王某也想购买陈某的房后出售自己的房屋，假设税率为 5%。

案例分析

如果不进行筹划，王某购买陈某的住房，应缴纳契税 10 万元；同样，王某向杨某出售自己的住宅，杨某也因此缴纳契税 10 万元。

但是如果王某利用房屋交换的方法进行筹划，先和陈某交换房屋，再由陈某将房屋出售给杨某，同样可以达到签署的买卖结果。因为王某和陈某交换房屋所有权为等价交换，没有价格差额，不用缴纳契税；只需陈某将房屋出售给杨某时，由杨某缴纳契税 10 万元。这样，王某通过筹划节约了 10 万元。

案例三

长江公司共拥有 20 辆 5 吨的载货汽车，10 辆载人汽车。其中，4 辆载人汽车供公司内专门自办的托儿所使用；10 辆载货汽车在公司内部行驶，未领取执照。当地政府规定该公司载货汽车每净吨位 30 元，载人汽车每辆 300 元。

案例分析

如果未准确划分，则应纳车船税额为：20 × 5 × 30 + 10 × 300 = 3000 + 3000 = 6000（元）

但是如果进行筹划，准确划分各类车辆，托儿所使用的 4 辆载人汽车和公司内部行驶的

10 辆载货汽车免税，长江公司只需缴纳车船使用税：

$10 \times 5 \times 30 + 6 \times 300 = 1500 + 1800 = 3300$（元）

案例四

针对经销商的不同经销方式进行筹划。

甲某从江西赣州市某汽车经销商处购买一辆轿车，该级经销商开给甲某机动车发票注明价格为 180 341 元（不含税），乙某也从同一经销商处购同型号车，不过乙某以支付手续费 10 000 元由经销商到江西南昌经销商处购车，乙某另外支付购车款 170 341 元（不含税）给南昌经销商，由南昌经销商向乙某开具机动车发票，则甲某应缴车购税 $= 180\ 341 \times 10\% = 18\ 034.1$ 元，乙某应缴车购税 $= 170\ 341 \times 10\% = 17\ 034.1$ 元，两者相差 1000 元。

案例五

正确区分代收款项与价外费用

甲某于 2009 年 4 月 23 日从南昌市某汽车销售公司购买一辆轿车供自己使用，支付车款 150 000 元（不含税），另外支付的各项费用有：临时牌照费用 200 元，代收保险金 350 元，车辆购置税 15 000 元。上述费用合计 165 550 元。

案例分析

上述款项全部由汽车销售公司开具机动车发票，则应纳车辆购置税税额 $= 165\ 550 \times 10\% = 16\ 555$（元）

若汽车销售公司采取支付车款 150 000 元开具机动车发票，收取的代办临时牌照费、代收保险金、车辆购置税分别开具交通部门、保险机构及税务机关的税票给甲某，则甲某应纳车辆购置税税额 $= 150\ 000 \times 10\% = 15\ 000$（元）

两者相差 1555 元（16 555 元 – 15 000 元）。

案例六

某铝合金门窗厂与某建筑安装企业签订了一份加工承揽合同。合同中规定：铝合金门窗厂受建筑安装公司委托，负责加工总价值 200 万元的铝合金门窗，加工所需原材料由铝合金门窗厂提供，铝合金门窗厂共收取加工费及原材料费共计 140 万元；同时，由铝合金门窗厂提供价值 20 万元的零配件。

该份合同由铝合金门窗厂交印花税：（140 万元 + 20 万元）$\times 0.5‰ = 800$（元）

案例分析

由于合同签订形式不恰当，铝合金门窗厂多缴纳了税款。我国印花税税法对加工承揽合同的计税依据有如下规定：加工承揽合同的计税依据为加工或承揽收入，如由委托方提供原材料金额的，可不并入计税依据，但受托方提供辅助材料的金额，则应并入计税金额。由受托方提供原材料的，若合同中分别记载加工费金额和原材料金额，应分别计税；加工费金额按加工承揽合同适用 0.5‰税率计税，原材料金额按购销合同适用 0.3‰税率计税，并按两项税额相加的金额贴花；若合同中未分别记载两项金额，而只有混合的总金额，则从高适用税率，应按全部金额依照加工承揽合同，适用 0.5‰ 税率计税贴花。

所以，在这个案例中，如果合同将铝合金门窗厂所提供的加工费金额与原材料金额分别核算，则能达到税收筹划的目的。如加工费为 40 万元，原材料费为 100 万元，所需贴花的金额为 600 元（100 万元 × 0.3‰ + 40 万元 × 0.5‰ + 20 万元 × 0.5‰），相对少纳印花税 200 元。

案例七

某设备租赁公司欲和某生产企业签订一份租赁合同，由于租赁设备较多，而且设备本身比较昂贵，因而租金每年 200 万元。

案例分析

而如果在签订合同时明确规定年租金 200 万元，则两企业均应缴纳印花税，其计算如下：各自应纳税额 = 2 000 000 元 × 0.1% = 2000 元。

而如果两企业在签订合同时仅规定每天的租金数，而不具体确定租赁合同的执行时限，则根据上述规定，两企业只须各自先缴纳 5 元钱的印花税，余下部分等到最终结算时才缴纳，从而达到节省税款的目的。当然这笔钱在以后还是要缴上去的，但现在不用缴纳便获得了货币的时间价值，对企业来说有利无弊。

参考文献

【1】中国注册会计师协会．税法．北京：经济科学出版社，2009

【2】尹音频．税收筹划（第二版）成都：西南财经大学出版社，2008

【3】张怡，何志明．税法案例教程．北京：清华大学出版社，2008

【4】王素荣．税务会计与税收筹划．北京：机械工业出版社，2008

【5】盖地．税务会计与纳税筹划．大连：东北财经大学出版社，2008

【6】翟继光，张晓冬．新税法下企业纳税筹划．北京：电子工业出版社，2008

【7】宋凤轩．税收理论与实务．北京：经济管理出版社，2008

【8】夏琛舸．新旧企业所得税法对照讲解．大连：东北财经大学出版社，2008

《税法与税收筹划》
编读互动信息卡

亲爱的读者：

感谢您购买本书。只要您以以下三种方式之一成为普华公司的**会员**，即可免费获得普华每月新书信息快递，在线订购图书或向我们邮购图书时可获得免付图书邮寄费的优惠：①详细填写本卡并以**传真（复印有效）或邮寄**返回给我们；②登录普华公司官网注册成为普华会员；③关注微博：@普华文化（新浪微博）。会员单笔订购金额满 300 元，可免费获赠普华当月新书一本。

哪些因素促使您购买本书（可多选）		
○本书摆放在书店显著位置	○封面推荐	○书名
○作者及出版社	○封面设计及版式	○媒体书评
○前言	○内容	○价格
○其他（		）
您最近三个月购买的其他财务会计类图书有		
1.《 》	2.《 》	
3.《 》	4.《 》	
您还希望我们提供的服务有		
1. 作者讲座或培训	2. 附赠光盘	
3. 新书信息	4. 其他（ ）	
请附阁下资料，便于我们向您提供图书信息		
姓　　名	联系电话	职　　务
电子邮箱	工作单位	
地　　址		

地　　址：北京市丰台区成寿寺路 11 号邮电出版大厦 1108 室

北京普华文化发展有限公司（100164）

传　　真：010 - 81055644

读者热线：010 - 81055656

编辑邮箱：libaolin@ puhuabook. cn

投稿邮箱：puhua111@ 126. com，或请登录普华官网"作者投稿专区"。

投稿热线：010 - 81055633

购书电话：010 - 81055656

媒体及活动联系电话：010 - 81055656　　　　　　邮件地址：hanjuan@ puhuabook. cn

普华官网：http：//www. puhuabook. cn

博　　客：http：//blog. sina. com. cn/u/1812635437

新浪微博：@普华文化（关注微博，免费订阅普华每月新书信息速递）